· THE CLASH OF THE CULTURES ·

존 보글
가치투자의 원칙

왜 인덱스펀드인가

INVESTMENT VS. SPECULATION

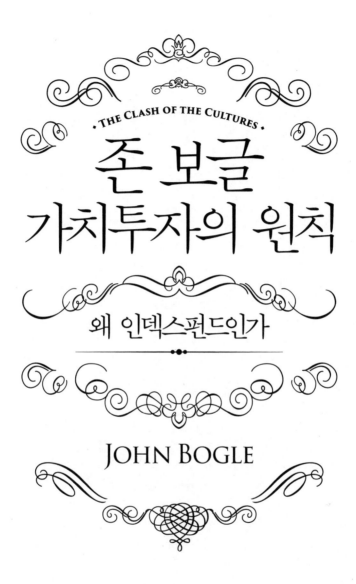

· THE CLASH OF THE CULTURES ·

존 보글
가치투자의 원칙

왜 인덱스펀드인가

JOHN BOGLE

해의시간

내 인격과 가치관, 경력을 만드는 데 영향을 준 조상님과 부모님,
특히 사랑하는 어머니, 형제, 사랑하는 아내 이브, 아이와 손주들, 스승님, 목사님,
동문들, 금융업계의 사수와 멘토, 나를 치료해준 의료계의 수호천사, 학자들,
뱅가드의 동료들과 지지자, 내게 신뢰를 보내준 뱅가드 주주 모두에게
이 책을 바칩니다.

"우리는 외딴섬이 아니기에 홀로 온전한 삶을 살 수 없습니다."

존 보글이 즐겨 쓰는 좌우명이 있다. 이 책에도 쓰였는데, "단 한 명도 변화를 불러올 수 있다"라는 것이다. 그는 힘없는 개인의 공헌을 기리기 위해 이 말을 썼지만, 존 보글 본인만큼 이 표현이 잘 어울리는 사람도 없다.

그의 공로는 미국 금융계에 '인덱스펀드'라는 묘안을 내고 시행한 것만이 아니다. 그는 투자와 삶에 대한 철학을 훌륭하게 실천했다. 그의 철학에는 단순성과 검증된 성공이라는 두 장점이 있다.

수십 년 동안 보글을 알고 지내면서, 나는 알아듣기 쉽고 열정적이면서 신선한 표현으로 투자자에게 의견을 전달하는 그의 능력을 알아보았다. 보글은 우리 금융시장 곳곳에 내재한 이해충돌, 특히 투자자와 금융전문가 다수의 이해충돌을 명확하게 지적한다.

뮤추얼펀드에 대한 논의에서 보글의 핵심 비판은 다음 지점을 향한다. 상당수의 투자자는 뮤추얼펀드를 '낮은 비용으로 안전하고 비교적 확실하게 분산투자의 이득을 취하는 방법'으로 착각하곤 한다. 실제로는 보글이 이 책을 포함해 여러 곳에서 상술했듯, 뮤추얼펀드는 투자자의 장기적인 자산 축적에 관심을 기울이는 것보다 영업을 통해 이득을 취하는 편이 유리하다. 이 때문에 일부 뮤추얼펀드는 과도한 수수료를 청구할 뿐만 아니라 투자자에게 불리한 자산운용 전략을 구사한다. 그 결과 투자자는 지수market index 평균보다 뒤처지고 특정 종목, 부문, 전략에 과도하게 노출된다.

존 보글을 아는 사람이라면 그가 수십 년 동안 이어진 이러한 관행에 반기를 들었다는 사실이 놀랍지 않을 것이다. 그는 매우 용감하고 지혜로우며 솔직담백하고, 통념에 저항하는 열의와 힘을 상실해본 적 없으며 외로운 투쟁을 할 때 더 단단해진다. 보글은 명석하고 설득력이 뛰어나다. 금융과 시장에 얽힌 복잡한 문제의 핵심을 단번에 파악하는 능력이야말로 그의 비범한 재능이라고 할 수 있다.

보글은 투자를 사랑하고, 투자가 만들어내는 결과도 사랑한다. 그는 기업, 기업의 소유자, 경영진이 다른 건 차치하고 주주의 장기적인 이익을 추구하기 위해 합심할 때 이루어지는 기적에 경탄을 보낸다. 그는 자유시장의 가장 큰 지지자이자 충실한 동맹이지만 금융과 투자의 회랑이 투기와 탐욕의 소굴로 변해가는 것을 참지 않는다. 이것이 매우 위험한 상황임을 잘 알기 때문이다.

이 책은 명쾌하고 모든 투자자에게 철학적이며 학술적인 기반이 될 것이다. 보글은 이 책 전반에 걸쳐 꾸밈없고 솔직한 태도를 유지한다. 또한 그는 투자자를 존중하기 때문에 겉만 번지르르한 말과 지나치게 단순한 설명을 지양한다. 그는 리스크 감수와 무모함의 차이를 뚜렷하게 규정하고, 비용과 수익의 상관관계를 제시한다. 그리고 왜 인덱스펀드 투자는 성과를 내고 적극적인 자산운용은 대부분 그러지 못하는지를 설명한다. 보글은 오늘날의 시장 상황이 기업관리자와 자산운용사라는 대리인의 출현에서 비롯했다고 본다. 두 대리인은 폐쇄적이며 많은 비용을 요하는 '이중대리인' 구조를 형성해 실제 투자자와 소유자에게서 적극적인 자산 관리 권한을 가져왔다.

월가에는 이 책의 내용에 전혀(혹은 일부) 동의하지 않는 전문가도 있겠지만 나는 그들도 이 책을 읽었으면 한다. 금융시장의 강세에 가장 큰 위험 요소는 집단 사고groupthink다. 규제 기관, 전문가, 투자자, 정책 입안자가 모두 같은 가설을 믿으며 같은 증권거래소를 드나들고, 두루뭉술한 주장에 모두가 동의하며 같은 결과를 기대한다면 그 결과는 당연히 참혹할 것이다. 인습을 타파하는 존 보글의 사고방식은 집단 사고의 해독제로 적절하다. 그와 같은 사람이 더 많아져야 한다.

이 책에는 회계감사인, 규제 기관, 정치인, 신용평가기관, SEC, 연준, 애널리스트, 언론 등 많은 악역이 등장한다. 이들이 각각, 그리고 공동으로 저지르는 죄는 투자자라는 피해자를 만들어낸다.

그의 말이 옳다. 보글의 말대로 투자자는 금융시장을 개선하는 조치에서 가장 먼저 고려되어야 할 존재다. 우리는 규제 개혁, 시장 관행, 새로운 금융 상품에서 투자자의 이익이 우선시되지 않는다면, 우리의 진정한 목표가 무엇인지 질문을 던져야 한다. 어떤 이는 공시 자료를 대폭 늘리도록 의무화하는 법을 제안한다. 그러나 이러한 법이 시행되면 투자자들이 더 많은 정보를 얻을 수 있기는커녕 그 반대 결과가 나타난다. 투자자 대부분에게 까다로운 법률 용어와 작디작은 글자로 적힌 공시 자료는 없는 편이 낫다. 우리에게는 투명성이 필요하다. 투자자가 정보를 확인하고 이해하며 잠재적인 리스크와 투자 선택지가 가져다줄 기회를 가늠할 수단이 필요한 것이다.

투명성은 투자자에게 도움이 된다는 점에서 효율적인 시장 규제를 위해 가장 필요한 요소다. 안타깝게도 투명성을 강화하는 조치는 자금이 든든한 뮤추얼펀드와 관련 로비 단체의 저항에 부딪힌다. 그 사례로 최근 SEC가 단기금융펀드Money Market Fund, MMF 운용사의 자산을 날마다 변동하는 시장가격으로 평가하자고 제시한 개혁안을 들수 있다. 개혁안의 기본 취지는 투자자들에게 보유 자산의 현황을 더명확히 제공할 뿐만 아니라 뮤추얼펀드사의 유동성에 건전한 평가기준을 적용하자는 데까지 나아갔다. 그러나 뮤추얼펀드 업계는 예상대로 개혁안에 저항했다.

뮤추얼펀드 업계는 존 보글을 비롯한 몇몇 사람이 고찰한 바를 염두에 두어야 한다. 뮤추얼펀드가 자기 이익을 보호해주지 못한다고느끼는 투자자는 시장에 참여하지 않을 것이고, 그렇게 되면 시장 전체가 큰 타격을 받는다. 뮤추얼펀드가 투자자 보호와 안정성의 훌륭한 기준gold standard으로 남으려면 개혁 조치뿐만 아니라 보호 장치와 안정성을 강화하기 위한 관행을 진지하게 검토하고 실행에 옮겨야 한다. 우리는 역사상 가장 큰 금융위기이자 과도한 리스크 감수, 차입, 불투명한 금융 상품, 느슨한 규제가 결합되어 일어난 2008년 금융위기에서 벗어난 지 3년밖에 되지 않았다. 뮤추얼펀드사들도 이처럼 비극적인 시기가 다시 찾아오지 않아야 한다는 사실을 모를 리없다. 그 사실을 모른다면 대가를 치러야 한다. 분명 존 보글을 비롯한 몇몇 업계 관계자들은 경종을 울리기 위해 온갖 수고를 아끼지 않았다.

보글의 경고는 수수료와 비용이 투자자가 받아야 할 이익을 전부 앗아간다는 주장에서 가장 극명히 드러난다. 투자자는 자신이 주식시장에서 얻는 수익이 금융중개비용을 제한 것임을 깨달아야 한다. 시장을 앞지르는 것이 비용 공제 전에는 제로섬 게임이라면 비용 공제 후에는 반드시 패배하는 게임임을 잊지 말아야 한다. 그러므로 업계는 투자자에게 비용을 명확히 전달해야 하고 그 비용도 가능한 한 최소화해야 한다. 존 보글이 이러한 사실을 자주 지적하다 보니 완곡하게 '금융 혁신'으로 불리는 수수께끼에 의존하는 월가에는 그의 지지자가 많지 않다. 그러나 보글은 '판 엎기'를 두려워하지 않는다. 보글을 아는 사람들은 진솔함이 그의 가장 큰 무기라는 사실을 알고 있다.

존 보글은 금융시장 연구와 참여에 일생을 바쳤다. 그동안 무수한 자기자본거래와 사리사욕 추구를 목격했기에 몇몇 개인과 기업 전체뿐만 아니라 업계 전반의 문제를 입증할 자격이 충분하다. 그들은 존 보글이 판사나 배심원이 아니라 전문가 증인이라는 사실을 다행으로 알아야 한다.

아서 레빗(전 미국증권거래위원회SEC 의장)

차례

일러두기

- 〔 〕 안의 내용은 독자의 이해를 돕기 위해 옮긴이가 보충한 것이다.
- 모든 각주는 원저자가 표기한 것이다.

들어가는 글

내가 직장생활을 시작한 1951년에는 장기 투자가 투자업계의 모토였다. 뱅가드Vanguard Group를 설립한 1974년에도 이러한 신조는 그대로 유지되었다. 그러나 지난 수십 년 동안 미국 금융부문은 결코 긍정적이지 않은 방향으로 변화했다. 단기 투기의 문화가 판을 쳤고 제2차 세계대전 종전 이후 대세였던 장기 투자의 문화는 퇴보했다. 물론 태고 이래로 서로 다른 두 문화가 자본시장과 자본형성의 세계에 존재해온 것은 사실이다. 그러나 오늘날의 자본주의 모델은 균형을 잃고 일반 투자자에게, 궁극적으로는 사회 전반에 해를 끼치고 있다.

단기 투기에 치중한 전략이 장기 투자에 중점을 둔 전략을 밀어내자 금융부문의 내부자들은 이득을 보았지만, 그들의 고객은 직격타를 맞고 내부자들의 이득만큼 손실을 입었다. 실제로 투자와 투기의 갈등은 오늘날 미국 투자업계와 재계가 직면한 큰 과제의 핵심이며, 이러한 갈등은 궁극적으로 금융시장의 기능을 저하하고 개인 투자자(국민)의 자산 축적 능력을 위협할 수 있다.

그래서 나는 금융시장에서 투기의 문화가 투자의 문화 위로 올라선 현상을 깊이 우려한다. 금융 공동체의 일원으로서, 투자 공동체의 일원으로서, 이 나라의 국민으로서 말이다. 나는 영국의 찰스 퍼시 스노의 저서에서 영감을 얻어 이러한 변화를 '문화의 충돌'이라 부른다. 반세기 전에 스노도 이와 유사한 대립을 고찰한 바 있다. 그는 저서

《두 문화》에서 정밀한 측정과 계량화 중심의 과학 문화가 꾸준한 깨달음과 논리 중심의 인문학 문화를 밀어내고 우위에 선 현상에 주목했다. 마찬가지로 이 책도 그처럼 장기 투자 문화(지식인, 철학자, 역사학자의 이론에 기반한 문화)와 단기 투기 문화(수학자, 기술자, 연금술사의 도구에 기반한 문화)를 비교할 것이다.

투자를 밀어내고 우위에 선 투기의 문화에 저항하는 것은 그 어느 때보다도 문명의 이기가 판치는 세상과 정면충돌하는 것처럼 보일지도 모른다. 물론 혁신, 정보 기술, 즉각적인 통신 기술, 경쟁은 우리 사회에 많은 혜택을 주었다. 그러나 나는 금융시스템이 우리 사회에 이미 뿌리를 내린 재계와 상업계 등의 다른 업계와는 다르다고 생각한다.

가치 창출과 지대 추구

경제학자들이 '가치 창출value-creating'이라 부르는 활동과 '지대 추구rent-seeking'라 부르는 활동은 본질적으로 다르다. 전자가 사회에 가치를 더한다면 후자는 사회의 가치를 빼는 행위다. 가치 창출은 새롭고 개선된 제품과 서비스를 어느 때보다도 효율적인 경로를 통해 경쟁력 있는 가격에 유통하는 활동이다. 하지만 지대 추구는 경제적 청구권을 한 참여자에서 다른 참여자 쪽으로 옮기는 행위에 불과하다. 소송을 생각해보라. 한쪽이 이기면 다른 쪽이 지지만, 어쨌든 변호사와 법조계는 이득을 보며 실제 소송 당사자의 돈은 주인이 바뀌기도 전에 줄어든다. 정부에서도 비슷한 일이 일어난다. 세입은 세출로 처리되기도 전에 관료 사회 특유의 중개비용 때문에 줄어든다. 가장 고전적인 사례인 금융계에서는 투자자들이 서로 거래하다 한쪽은 승자가 되고 다른 쪽은 패자가 된다. 그러나 거래비용 때문에 투자자 전반이 거래 행위로 순손실을 본다는 점에서 비용은 경제 성장을 저해한다.

물론 오늘날의 금융계 역시 혁신, 실시간 정보, 막대한 유동성, 일정 규모의 자본형성 같은 가치를 창출한다. 그러나 기술로도 금융계의 마찰비용을 제거할 수 없다. 거래 단가는 급감하는 반면 거래량이 급증하면서 금융계의 총비용은 계속 상승하고 있다. 월가만 배불리고 월가의 고객/투자자에게 타격을 가한 혁신이 너무 많다. 이 책을 집필하고 있는 2012년, 연준 의장을 역임하고 오바마 대통령의 경제회복자문위원회를 이끄는 폴 볼커는 지난 25년 동안 개발된 금융 혁신 중에서 유용한 것을 알려달라는 압박에 'ATM기'라는 대답만 내놓았다(볼커는 최근 내게 평가 기간이 지난 40년이었다면 1975년에 고안된 인덱스펀드도 포함했을 것이라고 하면서, 인덱스펀드가 투자자들에게 유익한 결과를 제공했다는 점에서 중요하고 긍정적인 혁신이라고 말했다).

60년 경력의 관점

나는 금융계에 60년 동안 몸담으면서 목격한 금융 문화의 충격적인 변화에 경종을 울리기 위해 이 책을 쓰게 되었다. 이러한 변화에는 현대적이고 광적인 투기 문화의 점진적이고도 끈질긴 부상, 복잡하고 난해한 '금융 상품financial instrument', (증권 자체의 거래보다도) 다양한 파생상품을 거래하는 행위 등이 해당한다. 이 특성은 사리사욕 및 탐욕과 더불어 오늘날의 거대해진 금융계를 지배하고 있으며, 아직은 아니더라도 언젠가는 분명 투자자, 사회, 국가에 매우 해로운 영향을 끼칠 것이다. 새로운 대세로 떠오른 단기 투기 문화는 내가 1951년 금융계에 입문하면서 접한 전통적인 장기 투자 문화를 상당 부분 잠식했다. 사실 내 경력은 그보다 전인 1950년 초에 시작되었다. 프린스턴대학의 3학년이었던 나는 논문을 쓰기 위해 뮤추얼펀드mutual fund〔유가증권 투자를 목적으로 설립된 주식회사 형태의 법인회사〕산업을 연구했다. 먼저 증권거래위원회SEC가 하원에 제출한 총 4권 1,059쪽 분량의 보고서를 읽었다. 해당 보고서에는 1940년에 투자회사법이 통과되기까지의 과정이 연대순으로 정리되어 있었다. 투자회사법은 (나중에 현재와 놀랄 만큼 비슷한 양상으로 판명된) 1920~1930년대 투자회사들의 도덕적 해이와 이에 이은 파산에 대응하기 위해 제정된 법이었다. 마크 트웨인의 표현을 빌리자면, 최근의 금융위기의 역사가 반복되지는 않았지만 그 운율은 반복되었다.

2011년 한여름에 이 책의 초고를 쓰기 시작하면서 내가 지난 60여 년의 금융 역사의 목격자에 그치지 않음을 이내 깨달았다. 사실 나는 가장 활발한 참여자였고, 여러 중요한 사안에 실질적인 영향을 줄 만한 위치에 있었다. 오랜 경력을 쌓는 동안 이러한 사안은 항상 내 관심사였다. 이 책은 관망자에 불과한 사람들의 이야기가 지배적인 담론이 되어서는 안 된다는 역사의식에서 출발했으며, 2007년에 시작한 금융위기를 다룬 평범한 책이 아니라 오랜 기간에 걸쳐 미국과 전 세계 기업 및 금융부문에서 일어난 격변을 자유시장 자본주의와 자본형성의 측면에서 고찰한 책이다.

빅 픽처

1장은 2011년《저널 오브 포트폴리오 매니지먼트》봄호에 기고한 〈문화의 충돌〉의 결론에서 출발한다. 이는 그로부터 불과 몇 달 전에 월가의 미국금융박물관에서 했던 강연에서 소개한 생각이기도 하다. 그 글에서 나는 단기 투기 문화가 어떻게 장기 투자 문화를 압도하게 되었는지를 중점적으로 다루었다. 한 예로 최근 몇 년 연평균 주식거래량 규모는 33조 달러에 달했다. 그러나 자본형성, 즉 신생 기업 설립, 신기술 개발, 의학적 발견, 기존 기업의 공장과 설비 개선 등에 투입된 자본은 연평균 2,500억 달러 정도에 불과했다. 달리 말해 주식시장에서 투기의 비중은 99.2퍼센트에 달했지만, 실제 자본 투자에 들어간 돈은 고작 0.8퍼센트에 불과했다.

2장에서는 자본주의 실패의 주요 원인으로 보는 이중적 문제를 고찰한다. 내가 현장에서 직접 체험한 '이중대리인 사회'는 미국 대기업 경영진과 대형 투자회사(자산운용사)라는 두 대리인이 기업의 장기적인 내재가치를 구축하기보다 주가의 단기 변동에 치중하는 '행복한 공모'를 통해 공생하는 사회를 뜻한다. 이러한 이중대리인 사회에서 두 대리인은 모두 사리사욕을 우선으로 추구하고픈 유혹을 떨쳐내지 못하고 있다. 안타깝게도 미국의 게이트키퍼(사법부, 의회, 규제 기관, 회계법인, 신용평가기관, 증권 애널리스트, 자금관리자money manager, 기업 이사는 물론 주주까지)들은 바로 눈앞에서 벌어지고 있는 일들을 알리는 의무를 다하지 못했다. 오늘날 무모하고 위험한 '금융 혁신', 몇몇 대기업의 회계 조작, 의회의 제재 없이 자격 미달인 주택 구매자에게 제공된 과도한 대출 등은 무수한 사례의 일부에 불과하다.

3장에서는 기관 투자자들(미국 연금 자산의 상당 부분을 운용하는 뮤추얼펀드사와 그 계열사인 연기금 운용사들)이 펀드 주주와 연금 수령자에게 유리한 방향으로 기업 지배구조 개혁의 권한과 의무를 다하지 못하는 현실을 다룬다. 그 사례로 '타인의 돈'을 관리하는 이들의 결함을 적나라하게 보여주는 두 가지 문제, 무분별하고 과도한 임원진의 보수와 기업의 정치헌금을 살펴본다. 이제는 운용사들이 나서서 고객의 이익을 우선시해야 한다.

뮤추얼펀드

3장까지는 일반적인 이야기를 했다면, 4장부터는 어느 정도 구체적인 내용을 다룬다. 이 장의 주제는 지난 60년 경력 동안 집중적으로 연구한 뮤추얼펀드 업계 문화의 변화다. 긴 기간 동안 펀드 자산은 25억 달러에서 12조 달러로 약 5,000배 증가했다. 한때 투자에 집중했던 전문직은 이제 마케팅에 치중하는 장사꾼이 되었다. 물론 이러한 성장은 변화를 수반한다. 그러나 뮤추얼펀드가 개인 소유에서 공동 소유로 바뀌고 금융대기업이 소유한 자산운용사의 지배권이 강화되는 등 업계 문화가 급변하자 비생산적인 변화가 일어났다. 펀드 주주 입장에서는 비극적인 변화라고 할 수 있다.

이러한 경향의 반례로는 뱅가드가 개발한 진정한 상호 구조(펀드 주주가 펀드의 소유인 구조) 뮤추얼펀드가 유일하다. 4장에서는 어떻게 이러한 상호 구조가 주효했고, 상호 구조가 뮤추얼펀드 업계의 주류가 되어야 하는 이유가 무엇인지 설명한다. 더 나아가 한때 멀쩡했던 펀드업계의 전통을 되살리기 위해, 망가진 시스템을 개혁하기 위한 변화를 제안한다. 펀드 주주의 이익을 우선시하기 위해 연방정부 차원의 수탁 의무 규범을 수립하자는 것이다.

오늘날에 투자와 관련된 수탁 의무fiduciary duty의 의미를 모르는 사람은 없다. 자본을 투자하는 운용사(대리인)의 이익보다 기업에 자본을 제공하는 투자자(주인)의 이익을 우선시하는 것이 수탁 의무다. 그러나 뮤추얼펀드 투자자가 수탁 의무의 올바른 이행 여부를 직관적으로 평가하기란 쉽지 않으므로, 5장에서는 투자자를 위해 자산운용사를 평가할 열다섯 가지 기준을 소개한다. 물론 해당 평가 기준은 뱅가드와 다른 자산운용사 세 곳을 위해 내가 직접 고안하고 '관리자 지수stewardship quotient'라는 이름을 붙인 것이기에, 반론의 여지와 오류가 있을 수도 있고 주관적이라는 비판을 받을 가능성도 있다.

인덱스펀드

1975년 나는 오늘날 '뱅가드500 인덱스펀드'로 불리는 최초의 인덱스펀드를 고안했다. 광범위한 미국 주식에 분산 투자된 포트폴리오를 최저 비용으로 운용하며 세금 효율이 뛰어난 데다 사실상 '영구' 소유하도록 설계된 인덱스펀드야말로 장기 투자의 패러다임이라는 생각에는 그때나 지금이나 변함이 없다. 뱅가드500 인덱스펀드는 현재 세계 최대 규모의 주식형 뮤추얼펀드다. 6장에서는 뱅가드500 인덱스펀드의 형성 과정을 연대순으로 서술한다. 그뿐만 아니라 인덱스펀드가 성장하여 오늘날 뮤추얼펀드 산업을 지배하게 되기까지 투자의 장점, 최저 비용, 뛰어난 성과 이력 등의 요소가 작용했음을 알리려 한다. 실제로 인덱스펀드의 자산은 주식형펀드stock fund의 총자산에서 28퍼센트를 차지한다.

다만 인덱스펀드의 독주를 향한 긴 여정에서 흥미로운 일이 발생했다. 1990년대 초에 '하루 종일 실시간으로' 거래 가능한 신종 인덱스펀드가 탄생한 것이다. 투자자들은 사실상 이러한 상장지수펀드Exchange Traded Fund, ETF(인덱스펀드처럼 주가지수와 유사한 수익률을 추구하면서도 주식처럼 언제든 매매할 수 있는 펀드)에 힘입어, ETF 최초의 지표였던 S&P 500 지수뿐만 아니라 놀랍게도 1,056가지나(!) 되는 지수를 대상으로 때때로 위험도가 높은 단기 투기에 손쉽게 참여할 수 있게 되었다. ETF의 목표는 오래전에 장기 투자자를 위해 고안했던 전통적인 인덱스펀드Target Income Fund, TIF와는 전혀 다르다.

6장의 후반부에서 인덱스투자 문화의 급격하고 놀라운 변화 현상에 대한 의견을 밝힌다. 물론 현재 시점에 ETF는 21세기 금융계의 가장 훌륭한 마케팅 아이디어다. 하지만 투자자에게도 훌륭하거나 심지어 유익한 아이디어인지는 두고 볼 일이다(놀랍게도 현재 ETF의 자산 규모가 TIF를 뛰어넘었다).

붕괴할 수 있는 퇴직연금제도

퇴직연금제도 역시 투기 광풍에 휘말렸지만 금융부문의 대다수 지도자는 현명하게 대처하지 않고 이 사실을 대수롭지 않게 여겨왔다. 7장에서도 설명하겠지만 퇴직연금제도의 주축은 사회보장제도다. 그런데 사회보장제도의 참여자들은 우리에게 국가 차원에서 제도를 개선할 의지가 있는지 혹은 이대로 참혹한 결과를 맞이할 것인지 추측할 수밖에 없다. (내가 파악한 바에 따르면 대단한 개선책이 필요하지는 않다. 간단하며 점진적인 개선책이면 된다. 이러한 점에서 우리 정치인들은 뒤늦게까지 나서지 않은 것을 부끄러워해야 한다.) 마찬가지로 기업 연기금과 지방 연기금은 미래에 연평균 8퍼센트대의 수익을 얻을 수 있으리라 예상하고 있는데, 궁극적으로 이처럼 터무니없는 착각은 분명 경제에 악영향을 끼칠 것이다.

더욱이 확정급여Defined-Benefit, DB형 연금제도가 확정기여Defined-Contribution, DC형 저축제도로 전환되는 추세를 감안할 때 제도 참여자들의 선택은 몇 가지 위험한 예측을 반영한다. 참여자의 생애에 걸쳐 얼마만큼의 수익률이 가능할지, 적극적인 운용사 중 어느 곳이 좋은 실적을 낼지, 단일 기업의 주식(자사주)이 어떠한 실적을 올리며 앞으로 살아남을 수 있을지, 자산배분은 어떻게 할지 등에 대한 예측 등이 이에 해당한다. (참여자 가운데 대다수는 지나치게 보수적이거나 공격적이다. 이러한 양극단의 중간에 지극히 상식적인 사람들은 당연 무관하다.) 나는 우리가 공공 퇴직연금제도와 민간 퇴직연금제도의 구조와 시행 방식을 개혁하지 않는다면, 금융계의 붕괴를 직면할 것이라 생각한다.

웰링턴펀드

나는 미국에서 가장 오래되고 자부심 강하며 현재 가장 성공적인 뮤추얼펀드의 하나인 웰링턴펀드의 변화를 현장에서 경험했다. 그때의 일을 소개한다는 것이 민망하면서도 자랑스럽다. 8장의 주제는 웰링턴펀드의 역사다. 나는 1951년에 대학을 졸업한 직후 웰링턴펀드에 입사했고 직원에서 간부로, CEO로, 마지막으로 1999년에는 '명예직'으로 이동하면서 현재까지 웰링턴펀드와의 인연을 이어가고 있다.

웰링턴펀드는 1928년에 설립된 이래로 ('한 가지 증권에 대한 완전한 투자 프로그램'이라는 슬로건하에) 전통적인 '장기 투자' 문화를 높이 받들었지만, 1966년 새로운 경영진의 지휘에 따라 주식시장의 호시절Go-Go Years로 대변되는 신생 투기 문화가 대세로 자리 잡았다. 이 어리석은 변화에 내 책임도 있음을 인정한다. 주식시장이 최고점에 달한 1972년 후반기에 웰링턴펀드의 펀드매니저portfolio manager들에게 쓴 신랄한 내부서신에서 나는 그러한 문화를 통렬히 비판했다.

얼마 지나지 않아 과열된 주식시장이 붕괴했고 웰링턴의 자산 규모는 80퍼센트 가까이 축소되었다. 내게는 웰링턴펀드의 설립자이자 오랜 친구이며 멘토인 월터 모건을 위해 웰링턴펀드의 본래 문화와 그가 어렵게 얻은 명성을 되살려야 할 책임이 있었다. 1978년에 쓴 내부서신에서 나는 그 구체적인 방안을 제안했고 펀드 이사회의 지원에 힘입어 장기 투자 문화로의 귀환을 강행했다. 투자자문사에 새로운 전략뿐만 아니라 주식 포트폴리오의 샘플까지 제시했다. 자문사가 그 개혁안을 받아들였고 제대로 시행했다(8장에 1972년과 1978년의 사내메일 내용의 요약이 있다).

나는 이 책의 독자를 위해 단기 투기가 실패로, 장기 투자가 성공으로 가는 지름길이라는 사실을 입증할 명확하고 현실적인 사례를 찾아 나섰다. 다행히 오랜 경력 덕분에 단기 투기와 장기 투자, 양쪽 입장을 제대로 파악할 수 있었고 그 확실한 사례로 웰링턴펀드의 역사가 적합해 보였다. 1966년 나는 당시의 어리석은 주식시장 광풍에 굴복하는 엄청난 과오를 저질렀고, CEO에서 물러나는 큰 대가를 치렀다. 그러나 뱅가드에서 새로운 역할을 맡으면서 놀랍게도 내가 망가뜨리는 데 일조했던 문화를 복구할 기회를 얻었다. 그렇게 이루어진 웰링턴펀드의 부활은 오랜 경력에서 가장 행복했던 때로 남아있다.

'경기장의 투사'

이 책은 뮤추얼펀드 현장의 관찰자가 쓴 역사서로 시작했다. 그러나 점차 금융업계의 적극적인 참여자가 쓴 회고록에 가까워졌다. 나는 이 책에서 여러 일화를 소개하면서 오랜 금융계 생활을 통해 내가 느꼈던 즐거움을 떠올렸다. 내 앞에 놓였던 수많은 도전과제를 회고할 기회였고, 그 과정에서 많은 약점을 보이고 실수를 저질렀음에도 불구하고 투자자에게 유리한 세상을 만들기 위해 발휘한 용기와 결단력을 돌이켜보는 계기였다. 물론 그러한 힘과 결단력이 상당 부분 내가 겪은 패배에서 비롯되었음을 인정한다. 그러나 솔직히 말해 그동안 거둔 수많은 승리에도 자부심을 느낀다.

이러한 맥락에서 나는 시어도어 루스벨트 대통령이 유명한 연설에서 남긴 '경기장의 투사Man in the Arena'를 떠올렸다.

관중석에서 비판이나 늘어놓는 사람은 중요하지 않다. 어떻게 해야 강한 상대를 넘어뜨릴지, 어떻게 해야 더 잘 싸울 수 있었을지 훈수나 두려는 사람도 중요하지 않다. 정말로 중요한 사람은 실제로 경기장에 선 투사다. 그는 얼굴이 먼지와 피땀으로 범벅되도록 용감하게 싸우다 실수도 하고 단점도 드러낸다. 실수와 단점이 없는 노력이란 불가능하기 때문이다. 그러나 투사는 온 힘을 다해 싸우며, 열의와 헌신을 아끼지 않는다. 그는 가치 있는 대의명분을 위해 자신을 희생한다. 승리하면 달콤한 결실을 거둘 것이고 설령 패배하더라도 대담하게 싸우다 쓰러진 것이기에, 투사의 영혼은 승리도 패배도 모르는 냉담하고 소심한 영혼과 전혀 같지 않다.

물론 내 업적이 어떻게 평가받을지는 아직 알 수 없다. 그러나 솔직히 말해 나는 남들이 어떻게 평가하든 신경 쓰지 않는다. 나는 실수도 많이 했고 기억하는 것보다 더 많은 결함을 드러냈다. 그러나 결국 패배자로 평가되더라도, 적어도 나는 내 일에 열의와 헌신을 아끼지 않았다. 또한 뮤추얼펀드 구조, 맹목적인 최저 비용 추구, 인덱스펀드, 판매 수수료 대폭 절감, 채권형펀드bond fund라는 새로운 구조의 고안 등의 아이디어가 분명히 큰 성공을 거두었고, 60년도 더 전에 프린스턴대학 시절의 논문에 썼듯이 미국 국민(투자자)을 '경제적이고 효율적이며 정직한' 태도로 섬긴다는 가치 있는 명분을 잃지 않았다. 역사의 평가를 받을 날이 머지않았다.

투자에 관한 몇 가지 조언

나는 자본주의의 여러 약점이 수면 위로 드러났으며 투자자에게 유리한 세상을 만든다는 과제를 해결하지 못한 시대에 살았다. 우리가 금융시스템을 대대적으로 개혁하지 않는다면 문제는 한층 더 심각해질 것이다. 따라서 나는 미국의 자본주의와 단기 투기 문화가 장기 투자 문화를 밀어낸 현상을 균형 잡힌 시각으로 바라보는 것이 여러분을 깨어있는 시민이자 정통한 투자자가 되어 자산을 성공적으로 축적하고 더 안정된 미래를 누릴 수 있는 희망이라고 생각한다. 그러나 오늘날의 새로운 투기의 문화에 좌절감을 느낀다고 투자 참여 자체를 회피해서는 안 된다. 그 이유는 크게 두 가지다. 첫째, 투자를 하지 않으면 나중에 아무것도 얻지 못한다. 둘째, 단기 투기의 광기가 판을 치는 세계와 무관하게 여전히 장기적으로 투자하고 공법인이 벌어들이는 이익 중 공정한 몫을 얻을 방법이 남아있기 때문이다.

마지막 9장은 내 아이디어와 역사와 일화를 끝까지 빠짐없이 읽은 독자에게 합당한 보상을 담고 있다. 9장에서 소개하는 열 가지 원칙은 장기 투자자가 원하는 투자 목표에 도달하는 데 도움을 줄 것이다. 가장 중요한 원칙은 첫 번째로 소개하는 금융시장 불변의 평균회귀RTM 법칙이다. 우리는 과거의 성공 사례를 참고하여 미래의 우수펀드를 골라낼 수 있다고 생각하는 경향이 있다. 그러나 한때 업계를 주도했지만 이내 휘청거리다 결국 무너진 대형 뮤추얼펀드사 여덟 곳의 사례를 살펴보면 그러한 생각을 바꾸게 될 것이다. 주식시장이 창출하는 수익과 상장기업이 얻는 투자 수익 사이에도 대체로 평균회귀 법칙이 적용된다. 나는 이를 입증하는 지난 세기의 데이터를 소개한다. 단기 투기꾼에게 해줄 수 있는 충고는 하나뿐이다. 그만 하라!

여러분이 이 책의 주제에 동의하든 하지 않든, 오늘날 고착된 금융 시스템의 개선을 추구하는 사람이든 아니든, 미국 자본주의의 현실에 만족하는 사람이든 불만인 사람이든 반드시 '투자'를 해야 한다. 언젠가는 망가진 기업/금융시스템을 반드시 복구해야 한다. 처칠의 말처럼 결국 우리는 "다른 가능성을 모두 시험한 이후에는 반드시 옳은 일을 하는 사람들"이기 때문이다. 이러한 맥락에서 나는 9장에서 정글 같은 금융시장을 헤쳐 나가는 데 도움이 될 지침 몇 가지를 소개한다. 내 결론은 하나다. 끝까지 버텨라!

그러므로 여러분 각자의 상식과 지혜에 비추어 내 조언이 옳다고 생각되면 이를 받아들이고 앞으로의 호황과 불황을 헤쳐 나가길 바란다. 그러다 보면 내부자의 배를 불리고 투자자의 수익을 잠식하는 부도덕한 가치관과 탐욕이 서서히 힘을 잃을 것이다. 그다음 적극적으로 나서서 자기 입장을 밝히는 투자자 군단에 합류하라. 우리 사회에 도사리고 있는 막강한 장애물에 맞서 싸우고 위대한 세계의 일원이 되어보자. 그리고 어떤 상황이 닥치더라도 끝까지 버텨보자.

1장

투자와 투기의 충돌

단타라는 이름의 도박

기업이 투기의 소용돌이에 휘말려 거품이 되고 (…) 주식시장이 도박장 같은 행태를 보일 때는 [자본주의가] 제 역할을 못 하고 있을 가능성이 크다.
— 존 메이너드 케인스

오랫동안 이 분야에 종사하면서, 나는 전통적이고 신중한 장기 '투자'가 공격적인 신흥 단기 '투기'에 밀려나는 상황을 현장에서 지켜보았다. 그러나 들어가는 말에서 간략히 소개한 경험을 돌이켜보건대 이러한 변화가 만들어낸 문제뿐만 아니라 더 넓은 시각, 역사적 관점, 설득력 있는 데이터를 통해 국가의 금융시스템을 바로잡기 위한 제안을 심층적으로 논의할 필요가 있다. 바로 이것이 1장의 주제다.

우선 금융시스템에 일어난 변화의 결과부터 살펴보자. 과학기술은 실물 세계에서 원인과 이유를 규명하는 일에 성공적으로 활용되고, 우리가 환경을 예측하고 통제하는 데 도움을 주었다. 이러한 성공에 힘입어 과학기술이 투자를 비롯한 인간의 모든 활동에 생산적으로 적용될 수 있다는 믿음이 생겨났다. **그러나 투자는 과학이 아니다.** 투자에는 우리 인간의 합리적인 행동뿐만 아니라 감정적인 행동도 개입된다.

금융시장은 너무도 복잡해서 과학 실험처럼 단일변수를 손쉽게 분리하기 힘들다. 금융시장의 기록을 보면 주가의 단기 변동 예측이 늘

정확하게 이루어진다는 증거를 찾을 수 없다. 주가는 일시적이고 실체가 없다. 이는 주식 지분 자체가 주식회사가 창출하는 이익과 주식회사의 물적 자본과 인적 자본에 대한 대대적이고 생산적인 투자의 파생물에 불과하기 때문이다('파생'이라고 하는 이유를 생각해보라).

현명한 투자자는 합리성에 대한 신뢰를 바탕으로 희망, 두려움, 탐욕 같은 감정을 차단하려 노력하고, 결국에는 지성이 승리하리라는 기대를 품는다. 희망, 두려움, 탐욕은 단기 예측에 따라 변덕을 부리는 시장에 의존하는 반면, 합리성에 대한 신뢰는 장기적인 내재가치를 바탕으로 한 실물 시장에 근거한다. 이런 점에서 장기 투자자는 '기술자'가 아니라 '철학자'가 되어야 한다. 오늘날 미국 금융부문의 심각한 모순은 이 같은 관점의 차이에서 비롯된다. '끝까지 버티는' 전략이 마켓 타이밍market timing(주식 시장의 상승과 하락을 예측하여 높은 수익률을 얻으려는 투자 행위)이나 한 종목에서 다른 종목 또는 뮤추얼펀드로 옮겨 다니는 전략보다 당연히 훨씬 더 생산적이라는 사실이 갈수록 명확해지는데도, 금융소비자와 주주는 금융회사가 제공하는 최첨단 정보 통신 기술 덕분에 투자 자산의 빈번하고 급격한 변동에 쉽게 흔들린다.

투기의 급부상

우선 내가 모든 금융 상품의 단기 매매를 대표하는 용어로 '투기spe-culation'를 선택했다는 점을 알아두길 바란다. 투기의 증대 규모를 측정하기는 어렵지 않다. 먼저 주식의 연간 거래회전율turnover rate부터 알아보자. 거래회전율이란 시가총액 대비 주식거래량의 금액을 백분율로 나타낸 것이다. 내가 1951년 대학 졸업 직후 금융계에 입문할 때만 해도 미국 주식의 연간 거래회전율은 15퍼센트 정도였다. 그 후 15년에 걸쳐 거래회전율은 연평균 35퍼센트대를 유지했다. 그러다 1990년대 후반까지 조금씩 상승하더니 2005년에는 100퍼센트를 돌파했고, 2005년에는 150퍼센트에 달했다. 2008년 거래회전율은 280퍼센트라는 기록적인 수준으로 치솟았다가, 2011년에는 250퍼센트로 다소 하락했다.

거래회전율이 어떻게 저토록 치솟았는지 잠시 검토해보자. 60년 전 내가 금융계에 뛰어들었을 때 일평균 주식거래량은 200만 주 정도였다. 최근 몇 년 동안 그보다 무려 4,250배 증가한 85억 주 정도가 날마다 거래된다. 연간 총거래량은 2조 주를 웃돈다. 달러로 환산하면 연간 거래액이 약 33조 달러가 될 것으로 추정한다. 더 나아가 이 금액은 미국 주식 시가총액인 15조 달러의 220퍼센트에 달한다. 이러한 거래량의 일부는 물론 장기 투자자가 주도한 것이다. 그러나 장기 투자로 간주되는 부분을 보면 '장기 투자'라는 명칭에 부합하는 투자는 극히 일부분이다. 뮤추얼펀드 업계를 예로 들면 액티브(시장수익률을 초과하는 수익을 올리기 위해 적극적으로 매수 및 매도하는 운용전략) 주식형펀드의 연간 포트폴리오 회전율(펀드가 1년 중 보유 중인 자산을 교체하는 속도를 측정하는 지표)은 평균적으로 100퍼센트에 이른다. 회전율 하위 5분위의 포트폴리오 회전율은 25퍼센트에도 못 미치는 반면, 상위 5분위의 포트폴리오 회전율은 무려 230퍼센트나 된다(주식시장 전체 인덱스펀드의 회전율은 7퍼센트 정도다).

고빈도 매매

주식시장의 거래회전율에는 오늘날 주요 시장 조성자market maker
〔금융시장의 유동성을 촉진하기 위해 호가창의 공백을 메워주는 역할을 맡은 시
장 참가자를 말한다. 한국에서는 22개 증권사가 이 역할을 맡고 있다. 증시 활성화
를 위해 2016년부터 시장 조성자들에게 면세 혜택을 부여하는 정책이 도입되었다가
2021년 4월 폐지되었다)의 어마어마한 거래량이 포함된다. 고빈도 트레
이더high-frequency trader, HFT로 불리는 이들은 현재 주식시장 총거래
량의 50퍼센트 이상을 차지한다고 알려졌다. HFT는 한 주당 몇 푼 되
지 않는 수수료를 받으면서 언제든 공정하게 시장 참가자들에게 유
동성과 값진 서비스를 제공할 준비가 되어 있다. 그 방법은 단 16초
동안 포지션을 유지하는 것이다. 믿기지 않겠지만 16초가 맞다. (그
러나 고빈도 매매라는 복잡한 시스템 때문에 주문을 실행에 옮기는
과정이 상당히 불공평해졌다. 규제 당국의 대응이 필요한 부분이다.)
고빈도 매매 서비스는 인버스 상품에 베팅해서 수익을 얻는(또는 그
러기를 바라는) 투기꾼뿐만 아니라 그 외 투자자의 수요도 높다. 고빈
도 매매의 유동성과 효율성을 선호하는 장기 투자자부터 주가가 일
시적으로 왜곡되어 있다는 사실을 인지하는 순간 재빠르게 움직이
는 헤지펀드매니저에 이르기까지 그 유형은 다양하다. 이와 같이 가
격발견price discovery의 기능이 있는 기법을 통계적 차익거래statistical
arbitrage라고도 하는데, 보통 복잡한 알고리즘을 활용하며 시장의 효
율성을 눈에 띄게 개선한다. 시장의 효율성은 분명 단기 투자자의 목
표이기도 하지만 장기 투자자에게도 유리하게 작용한다.

HFT가 주식시장 가격의 효율성을 증진하며 거래 단가를 놀랄 만

큼 낮은 수준으로 절감해주는 것은 사실이다. 그러나 이러한 효과는 신중한 투자자들의 희생을 대가로 하는 경우가 많다. 더욱이 시장이 미래의 주문 흐름을 파악한 트레이더들의 내부 조작에 휘둘릴 위험이 있다. HFT의 장점이 단점보다 큰지는 아직까지 확실하지 않다. 그러나 이토록 특이한 유동성이 유익하다는 주장에도 불구하고 실제로 정확히 얼마큼의 유동성이 어느 정도의 가격에 필요한지는 미지수다. "애국주의는 불한당의 마지막 도피처"라는 새뮤얼 존슨의 말을 빌려, 나는 유동성이 불한당의 마지막 도피처가 되었다고 생각한다. 그뿐만 아니라 시장이 폭락하지는 않을지, 한다면 언제 폭락할지, 유동성이 가장 필요한 시점에 HFT들이 자금을 빼내어 시장을 말라붙게 하지는 않을지 등의 의문도 점점 더 커지고 있다.

거래 활동이 크게 늘어남에 따라 시장에는 몇 가지 중요한 변칙성이 나타나고 있는데 그 주요 원인은 HFT다. 인덱스펀드index fund(특정 지수의 수익률과 동일하거나 유사한 수익률을 목표로 하는 펀드)의 거래량 역시 급증했으며 현재 ETF는 미국 주식 거래 총액의 35퍼센트라는 놀라운 비중을 차지하고 있다. 인덱스펀드나 ETF 거래로 주식의 체계적 리스크systemic risk가 커졌고 섹터를 통틀어 거래 변동성이 증가했다. 그 결과 (개별 종목의 투자 위험도를 측정하는 베타값의 상승으로 가늠해 볼 때) 주식과 주식 보유 리스크 증가 사이의 상관관계가 강해졌다.[01] 현재 주식거래량이 어마어마하게 불어남에 따라 유동성이 뚜렷이 개선되고 가격 발견의 기능이 나타난 것은 사실이다. 그러나 이

---

01 Sullivan, Rodney N and Xiong, James X., How Index Trading Increases Market Vulnerability (September 26, 2011). *Financial Analysts Journal*, Forthcoming, 자세한 사항은 6장의 각주 16을 참고하라.

러한 장점은 위에서 논한 단점과 저울질한 후 평가해야 한다. 옛말처럼, "반짝인다고 모두 금은 아니다."

완수하지 못한 사명

매년 2차 시장(이미 발행된 유가증권이 투자자들 사이에서 매매되는 시장으로, 유통시장이라고도 한다)에서 이루어지는 수조 달러의 주식 거래 활동을 1차 시장(기업이나 정부가 증권을 발행하여 일반투자자에게 매매하는 시장으로, 발행시장이라고도 한다)과 비교해보자. 2차 시장은 투기성이 강하다고 비판받을 여지가 있는 반면, 1차 시장은 이론적으로나마 자본주의에 존재 이유를 부여한다. 흔히 '자본형성'이라고 하는 기업에 대한 신규 자본 투입은 월가Wall Street의 가장 중요한 경제적 사명으로 간주된다. 이 같은 사명은 가장 유망한 산업과 기업에 투자자본을 배분하는 일을 포함한다. 여기서 '유망한 기업'이란 소비자와 다른 기업에 더 경제적인 가격에 더 우수한 제품과 서비스를 제공하는 방법을 지속적으로 모색하는 기존 기업과 신생 혁신 기업을 말한다. 대부분의 경제학자들은 그러한 자본형성 기능이 금융시스템을 정당화한다고 입을 모은다. 어찌 되었든 월가가 건전한 자본형성 과정에서 중추적 기능을 한다는 것은 금융시스템의 가치를 폄하하는 이들뿐만 아니라 주요 시장 참여자와 규제 당국의 수장들도 인정하는 바다.

- 골드만삭스의 CEO 로이드 블랭크페인은 투자은행가 중에서도 자본 형성의 사회적 편익을 강조하는 일에 애써왔다. 자신이 "신의 일God's Work"을 수행한다는 주장은 툭 던지는 농담에 불과했지만 금융 산업

이 "기업의 자본 조달, 부 생성, 일자리 창출에 도움을 준다"라는 그의 주장은 적절하다.

- 금융시스템을 비판하는 《뉴욕타임스》의 칼럼니스트 제시 에이싱어의 말을 들어보자. "금융 산업은 사람들에게 물건을 판매하기 위해 자본을 조달하는 기업 간 중개자 역할에서 한참 멀어졌다. 그보다는 스스로의 배를 채우는 기계가 되어 고객의 돈을 갈취하고 소득 불평등을 확대하고 있다. 너무 많은 사람들을 빈곤에 빠뜨린다."

- SEC 의장 메리 샤피로는 좀 더 객관적인 의견을 표명했다. "(기업이 일자리 창출, 공장 건설, 제품 제조를 위해 자본을 조달하는 장소인) 시장이 본연의 기능을 다하지 못한다면, 또한 시장이 자신의 자본을 투자 용도로 배분하는 투자자들의 합리적인 수단으로 기능하지 못한다면 시장이 무슨 소용이 있겠는가?"

그렇다면 현실적으로 자본형성은 얼마나 왕성하게 이루어지고 있을까? 우선 주식부터 생각해보자. 신생 기업에 신규 자본을 제공하는 기업공개Initial Public Offering, IPO 총액은 지난 5년 동안 연평균 450억 달러였고 자기자본을 추가로 제공하는 2차 공모secondary offering 총액은 연평균 2,050억 달러에 이르며, 주식 발행총액은 약 2,500억 달러에 달했다. 같은 기간 연평균 주식거래량은 33조 달러였다. 기업에 제공된 자기자본의 130배에 가까운 금액이다. 다시 말해, 주식 거래가 금융시스템에서 차지하는 비중은 99.2퍼센트이며 자본형성은 나머지 0.8퍼센트에 그친다. 엄청난 불균형이다! 자본형성은 월가의 사명으로 간주되었지만 결국 그 사명은 완수되지 못했다.

채권 발행 역시 금융시스템의 경제적 사명이다. 지난 10년 동안 연평균 채권 발행 총액은 1조 7,000억 달러에 달했다. 그러나 그 가운데 1조 달러를 현재는 사멸하다시피 한 자산유동화증권Asset Backed Securities, ABS과 주택저당증권Mortgage Backed Securities, MBS이 차지했다. 두 가지 유가증권은 대부분 약탈적 대출과 신용평가기관이 남발한 허위 신용등급을 바탕으로 발행되었다. 신용평가기관이 기꺼이 AAA 등급을 매겼던 MBS는 훗날 세계 금융위기 때 폭락했고 결과적으로 등급이 추락했다. 이러한 점에서 신용평가기관은 약탈적 대출 기업의 적극적인 공범이라 볼 수 있다. 나는 대규모로 발행된 주택저당증권이 자본형성이라는 신성한 사명에 조금이라도 기여했는지 의문이다.

선물과 파생상품

금융시장의 투기 광풍은 주식 종목에만 국한되지 않는다. 기초 증권underlying securities을 기반으로 가격이 정해지는 파생상품의 거래 역시 급증했다. 이를테면 2011년에 S&P 500에 연동된 선물futures의 거래 총액은 60조 달러를 넘어섰다! 이는 S&P 500 지수의 시가총액인 12.5조 달러의 5배에 달하는 금액이다. 게다가 기업이 자사 발행 채권의 이자를 제때 상환할 수 있는지 여부에 베팅하는 신용부도스와프Credit Default Swap, CDS의 명목가치만 해도 33조 달러에 이른다. 두 상품을 제외하고도 다른 파생상품의 총명목가치는 2012년 초에 정확히 708조 달러를 기록했다. 참고로 전 세계 주식시장과 채권시장의 자본총액은 그 4분의 1에도 못 미치는 150조 달러 수준에 그친다. 이러한 금융시스템을 과연 훌륭하다고 볼 수 있을까!

주가지수 선물, CDS, 원자재 상품 등의 파생상품 거래 중 상당 부분은 리스크 회피와 헤징hedging(가격변동으로 인한 손실을 막기 위해 선물시장에서 현물과 반대되는 선물 포지션을 설정하는 것)의 일환으로 이루어진다. 그러나 리스크 추구 또는 과도한 투기로 이루어지는 파생상품 거래도 적지 않다(절반 혹은 그 이상을 차지한다고 본다). 이 역시 오늘날의 투기 광풍에서 빼놓을 수 없는 요소다. 과도한 투기의 대부분은 모래처럼 부실한 기반에서 이루어지므로 건전한 금융 활동과는 거리가 멀다. 머지않아 (오래전의 튤립 파동이나 남해회사 거품 사태 같은 투기 광풍의 결말에서 알 수 있듯이) 투기는 정상화되고 금융시장 내에서의 비중도 줄어들 것으로 보인다. 그 일이 언제 어떻게 이루어질지는 확신할 수 없지만 월가에서든 도박장에서든 투기꾼들이 투기의 자기 파괴적인 특성을 인식할 날이 올 것이다.

나는 초고를 검토하다가 어느 신문에서 논란의 여지는 있더라도 예리하며(적어도 내 생각에는) 이 책의 주제를 뒷받침하는 사설을 읽고 기운을 얻었다. 다른 저자들도 나와 비슷한 경험이 있을 것이다. 특히 《이코노미스트》 2012년 3월 3일자에 실린 사설을 읽었을 때 정신이 번쩍 드는 듯했다. 박스 1.1 의 사설은 이 책의 전반적인 주제와 일맥상통한다.

박스 1.1

금융계의 기만: 본래 목적에서 이탈한 주식시장

주식시장의 주된 경제적 기능은 두 가지다. 첫째는 절약가들의 저금을 기업의 이익과 연동함으로써 경제 성장에 기여한다. 둘째는 자본의 효율적인 배분을 촉진한다. 두 장기적 목표와 주가 변동은 사실상 관련이 없다. 문제는 규제시스템이 장기적인 주식 보유보다 유동성과 거래 활동을 선호하는 방향으로 치우치고 있다는 점이다. (…) 그 결과 단기 목표에 과도한 초점이 맞춰지고 있다. (…)

설상가상으로 이처럼 빈번한 보고 탓에 임원들은 장기적인 계획을 포기하고 '수치를 앞지르는' 일에 초점을 맞출 수밖에 없다. (…) 주당순이익EPS이나 자기자본이익률ROE 같은 성과 지표가 과도한 위험 감수를 부추기는 것으로 보인다.

주주들이 그러한 불균형을 바로잡지 않은 이유는 무엇일까? (…) 개인 투자자가 아니라 전문 자산운용사가 대부분의 지분을 소유하고 있기 때문이다. 자산운용사는 기본적으로 단기 지표와 주가지수 대비 성과를 기준으로 자사 직원들을 평가한다.

간단히 말해 현재 주식시장 구조는 시장의 목적에 부합하지 않는다. 이 문제를 어떻게 시정할지는 명확하지 않다. 뚜렷한 묘책은 없다. 물론 장기 주주들에게 세금 감면 혜택이나 의결권 강화 등으로 보상을 해주는 것은 부분적인 해결책이 될 수 있다. 경영진의 보수에 대한 법규 개선 역시 해결책이 될 수는 있다. 하지만 무엇보다도 주식시장이 더 광범위한 목표를 위해 존재한다는 사실을 일깨우는 계기가 필요하다. 주식시장이 '약간 정교한 복권' 정도로 기능해서는 안 된다.

월가라는 도박장

1999년, 나는 《뉴욕타임스》에 '월가라는 도박장'이라는 제목의 논평을 기고했다. "과열된 주식 거래 활동"이 끼치는 부정적인 영향을 알리는 글이었다. 그 당시에 일평균 거래량은 오늘날의 기준으로 보면 미미한 15억 주였다. 2010년 《뉴욕타임스》는 동일한 제목의 사설을 통해 해당 주제를 다시 고찰했다. 그 사설은 한층 더 과열된 투기가 미국의 금융시장을 왜곡하고 미국의 투자자들에게 악영향을 끼치기에 이르렀다는 내용을 담았다.

투기가 어떻게 투자자 집단의 자원을 고갈시키는지 알기 위해서는 시장의 특성만 이해하면 된다. 이를테면 투자자 집단은 주식시장에서 큰 수익을 얻기는 하지만, 금융중개비용을 공제하면 이야기가 달라진다. 시장보다 높은 수익을 내는 것은 비용을 공제하기 전에도 제로섬 게임이지만 비용을 공제하고 나면 손실이 나는 패자의 게임이 된다. 우리가 주식시장에서 매일매일(결과적으로 아무런 보람 없이) 베팅할 때, 100년 전에 루이스 브랜다이스 대법관이 다른 맥락으로 쓴 문구를 빌리자면 "변변찮은 산술식의 가혹한 규칙relentless rules of humble arithmetic"이 발휘하는 힘을 얼마나 자주 망각하는지 모른다.

시간이 흐를수록 금융중개비용으로 유출되는 금액은 놀랄 만큼 커지고 있다. 그러나 그 간단한 산술식의 영향을 이해하는 투자자는 극히 드문 듯하다. 그래서 투자자들은 사실상 주식시장이 제공하는 장기 수익의 상당 부분을 잃어버린다. 거래비용, 자문 수수료, 판매 수수료, 행정비용 등을 포함한 총거래비용은 연간 2퍼센트에 불과하지만 그 장기적인 영향은 어마어마하다. 예를 들어 지금 막 투자에 입문한 청년들의 투자 기간은 약 60년 정도일텐데, 이들이 최초 투자로 수익률 7퍼센트를 달성하고 그 후로도 그 수준을 유지한다면 생애를 통틀어 총 5,600퍼센트의 수익을 얻을 것이다. 그러나 이러한 비용을 공제하면 수익률은 7퍼센트에서 5퍼센트로 떨어지고, 생애수익률은 5,600퍼센트의 3분의 1에도 못 미치는 1,700퍼센트에 그친다.

투자자 집단이 금융회사에 치르는 비용만큼의 큰 수익을 얻지 못하는 것이 투자 산업의 현실이다. 금융회사 입장에서는 이들의 비용이 곧 수익이다. 사실 투자자들은 비용을 치르지 않을 때 수익을 얻을 수 있다. 터무니없이 들릴지는 몰라도 투자자 집단이 치르는 비용이 줄어들수록 이들에게 돌아가는 수익은 커진다. 더욱이 투자자 집단이 아무런 비용도 치르지 않는다면(또는 인덱스펀드처럼 아주 적은 비용만 치른다면) 시장 수익을 온전히 손에 넣을 수 있다. 이 같은 시장의 계산법을 피할 수 있는 방법은 전혀 없으며, 이는 도박 산업이 활용하는 카지노의 계산법과 매우 흡사하다. 돈을 따는 고객의 행운은 돈을 잃는 고객의 불운으로 상쇄된다. 그러나 고객이 돈을 따든 돈을 잃든, 카지노는 모든 도박판에 걸린 판돈 중 일정 부분을 챙긴다. 라스베이거스, 폭스우즈, 애틀랜틱시티의 카지노뿐만 아니라 메가밀리언이나 파워볼과 같이 전국적으로 팽배한 복권 산업이 판돈에서 챙기는 몫은 월가나 미국의 경마 산업과 그 외 도박 산업보다 훨씬 더 크다.

물론 월가를 '카지노'라고 부르는 것은 다소 부당한 감이 있다. 월가는 카지노보다는 제대로 된 기능을 한다. 월가는 단기 투기꾼뿐만 아니라 장기 투자자들에게도 유동성을 제공한다. 게다가 앞서 언급한 대로 자본형성을 돕는다. 그렇게 형성된 자본이 오늘날의 주식거래량에 비하면 미미하지만 말이다. 그러나 시장 관계자조차 월가와 카지노가 비슷하다는 점을 인정할 정도로 그 유사성이 두드러질 때가 많다. 2010년 말에 월가의 대형 투자회사인 캔터피츠제럴드의 고위 임원이 실토한 이 말은 명백한 진실이다. "나는 라스베이거스와 월가의 차이를 모르겠다. 시간이 지날수록 우리가 손실을 입을 일은 없다. 아주 가끔씩 타격을 입을 때는 있지만 말이다."

그는 최고로 안전한(아직까지는!) 미국 국채의 거래를 최대 규모로 중개하는 캔터피츠제럴드가 라스베이거스의 신생 카지노에서 스포츠 복권 사업을 운영하는 까닭을 설명하면서 위와 같은 말을 했다. 캔터피츠제럴드의 다른 임원은 "들어오는 돈이 크다. (…) 그래서 라스베이거스 변화가로 옮겨가는 것"이라고 덧붙였다. 특히 (아직 네바다주 한정이지만) 모바일 기기로 스포츠 도박, 룰렛, 슬롯머신을 하도록 허용하는 신규 면허를 통해 큰 수익을 얻을 것으로 기대한다고 말했다. 월가에서는 이미 휴대전화로 주식을 거래할 수 있다. 그런 월가가 라스베이거스보다 한참 뒤처졌다고 할 수 있을까? 사실 현재의 연산력, 기술, 계량화, 알고리즘, 카지노 도박과는 비교도 되지 않을 만큼, 월가의 금융 도박은 어마어마한 규모를 자랑한다.

투기는 어떻게 투자를 넘어섰는가

패자의 게임인 투기가 승자의 게임인 투자를 압도하고 금융시장을 지배하게 된 것은 결코 우연이 아니다. 투자의 구성 요소에 중대한 변화가 일어나면서 투기가 촉진되었기 때문이다. 나는 과거의 소유권사회ownership society가 몰락하고 대리인사회agency society가 부상하면서 판도가 뒤집힌 것이 가장 큰 이유라고 생각한다. 1950년만 해도 개인 투자자들이 미국 주식의 92퍼센트를 소유했고 기관 투자자들은 8퍼센트에 그쳤다. 이제 그 비중이 뒤바뀌어 기관 투자자들은 70퍼센트를 소유하며 개인 투자자의 비율은 30퍼센트로 밀려났다. 즉 현재 금융회사라는 대리인이 미국 기업에 강력한 의결권을 행사하고 있다는 이야기다(대리인과 관련된 문제는 2장에서 더 자세히 다룰 것이다).

원래 연기금pension fund, 뮤추얼펀드, 이후에는 헤지펀드를 운용하던 이들 신흥 투자자/대리인들이 자신의 경제적 이해관계에 어두울 리는 없었다. 극히 드문 예외는 있지만 보통 이들은 거액의 자문료를 청구하고 단기 투자에 치중한 방침을 취하며 대리권을 이용했다. 그들은 고객들이 단기 성과를 기준으로 자기들을 평가하리라는 사실을 어느 정도 인식했다. 뮤추얼펀드사들은 이론적으로는 물론 실제로도 지속될 수 없는 반짝 성과가 자기들에게 더 높은 수수료를 안겨주므로 득이 된다는 현실을 이용했다. 기업의 연금 담당 임원들은 연금 분담액을 줄이고 단기 수익을 증대하기 위해 기대수익률을 터무니없이 높게 잡았다. 주정부와 지방정부 관료들은 임금과 연금을 인상해달라는 노동조합의 압박에 못 이겨 기업과 같은 조치를 취했을 뿐 아니라 재무 공시financial disclosure의 의무도 이행하지 않았다. 이들이 제공하지 않은 재무 공시 자료에는 장기적인 투자 성과가 형편없으리라는 예측이 (명시적으로든 함축적으로든) 담겨 있었고, 실제로 현재 그 조짐이 나타나고 있다.

거래비용의 감소

투기 과열을 부추긴 요소는 기관 소유권의 증가만이 아니었다. 거래비용의 급감 역시 투기를 촉진했다. 간단히 말해 주식을 사고파는 일이 한층 더 용이해졌다. 주식 매도에 걸림돌이 되었던 세금이 사실상 사라졌다. 막강한 주요 투자기관이 운용하는 자산 중 핵심은 연금제도와 저축제도 같은 과세유예 계좌, 재단기부금 같은 비과세 계좌에 포함되어 있었다. 뮤추얼펀드사들은 과세 대상인 고객들의 계좌조차도 거의 똑같은 방식으로 관리했다. 그들은 세금의 영향을 전혀 감안하지 않고 펀드의 주주들에게 납세 의무를 떠넘겼다. 대부분은 그 사실을 눈치채지 못했다. 이와 같이 금융 대리인들은 오랜 시간에 걸쳐 사실상 소득세와 양도소득세를 주요 마찰비용friction cost〔과거에는 신속한 주식 거래를 저지하는 역할을 했던 금융 거래 실행비용〕으로 간주하지 않고, 그 존재 자체를 무시하기에 이르렀다.

그러자 의도하지 않은 결과가 나타났다. 수수료가 대폭 줄어들어 비용이 사실상 사라진 것이다. 1974년까지만 해도 일반적으로 주당 25센트 정도였던 고정수수료는 자유시장에서의 경쟁에 따른 유동수수료로 대체되었다. 월가는 원래 자유시장 자본주의의 보루이지만 유동수수료로의 변화에 맞서 온 힘을 다해 (돈을 들여) 싸웠다. 그러나 결과는 패배였다. 게다가 2001년에 십진법화decimalization〔십진법으로 호가단위 체제를 바꾸면서 1센트 단위로 호가를 매기는 방식〕가 시행되자 주식 거래비용이 쥐꼬리만 한 수준으로 떨어졌고, 이에 따라 수수료도 최소치로 급감했다. 그럼에도 거래량이 급증하면서 월가의 수수료 수입은 과거 10년에 걸쳐 두 배로 늘어났고, 이는 수수료 인하로 인한 손해를 메우고도 남았다.

뻔한 소리일 수도 있지만 강력한 상승장에서는 대체로 투기 활동이 증가한다. 그렇다면 1982년 140포인트였던 S&P 500 지수가 2000년 1,520포인트로 10배 넘게 치솟았을 때 세금이나 수수료 같은 과거의 제동 장치가 주가수익률에 끼친 타격은 어느 정도일까? 더욱이 대량 거래의 문화가 시스템에 뿌리내린 상황에서는 S&P 500 지수가 680포인트로 추락한 2009년 봄의 하락장에서도 대량 거래의 추세를 끊어낼 수 없었다. 어떤 면에서는 과거 몇 년 동안에 일어난 사건들 때문에 투기의 속도가 빨라진 것으로 보인다.

헤지펀드 매니저와 투기꾼들

투기 문화의 발달을 가속화한 존재는 '헤지펀드'라는 신종 기관 투자자였다. 헤지펀드의 포트폴리오 회전율은 연간 300~400퍼센트에 달한다. 1949년에는 단 한 곳에 불과했던 미국의 헤지펀드가 오늘날에는 4,600개로 급증했으며, 이들이 운용하는 자산은 최전성기 당시 2조 5,000만 달러에는 미치지 못하지만 현재도 2조 달러에 이른다. 일부 헤지펀드는 놀랄 만큼 우수한 성과를 내고 있지만 파산 비율도 상당하다. 실제로 어떤 이는 헤지펀드의 파산 비율이 20퍼센트나 된다고 추산한다. 즉 매년 문을 닫는 헤지펀드가 다섯 개 중 한 개꼴이라는 이야기다. 지금까지 살아남은 곳의 실적까지 포함하면 헤지펀드의 실적은 평균보다 나을 것이 없어 보인다.

예를 들어 지난 10년 동안 헤지펀드들이 거둔 수수료 공제 후의 세전 수익률은 연평균 4.6퍼센트였다. 이에 비해 같은 기간 동안 뮤추얼펀드의 선구자인 웰링턴펀드Wellington Fund의 수익률은 6.2퍼센트였다(웰링턴펀드의 비용 구조는 8장에서 상세히 논한다). 이곳은 낮은 리스크를 추구하고 낮은 비용을 청구하는 등 견실하고 보수적으로 운용해 온 뮤추얼펀드다. '2+20'이라는 전통적인 운용 수수료 체계(연간 자산의 2퍼센트에 해당하는 수수료와 실현 수익 및 미실현 수익의 20퍼센트에 해당하는 성과급을 청구하는 체계)를 적용하면 일반적인 헤지펀드의 연간 총수익 가운데 무려 3퍼센트가 차감된다. 따라서 투자자에게 돌아가는 순수익이 미미할 수밖에 없었다.

헤지펀드가 투기 열풍을 선도하기는 했지만, 계량화와 높은 회전율을 지향하는 첨단 전략으로 빠르게 선회한 곳은 연기금과 뮤추얼펀드들이다. 그 어느 때보다도 정교해진 컴퓨터 하드웨어와 소프트웨어 덕분에 데이터가 널리 보급된 덕분이었다. 애널리스트나 경제학자들은 상대적인 가치평가relative valuation, 성장주와 가치주, 대형주와 소형주로 나누는 식의 주식 분류, 시장 모멘텀, 추정 이익의 변화와 같은 복잡한 기법을 활용하여 수없이 많은 주가 관련 데이터를 산출했다. 이러한 기법을 활용한 모형들은 모두 **양(+)의 알파**alpha(시장 평균을 초과하는 수익률)를 창출하도록 설계되었는데 지속적으로 우월한 성과의 척도로 간주되는 알파는 일종의 성배holy grail로 추앙 받기에 이르렀다. 그러나 금융계 종사자 중 '성배가 실제로 존재하는가?'라는 실존주의적 의문을 제기하는 이는 거의 없었다. 물론 성배는 없다. 투자자 집단에게 '양의 알파'란 존재하지 않고, 존재할 수도 없다. 투자자 집단이 얻는 알파는 비용 공제 전에도 0이며 비용 공제 후에는 음(-)이 된다.

그 외에 이처럼 신속한 거래 환경을 촉진한 요소는 돈이다. 여기서 '돈'이란 헤지펀드 운용사뿐만 아니라 브로커와 투자은행이나 뮤추얼펀드사가 보유한 거액의 자금을 말한다. 게다가 변호사, 매매업자, 경리, 회계사, 프라임 브로커prime broker〔헤지펀드의 설립 지원, 자금 모집, 운용 자금 대출, 주식 매매 위탁 등의 업무를 전담하는 금융회사〕, 은행원 등과 같이 고액의 보수를 받는 '카지노' 구성원의 돈 역시 한데 모여 큰 역할을 했다. 그런데 앞서 언급했듯 그 막대한 자산은 한 푼도 빠짐없이 고객(투자자)의 주머니에서 나온 돈이다.

이를 변호하자면, 현재의 투기 열풍은 미국 문화의 광범위한 변화를 반영한다고도 볼 수 있다. 미국 전역에서 전통적으로 공동체에 대한 봉사에 초점을 맞춰온 신뢰받는 직종이 갈수록 기업의 특성을 띠게 되었다. 즉 이들은 자본제공자들의 이익을 극대화하는 데 중점을 두었고 그 과정에서 이전 시대의 도덕적 가치가 희생되는 일이 많아졌다. 더욱이 처음부터 굳건히 뿌리를 내리는가 했던 도박 문화가 오래 지나지 않아 성행하게 되었다. 도박 문화는 항상 우리 사회에 존재했지만, 이 같은 현상은 고난의 시대를 겪고 있는 수많은 미국 가정이 현실 도피를 위해 도박으로 눈을 돌리면서 발생한 것으로 보인다.

주식 도박에서든 (승률이 훨씬 더 낮은) 카지노 도박에서든 상대적으로 부유한 이들이 부를 빠르게 축적할 수단을 얻었다. 저소득층 가정도 마침내 유복한 삶을 살 기회를 얻게 되었지만, 이들이 도박으로 성공할 가능성은 극히 낮다. 설상가상으로 우리는 물건을 외상으로 잔뜩 사들이는 것을 좋아하고, 미래의 궁핍보다 현재의 결핍을 해소하고 싶어 한다. 매우 부유한 사람들조차도 결핍을 느끼는 듯하다. 우리는 자신과 이웃을 비교하길 좋아한다. 현실의 벽을 극복하기가 거의 불가능하니 판에 박힌 일상에서 빠져나오려고 (승률이 낮더라도) 투기로 눈을 돌린다.

과거에도 투기를 경고하는 목소리가 있었다

이미 오래전에 전설적인 투자자 벤저민 그레이엄은 투기가 금융계에서 더 큰 역할을 담당하리라고 예측했다. 그는 1958년 뉴욕 금융분석가협회에서의 연설을 통해 다가올 변화를 설명했다. "주식 투자와 투기에 대한 현재와 과거의 근본적인 인식 사이에 몇 가지 차이"가 있다는 것이다.

박스 1.2

벤저민 그레이엄의 선견지명(1958년 연설)

과거에는 주식의 투기적 요소가 거의 전적으로 기업 내부의 사안에 그쳤다고 해도 과언이 아니다. 보통주의 투기적 요소는 불확실성이나 변동 요인, 산업의 자체적 결함, 기업의 고유한 경영 체제에 좌우되었다. (…) 그러나 최근 몇 년 새에 새롭고 무시할 수 없는 투기 요소가 기업 외부로부터 주식의 영역에 도입되었다. 이 같은 투기 요소는 주식을 매매하는 일반인과 그에게 자문을 제공하는 전문가, 주로 증권 분석가의 태도와 관점에서 비롯되었다. 이들의 태도는 한마디로 미래 예측에 무게를 두는 것이다.

미래에도 성장이 지속되리라는 예측에 따라 고급 수학 공식을 적용하여 인기 있는 주식의 미래 가치를 예측하는 흐름이 생겨났다. 그러나 정확한 공식과 지극히 부정확한 예상을 조합하면 사람들의 기

대에 부응하는 수치를 무한정 높게 산출하거나 정당화할 수 있다.

　이익성장률에 대한 낙관적인 예측, 이러한 성장이 미래에도 이어지리라는 장기 추정, 복리의 경이로운 작용이라는 세 가지 요소를 생각해보라! 애널리스트 입장에서 이 요소들은 '좋은 주식'의 기준에 부합하는 가치를 원하는 대로 산출하거나 정당화할 수 있는 현자의 돌philosopher's stone(어떤 물질이든 금으로 바꾼다는 전설의 돌)이나 다름없다.

　수학은 흔히 정확하고 믿을 만한 결과를 산출해내는 학문으로 간주된다. 그러나 주식시장에서는 정교하고 난해한 수학 공식일수록 불확실하고 투기적인 결론을 이끌어낸다는 것이 정설이다. (…) 금융회사 관계자가 미적분이나 대수학을 들이미는 것은 일종의 경고 신호로 받아들여야 한다. 경험의 영역을 이론으로 대체하려고 할 뿐만 아니라 투기에 투자라는 허울을 덮어씌우려는 시도이기 때문이다.

　혹시 투자자와 증권 분석가가 지식의 나무에서 선악과를 따먹은 것은 아닐까? 그 때문에 유망한 주식을 합리적인 가격에 취할 수 있는 에덴동산에서 영원히 추방된 것은 아닐까?

그레이엄이 말한 '선악과'의 비유는 그가 계량화가 불가능한 것을 계량화하고 부정확성을 정확성으로 위장하는 현상에 대해 깊이 우려했음을 드러낸다. 그레이엄이 이 연설을 했던 1958년만 해도 '계량투자'라는 선악과를 따 먹은 대가가 무엇인지 명확히 밝혀지지 않았다. 그러나 신흥 투자 행태였던 1990년대 후반에 이르러 계량투자는 시장에서 지배적인 투자 행태로 자리 잡았고, 그 후로도 투기의 원동력이 되어 미국의 금융시장을 잠식하고 있다. 이제 에덴동산은 어디에서도 찾아볼 수 없다.

존 메이너드 케인스의 혜안

벤저민 그레이엄이 기념비적인 연설을 한 1958년보다도 몇 년 전에 어느 전설적인 인물이 과도한 투기를 경고한 바 있다. 영국의 위대한 경제학자 존 메이너드 케인스는 명확하고 단순한 표현으로 투자와 투기를 확실하게 구분 지었다.

> 금융시장의 문화 변화, 즉 광범위한 분야에서 투자보다 투기가 우세해진 추세와 시장 참여자 다수의 행태, 가치관, 윤리의식 변화는 우리 금융시장의 본질적인 변화에서 비롯되었다. 이 같은 변화는 부지불식간에 '무엇이 투자인가'에 대한 뚜렷한 관점 차이를 반영하며 두 가지 판이한 시장이 존재함을 알려준다. 하나는 내재적 기업 가치를 중심으로 하는 실질시장real market이며, 다른 하나는 순간적인 주가를 중심으로 하는 기대시장expectation market이다.

공교롭게도 나는 프린스턴대학 경제학부에 있을 때 처음 케인스의 이론을 접한 이후 두 시장의 차이를 연구했다. 1951년 대학교 3학년 때 썼던 논문은 《포춘》의 1949년 기사에서 영감을 얻은 것으로 당시에 "소규모였지만 논쟁의 소지가 있었던" 뮤추얼펀드 산업을 주제로 했는데, 나는 케인스의 명확한 분류를 인용했다. 케인스는 "생애 전반에 걸친 자산의 기대 수익을 예측하는" 사업과 "시장의 심리를 예측하는" 사업을 구분했다. 지금 나는 전자를 '투자'로, 후자를 '투기'로 칭한다.

투기가 투자를 구축한다

케인스는 주식의 단기 투기가 늘어남에 따른 사회적 파장을 우려했다. 그는 1936년에 "관습적인 주식의 가치 평가는 무지한 개인 다수의 군중심리에 의해 형성되는 만큼 군중심리의 급격한 변화에 따라 급격하게 뒤바뀔 여지가 있다. 군중의 의견은 때때로 예상 수익prospective yield에 실제로 큰 영향을 주지 않는 요소 때문에 동요하기 때문이다. (…) 그 결과 낙관론과 비관론이 비이성적인 수준으로 팽배해진다"라고 썼다.

이어서 케인스는 "일반 개인 투자자보다 우월한 판단력과 지식을 갖춘 전문가조차 투자 생애에 걸쳐 발생할 가능성이 있는 기대수익률을 제대로 예측하는 일보다 대중보다 한발 앞서 관습적인 평가 가치의 변화를 예측하는 일에 관심을 기울이게 됨에 따라" 이 같은 추세가 강화되리라는 것을 정확히 예측했다. 케인스는 그 결과 주식시장이 "장기간에 걸친 투자의 예상 수익을 예견하기보다는 앞으로 수개월 후에 대한 관습적인 가치 평가의 근거를 먼저 제공하기 위해 기지를 겨루는 전쟁터"가 될 것이라고 경고했다.

나는 논문에서 케인스의 문장을 그대로 인용한 뒤 무모하게도 그 위대한 경제학자와 반대되는 의견을 펼쳤다. 자산관리사들이 "규모가 더 큰 뮤추얼펀드 산업"이 될 것이라는 내 예측은 어쨌거나 결과적으로 정확히 맞아떨어졌다. 더 나아가 나는 "지분 가치(주식 가격)의 공개적인 평가(케인스가 말한 '**투기**')가 아니라 사실상 기업(케인스가 말한 '**사업 활동**')의 고유한 성과에 근거하여 **안정적이고 정교하며 현명하고 분석적인** 증권 수요를 제공할 것"이라는 예측을 덧붙였다.

그러나 내 예측과는 달리 현재 전문 투자자들의 안정적이고 정교하며 현명하고 분석적인 수요는 극히 예외로만 존재한다. 현실은 내 예측과 정반대였다! 냉소주의자에 대한 오스카 와일드의 정의를 빌리자면 미국의 자금관리자들은 "모든 사물의 가격은 알지만 그것의 가치는 모르는 듯"하다. 펀드 산업이 걸음마 단계를 벗어나 성숙했음에도 내 예측과 달리 안정적이고 정교하며 현명하고 분석적인 수요는 전혀 실현되지 못한 반면에 투기 수요는 급증했다. 그 논문을 쓰고 60년이 흘렀다. 이제 나는 케인스의 세련된 냉소주의가 옳았고, 보글의 미숙한 이상주의가 틀렸다는 명백한 진실을 인정할 수밖에 없다. 케인스와 보글의 승부는 1 대 0, 케인스의 승리로 끝났다. 그렇다고 케인스가 예언한 시스템이 영원히 승승장구하도록 내버려두어서는 안 된다.

사회계약론의 수정

오늘날 장기 투자보다 단기 투기에 기반하는 문화가 성행함에 따라 그 파장이 금융부문의 좁은 테두리를 벗어나 곳곳에 미치고 있다. 이러한 현상은 시장을 왜곡할 뿐만 아니라 결과적으로 기업의 경영 방식까지 왜곡한다. 예측을 불허하는 세상에서 시장 참여자가 단기 성과와 예상 수익을 요구하면 기업은 그 요구에 부응하려 한다. 이러한 경우 기업은 '수지타산을 맞추기' 위해(종종 회계 장부를 조작하기 위해) 직원을 감원하고 경비를 삭감하며 R&D 투자를 재고하고 인수합병을 감행하라는 압박에 시달리게 된다.

기업이 단기 투기꾼의 강요에 못 이겨 실질시장의 주주들이 제공한 자본의 내재가치가 아닌 기대시장이 정해놓은 주가에 의해 가치평가된 자본수익을 얻으려고 시도하면, 두 가지 역할(단기 수익과 예상 수익)을 완수하기가 거의 불가능해진다. 실제로 이러한 시도는 기업의 직원, 지역사회, 그들이 제공하는 제품과 서비스의 품질뿐만 아니라 기업의 장기적인 생존 능력에도 심각한 타격을 줄 수 있다. 기업이 월가의 기대와 요구를 맞춰주는 일에 치중하다보면, 갈수록 까다로워지는 고객의 요구에 부합하는 제품과 서비스의 제공에 소홀해지고, 결과적으로 사회에 대한 봉사라는 기업 본연의 의무를 다하지 못할 가능성이 크다. 그러나 고객과 사회 전반에 대한 기업의 봉사야말로 자유시장 자본주의의 궁극적인 목표다.

이보다 더 중요한 점은 오늘날 기업이 경영진과 소유자 사이의 필수불가결한 연관성을 대부분 상실했다는 사실이다. 소유자에게는 경영진의 이익보다 자신의 이익을 앞세울 수 있는 가장 중요한 특권이 있다. 그러나 대개 주식을 단기간 빌리는 사람들은 기업 경영진이 주주의 이익을 우선시하는지 확인하는 일에 큰 관심이 없다. 주식을 장기간 소유한 이들조차 주식 소유자로서의 권리와 의무를 행사할 생각이 없는 듯 보인다.

앞서 설명한 대리인사회는 기업 지배구조에 깊숙이 관여하지 못했다는 점에서 제 임무를 완수하지 못했다. 이때 자산운용사가 중대한 개혁에 앞장서야 한다. 신통치 않은 자본이익률을 내는 (경영진이 운영하는) 기업의 주식은 팔리지도 않고 판매해서도 안 되기 때문이다. 인덱스펀드의 중요성이 갈수록 커지는데도 대부분의 자산운용사는 대리인 제안, 이사 후보 지명, 임원 보수 책정, 적극적인 경영 지원 등과 같이 좀 더 강력한 행동을 취하기는커녕 개혁 자체를 꺼린다.

보수 문제

이번에는 임원의 보수를 생각해보자. 기업 임원들의 보수는 터무니없이 높지만 주주들은 그 사실을 간과하는 경향이 있다. 기업의 정치후원금도 생각해보자. 펀드의 주주들에게는 정치후원금 내역이 완전히 공개되지 않는다. 그 이유 중 하나는 기관 투자자들의 실제 목표가 펀드의 주주 및 연금수령자와 일치하지 않는 경우가 대부분이기 때문이다. 기관 투자자들은 자신이 관리하는 기업의 임원들과 마찬가지로 자기 이익을 우선시하고 대리인으로서의 위치를 악용하는 경향이 강하다(다음 두 장은 기업을 관리하고 거액의 투자 자금을 운용하는 대리인과 기업 지배구조에 대한 참여를 상세히 다룬다).

미국에서 가장 큰 금전적 보상을 받는 이들은 고객의 가치를 빼먹는 투자 공동체이며 사회에 가치를 더하는 기업 공동체는 그보다 훨씬 더 작은 보상을 받는다는 것은 현대 사회의 최대 역설 중 하나다. 궁극적으로 이와 같은 시스템은 사회에 불협화음을 일으키고 소득 최상위 계층과 수많은 가정이 속한 최하위 계층 간의 격차를 사상 최대의 수준으로 확대하여 대중의 공분을 산다. 예를 들어 미국의 최상위 가구 0.1퍼센트(약 15만 가구)가 번 소득은 나머지 1억 5,000만 가구가 버는 합계 소득의 10퍼센트에 달한다. 1945년부터 1980년까지만 해도 그 비율은 3~4퍼센트였다. 또한 15만 가구 중 월가에서 재산을 축적한 가구가 3만 5,000가구에 이른다는 사실은 놀라운 일도 아니다.

가치 창출과 가치 갈취

미국의 금융시스템이 방조한 왜곡 사례를 하나 더 살펴보자. 미국 땅에서 가장 우수하고 똑똑한 젊은이 가운데 상당수가 과학자, 의사, 교육자, 공무원이 되기보다 엄청난 금융 인센티브를 제공하는 투자 산업에 이끌리고 있다. 이처럼 막대한 보상 때문에 더 생산적이고 사회적으로 유익한 직업을 택해야 할 중요한 인적 자원이 금융계로 쏠리고 있다. 공학 분야에서조차 본질적으로 지대 추구rent-seeking 성격이 강한 '금융' 공학이 토목, 전기, 기계, 항공 등의 '실물' 공학보다 우세한 추세다. 이 같은 추세가 지속된다면 결과적으로 미국의 부, 성장률, 생산성, 국제 경쟁력에 타격이 갈 것이다.

　마지막으로 투기가 국가의 재정을 장악하면 기업 본연의 임무이자 궁극적으로는 국가의 존속이 달린 기업의 가치 창출에 맞춰져야 할 초점이 주가라는 신기루로 쏠리게 된다. 미국 투자부문의 연간 지출액인 6,000억 달러 중 도박이나 다름없는 투기에 너무 많은 돈이 투입된다. 당사자들은 지식과 정보에 근거한 도박이라 주장할지는 몰라도 특정 기업이 기지와 지혜와 알고리즘을 이용하여 다른 기업보다 지속적인 우위를 점유할 수 있다는 개념에 돈을 거는 것은 여러 차례 입증된 바와 같이 악성 도박에 불과하다(지속적인 우위를 규칙적으로 달성할 수 있다는 근거는 어디에도 존재하지 않는다). 그러므로 전 세계 금융 중심지에서 벌어지는 일 대부분이 "사회적으로 쓸모없는 행위"라는 영국 금융감독청장 데어 터너의 말에 동감하지 않을 수 없다. 나 역시 "주식시장은 투자 산업에 가장 큰 혼란을 유발하는 요인"이라는 말로 비슷한 지적을 하곤 했다.

나 외에도 금융시장에 투자 대신 투기의 문화가 판을 치는 현상을 우려하는 사람은 많다. 실제로 나는 전설적인 금융경제학자 헨리 코프먼의 철학과 내 철학이 일치한다는 사실에 자부심을 느낀다. 코프먼은 내가 긴 이력을 쌓는 동안 존경해온 멘토 가운데서도 최고로 꼽을 정도로 지혜로운 경제학자다. 다음은 그가 2001년에 쓴 《화폐와 시장에 관하여On Money and Markets》에서 발췌한 것이다. 예전에 출간된 책이지만 미국의 경제, 사회, 지역사회를 강타한 2008년 세계 금융위기 이후 한층 더 강력하게 우리 사회의 정곡을 찌르는 내용을 담고 있다. 지금이야말로 코프먼의 지혜를 마음에 새겨야 할 때다.

박스 1.3

시대를 초월한 헨리 코프먼의 지혜

미국은 금융 보수주의와 금융 기업가 정신의 적절한 균형이 잡히지 않은 국가다. 광범위한 두 금융 집단에는 근본적이고 뿌리 깊은 갈등이 있다. 금융 집단 스펙트럼의 한쪽 끝에는 시장에서의 현상 유지를 선호하며 신중함, 안정성, 안전성, 건전성 등의 전통적인 가치를 중시하는 금융 보수주의자들이 있다. 그 반대편에는 금융 기업가들이 있다. 경제적 우위를 차지하기 위해 쉴 새 없이 시장의 변칙성과 불완전성을 찾아다니는 '리스크 테이커'들이다. 이들은 기존 법률과 규제를 만만하게 생각해서 언제든 이를 시험하고 뒤집으려 한다.

지난 세대에 현대적인 계량경제학 기법이 개발된 덕분에 투자자와 자산운용사는 금융 추세와 행태를 예측할 수 있다는 자신감을 얻었다. 계량경제학자들은 금리, 주가, 인플레이션, 실업률 등의 움직임을 예측하기 위해 과거의 데이터를 취합하고 분석할 뿐만 아니라 현재의 변수를 고려한 모형을 구축한다. 그러나 금융부문에 열풍이나 공황이 발생할 때 이 같은 기법은 사실상 무용지물이 된다. 이유는 간단하다. 대부분의 계량경제학 모형은 정상적이고 합리적인 행동에 대한 가설을 토대로 한다. 그러나 시장에 광풍이 불 때는 논리적이고 분석적인 사고방식이 힘을 얻지 못한다. 그처럼 과열된 시장은 오만, 흥분, 공포, 비관론처럼 기존 모형이 헤아리지 못하는 정서에 휘둘리는 경향이 있다.

금융업계 종사자들은 다른 사람들의 돈을 수탁하는 만큼 그 누구보다도 큰 책임을 떠안는다. 그러나 최근 수십 년에 걸쳐 형성되었으며 빠른 속도로 힘차게 돌아가는 환경에서는 수탁인으로서의 기본적인 의무를 망각한 종사자들이 많다. 금융 수탁 개념은 그 자체로 일종의 게임이자 목표가 된 객장의 열기에 휩싸여 간과되곤 한다. 분석에 따르면 무분별한 금융 기업가 정신이 대세가 되면서 경제적 편익보다 훨씬 더 큰 비용이 발생하는 경우가 많다. 기업 혁신과 전통적인 가치관(신중함, 안정성, 안전성, 건전성) 사이의 불균형을 바로잡아야만 경제의 비용 대비 편익 비율을 개선할 수 있다

오늘날의 금융 공동체는 극심한 기억상실을 앓고 있다. 월가 금융 종사자 대부분이 '혁신'과 수익 경쟁을 위한 무책임한 행동의 폐해를 깨닫지 못하거나 망각했다. 한때 대학의 경제학부생들은 기업 경영

의 역사와 금융의 역사에 대한 강의를 수강해야 했다. 경제학사와 경제사상사는 경제학과의 주요 과목이었다. 그러나 그것도 오래전 이야기다. 새로운 계량화 기법에 정신이 팔린 경영대학원들은 역사 관련 강의를 한참 전에 폐강했다. 경영의 정성적인 측면(윤리, 기업 문화, 역사)과 관련된 과목은 뒷전으로 밀려나거나 너무 '비과학적이고 비실용적'이라는 이유로 폐지되었다. 그러나 역사를 장기적인 관점으로 바라보아야만 지속적이고 중요한 추세와 일시적이고 덧없는 추세를 구분할 수 있다. 역사는 인간의 다른 활동에 대해서도 그렇지만 금융에도 귀중한 교훈을 전달해준다.

투자부문 균형의 회복

미국의 금융부문은 경제의 생산부문과 여러모로 다르게 돌아가지만, 두 부문은 서로 불가분의 관계에 있다. 경제학자 하이먼 민스키는 "금융과 산업의 발달은 공생적 관계를 맺고 있으므로 금융계의 발전은 경제 역동성 형성에 필수 불가결한 역할을 담당한다"라고 지적했다.

따라서 오늘날처럼 투기가 판치는 현상을 바로잡으려면 분석뿐만 아니라 시정 조치가 필요하다. 실제로 투자보다 투기에 쏠린 금융 불균형을 개선하기 위한 여러 조치가 있다. 모두 바람직한 조치이긴 하지만 합리적인 분석을 통해 효과가 검증되어야 할뿐만 아니라 기득권층의 저항을 이겨내야 한다. 이제 그 가능성과 투자와 투기의 불균형을 잡을 수 있을 때 얻는 사회적 편익은 무엇인지 검토해보자.

세금 정책과 금융 거래

앞서 알아보았듯이 마찰비용은 이전 시대의 투자 과열을 완화하는 데 기여했다. 이제는 그 대체재로서 세금을 재도입하는 방안을 고려할 수 있다. 몇 년 전에 워런 버핏은 (훗날 농담이라고 했지만) 과세 대상 투자자와 과세유예 투자자가 얻은 단기 차익에 세금을 매기자고 제안했다. 그 대신에 제임스 토빈 교수가 주장한 것처럼 일괄적인 소득세보다는 금융 거래액의 0.01~0.05퍼센트 정도에 매매세를 부과하는 것이 고려되어야 한다. 과세대상은 주식을 매매한 매수인과 매도인이되, 시장 조성자에게는 부과하지 말아야 한다. 이는 일종의 피구세Piguvian tax[02]이자 사실상 바람직한 행위를 유도하기 위한 죄악세sin tax이며 기관뿐만 아니라 경제학자에게도 호응을 얻지 못하고 있다. 그러나 그 개념을 검토해볼 필요는 있다. 이보다 좀 더 온건한 제안은 단기 손실에 대한 세금 공제를 불허하자는 것이다. 이 역시 고려할 가치가 있다. 물론 이러한 조세 개혁의 결과로 시장의 유동성에 부정적인 영향이 끼쳐 거래량이 줄어들 가능성이 크다. 그러나 오늘날처럼 엄청난 거래회전율과 반세기 전의 수준을 훌쩍 뛰어넘는 거래량이 우리 사회에 정말로 필요한 것일까?

주식 단타 수익에 대한 세금 역시 고려해야 한다. 100여 년 전 시어도어 루스벨트 대통령은 우리 사회에 유익한 활동과 무익한 활동을 구분했다. 그는 투기꾼을 "제대로 된 노동이 아니라 도박을 통해 이익을 추구하는 인간"으로 정의했다. 앞서 '카지노'의 예시에서 알아보

---

02 영국의 경제학자 아서 세실 피구의 이름을 딴 교정적 조세를 말한다.

았듯이 단타 매매가 도박과 비슷하다면 단타 수익에 더 높은 세율을 적용하지 않을 이유는 무엇인가? 그러나 우리는 앞서 언급한 헤지펀드의 '캐리트레이드'(금리가 상대적으로 낮은 국가의 통화를 차입해 금융 자산 포지션을 늘리는 행위)보다 훨씬 낮은 세율이 적용되는 이상한 세상에서 살고 있다. 이 같은 소득에는 일반 근로소득에 적용되는 높은 세율이 아닌 장기적인 자본소득에 적용되는 최소 세율만이 적용된다. 나는 미국의 국회의원들이 이처럼 부조리하고 불공평한 세금 지원을 폐지하지 않는 이유를 이해할 수 없다. 높은 보수를 받는 주식 트레이더들에게만 특혜를 주는 격이다. 그에 비해 귀중한 제품과 서비스를 제공하여 미국이 전 세계의 부러움을 살 정도로 높은 생활수준을 유지하는 데 기여하는 근로자들은 아무리 땀 흘리며 일하고 머리를 써도 낮은 보수를 받는 데다 세금 혜택도 받지 못한다.

레버리지 심화 규제, 파생상품의 투명성, 금융 범죄의 처벌 강화

우리에게는 좀 더 강력하고 합리적이며 지혜로운 규제가 필요하다. 가능하다면 원칙 중심 규제를 활용하고 그 외에는 규칙 중심 규제(국제회계기준은 원칙 중심, 미국회계기준은 규칙 중심이다)를 도입해야 한다. 물론 정부가 금융부문을 운영해야 한다는 이야기는 아니다. 그러나 나는 금융계에 대한 정부 차원의 규제를 불가피한 비용으로 받아들일 용의가 있다. 정부 활동 역시 본질적으로는 가치 창출보다는 지대 추구에 가깝기 때문이다. 규제가 필요한 이유는 다음과 같다.

- 차입 자본과 포트폴리오 품질에 대해 더 엄격한 한도를 도입하고 시

행하기 위해.

- 모든 파생상품 거래에 공개보고서를 제출하도록 하는 등 불투명한 관행을 투명하고 공개적인 형태로 바꾸기 위해.
- 내부자 거래, 이해충돌, 최근에 놀랄 만큼 성행한 폰지 사기 같은 명백한 범법 행위를 사전에 차단하거나 적어도 최소화할 수 있을 정도로 강력한 법규를 마련하기 위해.

2010년에 시행된 도드-프랭크 금융개혁법은 그 가운데 몇 가지 문제를 해결하는 일에 중점을 둔 법이다. 파생상품의 투명성 강화나 은행 자본 요건 개편은 당연히 바람직한 조치일 것이다. 그러나 은행의 자기자본거래proprietary trading를 제한하기 위해 민주당과 공화당, 개혁주의자, 은행가, 로비스트 등이 치열한 협상을 벌인 끝에 제정한 규정은 복잡하고 두루뭉술하기 짝이 없다(170개 세부 규칙이 아직도 제정되지 않은 상태다). 나는 예전처럼 **상업은행**deposit taking bank과 **투자은행**investment bank을 분리하는 간단한 조치만 취하면 많은 문제가 해결되리라 생각한다. 1933년에 제정된 글래스-스티걸법〔상업은행과 투자은행의 업무를 분리하도록 한 법〕은 서서히 영향력을 잃다가 1999년에 폐지되었지만, 그 이전까지만 해도 실효성이 있었다.

금융부문에서는 너무나 많은 범죄가 자행되지만 이에 대한 처벌은 충분하지 않다. 나는 고객의 신뢰를 악용한 화이트칼라 범죄자white-collar criminal에게 지금보다 더 강력한 처벌이 내려져야 한다고 생각한다. 나는 도청까지 활용하면서 내부자 거래를 기소하고 법을 어겨도 빠져나갈 수 있다고 믿는 고위급 임원을 상대로 어려운 승리를 거둔 연방정부 당국에 경의를 표한다. 현재와 같은 징역형 선고는 그 어떠한 형태의 처벌보다도 더 효과적으로 범죄자를 저지할 수 있을 것이다. 그 외에도 제대로 된 규제를 위해서는 이번 장에서 제기한 문제에 관해 좀 더 정확한 데이터가 필요하다. 건전한 규제는 투명성을 증진할 수 있다. 도드-프랭크 금융개혁법의 일환으로 신설된 금융조사청OFR은 큰 도약의 발판이 될 것이다. 같은 시기에 신설된 금융소비자보호국BCP 역시 도입 초기에는 추악한 정치적 공방이 있었지만, 이제 최소한 제구실은 하고 있다.

게임의 규칙

게임의 규칙과 참가자의 행동 역시 규제 대상이 되어야 한다. 그러나 나는 정부가 그 어떠한 경우에도 시장의 자유 기능에 간섭하지 않는 것을 대원칙으로 삼아야 한다고 본다. 연준이 주식의 내재가치와 상관없이 "주가 상승"을 비롯해 자산 가격을 올리겠다는 의지를 내비칠 때마다 얼굴을 찡그리게 된다.

나는 공매도에 대한 실질적인 한도를 설정하자는 주장 역시 재고할 가치가 없다고 생각한다. 가장 중요한 원칙은 적극적이고 정보가 풍부한 매수자와 적극적이고 정보가 풍부한 매도자(보통 매수자보다 정보가 많다)가 합의한 가격에 거래가 이루어지도록 시장에 청산을 맡기는 것이다.

개인 투자자들은 각성해야 한다. 애덤 스미스가 말했듯이 자신의 이익을 한껏 추구해야 한다. 물론 그러기 위해서는 개인 투자자들 사이에 한층 더 지혜롭고 명확하며 예리한 담론이 형성되어야 한다. 투자자들에게 투자의 냉혹한 현실을 알려주는 교육 캠페인이 필요하다. 투자자들은 장기 복리 수익의 마법뿐만 아니라 궁극적으로는 비용이 수익을 집어삼키는 장기 복리 비용의 폭정도 이해해야 한다(이장 앞부분에서 그 이유를 설명했다). 또한 투자자들은 현명한 자산배분과 분산 투자의 가치를 이해해야 한다. 명목수익률이라는 허상과 인플레이션을 감안해 보정한 실질수익률이라는 현실 사이의 큰 차이를 깨달아야 한다. 카지노 도박처럼 단기 투자가 궁극적으로는 패자의 게임이라는 사실을 인식해야 한다. 수많은 시장 참여자의 행동 결함으로 발생하는 비용을 가늠해야 한다. 앞서 언급한 대로 **투자자본은 대체로 투자자보다 더 좋은 성과를 거둔다.**

　자금관리자/대리인은 장기 투자에 주안점을 두고 '다른 사람들의 돈'을 맡아서 관리하는 수탁자로서 신중하게 행동해야 한다. 금융 기관 역시 수탁자이므로 마찬가지다. 투자 전문가는 자산 실사에 한층 더 정확을 기해야 한다. 투자의 기본에 초점을 맞춰야 한다. 기업 경영의 권리와 의무를 떠맡을 필요가 있다. 자금관리자/대리인은 지분이 있는 기업이 투자자에게 유리한 방향으로 운영되도록 능동적으로 임해야 한다. 자산운용사는 수탁대리인으로서 투자자를 위해 일해야 하기 때문이다. 그런 면에서 연방정부에서 수탁자의 수탁 의무에 관한 기준을 제정하는 것은 개선책이 될 수 있다. 이러한 연방정부 기준에는 장기 투자에 대한 집중, 증권 선택에 대한 실사, 기업 경영 참여, 합리적인 수수료와 비용, 이해충돌의 해소 등의 내용이 포함되어야 한다(3장과 4장에서 수탁 의무라는 주제를 다루고 그 의무 이행 수준을 평가할 기준에 대해 설명한다).

　마지막으로 (놀라운 이야기일 수도 있지만) 금융회사의 관리자는 고객의 이익을 중시하는 사고방식을 습관화하여 행동과 가치관으로 보여주어야 한다. 현재나 미래나 금융부문의 지도자에게는 (가장 부족한 자질인) 내적 성찰이 필요하다. 금융부문에는 도덕성과 지혜가 있을 뿐만 아니라 역사까지 이해하는 지도자가 필요하다. 금융부문의 현재 환경, 관행, 특성을 이해하고 수십 년 후의 청사진을 그려볼 수 있는 지도자가 나타나야 한다. 한마디로 금융부문의 과거, 현재, 미래를 모두 제대로 파악하는 지도자여야 한다. 현재의 금융시스템이 투자자, 공동체, 사회 전반에 유리하게 설계되어 있을까? 더 나은 시스템을 설계할 수 있다면 금융업의 미래를 걱정하는 사람들이 지금 당장 공개적으로 나서야 하지 않을까? "내가 나를 위하지 않으면 누가 나를 위해 나서줄 것인가? 그리고 내가 다른 사람을 위하지 않는다면 내가 존재하는 이유는 무엇인가? 지금이 아니면 언제 위할 것인가?"라는 랍비 힐렐의 격언을 되새겨야 할 것이다.

목표는 관리자 자본주의

우리는 자본형성 의무, 투기꾼뿐만 아니라 장기 투자자들에게 유동성을 공급해주는 능력, 1억 5,000만 명에 이르는 미국 개인 투자자에 대한 의무를 이행하기에 적합한 금융부문을 모색해야 한다. 또한 관리자 문화와 먼 미래까지 아우르는 사고방식이 도를 넘은 투기, 단기 투자, 상술, 마케팅의 문화를 지배하는 투자부문을 구축해야 하며, 신탁 업무와 수탁 의무가 (오늘날의 시스템과는 정반대로) 장기적인 투자에서 **주역**을 담당하고 기업 혁신과 투기가 **조역**에 그치는 문화를 모색해야 한다. 이처럼 좀 더 균형 잡힌 문화가 형성되면 미국의 금융부문은 투자자에게 경쟁력 있는 비용으로 충분한 수익을 벌어다주는 동시에 합리적인 리스크를 감수하는 등의 임무를 좀 더 충실히 이행해야 한다. 우리 금융계의 의무는 기업이 투자 기간 동안 창출할 수 있는 수익의 공평한 몫을 궁극적으로 미국 경제에 자본을 제공하는 주체인 가계에 제공하도록 하는 것이다.

자유시장 자본주의 시스템은 이미 사면초가에 몰린 데다 앞으로도 더 위태로울 것이다. 앞서 인용했던 대로 "기업이 투기의 소용돌이에 휘말려 거품이 되고 (…) 주식시장이 도박장과 같은 행태를 보일 때는 자본주의가 제 역할을 못 하고 있을 가능성이 크다"라는 케인스의 경고가 적중했다. 우리 개개인이 이번 장에 제기된 문제를 어떻게 느끼든 분명한 사실은 우리 중 그 누구도 문제를 직접 해결할 수 없다는 점이다. 자유시장 자본주의는 경제적 자원, 리스크, 보상의 배분에 가장 적합하게 설계된 시스템이다. 2장에서는 자유시장 자본주의의 정상적인 기능이 어떻게 상당 부분 훼손되었는지를 알아볼 것이다.

2장

이중대리인의 행복한 공모

투자자의 이익을 가로채는 자들

주식시장은 단기적으로 인기투표 집계지만 장기적으로는 가치를 재는 저울
이다.

　　　　　　　　　　　　　　　　　— 벤저민 그레이엄,《증권 분석》

나는 현재 낙관론이 만연한 이유를 기업의 관리자, CEO, CFO, 이사, 감사,
변호사, 월가 투자은행가, 셀사이드 애널리스트sell-side analyst(증권사와 투
자은행 등 증권 영업에 치중하는 기관의 조사 분석가), 바이사이드buy-side(고객
의 자금 운용에 초점을 맞춘 금융회사)인 자산운용사, 투자자 본인의 '행복한 공
모'가 빚어낸 결과로 보았다.

　　　　　　　　　　　　　　— 존 보글,《만국의 주주들이여 단결하라》

대부분의 독자는 '이중대리인 사회double agency society'라는 표현을 접해본 적이 없을 것이다. 그러나 이중대리인 사회는 미국 재계와 금융계의 중요한 특징이다. 미국의 기업 문화에 최초로 대리인사회가 자리 잡은 것은 2세기 전이다. 산업혁명과 더불어 기업의 소유권은 설립자의 가족과 창업자에서 일반 주주에게로 넘어갔다. 그러나 주주의 이익을 우선시할 임무를 맡은 기업관리자corporate manager가 대리인으로서의 이점을 악용하여 자신의 이익을 먼저 챙기고 주인principal(계약 관계에서 대리인에게 권한을 위임하는 사람)의 이익을 뒷전으로 두는 경우가 셀 수 없이 많았다.

그러다 약 60년 전 금융회사가 급부상함에 따라 역사상 유례없는 제2차 대리인사회가 발전하기 시작했다. 연기금, 뮤추얼펀드, 기타 투자 자본운용사가 모은 자본이 어마어마한 수준으로 축적되었다. 오늘날 이러한 대리인들은 미국 기업을 좌지우지하는 소유자가 되었다. 그러나 이들 역시 기업관리자처럼 수탁 의무를 저버리고 뮤추얼펀드 주주나 연기금 수령자와 같은 주인의 이익보다 사리사욕을 앞세우는 경우가 너무도 많다.

두 가지 유형의 대리인은 기업 경영의 가장 중요한 목표가 "주주가치의 창출"이라는 분명하고도 암묵적인 합의에 이르렀다. 훌륭한 목표지만 양측이 말하는 가치는 단기적이고 일시적이며 심리에 좌우되는 주식 가격으로, 장기적이고 안정적이며 현실을 반영한 주식의 내재가치가 아니다.

나는 실질시장에서 기업의 내재가치보다 기대시장에 초점을 두고 합심한 기업관리자와 자금관리자의 이익이 일치하는 상황을 '행복한 공모happy conspiracy'라고 부른다. 당연히 '행복'한 것은 대리인이다. 그러나 미국의 금융시장은 '단기주의shortermism'에 장악되었고 이는 투자자들에게는 불리한 상황이다. 이처럼 금융 환경이 변화함에 따라 현명한 장기 투자를 위주로 한 금융 문화는 어리석은 단기 투기에 휘둘리는 문화로 변질되었다.

이중대리인 사회의 발달

앞에서 우리를 이 지경까지 끌고 온 역사적 배경을 간략하게 살펴보았다. 시장 참여자들 사이에 불건전한 공생 관계가 형성된 것이 문제였다. 기업관리자와 자금관리자는 최근까지 유례를 찾아볼 수 없었던 **이중대리인 사회**의 대리인으로 자리 잡았다. 이들이 자신의 이익을 우선시하면서 소유자/주인의 이익을 뒷전에 놓는 일이 너무도 빈번했다.

주로 암묵적인 이들의 공모는 본질적으로 복잡하지 않고 광범위하게 이루어진다. 공모자로는 대기업의 관리자(CEO, CFO, 이사, 감사, 변호사)와 월가(투자은행가, 셀사이드 애널리스트, 대형 투자회사의 바이사이드 조사 부서의 관리자) 등이 있다. 이들의 공통 목표는 기업 주식의 가격을 올리고, '월가'가 만족할 만한 성과를 내며, 좋은 조건에 다른 기업을 인수합병하기 위해 자국의 통화 가치를 절상하고, 임원들이 스톡옵션stock option(주식매수선택권)을 행사할 때 얻을 수 있는 이익을 극대화하며, 직원에게 과세이연 연금저축thrift plan(근로자의 소득으로 투자가 이루어지는 연금계좌)으로 주식 투자를 하도록 유도하고, 주주를 기쁘게 하는 것이다.

이 같은 목적을 달성할 방법은 무엇일까? 장기수익률을 높게 추정하고 금융 공동체에 주기적으로 자사의 단기 성과를 홍보하며 공정한 방법이든 편법이든 스스로가 설정한 목표치에 반드시 부응하는 것이다. 궁극적으로 이처럼 야심찬 목표는 재계 전체의 파멸로 이어질 수밖에 없다. 물론 눈부신 성과를 내는 기업도 있다(이를테면 애플은 여전히 좋은 성과를 내고 있다). 그러나 어차피 미국 기업 집단의 성장률은 미국 GDP의 성장률과 거의 같은 속도로 상승하게 되어 있다. 미국의 연평균 명목 GDP 성장률은 6퍼센트이며 인플레이션율을 보정한 성장률은 3퍼센트다. 수많은 경제 전문가들의 예측대로 '뉴노멀new normal' 경제가 도래하면 미국의 명목성장률은 5퍼센트, 실질성장률은 2퍼센트로 하락할 전망이다. 장기적인 영향력에 초점을 맞추는 것은 투자의 가장 확실한 토대가 된다. 그러나 (오늘날 우리가 하듯이) 단기적인 영향력에 초점을 맞추는 것은 투기다.

산업혁명과 더불어 현대 자본주의라는 경제 체제가 등장한 이후로 대기업의 소유자들은 전문경영인들에게 감독과 지휘 업무를 맡겨왔다. 전문경영인이라는 대리인에게는 자신의 이익보다 주주의 이익을 우선시해야 할 수탁 의무가 있다. 대부분의 경영인과 주주들은 대체로 시스템에 잘 적응했다. 그러나 전통적인 가치관은 예나 지금이나 대리인과 주인의 관계를 위태롭게 하는 유혹, 즉 대리인이 주인의 이익을 희생하여 자신의 배를 채우려는 유혹에 못 이겨 차츰 희미해졌다.

영미법common law은 이 같은 이해충돌을 방지하기 위해 수세기 전에 '수탁 의무'(재산을 소유한 주인의 이익을 해치지 못하도록 **주인의 재산을 대신 관리하는 대리인이 져야 할 의무**)라는 개념을 도입했다. 언뜻 보기엔 단순하고 분명한 개념이다. 그러나 수탁 의무는 준수될 때보다 위반될 때가 훨씬 더 많았다. 실제로 1776년에 애덤 스미스가 《국부론》에서 열변을 토한 대목을 보면 지금보다 모든 것이 단순했던 그 시대에도 유혹이 존재했음을 알 수 있다.

> 타인의 돈을 관리하는 이들이 자기 자신의 돈을 관리할 때만큼 (…) 긴장하고 주의를 기울이는 경우는 드물다. (…) 부잣집 집사처럼 그들은 걸핏하면 스스로에게 주인의 물건을 베푼다. 따라서 항상 나태와 낭비profusion[01]가 만연할 수밖에 없다.

이해충돌에 대한 고찰

애덤 스미스 시대에서 150년 정도가 흐른 1932년, 컬럼비아대학의 아돌프 벌 교수와 가디너 민스 교수는 위대한 애덤 스미스의 고찰과 일

---

01 옥스퍼드 영어사전에 따르면 애덤 스미스의 시대에는 'profusion'이 '사치', '낭비', '돈과 물건을 과도하게 베푸는 행위' 등으로 정의되었다.

맥상통하는 저서를 발표했다. 경제학 고전이 된《현대 기업과 사유재산Modern Corporation and Private Property》에서 두 사람은 미국에서 대규모 주식회사의 역할이 점점 더 커지는 현상을 다루었다. 이들의 주된 결론은 다음과 같다.

- 이전에는 소유자에게 있던 실질적인 소유권이 대리인의 것이 되었다. 이제 소유자는 기업에 대한 권한과 의무가 적힌 종잇조각을 보유하고 있지만 지배권이 거의 없다. 소유자는 실질적인 권한이 없기 때문에 자신의 노력만으로는 기초 자산에 영향을 줄 수 없다.
- 이제는 과거 소유권에 따라오던 정신적 가치가 분리되었다. 예전에는 소유자가 자신의 물적 자본을 직접 관리할 수 있었기 때문에 구체적인 소득을 얻는 것 외에도 직접적인 만족감을 얻을 수 있었다.
- 개인의 자산가치를 결정하는 요소는 한편으로 기업을 감독하는 사람(일반적으로 소유주의 통제를 받지 않는 개인)의 행위이며, 다른 한편으로는 예민하고 대체로 변덕스러운 시장 참여자의 행위다. 따라서 그 가치는 시장의 특성인 예측 불가능성과 조작의 영향을 받는다.
- 개인의 자산은 조직화된 시장을 통해 유동성이 극대화되었다. 이에 따라 전환 직전에 통보만 하면 얼마든 다른 형태의 자산으로 바꿀 수 있다.
- 마지막으로, 기업 체제에서는 산업 자산의 '소유자'가 상징적인 소유권만을 지니며, 권력, 책임, 부처럼 과거 소유권에 반드시 따라붙던 요소는 이제 지배권이 있는 별도의 집단으로 이전되었다.

벌과 민스는 현대 자본주의의 병폐가 된 문제를 예리하게 간파했다. 예전에는 기업의 주주 개개인에게 계속 자신의 이익을 보호할 수 있는 법적 권한과 의결권이 있었기 때문에 이러한 시스템은 한동안 합리적이고 효과적으로 작동했다. 그러나 소유권이 점차 무수한 소액주주들로 분산됨에 따라 주주의 실질적인 영향력은 감소했다. 의결권이라는 잠재적 권한만 그대로 유지했을 뿐이다.

대리인 비용과 관리자의 행동

1976년에는 하버드 경영대학원의 마이클 젠슨과 로체스터대학의 윌리엄 메클링이 기업의 행동에 대한 탁월한 통찰을 제시했다. 《이코노미스트》는 이들의 기념비적인 논문을 소개하고 "미국은 주인/대리인 문제를 안고 있다"면서 "대리인(관리자)은 주인(주주)의 이익에 힘쓰기보다 자신의 둥지를 틀었다"라고 지적했다. 젠슨과 메클링은 논문 〈기업 이론〉에서 재산권, 대리인, 기업의 소유 구조와 관련이 있다고 본 재무 이론에 대한 논의를 전개했다.

그들은 기업이 "개인의 재산권으로 구성되며, 그러한 재산권이 참여자들에게 비용과 보상을 배분하는 방식을 결정 짓는다"라고 주장했다. 그 논문은 다음과 같이 이어진다.

우리는 대리인 관계를 하나 또는 둘 이상의 사람(주인)이 자신을 대신하여 업무를 수행할 사람(대리인)과 계약을 맺고 의사결정 권한의 일부를 대리인에게 위임하는 것으로 정의한다. 계약 관계에서는 양측이 각자 자신의 목표 달성을 추구한다. 그러므로 대리인이 반드시 주인의 이익을 최우선하지 않으리라는 추정은 타당하다. 주인은 적절한 인센티브를 마련하고 대리인의 일탈 행동을 제한하기 위한 감시비용을 들임으로써 자신의 이익이 뒷전으로 밀려나는 것을 견제할 수 있다. (…) 그러나 일반적으로 대리인이 반드시 주인의 관점에서 최적의 결정을 내릴 것이라 확신할 수는 없다.

기업 주주와 관리자의 관계는 대리인 관계의 정의에 정확하게 부합한다. 따라서 소유권이 분산된 현대 기업에서 소유와 경영의 분리로 발생하는 문제가 일반적인 대리인 문제와 밀접한 것은 당연한 일이다. '대리인'에게 '주인'의 이익을 극대화하는 것처럼 행동하도록 유도하는 것은 어디서나 찾아볼 수 있는 문제. 기업, 대학, 상호회사, 협동조합, 정부 기관, 단체, 노동조합 등 모든 조직의 경영진 계층에 존재하는 문제다.

자신이 섬겨야 하는 주주의 이익을 극대화하려는 관리자는 극히 드물며 대부분은 자신의 이익을 생각한다는 젠슨과 메클링의 논리를 부정할 수는 없다. 무엇보다도 이들의 주장이 진실임은 대기업과 투자회사의 실제 사례로 여러 차례 입증되었다.

델라웨어 형평법원장 리오 스트라인은 2007년 《저널 오브 코퍼레이션 로》에 발표한 논문에서 그 같은 현실을 예리하게 통찰했다.

박스 2.1

'상식과 공통의 기반을 향한 길이 있을까?' 리오 스트라인 형평법원장의 논문 요약본

대다수의 일반인에게는 시장에 투자하는 것 외에 선택의 여지가 거의 없다. 그들은 본질적으로 '비자발적 자본주의자'로서 주로 두 가

지 목표에 따라 투자한다. 첫째는 자녀를 대학에 보내고 은퇴 후의 생활에 대비하는 등의 장기적인 목표다. 이러한 유형의 투자자는 분기별 수익률 변동이나 지속적인 성장을 포기하는 대가로 단기간에 엄청난 수익을 내주는 꼼수에 관심이 없다. 이들은 기업이 건전한 경영 조치를 중점적으로 추진하고 고품질 제품과 서비스를 판매함으로써 꾸준히 이익을 창출하기를 바란다.

이 같은 투자자들이 주로 브로커를 통해 시장에 투자하는 것은 불가피한 이유 때문이다. 투자자의 자본을 어떻게 활용할지, 자사의 이익을 위해 보유한 산더미 같은 주식을 어떤 식으로 활용해 주식회사의 경영진에 영향력을 행사할지 결정하는 주체는 비자발적인 자본주의자인 일반 투자자들이 아니라 브로커다. 미국과 유럽의 공공 정책이 보이는 모멘텀momentum을 감안하면 비자발적 자본주의자에서 브로커로 유입되는 자금은 계속해서 증가할 가능성이 크다.

그러나 이 같은 기관 투자자들의 관행은 주식회사가 증가한 배당금을 통해 주주에게 어떤 형태로든 즉각적인 가치를 제공하도록 유도한다. 한술 더 떠서 헤지펀드는 주식회사가 바이백buy-back 프로그램(주식시장에 거래되는 자사 주식을 다시 사들이는 것)을 실행해 막대한 가치를 주주에게 전달하도록 한다. 일반적으로 그 대상인 주식회사는 그에 필요한 자금을 마련하기 위해 더 많은 차입금을 끌어 쓰거나 자본 지출을 줄인다. 혜택은 순간이지만 리스크는 투자 기간 내내 존재하므로 이러한 조치가 단기 투자자와 장기 투자자에게 미치는 영향은 상당히 다를 수 있다.

뉴딜 정책 이후 미국의 회사법 학계는 주식회사의 예처럼 소유와 경영의 분리로 발생한 대리인 비용을 해결하는 방법을 모색해왔다. 상법 분야의 실험용 쥐는 예나 지금이나 제품과 서비스를 판매함으로써 이익을 얻는 기업이다. (…)

기업 경영진이 정직성을 유지하고 기업의 가치 창출에 초점을 맞추는지 감시하고 독려하기에 가장 적합한 집단은 기업의 잔여이익 청구권자인 주주라는 것이 통설이다. 따라서 주주가 기업 방침에 영향을 끼칠 수 있는 기회가 많을수록 좋다. 경영진의 인수합병 방어권을 제한하는 조치만으로는 충분하지 않다. 반대편의 후보를 지명하지 않고도 이사를 해임할 수 있는 기회가 주어져야 한다. 이사 해임만으로도 부족하다. 주주는 구체적인 경영 조치를 채택할 수 있어야 하고 경영진은 그 조치를 실행에 옮겨야 한다.

회사법 학자들은 영업회사operating company〔지주회사의 반대 개념으로 직접 사업 활동을 하는 기업〕의 소유와 경영 분리로 발생하는 대리인 비용에 천착해왔으면서도, 소유자로부터의 소유권 분리 현상에 대해서는 이상하리만큼 잠잠하다. 주식회사의 지분이 최종 소비자인 투자자가 아니라 뮤추얼펀드나 기타 기관 투자자 등 다른 유형의 대리인이 주식회사의 지분을 소유하는 경우가 많다는 뜻이다. 주식 의결권을 행사하고 주식회사의 경영진을 압박하는 것도 바로 그러한 대리인들이다.

전문 자산운용사가 (제품을 제조하고 서비스를 제공하는) 기업의 경영진보다 대리인을 착취할 가능성이 작다고 진심으로 믿는 회사법 학자는 없다. 그럼에도 학계는 지난 25년 동안 주로 인수합병의 맥락에서 기업 경영진의 대리인 비용에 집착해왔다. 이들은 주주의 '권한'

이 상승하면 최종 소비자인 투자자가 아닌 브로커의 권한이 상승할 뿐이라는 사실을 거의 고려하지 않는다.

역설적이게도 학계의 초점은 여전히 주식회사의 경영진에게 집중되어 있다. 특히 전통적인 벌-민스 패러다임이 주주에게 유리한 방향으로 변화한 것이 이를 입증한다. 주식회사의 주주들은 더 이상 사분오열되어 있지도 취약하지도 않다. 오히려 이들은 새롭고 강력한 유형의 대리인이 되어 자신의 리스크를 개인 투자자와 국가에 전가하여 국익을 위태롭게 한다. 미국의 법률 공동체와 학계는 이처럼 새로운 유형의 대리인이 제기하는 위험성을 간과하고 있다.

출처:《저널 오브 코퍼레이션 로》33권 1호(2007년 10월)

존경받는 법학자이며 직설적인 화법으로 유명한 스트라인은 법조계가 '소유자로부터의 소유권 분리'로 발생하는 대리인 비용뿐만 아니라 대리인 위치를 악용하는 기업 경영진과 자금관리자의 성향에 주목할 것을 촉구했다. 개인 투자자의 권한 약화에 대한 스트라인의 상식적인 경고는 귀 기울일 만한 가치가 있지만, 아직 사람들의 관심을 끌지 못하고 있다. 긍정적인 반응뿐은커녕 부정적인 반응마저도 불러일으키지 못했다. 그러는 동안 기업 주주의 지배권 행사 역량은 폭발적으로 증가하여 엄청난 잠재력을 지니게 되었다.

소유권 혁명

스트라인의 논지를 요약하면 현재 소유권 혁명이 진행 중이므로 이를 인식하고 결과에 대비해야 한다는 것이다. 1950년대에 시작된 소유권 혁명을 통해 기업의 소유권이 개인 투자자에서 기관 투자자로 서서히 이동하는 양상이 보였다. 소유권 혁명은 기업 연기금이 자산을 유례없는 수준으로 보통주에 집중 투자하면서 시작되었다. 얼마 후 주정부와 지방정부의 연기금이 그 대열에 가세했다. 1986년에는 연방정부도 동참했다. 연방정부 공무원을 대상으로 조성된 과세이연 연금저축은 DC형 연금제도로서 3,000억 달러를 웃도는 자산으로 이루어져 있으며, 현재 미국에서 가장 큰 규모의 연금제도다.

1980년대에 들어서 상호 투자 기금의 등장으로 주식 소유권의 '기관화'가 한층 더 급속도로 이루어졌다. 최초의 '개방형' 뮤추얼펀드인 매사추세츠 인베스터스 트러스트Massachusetts Investors Trust, MIT는 1924년에 설립되었다. 그러나 대공황은 투자산업의 발전을 중단시켰다. 주식시장이 폭락하면서 자기 거래, 이해충돌, 불충분한 정보 공시 등과 같은 자산운용사의 행적이 드러났다. 1940년에 제정된 투자회사법으로 투자산업의 과도하고 불법적인 관행 중 상당수에 제동이 걸렸고, 업계 분위기가 개선되었다. 이 같은 문제의 대부분은 오늘날 우리가 뮤추얼펀드라고 부르는 개방형펀드가 아니라 만기까지 과도한 차입금을 찾을 수 없는 폐쇄형펀드(만기까지 환매가 불가능한 펀드)에서 나타났다.[02]

상당수의 폐쇄형펀드는 대공황의 여파를 이겨내지 못했지만 개방형펀드는 거의 모두 살아남고 심지어 성장했다. 제2차 세계대전 종전후 뮤추얼펀드 산업은 전국적으로 확산되었다. 뮤추얼펀드가 개인 투자자에게 1차적으로 제공한 것은 다양한 주식 종목이었고(때로는 적당한 등급의 회사채도 포함되었다), 전문적인 관리와 감독, 일일 유동성, 투자자의 편의도 제공했다. 뮤추얼펀드 산업의 꾸준한 성장은 1973~1974년의 급작스러운 하락장으로 주춤했다. 그러나 1982년에 시작된 강력한 상승장이 2000년 초까지 이어지자 뮤추얼펀드 산업의 성장은 가속화되었다. 2003년까지 주가가 50퍼센트나 하락하고 주식시장이 하락세로 돌아서면서 뮤추얼펀드 산업의 성장세는 둔화되었지만 금세 회복되었다. 2008~2009년에 시장이 한층 더 큰 폭으로 추락했을 때 뮤추얼펀드 산업의 성장세는 사실상 정체되었다.

주식형펀드와 주식형 뮤추얼펀드 등의 자산은 1945년에 10억 달러에 그쳤으나 1972년에는 540억 달러로 증가했다. 그리고 1982년 금융회사의 자산이 360억 달러로 감소함에 따라 그 성장세도 하락하기 시작했다. 그러나 그 후 S&P 500 지수(와 배당금)로 측정한 주가가 2000년 초까지 200배 폭등하면서 경이로운 성장세를 보였다. 그러자 주식형펀드 자산도 급증하여 4조 달러에 이르렀다. 2000~2003년과 2007~2009년의 주가 폭락에도 불구하고 주식 중심 뮤추얼펀드 자산은 전보다는 급격하지는 않지만 꾸준한 성장세를 보였으며, 2012년에는 6조 3,000억 달러에 달했다(당연히 펀드 산업의 성장은 주식시장의 성과와 밀접한 상관관계에 있다. 그러한 상관관계가 펀드 투자자들이 실제로

---

02 개방형 뮤추얼펀드는 판매와 환매 용도의 주식을 지속적으로 제공하며 주식을 현재의 순자산가치(시장가치)와 연동하기 위해 필요한 일일 유동성을 제공한다. 이와 대조적으로 폐쇄형펀드는 정해진 투자자 사이에서 거래되는 일정한 숫자의 주식을 일반적으로 순자산가치보다 할증되거나 할인된 가격에 제공한다.

자료 2.1 소유주 지분의 혁명: 미국 주식 중 기관 투자자의 비율

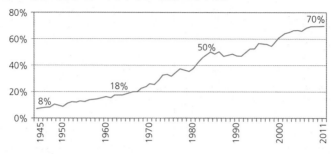

자료 2.1 소유주 지분의 혁명: 미국 주식 중 기관 투자자의 비율

출처: 연방준비은행의 자금운용보고서

얻는 수익에 역효과를 낸다는 것 역시 자명한 사실이다).

　기관화institutionalization는 민간 연기금, 공공 연기금, 뮤추얼펀드 뿐만 아니라 보험사와 재단 기부금 등의 금융회사에 주식 소유권이 집중된 현상으로, 앞서 설명한 '주식 소유권 혁명'이 사실임을 보여준다. 1945년에 금융회사들이 소유한 주식은 전체 미국 주식의 8퍼센트에 불과했으나 2011년에는 그 비중이 자그마치 70퍼센트에 이르러 사상 최고치를 기록했다(자료 2.1 참고). 이에 따라 개인 투자자의 비중은 같은 기간 동안 92퍼센트에서 30퍼센트로 주저앉았다.

최대 소유자의 변화

금융회사의 주식 소유 양상은 중대한 변화를 보였다. 초기에는 DB형 연기금이 퇴직연금의 대부분을 차지했다. 1980년 민간 DB형 연기금의 비중은 전체 주식의 16퍼센트로 정점에 이르렀다. 그러나 DB형 연기금은 점차 DC형에 밀려나서 현재는 6퍼센트에 불과하다. 1980년에는 DC형 연기금의 주식 소유 비율이 '제로'였지만 현재는 13퍼센

자료 2.2 미국 자금관리자의 부상: 기관 주식 보유 현황

총 주식 자산(단위: $10억)	1950년	1960년	1970년	1980년	1990년	2000년	2011년
DB형 연금	0	16,545	67,087	232,046	*344,036	*1,248,035	*818,832
DC형 연금	0	0	0	0	*277,390	*1,546,273	*1,993,564
지자체	29	600	10,100	44,300	284,569	1,298,683	1,527,792
연방정부	0	0	0	0	340	56,576	124,109
퇴직연금 계	29	17,145	77,187	276,346	890,812	3,325,841	3,366,113
뮤추얼펀드	4,497	19,770	43,982	47,356	249,429	3,328,983	4,936,165
보험사	4,690	12,437	27,771	78,573	161,869	1,083,259	1,558,973
기부금	1,273	5,993	17,959	47,840	148,209	843,370	1,057,589
기타	3,510	10,579	30,649	76,125	179,981	695,618	714,639
총액	13,999	65,924	197,548	526,240	1,630,300	9,277,071	11,633,479

전체 주식 시장 점유율(단위: %)	1950년	1960년	1970년	1980년	1990년	2000년	2011년
DB형 연금	0	4	8	16	*10	*8	*5
DC형 연금	0	0	0	0	*8	*10	*12
지자체	0	0	1	3	9	8	9
정부	0	0	0	0	0	0	1
퇴직연금 계	0	4	9	19	27	21	20
뮤추얼펀드	3	5	5	3	7	21	30
보험사	3	3	3	5	5	7	9
기부금	1	1	2	3	4	5	6
기타	2	3	4	5	5	4	4
총비율	10	16	24	36	49	59	70

출처: 연방준비은행의 2011년 3분기 자산운용보고서
* 1990년 이후 DC형과 DB형 연기금에는 주식형 뮤추얼펀드가 포함된다. 총액에는 중복된 부분이 포함되지 않는다. 재단기부금은 2000년에 보고된 수치를 토대로 추산되었다.

트에 달한다. 한편 후발주자인 정부 연기금은 전체 주식의 10퍼센트를 소유하고 있다.

1990년대 초반 30퍼센트로 정점에 달했던 연기금의 비중은 급감하여 2012년에는 1980년의 19퍼센트에서 소폭 상승한 22퍼센트에 머물렀다. 그 과정에서 뮤추얼펀드는 소유권 혁명을 견인한 주체가 되었다. 뮤추얼펀드 산업의 주식 보유 비율은 1950년부터 1960년까지 3퍼센트에서 5퍼센트로, 1990년까지 8퍼센트로 소폭 상승했다가 2000년에는 22퍼센트로 급상승했으며 2012년에는 32퍼센트에 이른다. 현재 4조 달러가 넘는 주식을 보유한 뮤추얼펀드는 단연코 미국 주식의 최대 소유자다(자료 2.2 참고).

오늘날 미국 주식의 전체 시가총액인 15조 달러 가운데 기관 투자자의 비중이 10조 8,000억 달러나 된다는 사실만 보더라도 실제로 소유권 혁명이 일어났음을 알 수 있다. 최대 투자 주체로 급부상한 금융회사는 현재 거의 모든 미국 상장기업의 주식 가운데 60~75퍼센트를 소유하면서 미국 재계에 강력한 영향력을 행사하고 있다.

임차인과 소유자

그러나 금융계의 대리인들은 막강한 영향력을 떨치면서도 주식의 소유자보다는 임차인처럼 행동하는 편이다. 이들은 포트폴리오를 최대한 회전하고 (겉으로는 잘 드러나지 않지만) 종종 서로서로 거래하는가 하면 대놓고 월가만 배불리고 회사의 주인에게는 이득이 되지 않는 제로섬 게임을 벌인다. 주식형 뮤추얼펀드의 평균 포트폴리오 회전율은 1950년대와 1960년대에 각각 17퍼센트와 25퍼센트였다. 그러나 1985년에 이르면 회전율이 100퍼센트로 급상승했고 그 이후로도 놀랄 만큼 높은 수준을 유지했다. 다시 말해 1950년에는 뮤추얼펀드가 특정한 주식을 포트폴리오에 보유하는 기간이 평균 5.9년이었던 반면, 2011년에는 단 1년에 불과했다.[03]

위와 같은 평균 보유 기간 계산식은 간단하기는 하지만 뮤추얼펀드의 회전율을 정확히 측정하기에는 부적합하다. 그보다는 자산 가중치를 감안한 주식형펀드 전체의 회전율을 보는 편이 좀 더 정확하다. 2011년 액티브 주식형펀드의 주식 보유 총액은 약 3조 8,000억 달러였으며, 포트폴리오 주식의 매수 총액과 매도 총액은 각각 2조 6,900억 달러와 2조 7,000억 달러였다.[04] 펀드로의 자본 유입·유출로 불가피하게 발생한 포트폴리오 거래를 고려하기 위해 매수 총액과 매도 총액 중 더 적은 금액을 자산(주식 총액)으로 나누어 계산하면 71퍼센트라는 회전율이 산출된다. 그러나 거래비용의 현실을 감안할 때 (매수와 매도를 포함하여) 무려 5조 4,000억 달러에 달하며 주식형펀드 자산의 총액인 3조 8,000억 달러의 1.5배에 가까운 전체 거래량에 좀 더 주의를 기울일 필요가 있다.

그러나 아무리 뮤추얼펀드의 거래량이 전통적인 기준에 비해 상대적으로 급증했다 하더라도 헤지펀드의 거래량에 비하면 새발의 피다. 금리 스와프와 부채 담보부 증권Collateralized Debt Obligation, CDO 같은 복잡한 유가증권과 원자재 선물, 주가지수 선물, 주식 선물, 어

---

03 뮤추얼 산업의 관례적인 측정 기준에 따르면 펀드의 평균 보유 기간은 포트폴리오 회전율을 100으로 나눈 값이다. 따라서 회전율이 100퍼센트면 평균 보유 기간은 1년이며, 20퍼센트면 5년이다.

04 액티브 주식형펀드만 포함된 수치로, 현재 주식형펀드의 28퍼센트를 차지하는 패시브 인덱스펀드의 회전율은 연평균 7퍼센트대다.

떤 기업이 파산할 가능성에 돈을 거는 CDS 같은 파생상품의 거래량은 어마어마하다. 1장에서 지적한 바와 같이, 이러한 금융 상품의 총 명목가치는 2012년 기준 700조 달러를 웃돈다. 이와 같이 우리가 '투기'로 부르는 행위가 거대한 미국 금융시장에서 주연을 담당하고 있으며 투자는 단역까지는 아니라도 조연으로 밀려난 것이 분명하다.

기업 가치의 창출

앞서 설명했듯이 재계와 금융계의 막강한 대리인들은 기업의 경제적 가치를 높이기 위한 투자 활동에 힘을 모았다. 그렇다면 이러한 투자 목표가 오늘날 미국 금융시장을 위태롭게 하는 투기의 출현을 유발한 이유는 무엇일까? 그 과정에는 매우 흥미로운 이야기가 펼쳐진다. 실제로 우리가 기업 가치를 어떻게 정의하느냐에 따라 투자와 투기가 갈린다. 나는 《포춘》 선정 500대 기업 중 하나인 미드Mead(현재 웨스트록)의 사외이사로 오랫동안 재직하면서 그와 관련한 현장 경험을 쌓았다. 미드는 자사의 목표를 다음과 같이 천명했다.

> 미드주식회사의 사명은 주주를 위해 장기간의 경제적 가치를 달성하는 것이다. 본 이사회는 미드주식회사가 경제적 가치 창출 부문에서 동종 업계 3위 안에 들어야 한다고 생각한다. (…) 이는 경영 전 주기에 자본 비용을 웃도는 이익을 창출하는 것으로서 흔히 총주주수익률TSR에 반영된다.

미드의 총이익률은 총자본이익률Return On Total Capital, ROTC로 측정되었으며, 이 ROTC은 다시 동종 기업과 미국 재계 전체의 ROTC과 비교되었다. 이와 같은 비교 측정 방식은 이사회가 기업의 성과를 평가하는 잣대일 뿐만 아니라 성과 보수 체계의 근거가 된다.

결국 미드 이사회의 사명은 더 많은 경제적 가치를 창출하는 것으로서, 이는 미드가 자본비용을 상회하는 ROTC을 달성할 수 있는지의 여부로 결정된다. 여기에는 '기업이 주주의 자본비용 정도도 벌지 못하면, 주주가 그 기업의 이사회에 자본을 맡길 이유가 있는가'라는 논리가 깔려있다. 《포춘》은 "주식의 실질 가액은 어떤 기업에 투자한 주주가 그 기업과 리스크 수준이 비슷한 다른 포트폴리오에 투자했을 때 시세 차익과 배당금으로 얻을 수 있는 수익을 반영한다"라고 지적했다. 단기적으로는 주가가 기업의 분기별 이익과 시장의 실체 없는 기대에 좌우되지만, 장기적으로는 기업의 투자수익(배당수익률과 이익성장률의 합)이 주주가치를 전부 좌우한다.

투자 수익의 시간 지평과 원천

그렇다면 주식회사의 '주주가치'를 결정하는 방법은 무엇일까? 주주가치는 어떻게 측정되며 그 측정 기간은 어느 정도일까? 주식의 단편적이고 일시적인 가격을 주주가치로 보아야 할까? 솔직히 말하면 장기적으로 볼 때는 무엇이 되든 큰 차이가 없다. 주식시장에서 어느 기업의 주식이 거두는 장기수익률은 대부분 펀더멘털(순이익 등 기업의 재무건전성) 투자로 결정된다. 예를 들어 지난 150년 동안 미국 기업의 배당수익률dividend yield ratio은 약 4.5퍼센트, 인플레이션을 보정한 실질이익성장률earning growth ratio은 약 2.5퍼센트로, 그 합은 실질주식

수익률에 못 미쳤다. 오랜 기간 주가 수익에 가장 결정적으로 작용하는 요소는 **기업의 시장 가치가 아니라 펀더멘털이다.**

그러나 **단기**로는 오로지 기업의 1달러당 수익만을 강조하는 투기의 잡음때문에 펀더멘털이 힘을 발휘하지 못하는 경우가 많다. 그러한 잡음은 놀랄 만큼 오랫동안 지속될 수도 있다. 아래 자료 2.3에서 보듯이 1년 단위로 따질 때 연간 투자수익률(배당금과 이익 성장)과 시장수익률(주가수의 변화로 측정되는 가치의 변동)의 차이는 실로 어마어마해서, 1872년 이후로 125년 동안 연간 10퍼센트 이상의 수익률 차이가 발생한 햇수는 85년, 5퍼센트 이상의 차이가 발생한 햇수는 105년에 달한다. 10년 단위로 볼 때는 그 차이가 대폭 줄어들어서 10퍼센트를 넘는 기간이 3년에 그치지만 5퍼센트와 2퍼센트를 넘어서는 기간은 각각 30년과 72년이나 된다.

지난 40년 동안 미국의 주식시장에서 창출된 연간 수익률을 보면 10년 단위로도 얼마나 큰 차이가 발생했는지 명확하게 드러난다. 자료 2.4에서 보듯이 1970년대 펀더멘털 투자의 수익률은 S&P 500 지수 기업의 이익성장률과 배당수익률을 기준으로 연간 13.4퍼센트에 달했던 반면 주식시장 전체total stock market 총수익률은 연간 5.9퍼센트에 불

자료 2.3 주식시장의 125년 역사 동안 투자수익률과 시장수익률의 차이

보유 기간	2% 초과(±)	5% 초과(±)	10% 초과(±)
1년	94%	84%	68%
10년	62%	27%	3%
25년	23%	0%	0%

주: 5퍼센트 차이는 펀더멘털 투자의 수익률이 10퍼센트일 때 시장수익률이 15퍼센트 초과거나 5퍼센트 미만이라는 뜻이다.

과했다. 매년 7퍼센트의 가치가 줄어들면서 주가수익비율Price Earning

Ratio, PER〔기업의 시가총액이 순이익의 몇 배인지를 나타내는 지표로서 주가를 주당

순이익으로 나눈 비율〕은 15.8배에서 7.3배로 떨어졌다.

　이와 대조적으로 1980년대에는 PER이 7.3배에서 15.2배로 두 배
넘게 증가함에 따라 9.6퍼센트의 펀더멘털수익률이 7.7퍼센트로
상승한 시장수익률과 합을 맞추었고 결과적으로 연간 총수익률은
17.3퍼센트에 달했다. 그리고 놀랍게도 이처럼 역사적으로 유례가 없
던 상황이 1990년대 내내 이어졌다. 가치는 20년 동안 꾸준하게 우
상향했지만 이러한 추세가 언제까지나 이어질 수는 없다. 실제로도
지속되지 못했다. 2010년대에는 PER이 30.6배에서 22.0배로 30퍼센
트나 하락하여 시장수익률이 매년 3.2퍼센트씩 줄어들었고 그 결과
연간 −1.2퍼센트라는 마이너스 수익률로 이어졌다. 지난 150년 동
안 10년 단위로 주식수익률이 최저치를 기록했던 두 시기 중 하나가
2010년대였다. 놀랄 일이 아니다. 시간이 흐르면 결국에는 주식 가치
의 평균회귀 현상이 뚜렷해지는 법이다.

자료 2.4 주식수익률 추이: 10년의 암흑기, 20년의 황금기, 다시 10년의 암흑기

	연간수익률				
	1970년대	1980년대	1990년대	2000년대	1970~2010년
이익성장률 초기배당수익률	9.9% +3.5	4.4% +5.2	7.4% +3.2	0.8% +1.2	5.5% +3.5
투자수익률 투기수익률*	13.4% −7.5	9.6% +7.7	10.6% +7.2	2.0% −3.2	9.0% +0.3
시장수익률 PER−연대초 연대말	5.9% 15.8X 7.3	17.3% 7.3X 15.2	17.8% 15.2X 30.6	−1.2% 30.6X 22.0	9.3% 15.8X 22.0

출처: Robert Shiller, www.econ.yale.edu/~shiller/data.htm
* PER의 연평균 변동 충격을 고려한 값

장기적으로 볼 때 시장수익률은 분명 펀더멘털(배당금과 이익 성장)과 시장이 평가한 가치에 휘둘리는 투기의 싸움에서 펀더멘털이 거둔 승리의 결실이다. 그러나 최근에는 투기가 주도적인 위치에 있다. 우리는 벤저민 그레이엄의 현명한 말을 되새기지 못하고 있다. 앞에서 인용한 바와 같이 "주식시장은 단기적으로 인기투표 집계지만 장기적으로는 가치를 재는 저울"이다.

그러나 그레이엄이나 케인스처럼 현명하고 세상사에 통달한 사람이라면 현재와 같이 금융시장의 '저울' 역할이 '투표 집계' 역할에 밀려나는 추세에 그리 놀라지 않을 것이다. 이 대목에서 케인스가 우려한 바를 다시 한번 살펴볼 필요가 있다. 그는 투기가 시장에서 막강한 역할을 하는 것은 "관습적인 주식의 가치가 무지한 다수의 군중 심리에 의해 형성"되기 때문이라고 설명했다. 케인스는 전문 투자자조차도 대중의 의견을 완전히 무시하지 못하고 "대중이 평가한 가치에 일어날 변화를 예견"하려 애쓸 것이라고 내다보았다. 이 얼마나 정확한 예측인가!

이러한 케인스의 예측은 여러 차례 사실로 입증되었다. 지난 40년 동안 연기금과 뮤추얼펀드사 같은 전문 투자자들은 금융시장을 장악해 나갔고, 과거부터 투자시장에 존재해온 "무지한 개인들"을 대부분 밀어냈다. 그러나 그러한 이들은 기업에 적절한 가치를 매기기보다는 실질적으로 대중이 평가하는 가치가 어떻게 변화할지 예측하는 일에 관심이 많다. 물론 장기적으로는 극소수의 전문가가 그 변화를 정확히 예측한다. 그런데도 금융계의 대리인뿐만 아니라 기업의 대리인까지도 실질시장의 내재가치보다는 주식시장의 기대에 그때그때 초점을 맞추는 편이 자신의 이익에 도움이 된다고 생각하는 경향이 있다.

'단기주의'와 이익 조정

단기주의 현상이 공공 담론의 영역에 진입하기까지 오랜 시간이 걸리지 않았다. 우리에게 이익 조정managed earning〔재무제표에 의도적으로 개입하여 이익을 부풀리는 행위〕의 세계를 제공한 것도 단기주의다. 이익을 조정하는 주체는 기업 임원이지만, 이들은 장기 투자자의 요구에 부응하기 위해서가 아닌 기업 이사와 감사의 암묵적인 동의와 투자 지평이 짧은 기관 투자자는 물론 투기꾼과 차익거래자의 열렬한 찬성이 있을 때 이익을 조정한다. 좋든 싫든 기업 전략과 재무 회계는 모두 '월가'의 분기별 기대이익을 실현하는 일에 초점을 맞춘다.

기업 경영진의 가장 중요한 임무는 적어도 12퍼센트 정도로 이익을 관리하여 꾸준한 수익 성장을 이루고 어떤 대가를 치르더라도 기업 주주들이 한 해가 시작하기 전에 넌지시 "어림짐작"으로 내놓은 기대이익을 달성하는 것이다. 다른 임무가 모두 실패하면 연기금의 미래 수익 예측치를 통합하고 상향 조정하거나, 일회성 자산상각을 대규모로 감행하거나, 주문받은 제품의 장부 기입을 앞당기는 식으로 주주의 눈을 가리는 작업이 필요하다. 이와 같이 창의적인 금융 공학이 주가를 부풀리고 경영진을 배불리며 기관 투자자들에게 원하는 바를 제공하는 일에 동원된다.

그러나 나는 주식시장이 기업 가치의 결정권자로서 빈틈없고 정확한 재무보고와 기업의 장기적인 전망에 초점을 맞춘 평가를 수행해야 한다고 생각한다. 그래야만 비로소 주식시장이 역할을 제대로 수행할 수 있다고 믿는다. 하지만 오늘날의 주식시장은 그와 정반대 방향으로 나아가는 듯하며 개선해야 할 점이 많다. 미국 기업의 회계 관행이 전 세계의 부러움을 살지 모르겠지만, 미국의 금융 환경은 이익 조정이라는 개념으로 혼탁해졌다.

증권 분석가들에게 당해의 기대이익을 설정하도록 유도하고 기대 치에 부합하거나, 더 낮게는 기대치를 초과하는 이익을 분기별로 보고함으로써 이익을 감쪽같이 조정하는 방법이 통용된다. 기대치 달성이 어려워 보이면 하향 조정된 "이익을 비밀리에 지시"하는 과정이 선행되기도 한다. 비밀스럽게 전달된 이익은 반드시 달성되어야 한다. 이러한 환상 속의 세계에서는 기업 매출과 지출의 증감이라는 당연한 일이 당연하지 않은 것으로 치부되고, "깜짝 손실"은 절대로 일어나지 않는다.

돌이켜보면 SEC 의장을 역임한 아서 레빗이 1998년 월가에 던진 경고는 선견지명이었다. 레빗은 이익 조정이 도를 지나쳤다고 지적했다. 그러면서 주식시장에 구조조정 비용을 과다 계상하고, 창의적 회계 처리를 통해 주식 취득을 인수합병으로 위장하며, 충당금reserver을 "쿠키처럼 통에 쌓아두었다가" 필요할 때마다 꺼내 쓰고, 회계 항목을 고의로 잘못 기재하고 "중요하지 않은" 오류로 처리하는 수법을 남발하는 관행이 만연하다고 지적했다. 그는 "금융 공동체의 구성원 대다수가 (기업 경영진과 함께) 그러한 풍토를 조성한 책임을 져야 한다"라고 덧붙였다. 레빗의 연설에는 행복한 공모의 그릇된 특성이 고스란히 까발려져 있다.

주식시장이 장기적인 가치 평가보다 단기적인 사건(일탈 현상)에 초점을 맞추는 것도 이처럼 창의적인 재무 회계 관행과 밀접하게 연관되어 있다. 나의 근본적인 투자 원칙은 **주식을 매수한 후에 오랜 기간 보유**하고, 나아가 워런 버핏처럼 "영구히" 보유하는 것이다. 그러나 오늘날 주식 투자는 그와 정반대로, **매수와 매도를 끊임없이 반복한다.**

앞서 지적한 대로 주식시장이라는 카지노에서 이러한 매매가 반복될수록 시장 수익에서 물주인 금융회사가 가로채는 몫만 늘어나고 도박에 참여한 사람들에게 돌아가야 할 수익은 점점 줄어들 뿐이다. 대공황 당시 트레이더였던 프레드 슈웨드의 말처럼, 대체 고객들의 요트와 경비행기는 어디에 있는가? 이러한 환경에서는 주식을 매수하고 다시는 주식시장이라는 카지노에 얼씬도 하지 않는 것이 최선의 전략으로 보인다.

저명한 경제학자 알프레드 래퍼포트는 그러한 문제를 나보다 훨씬 명쾌하게 진단했다. 다음 쪽에 래퍼포트가 2011년에 출간한 저서에서 밝힌 문제와 일련의 해결책을 요약해놓았다. 그는 《단기주의로부터 자본주의 구하기Saving Capitalism from Short-Termism》에서 강력한 의견을 피력했다.

그런데 단기주의와 이익 조정이라는 시급한 문제를 최초로 분석하고 해결책을 제시한 사람은 래퍼포트 교수가 아니었다. 그보다 몇 년 앞선 2006년에는 기업윤리 원탁회의Business Roundtable Institute for Corporate Ethics가 공인재무분석사협회CFA 산하 금융건전성연구소의 후원으로 〈단기 순환 끊기Breaking the Short-Term Cycle〉라는 20쪽짜리 보고서를 발표했다. 2006년은 '소유사회의 실패'라는 주제가 집중적으로 논의되기 시작하던 때다. 2009년에는 아스펜 연구소가 〈단기주의의 극복Overcoming Short-Termism〉이라는 보고서를 펴냈다.

두 보고서 모두 인내자본patient capital〔자본을 장기간 투자해두는 것〕을 장려하고 투자자의 과당매매churning〔금융회사가 수수료 수익을 올리기 위해 거래 횟수를 과도하게 늘리는 행위〕를 억제해야 한다고 제안한다. 전반적으로 장기 투자를 활성화해 자연스럽게 시장 세력들을 끌어모으고 유인책을 설정하여 시장 참여자 각자가 자신의 행동을 바꾸도록 유도하자는 내용이다. 보고서들은 투자자와 브로커의 이해관계가 크게 달라지지 않도록 수탁 의무 기준을 명확하게 규정하고 철저히 집행할 것을 촉구했다. 또한 자산운용사에서도 장기적인 성과를 근거로 보수를 책정하는 등 구조적인 변화가 필요하다고 지적했다.

박스 2.2

《단기주의로부터 자본주의 구하기》 발췌

분기별 이익과 현재의 주가에 집착하는 기업관리자들이 너무 많다. 마찬가지로 단기 성과의 부진으로 자금이 이탈될 것을 우려하여 기준 지표나 경쟁사 대비 분기별 성과에 과도하게 초점을 맞추는 자산운용사도 수없이 많다. 이들의 행동을 이해하기는 어렵지 않다. 사람들은 보상이 따르는 일을 하고 인센티브를 중시한다.

장기 영향에 아랑곳하지 않고 단기 성과에 집착하는 단기주의야말로 최근 전 세계의 금융위기를 유발한 주요 원인이다. 우리 사회가 단기주의 문제를 해결하지 않으면 미래에는 더 심각한 위기가 나타날 뿐만 아니라 자유시장 체제가 흔들릴 것이다.

문제점

• 단기 성과에 집착하면 기업의 잠재력, 경제, 개개인의 노후 대비용 저축이 큰 위협을 받게 된다. 오늘날 우리 경제는 소유주가 경영하고 경영인이 소유하는 창업 자본주의에서 벗어나, 다른 사람의

돈을 책임지는 기업관리자와 자산운용사가 재계와 금융계를 장악한 대리인 자본주의로 이동했다.

- 과도한 단기 금융 인센티브로 인해 주택구매자, 주택감정인, 주택담보대출 회사, 신용평가기관, 투자은행, 기관 투자자는 일제히 무모하고 가치 파괴적인 리스크를 떠안았고, 이러한 행태는 2007~2009년 금융시장 붕괴를 가속화했다. 각 당사자는 자신을 대상으로 한 인센티브를 얻기 위해 이기적으로 행동했다. 무엇보다도 가장 근본적인 문제는 다른 사람의 돈을 책임지는 전문 관리자가 경제를 지배하게 되었음에도 기업과 투자 공동체가 보수 지급 관행을 비롯한 사업 관행을 그에 맞게 수정하지 않았다는 점이다.

- 상장기업이 실제로 경영되는 방식을 보면 "우리는 주주가치를 극대화하기 위해 경영한다"라는 흔한 기업 슬로건에 맞지 않다. 주주가치를 극대화하는 경영이란 현금흐름에 중점을 두고, 눈앞의 이익이 아닌 미래를 내다보는 것이다. 무엇보다도 경영인이 리스크를 신중하게 감수한다는 뜻이기도 하다. 그러나 대부분의 경영인이 월가가 기대하는 분기별 이익 경쟁과 단기 주가에 집착하여 장기적인 주주가치를 훼손하는 것으로 보인다.

- 펀드매니저는 장기적인 주주 수익률을 극대화하기보다 안전하고 무난하게 기준 지표에 가까운 실적을 올리려는 경향이 있는데, 이는 실적 평가가 분기별로 이루어지기 때문이다. 단기적이고 상대적인 실적 평가가 이루어지면 단기적인 사고방식이 확산할 뿐만 아니라 주가가 잘못 책정되었음을 확신하는 펀드매니저라도 군중을 따라가게 된다. 그 결과 심각한 가격 거품과 폭락이 발생한다.

CEO, 기업관리자, 일선 직원 각자가 기업의 주요 목표로서 장기적인 가치를 창출하도록 유도하는 성과 보수 체계가 마련되어야 한다.

최고경영진과 이사회는 장기적인 가치 추구의 이득이 단기 실적이 부진할 때의 위험을 능가한다는 것을 입증하는 데 전념해야 한다. 기업의 재무보고서는 자본공급자(투자자) 및 그 외 보고서 사용자에게 미래의 현금흐름 규모, 시기, 위험성을 예측하기에 유용한 정보를 제공한다는 목표를 충족하지 못한다. 따라서 기업의 재무 보고 체계는 재정비될 필요가 있으며, 식별 가능한 사실(과거의 현금흐름)과 미래의 현금흐름이라는 불확실한 추정치(발생 금액)가 분리된 실적보고서를 도입함으로써 손익보고서의 약점을 보완해야 한다.

적극적인 운용에는 소극적인 운용에 비해 훨씬 더 많은 비용이 들기 때문에 액티브펀드는 전체적으로 인덱스(패시브)펀드보다 낮은 실적을 낼 수밖에 없다. 기준 지표를 지속적으로 앞서는 펀드는 극히 일부분에 불과하므로 액티브 주식형펀드가 미래에도 계속 투자 자금을 유치하려면 중대한 개혁을 단행해야 한다. 한 가지 희망이라면 운용 자산의 시장 가치에 근거한, 즉 펀드의 상대적인 실적이 어떻든 수수료를 지급하는 보수 체계가 성과수수료 체계로 변화해가는 조짐이 보인다는 점이다. 성과 수수료 체계는 자산운용사와 펀드를 장기간 소유하는 주주의 이해관계를 일치시키는 데 도움이 된다.

두 집단 모두 장기 보유와 단기 보유의 세금 차액을 크게 확대하고 과당매매를 억제하며 장기 보유를 유도하기 위해 (과세 면제 기업에게도) 소비세를 부과하는 식의 집중적인 세제 개편을 촉구했다. 그뿐만 아니라 이익 지침earnings guidance을 제시하고 공격적인 회계 기법을 이용하여 재무 목표치를 달성하도록 권고하는 관행을 개혁해야 한다고 지적했다.

그보다 앞선 2003년에는 주요 전문투자자, 기업 수장, 공공 연기금 운용사로 구성되었으며 컨퍼런스 보드Conference Board(미국의 민간 경제 조사 기관)가 조직하고 퓨Pew 재단이 후원하는 민간기업 및 공익신탁위원회Commission on Private Enterprise and Public Trust가 투자자의 단기적인 시간 지평과 일련의 도전과제에 대처하지 못한 기업 경영진 때문에 발생한 문제를 분석했으며 기업 경영진과 자금관리자의 행위로 인해 훼손된 기업 시스템의 신용을 회복하기 위한 몇 가지 제안을 내놓았다. 이 위원회는 엔론, 월드콤, 퀘스트 커뮤니케이션스, 타이코 인터내셔널, 헬스 사우스 등 미국 최대 기업 몇 곳과 '빅 5' 회계법인 중 하나였던 아서앤더슨이 파산한 직후 조직된 단체로서, 이들의 분석은 널리 알려지고 공개적으로 논의될 만했다. 위원회는 앞서 소개한 두 보고서처럼 투명하고 종합적인 재무 보고를 비롯한 기업과 주주의 소통 강화를 촉구했다.

위원회는 기업 지배구조 사안과 관련해서 장기 투자자의 이사선임권 확대, 주주참여권의 강화, 최소 보유 기간의 적용을 통한 온전한 의결권의 보장, 이사 임명에 필요한 지분 보유 기준 제정(예를 들어 발행 주식의 5퍼센트를 3년 이상 보유한 주주에게 의결권을 제공하는 식) 등을 촉구했다. 또한 위원회는 주주에게 주식 기반 보상제도나 그 외 보수 관련 방침을 승인할 권리를 제공해야 한다고 지적했다. 마지막으로 기업이 이사회가 정한 장기적인 전략 목표 달성을 촉진하는 장기성과급 제도를 도입하도록 장려해야 하며, 그 같은 전략 목표의 달성 수준에 따라 이사회의 보상을 정해야 한다는 의견을 내놓았다. 민간 기업의 존립이 국민의 신뢰에 좌우되어야 한다는 이야기다.[05]

게이트키퍼의 실패

어떻게 미국이라는 자유경쟁시장에서 장기 투자 문화에 대한 도전이 등장하고 지속되며, 심지어 만연해질 수 있는지 궁금하지 않은가? 이 모든 일은 미국 재계와 투자업계를 감시할 게이트키퍼gatekeeper로서 설립된 정치 기관과 전문 기관의 바로 눈앞에서 일어났다. 그런데도 이에 이의를 제기하고 경종을 울리는 게이트키퍼는 극소수에 불과했다.

최근 미국의 금융부문이 기업부문에서 담당하는 역할이 점점 더 커지면서 이 장의 주제인 '행복한 공모' 역시 확산되고 있다. 한때 우세했던 장기 투자를 단기 투기로 대체한 단기주의 현상은 온갖 악영향을 유발했으며, 그 결과는 불 보듯 뻔했다.

미국의 기업 대리인과 투자 대리인이 주식의 내재가치가 아니라 변동하는 주가에만 초점을 맞췄음에도 국민으로부터 공익 감시 역할을 위임받은 게이트키퍼 대다수가 잠재적 결과에 주의를 기울이기는

---

05 솔직히 밝히자면 나는 세 연구에 모두 참여했다. 나는 컨퍼런스 보드 연구의 책임자였다. 그때 나와 함께 연구를 책임진 사람으로는 상무부 장관을 역임한 피터 피터슨이 있으며 연구 위원으로는 폴 볼커 전 연준 의장, 인텔 설립자인 앤드루 그로브, 존슨앤존슨의 CEO 랠프 라슨 등이 있었다. 그 외에도 나는 CFA 위원단과 아스펜연구소 연합에 참여하기도 했다. 이처럼 영예로운 세 조직의 일원이 되어 내 견해를 표명하는 동시에 다른 위원들의 유익한 의견을 들을 수 있었던 것은 영광이었으며, 위의 세 조직이 발표한 보고서 내용에 모두 동의한다.

커녕 대리인의 해로운 행동을 부추기고 있다. 기업만이 아니라 정부까지 투기 문화의 확산에 일조했다. 그뿐만 아니라 '재계/투자계 복합체corporate/investment complex'로 불릴 만한 공모자들의 문화가 조성되는 데는 사리사욕과 경제 세력의 역할도 컸다. 미국의 10대 게이트키퍼들이 2007~2009년 대폭락과 그 이후의 대침체가 일어나기까지 투기 문화의 조성에 어떠한 역할을 담당했는지 간략히 살펴보자.

1. 의회

의회는 1990년에서 2000년으로 넘어가면서 문제가 확산되는 데도 아무 조치도 취하지 않았을 뿐 아니라 더 큰 문제를 조장했다. 글래스-스티걸법을 폐지하고 스톡옵션 비용을 손익계산서에서 제외할 수 있도록 허용한 조치가 그 대표적인 사례다. 그 직후인 2001년, 미국 최대 기업 몇 군데에서 충격적인 사건이 터지자 의회가 나서서 2004년 사베인-옥슬리법Sarbanes-Oxley Act를 제정했다. 사베인-옥슬리법이 제정되면서 산업계의 방해에도 불구하고 건전하고 합리적인 다수의 개혁 조치가 시행되었다.

그러나 미국 의회는 국책 대출업체인 패니메이와 프레디맥을 과도하게 압박함으로써 모기지론 사태의 불씨에 기름을 부었다. 패니메이와 프레디맥은 민영화되었지만 이들은 정부의 지원을 받는 정부보증기업GSE이었다. 의회는 두 기업에게 '전 국민의 주택 소유'라는 고귀한 목표를 요구했지만 경제가 그만큼 큰 타격을 받게 되리라는 것을 예측하지 못했다. 설상가상으로 컨트리와이드와 워싱턴뮤추얼 같은 기업도 대출 자격이 되지 않는 사람들에게 이미 수십억 달러어치의 주택담보대출을 내준 상황이라 잠재적인 손실 규모는 한층 더 커졌다. 그리고 예정된 수순처럼 주택 가격이 폭락했다.

부동산 시장 붕괴, 복잡한 금융 파생상품 남발, 미국 대형 금융회사 파산, 정부의 구제금융 투입이 잇따르자 의회가 다시 한번 나서서 2010년 도드-프랭크 금융개혁법을 제정했다. 항상 그렇듯이 의회는 미래지향적인 조치가 아니라 소 잃고 외양간 고치는 식의 조치를 취했다. 수많은 시행 규칙이 통과되지 않은 상황에서 지나치게 포괄적인 도드-프랭크 금융개혁법의 실효성이 있을지는 아직 확실하지 않다. 나는 이 법의 의도는 좋지만 절대 시정할 수 없는 다수의 결함을 내포하고 있다고 생각한다. 물론 금융개혁법의 '볼커룰'은 필수 조항이지만 글래스-스티걸법(1933년에 예금 수취 은행과 투자은행을 분리하는 법으로 제정되었지만 1999년 폐지)을 부활시키는 편이 훨씬 더 간편하고 효과적일 것이다.

나도 연방금융소비자보호국CFPB의 취지에는 동의하지만 그 실행 능력은 워싱턴 정가의 정쟁 때문에 온전히 발휘되지 못할 것이 분명하다. 의회의 통산 성적은 안타 한 개에 불과하며 실책은 수없이 많다.

2. 사법부

미국의 사법부는 대체로 성실하게 중요한 임무를 수행하며 두려움이나 편견에 휘둘리지 않는 편이다. 그러나 최근 몇 년 동안 우리는 상식에 근거하지 않으며 사실에 대한 정확한 이해가 없는 판결을 여러 차례 지켜보았다. 3장에서도 언급하겠지만 나는 2011년 연방대법원이 시민연합 대 연방선거위원회 소송Citizens United v. FEC에서 내린 판결을 보고 등골이 오싹했다. 기업 등의 단체가 익명으로 정치헌금을 할 수 있도록 허용할 뿐 아니라 장려하는 듯한 판결이었다(3장에서 기업의 주주에게 정치헌금의 허용 여부를 결정하는 권한을 제공하는 방안에 대해서도 설명할 것이다). 우리는 연방대법원의 판결로부터 1년 만에 억만장자들이 낸 거액의 정치후원금이 격전지의 예비선거에 어떠한 영향을 끼쳤는지 목격했다. 다가오는 본 선거에서 혐오 광고hate advertising가 판칠 것도 확실하다(실제로 혐오 광고처럼 효과적인 수단도 없는 듯하다). 그뿐만 아니라 연방대법원은 자산운용사 자문료에 대한 소송에서도 뮤추얼펀드 주주의 이익을 보호하지 못했다. 앨리토 대법관이 존스 대 해리스어소시에이츠Jones v. Harris Associates의 소송에 대해 작성한 다수의견서를 보면 대법관들은 자문 수수료와 자문 수수료 비율의 결정적인 차이를 이해하지 못하는 것으로 보였다.[06]

하급 법원 또한 우리를 실망에 빠뜨렸다. 제2순회항소법원은 SEC에 투자자의 권리를 지키는 데 필요한 권한을 주지 않았고 그 때문에 기업 주주들의 위임권유서proxy statement(주주총회 내용과 회사 주요 이사회, 임원에 대한 정보가 담긴 문서) 조회를 허용하려던 SEC의 시도가 무산되었다. 연방 법원이 의무화한 비용·편익 분석이 충분히 이루어지지 않았다는 이유였다. 비용·편익 분석의 취지가 아무리 숭고하다 한들, 사법부는 연방 규제의 비용이 대부분 유형이며 손쉽게 산출되지만 규제의 편익은 대체로 무형이며 산출이 불가능하다는 사실을 이해하지 못한 것으로 보인다. 주주의 권리와 기업 민주주의의 가치를 대략이라도 계산할 수 있겠는가? 덴마크의 저술가이자 학자인 비욘 롬보르가 2012년 4월 《월스트리트 저널》에 기고한 논설은 비용과 편익의

---

06 나는 2009년 존스 대 해리스 소송 관련 법정조언자로서 대법원에 제출한 의견서에서 그 차이를 힘껏 강조했다. 그러나 다수의견서를 보면 내 간절한 탄원은 고려되지 않았던 것 같다.

차이를 명확하게 지적했다. "경제학자들은 2008년 금융위기 이후 큰 인기가 없다. 경제학자라는 직업이 상식보다는 빈약한 수학 모형에만 매달린다는 인상을 전달하기 때문이다. (⋯) 비용·편익 분석은 냉정하고 돈에만 집착하며 GDP가 최고라는 사고방식을 반영한 접근법으로 보인다. 물론 희소한 자원을 차지하고자 경쟁하는 세상에서는 이러한 분석이 필요하다. 그러나 제대로 된 비용·편익 분석에는 단순한 경제 비용을 초월하는 요소를 포함한다."

3. 증권거래위원회

SEC 역시 '투자자 이익의 보호'라는 설립 목표에 부합하지 못하는 행동을 자주 보여왔다. 특히 평소에는 감시의 끈을 늦추지 않다가도 무슨 일인지 대기업의 재무 공시 오류는 대부분 잡아내지 못했다. 게다가 매도프가 대대적인 '폰지 사기'를 벌여 투자자들의 600억 달러가 증발했음에도 사기 적발에 실패했다. 그 결과 SEC의 반대파들이 위원회의 임무 수행에 필요한 자원을 빼앗을 수 있는 기회를 잡았다. 아서 레빗과 윌리엄 도널슨 등의 전임 위원장은 분명 현명하게 임무를 수행했고 이들의 재직 기간(1993~2005년) 동안 위원회는 걸출한 성과를 거둔 것도 사실이다. 그러나 그들의 후임들은 들쑥날쑥한 성과를 보였다. 물론 현재 위원장인 메리 샤피로는 임기 초반이기는 하지만 올바른 가치관과 투자자 보호에 관해 강력한 의지가 있는 것으로 보인다. 샤피로가 향후에 다시 일어날 가능성이 있는 '예금 이탈' 사태로부터 펀드 주주를 보호해야 한다는 원칙적 입장을 고수하고 있는 점을 보면 내 평가가 정확한 듯하다.

　그러나 위원회의 가장 중요한 계획 가운데 몇 가지(뮤추얼펀드 규제,

기업 지배구조 개혁, 이사선임권 허용)는 안타깝게도 기술적인 근거로 사법부의 승인을 받지 못했다. 의회는 이러한 문제에 일부 책임이 있다. 앞서 언급한 바와 같이 연방정부 규제를 시행하려면 종합적인 비용·편익 분석이 선행되어야 한다는 법원의 요구 사항은 충분히 합리적인 판단이다. 그러나 반대로 자금관리자의 수탁 의무가 연방 기준을 충족할 때의 편익을 어떻게 측정하겠는가? 그 결과 비용·편익 분석 요건은 개혁반대파가 규제 조치를 말살하기 위해 악용하는 수단으로 전락했다. 현재 이들의 수작은 법원에서 제대로 먹히고 있다.

4. 연방준비위원회

주택시장 거품의 원인 중 하나는 극도로 방만한 통화팽창 정책이었다. 당시 연준 의장이던 앨런 그린스펀이 시행한 통화 정책으로 투기꾼들은 저금리로 대출을 받았고 미국의 금융시스템에 과도한 채무와 차입금이 쌓였다. 그러나 중요한 것은 연준위가 은행과 상업 대출업체의 극히 위험한 대출 행위를 방관했을 뿐만 아니라 돈을 빌려주는 주체와 빌리는 주체 사이의 중요한 연결고리를 끊어버렸다는 사실이다. 그린스펀 의장은 주택담보대출 사태가 우려된다는 다른 연준위원들의 경고를 단호하게 무시했고 이는 미국 사회에 불행한 결과를 초래했다.

앨런 그린스펀은 2008년 10월 청문회에서 자신의 실수를 인정했다. 전 세계 금융위기가 "한 세기에 한 번 있을 법한 신용 쓰나미" 때문에 발생했으며, "지적 체계 전반의 붕괴"가 이러한 신용 쓰나미를 일으켰다고 시인한 것이다. 그린스펀은 "주주의 지분을 보호하기 위해 대출업체의 사리사욕을 눈여겨보았던 우리는(특히 본인은) 믿기 어려울 정도로 큰 충격에 빠졌다"고 말했다. 그리고 대출업체들이 사리사욕에 눈이 멀어 자기 통제에 실패한 것은 "내가 이 세계의 작동체계로 인식했던 모형의 결함" 때문이라고 덧붙였다. 《뉴요커》의 존 란체스터는 "결함 하나만 언급하기에는 너무도 심각한 일"이라고 지적했다.

5. 신용평가기관

연방정부로부터 권한을 위임받은 신용평가기관은 수없이 발행된 MBS에 AAA 등급을 매겼고 그 결과 자본을 굴려 넉넉한 이자 소득을 얻으려고 기를 썼던 대출업체는 고위험 차입형 투기를 믿을 만한 투자 상품으로 포장했다. 대출업체와 투자 담당자가 무슨 이유로 신용등급을 맹신했는지는 별개의 문제다. 2대 신용평가기관인 S&P와 무디스는 발행사별로 보통 건당 30만~50만 달러를 받았을 뿐만 아니라 때에 따라서는 100만 달러에 이르는 거액을 받고 '투자 (적격) 등급'을 매겼다. 무엇보다도 발행사가 똑똑한 기관 투자자에게 MBS를 팔 때 필요한 AAA 등급을 위해, 신용평가기관이 AAA의 걸림돌을 시정한 후 등급을 매긴 것은 명백한 이해충돌이다. 신용평가기관의 영향력은 미국의 규제와 금융시장에 깊게 미치고 있어서, 의회도 규제 당국도 이들의 영향력을 줄일 수단을 찾지 못하고 있다.

6. 공인회계사

미국의 공인회계사 역시 행복한 공모에서 조역을 담당했다. 기업관리자와 자산운용사라는 두 대리인이 단기 이익 목표로 방점을 옮기는 과정에서 공인회계사들은 경영진의 조력자 역할을 했다. 그러나 공인회계사의 본래 역할은 기업의 대차대조표와 손익보고서의 재무

건전성을 독립적으로 입증하는 것이었다.

　기업이 보고서에 기재되는 이익을 부풀리기 위해 기업회계기준 GAAP의 수많은 허점을 악용하려 드는 이유는 간단하다. 예를 들어 미국의 공인회계사는 지난 수십 년 동안 아무 문제없이 경영자문 서비스(매출과 이윤이 큰 서비스)를 제공하는 한편, 독립성을 표방하며 회계감사 서비스를 제공해왔다. 이처럼 명백한 이해충돌은 독립 원칙에 위배된다. 그와 동시에 스톡옵션을 기업의 비용으로 처리하면 안 된다는 논리를 합리화하고 옹호했다. 전 SEC 위원장 아서 레빗은 의회의 거센 반발에도 불구하고 결국 스톡옵션 비용 처리 전쟁에서 승리했으며, 공인회계사가 같은 고객에게 독립감사 서비스와 경영자문 서비스를 동시에 제공하지 못하도록 하는 데 성공했다.

　나는 레빗의 독립기준위원회에 참여했을 때 다른 위원은 물론 미국 4대 회계법인의 대표들과 함께 일했다. 대표들은 회계사의 독립성이 회계감사의 독립성을 보장할 수 있는 이유를 대면서 "평판 리스크reputation risk"란 말을 여러 차례 들먹였다. 독립적으로 행동하지 않는 회계사는 평판에 치명적인 타격을 받는다는 것이다. 그러나 나는 자기 입장을 완강하고 비타협적으로 고수하며 고객에게 허점 가득한 GAAP의 형식과 내용을 꼼꼼하게 준수해야 한다고 요구하는 회계사야말로 평판에 위험을 받는 것이 아닐까 싶다. 그렇게 하면 기존 고객을 유지할 수 있는가? 새로운 고객을 유치할 수 있겠는가? 안타깝게도 이러한 문제는 더 이상 논의되지 않았다.

7. 금융 언론

예외도 있지만 대부분의 기자와 경제면 편집자들은 2008~2009년 금융 대화재를 일으킨 불씨를 제대로 감지하지 못했다. 지루한 추적을 끊임없이 이어가야 가능한 일이었을 것이다. 금융계의 책략이 너무도 복잡했기 때문에 알아차리지 못했을 수도 있다. 미국의 금융공학자들은 자신들이 꾸며낸 것을 감쪽같이 은폐할 정도로 똑똑했다. 그러나 금융 언론이 주식시장의 일시적인 움직임에만 집착한 점은 도무지 이해할 수 없다. 주식 매매는 소유권이 한 투자자에서 다른 투자자로 이동하는 것일 뿐인데 주가 급등이나 급락이 매번 보도할 가치가 있는 사건으로 간주된다. 언론이 금융부문의 전반적인 추세와 역추세에 초점을 맞추지 않고 주기적으로(분기마다) 단기 또는 장기 실적이 '가장 훌륭한' 뮤추얼펀드를 보도했던 까닭은 무엇일까? (물론 《뉴욕타임스》의 그레첸 모겐슨과 플로이드 노리스, 《월스트리트 저널》의 조너선 클레먼츠와 제이슨 츠바이크 같은 일부 언론인은 여러 차례 경종을 울렸다. 그러나 그들이 경고의 깃발을 들었을 때 이를 칭찬한 동료는 거의 없었다.)

8. 애널리스트

사람들은 미국 초대형 금융회사의 애널리스트가 지난 10년 동안 일어난 회계 스캔들에 가장 적극적으로 대응했으리라 생각할지도 모른다. 어쨌든 애널리스트는 투자 전문가로 교육받았으며 보통은 평가대상 기업의 CEO나 CFO와 직접 대면할 기회를 얻는다. 그러나 셀사이드 애널리스트(주식 브로커)들은 평가 대상 기업의 재무제표를 통해 벌어진 금융 사기극을 눈치채지 못했으며 알더라도 보고하지 않았다. 이해충돌이 만연했다. 특히 특정 애널리스트가 분석했던 기업의 상장에 그 애널리스트를 (막대한 연봉으로) 채용한 회사가 관여할 때 이해충돌은 극에 달했다. 어떤 주식을 부정적으로 평가하면 언더라이팅underwriting[투자은행이 상장을 목표로 하는 기업의 주식 가격을 설정하고 그 주식을 매입하여 일반인들에게 매각하는 행위] 업무 한 건을 잃을 뿐만 아니라 밥줄을 통째로 날릴 수 있다.

이해충돌 소지가 있는 셀사이드 애널리스트를 채용한 기업들은 결국 뉴욕주 검찰총장 엘리엇 스피처와의 합의를 통해 12억 달러의 벌금형을 받았다. 안타깝게도 대형 자금운용기관에 소속된 바이사이드 애널리스트는 이해충돌의 소지가 없음에도 기업의 이익 보고가 조작되었음을 알아채지 못한 듯하다. 아니면 '이익 지침' 시스템에 동조해야 자기 경력에 이득이 되기 때문이었을 수도 있다. 자기 손해를 감수하고도 시스템상의 오류를 지적하고 월가의 실수를 조사한 애널리스트는 극소수에 불과했다. 그중 하나가 오랫동안 애널리스트로 일한 마이크 메이요다. 메이요는 월가가 진실을 감당하지 못하고 회피했던 이유를 알리는 데 최선을 다했다. 그 결과 그는 '월가의 망명자'로 불렸고 2011년에 동명의 책을 출간했다. 메이요의 예리하고 솔직한 말을 들어보자.

애널리스트는 금융시스템의 견제자가 되어야 한다. 이들은 특정 회사의 재무제표를 면밀히 검토하고 투자자들에게 그 회사의 실제 상황을 말해줄 수 있는 사람들이다. 셀사이드 애널리스트라고 불리며 미국 기업의 감시인 역할을 하는 사람들의 숫자는 5,000명 정도이다. 불행히도 그중 일부는 치어리더 같다고 해도 과언이 아닌데 직장에서 평지풍파를 일으키고 자신이 담당하는 기업을 소외시키며 상사의 분노를 자아내는 것을 꺼린다. 경영대학원에 갓 입학한 학생도 주식의 95퍼센트는 상승 종목이 될 수 없다는 사실을 안다. 그럼에도 월가에서 내놓는 매도 등급sell rating의 비율은 여전히 5퍼센트 미만이다.

나는 오랫동안 금융부문의 구체적인 문제(지나친 리스크 감수, 과도한 보수, 공격적인 대출 영업 등)를 지적했다. 그 결과 욕을 먹고 노골적으로 무시당하며 소송 위협을 받았고 임원들에게 조롱을 당했다. 내 입장을 누그러뜨리려는 의도였을 것이다. 우리에게 필요한 것은 개선된 형태의 자본주의다. 그러한 자본주의는 회계에서 시작된다. 은행이 자유롭게 운영되도록 내버려두되 외부인에게 실제 수치를 공개하도록 하자. 더 나은 형태의 자본주의에는 파산도 포함된다. 리스크 감수로 이득을 얻으려고 하는 대출업체, 대출자, 은행 임원 역시 실수에 책임을 져야 한다. (…) 그러기 위해서는 문화가 변화해야 한다. 애널리스트들이 미국 경제를 좌지우지하는 상장기업을 비판적으로 분석할 수 있을 정도로 충분한 지적 호기심과 독립성을 지닌 채로 행동할 수 있어야 한다.

9. 기업관리자

당신은 기업 이사와 뮤추얼펀드 이사가 기업 스캔들(엔론 사태)이나 뮤추얼펀드의 스캔들(마켓 타이밍 사태)을 미연에 방지하기 위해 조치를 취하리라 생각할지도 모른다. 이사는 주주들에게 봉사할 의무가 있다. 그러나 주주들의 이익을 위해 나서는 이사가 있다는 소리는 들어본 적이 없다. 이미 파산했거나 우리가 낸 세금으로 든든하게 구제금융을 제공받지 못했다면 파산했을 대형 투자은행들에는 상상을 초월할 정도로 완벽한 경력을 갖춘 이사들이 한가득했다(은행 이름은 밝히지 않겠다).

그러나 이들은 코앞에서 부도덕한 금융 사기극이 벌어지고 있었는데도 거짓된 정보를 전달받았거나 아무 정보도 듣지 못했다. 나는 이들이 무슨 변명을 댈지 궁금하다. 어쨌든 자기를 선출해준 주주에게 수탁 의무를 이행해야 한다는 것을 염두에 두지 않은 점만은 분명하다. 워런 버핏은 최근의 금융위기가 닥치기 전에도 "똑똑하고 신중한 이사들조차 처참하게 실패했다"라면서 더불어 "꼬리를 흔드는 강아지"처럼 보수 컨설턴트compensation consultant의 조언을 고분고분 따른다고 지적했다.

뮤추얼펀드 이사들에 대한 버핏의 비판은 한층 더 신랄해서 이들을 "강아지" 정도가 아니라 "애완견"으로까지 비유한다. 도베르만이 되어야 할 이들이 코커스패니얼 같이 행동한다는 것이다. 정곡을 찌르는 비판이다. 몇몇 뮤추얼펀드는 시차 활용 거래와 장 마감 후 거래 등의 마켓 타이밍 스캔들에 관여했고 2003년 엘리엇 스피처 뉴욕주 검찰총장이 그 사실을 밝혀냈다. 해당 뮤추얼펀드의 이사들은 어디에 있었던 것일까? 자신이 지휘하는 펀드의 연차보고서라도 읽어본 적은 있었을까? 연차보고서에는 분명 어마어마한 펀드 매매 건수가 기록되어 있었을 것이다(연간 거래량이 펀드의 총자산보다 훨씬 많은 경우도 있었다). 펀드매니저는 장기 주주들을 지켜야 할 의무가 있다. 그런데 어째서 이사들은 그 같은 일을 공모하여 장기 주주들을 속인 자산운용사에 소송을 제기하지 않았을까? '행복한 공모'에 관여한 운용사와의 계약을 갱신한 연유는 무엇이었을까? 버핏의 말을 한 번 더 인용하자면 "미국 재계의 이사처럼 뮤추얼펀드의 이사라는 수탁자 역시 자신이 의무를 이행해야 할 대상이 소유인지 관리자인지 결정해야 한다."

10. 주주

최종 게이트키퍼는 주주여야 한다. 자신이 지분을 소유한 기업의 미래가 위태로운 상황이다. 따라서 이들은 이번 장에서 이제까지 설명한 여러 위반 행위에 주의를 기울여야 한다. 가장 큰 수수께끼는 미국의 거의 모든 상장기업을 소유하고 절대적인 지배권을 행사하는 기관 투자자들이 어째서 실질적인 장기 가치(저울)보다 비현실적인 단기 이익(투표 집계기)을 얻기 위해 기업들이 무슨 일을 했는지 간과하거나 알아차리지 못했는가 하는 것이다.

주주들은 대체 무슨 생각을 하고 있었을까? 그들은 수많은 기업관리자와 이사들이 회사의 이익을 부풀리기 위해 재무 조작에 관여했음에도 어째서 해마다 찬성표를 던져 그들을 승인한 것일까? 자기들이 지배하는 기업이 주주보다 경영진의 이익을 앞세우는 일이 많다는 사실을 알아차리기는 했을까? 어째서 소유자의 권리와 의무를 토대로 주주의 대리인인 경영진보다 주주 본인에게 유리한 기업 지배 구조를 요구하지 않았을까?

이러한 의문은 그 자체로 독립적인 주제가 된다. 3장에서는 우리의 무책임한 금융회사 관리자/대리인이 주인의 이익을 충분히 고려하지 못한 이유를 자세히 다룰 것이다. 일단 가장 큰 원인은 이중대리인 사회의 특징이자 잠재적인 원동력인 행복한 공모와 단기주의다. 더 나아가 망가진 자본주의 체제를 전통적인 형태로 복구하는 데 도움이 될 만한 제안을 몇 가지 전개하고자 한다.

결론

앞서 언급한 기업의 도덕성을 지켜야 할 열 종류의 게이트키퍼들의 실패 중에서도 가장 이해할 수 없는 것은 기관 자금관리자institutional money manager의 실패다. 어쨌든 자금관리자들은 성과의 가장 큰 몫을 챙길 수 있으며 자신의 책임을 이행할 기회가 가장 많을뿐더러 개혁을 주도하는 데 필요한 영향력도 가장 막강하다. 나는 다른 책에서 "누군가는 이와 같은 기업과 금융계의 천재들을 주시해야 한다"라고 적었다. 다른 게이트키퍼들이 그러한 역할을 제대로 해내지 못하고 주주들도 직접 그 일을 할 수 없는 상황에서, 방대한 조사 분석 역량과 다양한 의결권 대리 행사 경험을 갖춘 자금관리자가 다른 게이트키퍼들의 부족한 부분을 메워야 했다. 뮤추얼펀드와 연기금 등의 대형 기관 투자자들은 너무도 오랫동안 지배구조 문제에 대해 침묵을 지켜왔다. 이제는 침묵을 깨고 고객의 편에 서야 한다.

3장

펀드의 침묵

기업 지배구조에 소리를 내야 하는 이유

선한 목자는 자기 양을 위해 목숨을 바친다. 목자가 아닌 삯꾼은 양들이 자기 것이 아니기 때문에 이리가 가까이 오는 것을 보면 양을 버리고 도망쳐버린다. 그러면 이리는 양을 물어 가고 양 떼는 뿔뿔이 흩어져버린다. 그가 삯꾼이어서 양을 조금도 생각하지 않기 때문이다.

— 요한복음 10:11~13

우리가 기분 상하게 해서는 안 되는 고객은 실제 고객과 잠재 고객 두 부류뿐이다.

— 익명의 자금관리자

나는 1951년에 쓴 논문에서 기업 지배구조에 대한 뮤추얼펀드의 역할도 다루었다. 예전에는 뮤추얼펀드가 웬만하면 자기 표를 행사하지 않으려고 했다. "경영진이 마음에 들지 않으면 그 회사 주식을 팔아라"라는 말이 통용되었을 정도다. 그러나 나는 펀드행동주의의 몇 가지 사례를 찾을 수 있었다. 가장 눈길을 끈 것은 몽고메리워드Montgomery Ward 사건으로, 1949년 뮤추얼펀드들이 사회적으로 물의를 자주 빚은 시웰 에이버리 몽고메리워드 회장을 축출하려고 했던 사건이다. 1944년에는 군인 두 명이 사무실 책상에 앉아있던 그를 의자 채로 들어서 밖으로 끌어내기도 했는데, 이 장면을 담은 사진은 아직까지도 유명하다. 뮤추얼펀드가 반대표를 던진 것은 전후의 경기침체가 오래 지속될 것을 우려한 에이버리가 미래 성장에 투자하기를 꺼렸기 때문이다.

그 논문에는 그때나 지금이나 변함없는 이상주의가 엿보인다. 나는 머지않아 뮤추얼펀드가 사회적 책임이 있는 기업으로서의 의무를 수행하리라고 전망했다.

(…) 투기가 아니라 기업 투자를 근간으로, 기업 방침에 결단력 있게 영향력을 행사하며 투자한 기업의 주주들에게 최대한 이득이 되는 행동을 할 것이다. 뮤추얼펀드는 일반 주주에 비해 금융과 경영에 대한 지식이 방대할 뿐만 아니라 자신의 영향력을 효과적으로 행사할 재정적 수단을 다양하게 갖추고 있기에 꼭 필요한 경제적 역할을 다해야 하는 운명이다.

위의 전망은 SEC의 입장을 반영한 것이다. SEC는 1940년에 발표한 보고서에서 "기업에 투자한 개인들 다수는 발언권과 영향력이 없다. 대신 기업과 이해관계가 있는 투자회사들이 나서서 이들에게 필요한 대변인 역할"을 해야 한다며 뮤추얼펀드의 행동을 촉구했다. 내가 그 보고서를 논문에 인용했던 1951년에 뮤추얼펀드가 소유한 미국 기업 지분은 총지분의 3퍼센트도 되지 않았다. 나는 그 영향력이 확대될수록 뮤추얼펀드가 적극적으로 의견을 표명하리라 내다보았다.

안타깝게도 내 예측도, SEC의 예측도 빗나갔다. 60여 년이 흐른 현재 뮤추얼펀드는 미국 기업의 최대 주주로서 전체 지분의 30퍼센트에 이르는 주식을 보유하고 있으며, 대부분 연기금 등의 기관에 투자 운용 서비스를 제공하기 때문에 실제로는 60퍼센트가 넘는 주식을 주무른다고 할 수 있다. 전반적으로 뮤추얼펀드는 미국 재계에서 단연코 가장 막강한 세력인데, 이들의 영향력은 몇 곳에 집중되어 있다. 25대 운용사가 보유한 미국 주식의 가치만 6조 달러로서, 기관 투자자들이 보유한 총주식의 75퍼센트 정도를 차지한다.[01] 그러나 내 기대와 달리 그들의 목소리는 강력하기는커녕 속삭임에 가까웠다. "마음은 굴뚝같지만 몸이 안 따라준다"라는 속담과는 반대로 뮤추얼펀드의 경우는 몸은 따라주지만 마음이 내키지 않는다고 할 수 있다. 뮤추얼펀드의 침묵이 어찌나 강렬한지 귀가 먹먹해질 정도다.

내가 알기로는 대형 펀드사 대다수의 경영진이 기업의 의결 안건을 신중하게 검토하고 평가하지만, 극소수 예외를 제외하면 기업 경영진의 제안을 대부분 승인한다. 의결권 행사를 할 때도 요청받은 대로 경영진의 제안을 지지한다. 이러한 관행은 행동주의와 권익 옹호뿐만 아니라 기업 지배구조라는 개념과도 거리가 멀다. 뮤추얼펀드 대부분은 기업시민corporate citizenship으로서의 책임을 다하지 못하고 있다.

물론 의회와 SEC 덕분에 주식 소유자들에게 주주총회에 참여할 수 있는 권한을 제공하자는 움직임이 산발적으로 일고 있다. 2012년에는 주로 봄에 있는 주주총회 시즌에 주주들이 임원 보수와 기업의 정치헌금 등의 다양한 사안에 폭넓은 의견을 제시했다. 점차 주주들의 제안이 수용되는 분위기다. 이제는 미국 기업의 지분 대부분을 소유한 금융회사들이 대신 나서서 주주들을 공개적으로 지지해야 한다. 적어도 기권을 할 생각이 없다면 말이다.

뮤추얼펀드는 왜 기업 지배구조 개편에 소극적인가

기관 투자자들이 소극적으로 행동하는 이유를 가늠하기는 어렵지 않

---

01 이제는 뮤추얼펀드사와 연기금운용사 사이에 차이가 없다. 예외는 있지만 미국의 25대 투자회사 중 대부분이 뮤추얼펀드와 연기금을 두루 운용한다. 뮤추얼펀드는 25대 투자회사가 운용하는 6조 달러 어치 총자산 가운데 대략 40퍼센트를 차지한다. 나머지 60퍼센트는 연기금이나 그 이외에 별도로 운용되는 고객 계정이 차지한다. 그러나 현재 뮤추얼펀드의 위임투표 행사 사실만이 밝혀진 상황이므로 뮤추얼펀드에만 초점을 맞출 수밖에 없었다. 그러나 내가 이번 장에서 비판하는 대상에는 연기금도 포함되어 있음을 알아두기 바란다.

다. 첫째, 뒤에서 다시 다루겠지만 뮤추얼펀드는 근본적으로 주식을 단기 보유하며 투자보다는 투기에 가까운 성향을 보인다. 자주 말한 것처럼 미국의 금융계는 '주식 보유' 산업에서 '주식 임대차' 산업으로 변화했다. 간단히 말해 자기가 빌린 물건을 주인처럼 세심하게 아끼는 임차인은 거의 없으며,[02] 있다 해도 희귀하다. 컬럼비아대학 교수였던 루이스 로웬스타인은 "펀드매니저는 일시적인 주가에 지속적으로 관심을 보인다. 기업의 미묘한 특성과 차별점에는 전혀 주의를 기울이지 않는다"라고 지적했다. 다시 말해 뮤추얼펀드 대부분이 기업 지배구조에 신경 쓰는 척하지만 의결권 대리 행사 과정에 적극적으로 참여하지 않는다.

둘째, 뮤추얼펀드 행동주의에 걸림돌이 되는 요소는 뮤추얼펀드 사업의 상업적 특성이다. 뮤추얼펀드는 '운용사'보다는 '마케팅 업체'에 가까워졌다. 즉 상술이 관리자 의식보다 압도적으로 중요해졌다. 자산운용사가 논란의 여지가 있는 주주총회 안건에 뚜렷한 입장을 취하면 불필요한 관심을 끌 수밖에 없다. 따라서 숨죽인 채로 리스크를 회피하는 편이 바람직하다고 판단한다. 그보다 더 중요한 이유는 미국의 대형 자산운용사들이 대형 고객사를 유치하고 싶어 하기 때문이다. 예를 들어 연기금을 운용하면 큰돈을 굴릴 수 있으므로 자기들도 큰 이익을 얻을 수 있다.

1990년대 중반 이후로 기업의 과세이연 연금저축이 뮤추얼펀드사의 자산을 창출하는 원천으로 자리 잡았다. 기업 연기금 역시 복잡하

---

[02] 재무장관을 역임한 로런스 서머스는 "빌린 차를 닦는 사람을 본 적이 있는가?"라는 한탄조의 질문을 던졌다고 한다.

고 많은 비용이 드는 하위 계정 처리sub-accounting를 할 필요가 없으므로 자산운용사들 사이에서 알짜배기로 간주된다. 자산운용사들이 기업 고객을 유치하고자 적극적으로 노력한다는 사실을 감안하면 이들이 잠재 고객의 비난을 사기 싫어서 기업 지배구조에 적극적으로 참여하지 않으려는 것도 (실망스럽기는 해도) 그리 놀랍지 않다. 어떤 운용사는 다음과 같은 말로 정곡을 찔렀다고 한다. "우리가 기분 상하게 해서는 안 되는 고객은 실제 고객과 잠재 고객 두 종류뿐이다."

셋째, 펀드업계의 주장이기는 하지만 운용사가 감당해야 할 비용이 과다하다는 우려다. 어떤 의미에서는 맞는 말이다. 그러나 5,000억 달러 가치의 투자 포트폴리오를 보유한 티아 크레프TIAA-CREF는 기업 행동주의의 책임을 떠맡았다는 점에서 펀드업계에서 독보적인 존재다. 몇 년 전 티아 크레프는 연간 200만 달러가 넘는 자금을 기업 지배구조 개편 프로그램의 시행에 들였고 이 멋진 프로그램은 훌륭한 성과를 거두었다.[03] 그러나 이 회사의 총투자자산 가운데 200만 달러의 비중은 0.003퍼센트에 불과하다. 티아 크레프의 프로그램에 참여한 관계자들은 소소한 비용치고는 상당한 효과를 보았다고 한다.

소규모 펀드사라면 광범위한 평가 프로그램에 투자할 재원을 마련하기가 쉽지 않겠지만 적어도 자사의 애널리스트를 통해 투자 지분이 많은 기업의 지배구조를 본격적으로 평가할 수는 있을 것이다. 게다가 펀드사의 단합과 협력은 불법이 아니다. 펀드 산업의 주식 보유액이 6조 3,000억 달러라는 사실을 감안할 때 펀드업계 전반이 나서

---

03 티아 크레프가 기업의 연기금을 운용하지 않으므로 이러한 활동을 해도 고객의 이익에 저촉되지 않는다는 점도 작용했을 것이다.

서 총자산 대비 고작 0.001퍼센트의 비용만 마련하더라도 기업 지배구조 개편 프로그램에 필요한 예산을 연간 6,000만 달러나 축적할 수 있다. 6,000만 달러라면 프로그램 시행에 필요한 비용을 크게 상회하는 예산이다.

그러나 오늘날 펀드사들이 1년 동안 행정, 투자 관리, 마케팅, 운영에 들이는 1,000억 달러의 비용에 비하면 새 발의 피다. 나는 2002년 '장기 투자자 연맹Federation of Long-Term Investors'이라는 연합체 구성을 시도했다. 워런 버핏이 내 시도를 반겼고 다른 대형 펀드사들도 동참하여 연맹이 구성되면 지원을 아끼지 않겠다고 약속했다. 아쉽게도 내 제안은 10대 뮤추얼펀드 중 단 한 곳도 끌어들이지 못한 채 처절한 실패로 끝났고 내가 구상한 연합체는 출범하지 못했다.[04]

마지막으로 네 번째 걸림돌은 '유리집에 사는 사람people-who-live-in-glass-house' 증후군('유리집에 사는 사람은 돌을 던지면 안된다'라는 표현을 비튼 것으로, 약점이 있는 사람이 함부로 나서지 않음을 말함)이라는 현상이다. 사실 뮤추얼펀드의 지배구조는 맹비난을 받아도 모자랄 정도로 엉망이다. 가장 큰 문제는 계약을 통해 보수를 받는 외부 운용사가 자신이 담당하는 뮤추얼펀드를 사실상 지배할 수 있다는 점이다. 이를테면 10억 달러 정도로 시가총액이 비교적 작은 운용사가 자사를 고용한 1,000억 달러 정도 규모의 대형 뮤추얼펀드사를 좌지우지할 수 있다는 이야기다.

---

[04] 나는 '무임승차'의 소지를 없애기 위해 뮤추얼펀드 지주사 가운데 60퍼센트 정도가 참여하는 연합체를 제안했다. 즉 어떤 기업의 지분 1퍼센트를 소유한 펀드사가 위임장 대리 행사 권유에 비용을 들일 경우 아무 기여도 하지 않는 나머지 99퍼센트의 주주가 그 이득을 나눠 받기 때문에 무임승차하는 격이 된다.

어떻게 이런 일이 가능할까? 가장 큰 원인은 자산운용사가 뮤추얼 펀드의 지배권을 완전히 장악한다는 점이다. 운용사는 대개 뮤추얼펀드 그룹의 운영에 필요한 행정, 회계, 주주에게 제출할 장부 기록, 법률 자문, 투자 운용, 마케팅, 유통 서비스를 사실상 모두 책임진다. 게다가 대부분 펀드 임원을 통해 펀드 이사의 선정에 큰 영향력을 행사한다. 이와 같이 일반적으로 자산운용사는 뮤추얼펀드의 모든 업무를 담당 하며 뮤추얼펀드 자체는 기업의 탈을 쓴 것이라 보아도 무방하다.[05]

재계 전역에 거대한 상장기업이 더 작은 외부기업(별도의 주주가 있 으며 주로 대형 뮤추얼펀드에 업무 처리에 필요한 서비스를 제공하는 운용사) 의 지배를 받는 사례가 또 있을까? 내가 아는 한 재계에 이처럼 변칙 적이고 직관에 반하는 구조가 존재하는 부문은 없다. 좀 더 객관적으 로 보면 이와 같이 특이한 구조가 존재하는 이유를 이해하기 어렵다. 그러나 '유리집에 사는' 뮤추얼펀드가 어째서 지분이 있는 기업의 경 영진에게 돌을 던지지 않으려고 하는 등 기업 행동주의를 꺼리는지 이해하기란 그리 어렵지 않다.

물론 기업 이사들에게 대담하게 '돌을 던진' 임원도 있다. 피델리티 자산운용의 CEO인 에드워드 존슨 3세다. 피델리티가 관리하는 뮤추 얼펀드 280개의 대표이기도 한 존슨은 절대 공개적으로 나서는 인물 이 아니지만 1994년에는 예외적으로 연설을 했다. 이때 (구체적으로 사명을 언급하지는 않았지만) 기업들이 소유자의 이익을 우선시해야 한다고 촉구했다. **박스 3.1** 은 그의 연설 중 일부다. 해당 연설에서 존

---

05 한 예로 아누스캐피털그룹은 대략 890억 달러 가치의 뮤추얼펀드를 운용하지만, 그룹의 시가총액은 뮤추얼펀드 자산의 55분의 1 남짓인 16억 달러에 불과하다.

슨은 피델리티가 투자한 기업 임원의 책임이 무엇인지 밝혔다. 구체적으로는 필요한 경우 기업 이사들이 CEO에게 이의를 제기해야 하고 성과가 미흡한 운용사를 끊어내야 하며, 마찬가지로 뮤추얼펀드의 이사가 CEO에게 반기를 들고 성과가 나쁜 운용사를 교체해야 한다는 생각도 해볼 수 있다고 했다. 따라서 이처럼 속속들이 적절한 요구가《포춘》선정 500대 기업 명단에 있는 대기업의 이사들에게 집중되는 것은 역설적이다. 존슨은 피델리티 같은 뮤추얼펀드의 사외이사에게도 똑같은 요구를 해야 한다는 당연한 사실을 잊은 듯했다.

박스 3.1

"당신이나 잘하시오."
에드워드 존슨 3세의 연설 요약본

우리는 우리 대신 회사를 돌보는 이사들에게 회사 경영진이 제대로 된 역할을 하는지 확인해주길 바란다. (…) 이사는 궁극적으로 주주들에게 책임을 다해야 한다. 그러나 사리사욕이나 CEO의 이익을 우선시하는 이사들이 너무 많다. (…) 경영진은 가능한 한 최고 성과를 내야 한다. 그렇지 못하면 이사회가 해임하고 새로운 경영진을 영입해야 한다. (…) 경영진과 주주 사이에 이해충돌의 여지가 있는 사안을 철저히 검토한 후 문제 해결을 위한 조치를 취해야 한다. (…) 회장은 이사의 보수를 결정할 때 이사의 충성심에 영향을 끼칠 수 있다. (…) 주주의 이익이 경영진의 이익과 엇갈릴 경우 이사는 어느 쪽에 표를 던져야 할까? (…) 우리는 주주에 대한 이사의 책임을 명시하는 현명한 국내법이 필요하다. (…) 회장의 안건에 소극적으로 고

> 무도장만 찍는 이사회가 아니라 주주의 이익을 책임지는 올바른 이
> 사회가 필요하다.

그러나 이사들은 **절대** 운용사를 교체하지 않았으며, 펀드의 실적이 형편없을 때도 새로운 운용사와 계약하지도 않았다. 한때 업계 최대 규모였던 마젤란펀드가 실패했을 때도 그러했다. 초창기에 걸출한 투자 실적을 냈던 마젤란펀드는 1990년대 초반 들어 실적이 감소하며 그 후 평범한 펀드로 전락했다. 펀드 주주들이 대거 이탈하면서 자산이 1,030억 달러에서 150억 달러로 감소했다. 총자산의 거의 90퍼센트가 빠져나간 셈이다. 그러나 피델리티에 쏠쏠한 이익을 안겨주는 펀드 운용 계약은 그대로 이어지고 있다.

게다가 내가 아는 한 존슨은 주주에 대한 이사의 책임(주주의 이익을 책임져야 할 이사회의 의무)을 명시한 국내법 통과를 위해 의회에 로비활동을 펼친 적도 없다. 뮤추얼펀드와 기업의 이사는 법적으로 동일한 책임을 져야 하지만 이들의 주된 역할은 여전히 "소극적으로 고무도장만 찍는 것"이다. 두 집단 모두 존슨이 1994년에 적절히 촉구했던 중대한 책임을 회피해서는 안 된다. 그러나 존슨 역시 그때의 연설 이후로 긴 침묵을 지키고 있다.

새로운 국면을 맞이하다

뮤추얼펀드는 비행동주의의 표본으로서 포트폴리오에 포함된 기업

의 지배구조에 전혀 관여하지 않는 것으로 알려져 왔다. 뮤추얼펀드의 침묵은 1924년 펀드 산업의 초창기 이후로 표준으로 자리 잡았다. 1980년대까지는 펀드 산업의 자원이 부족했고 펀드의 의결권은 현재와 비교하면 미미했다. 게다가 주주들에게 전달하는 사안도 거의 없었다. 따라서 뮤추얼펀드 업계가 소극적으로 행동했던 것도 놀랍지 않다(앞서 언급한 몽고메리 워드의 사례는 예외다).

그러나 대다수의 자산운용사와 관련된 기업들의 운영 문제가 서서히 불거졌다. 1980년대 중반에는 사회 참여 문제가 부각되었다. 예를 들어 아파르트헤이트apartheid(남아프리카공화국의 흑백 인종 분리 정책)에 반기를 든 펀드 주주 다수(특히 대학교 재단)가 남아프리카공화국에서 활동하는 기업들에 영업 활동을 중단하고 당장 철수할 것을 요구하기도 했다. 이 시기에는 무엇보다도 군수업체, 담배 제조업체, 환경 보호와 관련한 '기업의 책임' 문제 역시 수면 위로 떠올랐다. 뮤추얼펀드는 다른 주주들처럼 찬성이든 반대든 기권이든 의사 표현을 해야 했다. 그러나 우리는 그때의 뮤추얼펀드가 어떤 입장을 택했는지 알 방법이 없다. 그 당시에는 주주총회 투표 결과를 공개할 의무가 없었기 때문이다.

1990년대 중반까지는 스톡옵션 발행을 비롯한 임원 보수, 기업 구조조정, 배당 정책, 시차 이사회 제도staggered board term, 독소 조항poison pill처럼 기업 실적에 영향을 미치는 실질적인 사안들이 대두되었다. 영향력이 크고 관련 기업에 대한 지배권이 있는 대규모 뮤추얼펀드, 연기금보다는 종교 단체와 노동조합처럼 상대적으로 규모가 작고 영향력이 거의 없는 투자자들이 이러한 문제를 제기하곤 했다. 그렇다면 대규모 투자자들은 소규모 투자자들이 제기한 결의안에 찬성표와 반대표 중 무엇을 던졌을까? 우리로서는 알 도리가 없다. 기관 투자자들이 주주총회에서 어떤 표를 던졌는지, 심지어 투표를 하기는 했는지 알려진 바가 거의 없기 때문이다. 그들이 실제로도 자기들이 모셔야 하는 펀드 주주와 연금 수급자들의 이익을 꾀했을까? 이역시 우리로서는 알 도리가 없다.

위임투표의 보고

마침내 SEC는 뮤추얼펀드의 위임투표 관행을 전면 공개하기로 결정했다. 그러나 연기금, 노동조합, 기부금 재단, 신탁회사, 보험사 등의 위임투표에 대해서는 아무 입장도 취하지 않았다. 뮤추얼펀드를 규제하는 것만으로도 힘에 부쳤거나 뮤추얼펀드가 지배적인 소유 기관으로 떠올랐기 때문일 수도 있다. 어쨌든 2002년 9월, SEC는 뮤추얼펀드가 기업마다 투표로 결정된 사항을 주주들에게 보고하도록 의무화했다. 펀드 주주가 수천만 명이라는 사실을 감안하면, 결국 보고 대상은 일반 주주들이라 할 수 있다(오늘날 펀드의 위임투표 정보는 개별 펀드 그룹과 SEC의 웹사이트에 공개되어 있다).

나는 SEC의 입장이 개념상으로는 옳았다고 생각한다. 대리인은 주인에게 보고할 의무가 있다. 그뿐만 아니라 펀드 주주의 이익과 국익을 꾀한다는 점에서 공공 기관이 취해야 할 정책이기도 했다. 나는 펀드들이 위임투표 전면공개 의무화와 더불어 기업 지배구조에 대한 기존의 소극적인 입장을 재점검한 후 좀 더 적극적인 입장으로 나아갈 수밖에 없으리라 예상하고 기대했다. 자산운용사들이 **대형 상장 기업을 압박하여 경영진의 이익보다 주주의 이익을 우선시하도록 하는 것을**

주된 공동 목표로 삼으리라 생각했다.

나는 SEC의 발표가 나오자마자 그들의 제안을 반겼다. 2002년 12월 14일 《뉴욕타임스》에 기고한 글에서 내가 그 제안을 지지하는 이유를 설명했다. 그러자 얼마 지나지 않아 반대파가 반격했다. 딱 두 달 후인 2003년 2월 14일, 내 뒤를 이어 뱅가드 CEO에 취임한 존 브레넌과 피델리티의 CEO 에드워드 존슨이 전면공시에 반대하는 기고문을 《월스트리트 저널》에 실었다. **박스 3.2** 는 나와 그들의 기고문을 요약한 것이다.

박스 3.2

위임투표 전면공시를 둘러싼 격론

찬성 측: 뮤추얼펀드의 비밀
《뉴욕타임스》 외부 필자 기고문(2002년 12월 14일)

27년 전, 현재 세계 2위의 뮤추얼펀드로 성장한 뱅가드를 설립했을 때, 나는 1940년 투자회사법Investment Company Act of 1940의 서문에 담긴 이상을 실현하고자 최선을 다했다. 즉 내가 설립한 뮤추얼펀드는 경영진이 아닌 주주의 이익을 추구하도록 노력했다. 그러나 내가 기여한 뮤추얼펀드 산업은 현재 여전히 중요한 그 사실을 실천하지 못하고 있다.

SEC는 얼마 전 뮤추얼펀드가 기업의 위임투표에서 어떤 표를 던졌는지 공개하도록 의무화할 것이라는 방안을 발표했다. 그런데 미국의 대형 뮤추얼펀드 대부분은 그 제안에 반대한다. 나는 평생 몸담아 온 뮤추얼펀드 산업의 입장에 반대표를 던지고자 한다.

뮤추얼펀드 이사 입장에서 임원과 관리자는 주인인 펀드 주주의 대리인이다. 순전히 펀드 주주만을 대신하여 행동하는 것이 경영진의 의무다. 따라서 뮤추얼펀드 주주는 당연히 자기가 소유한 펀드의 포트폴리오에 포함된 기업의 의결이 어떻게 이루어지는지 알 권리가 있다. 해당 기업의 지분을 일부 소유한 뮤추얼펀드 주주들에게 그러한 정보를 알리지 않는 것은 '주인-대리인 관계'라는 상식에 위배된다.

주인-대리인 관계를 생각하면 SEC가 발표한 제안의 근거가 되는 수탁 원칙은 반론의 여지가 없어 보인다. 그럼에도 펀드의 위임투표 내용이 의무화되면 몇 가지 경영상의 문제가 발생할 수 있다. 예를 들어 자산운용사가 경영진에게 반대표를 던지면 해당 기업의 정보를 얻거나 기업 연기금 제도에 투자자문을 제공할 권리를 따내기 어려워질 수 있다. 또한 찬반 의견이 팽팽히 맞서면 원치 않게 세간의 관심이 쏠릴 수도 있다.

뮤추얼펀드는 오랫동안 기업 지배구조 문제에 대해 말을 삼가고 귀찮아하는 태도를 보였다. 그 때문에 기업 지배구조가 잘못되고 회계 감독이 제대로 이루어지지 않더라도 일말의 책임을 지지않는다. 실제로 뮤추얼펀드가 방치한 문제들 때문에 1990년대 후반 주식시장에 거품이 끼고 그 직후에 (50퍼센트 폭락한) 하락장이 이어졌다.[06] 우리가 지배구조에 대해 신경 쓰지 않는다면 도대체 누가 그 책임을 떠맡을 것인가?

우선 뮤추얼펀드라는 대리인이 주인인 주주를 대신하여 어떻게 표

---

06 2007~2008년 세계 금융위기와 잇따른 최악의 하락장에도 똑같은 인과관계가 적용되었다.

를 행사하는지 공개한다면 뮤추얼펀드의 책임감이 커질 것이다. 마침내 뮤추얼펀드가 기업 소유자로서의 소극성을 버리고 기업시민으로서의 중대한 책임을 떠맡을 때다.

반대 측: 공개 반대는 공통된 의견
《월스트리트 저널》 외부 필자 기고문(2003년 2월 14일)

SEC는 뮤추얼펀드가 지분을 소유한 기업의 위임투표 내용을 공개하도록 의무화하는 방안을 검토하고 있다. 해당 제안은 미국 재계에 대한 투자자의 신뢰를 되살리고 책임의식을 고취하려는 선의의 조치로 보이지만, 그 의도와는 달리 미국 뮤추얼펀드 주주 9,500만 명의 이익을 훼손하는 결과를 초래할 수 있다. 펀드업계 2대 경쟁사의 대표인 우리 두 사람이 처음으로 힘을 합쳐 그 제안에 반대하고 나설 정도로 제안의 위험성은 심각하다.

우리 두 회사가 뜻을 모아 SEC의 공개 제안에 반대하는 것은 (뮤추얼펀드 주주에 대한) 우리의 수탁 의무 때문이다. SEC가 제안한 공개 의무화 규정이 시행되면 기관 투자자 중에서 뮤추얼펀드만이 기밀 유지의 권리를 상실하게 된다. 연기금, 보험사, 재단, 은행의 신탁부서 등 다른 기관 투자자는 기밀 유지의 권리를 그대로 누림에도 말이다. 그 결과 뮤추얼펀드는 집중적인 압박 지점이 되어 미국 재계에 대해 정치적·사회적으로 불만이 있는 행동주의 단체의 미묘한 협박을 받을 것이다. 일반적인 뮤추얼펀드가 보유한 수백 건의 위임투표 내용을 하나하나 공개하는 것은 현실적이지도 유익하지도 않다. (…) 그 모든 규제보다도 뮤추얼펀드 이사회의 위임감독 권한을 확대하는 편이 낫지 않을까? 뮤추얼펀드 이사회가 자신이 소유한 기업에 구체적인 위임투표 지침을 따르도록 관리하고, 자산운용사의 표가 그러한 지침과 일치하는지는 펀드 이사가 감독하도록 하자. 그리고 그들이 기업시민으로서 권한을 행사하고 있는지는 SEC가 조사하는 것이다.

2003년 1월 23일에 SEC는 만장일치로 위임투표 공시 의무화에 찬성했다(위원회의 고위 관료에 따르면 내가 쓴 《뉴욕타임스》 기고문이 찬성 결정에 중대한 영향을 끼쳤다고 한다). 그 결과 뮤추얼펀드는 2004년 이후로 "정치적·사회적으로 불만이 있는 행동주의 단체"의 미묘한 협박이나 대규모 시위 없이도 투표 결과를 공개해야 할 터였다.

기관 투자자의 동원

위임투표 결과를 주주들에게 보고하도록 한 규정으로 뮤추얼펀드는 기업시민으로서의 권리를 행사해야 할 강력한 동기를 얻었다. 전통적인 기업 연기금, 연방·주·지방 정부 연기금, 신탁 회사와 보험사, 기부금 재단 등의 모든 수탁자 역시 고객들에게 비슷한 정보를 공개해야 한다. 물론 펀드 주주가 1억 명이라는 점을 생각하면, 이러한 공개는 전 국민에 대한 공개나 다름없다. 그러나 권리에는 책임이 따르는 법이며, 우리는 수탁 의무 기준을 마련하여 신탁 관리 의무가 있는 이들(투표 과정에서 정치적·경제적 판단에 휘둘리는 것으로 알려진 대학교 재단 포함)에게도 높은 기준을 적용해야 한다.

위임투표 공시는 옳은 행동을 유도할 수 있다. 그러한 상황에서 기관 투자자들에게도 옳은 행동을 할 수 있는 수단을 제공해야 한다. 특히 기관 투자자들이 기업의 위임권유서를 직접 조회할 수 있어야 한다. 그러나 기업은 투자자들의 정보 접근을 마지못해 허용한다. 2003년 SEC는 정보 접근을 용이하게 하겠다고 발표했지만 크게 달라진 것은 없었다. SEC의 복잡한 계획에 따르면 대형 주주들이 이사회 규모에 따라 1~3명의 이사를 지명할 수 있지만, 여기에는 구체적인 조건이 따랐다. 예를 들어 이사 후보가 되려면 총 5퍼센트 이상의 지분을 최소 3년 동안 보유해야 했다. 나는 SEC가 좀 더 과감한 조치를 통해 투자자가 좀 더 자유로이 집단행동을 할 수 있도록 허용해야 했다고 생각한다. 그러나 적어도 그들의 제안 덕분에 기관 투자자들은 '한 자리를 얻어서' 이사회 이사의 선정에 영향력을 행사할 수 있게 되었다.

2003년 SEC는 기업 위임권유서의 전면공시 계획을 발표하면서 업계의 의견을 구했다. 그러나 내가 알기로 정보 접근 권한을 확대해야 한다고 요구하는 대형 자산운용사는 한 곳도 없었다. 실제로 기관 투자자들은 오히려 접근 권한이 축소되기를 바란 듯 보였다. 의견을 낸 일부는 소유 지분 기준치를 훨씬 더 높여야 한다면서 가뜩이나 미약한 접근 권한이 한층 더 약화되어야 한다고 주장했다. 수탁자에게 적극적인 소유자처럼 행동하라고 촉구하는, 심지어 그렇게 행동할 수 있도록 허용해야 한다는 주장은 어디에서도 들을 수 없었다.

내가 아는 바로는 펀드업계 거물 대부분(드레퓌스, 피델리티, 야누스, MFS, 퍼트넘, 뱅가드)이 SEC의 제안에 응답조차 하지 않았다. 대규모 펀드 제국을 거느린 씨티뱅크, 골드만삭스, 메릴린치, 모건 스탠리도 마찬가지였다. 슈왑, 프루덴셜, 노던트러스트, 제이피모건체이스 등 기관 투자와 뮤추얼펀드를 운영하는 금융회사들은 SEC가 기업 민주주의를 추진하기 위해 내놓은 온당한 제안에 대놓고 반대했다.[07] 미국이 진정한 소유자 중심 자본주의로 돌아가려고 하면 투자업계가 격렬하게 저항하리라는 사실을 염두해야 한다.

SEC의 제안은 기업들의 반대와 기관 소유자들의 명백한 무관심에 부딪혀 결국은 철회되었다. (기업들이 뭉치고 승리하겠다고 결의하는 반면 운용사들이 뜻을 모으지 않고 신경 쓰지 않는 상황에서 그러한 결과는 당연하다!) 안타깝게도 그 이후로 우리는 사실상 퇴보했다. 2006년 제2연방순회항소법원이 특정한 조건의 주주에게만 이사선임권proxy access〔주식을 보유한 주주가 단독 혹은 다른 주주와 손잡고 이사후보를 제안하거나 해임을 요구할 수 있는 제도〕을 허용하자는 제안이 사실상 위법이라고 판결했기 때문이다. 그로 말미암아 SEC는 원안을 수정했고 주주의 이사선임권을 허용하려는 계획은 제안에서 빠졌다. 결국 위원회는 해당 개혁 조치를 포기했다.

그 후 2009년에 SEC는 새로운 제안을 내놓았고 2010년에는 주주의 이사선임권을 허용하는 규정을 정식으로 시행했다. 그러나 기업윤리 원탁회의와 미국 상공회의소가 이에 반대하여 소송을 제기했고, 워싱턴 D.C. 순회법원은 해당 규정의 폐지를 결정했다. SEC가 "독단적이고 일관성 없이 행동하여 이번에도 새로운 규정의 경제적인 효과를 제대로 측정하지 못했다"라는 이유에서였다.

---

07 피델리티와 뱅가드를 제외한 금융회사들은 상장기업 또는 상장기업의 자회사다. 따라서 이들은 한편으로는 소유자 입장에서, 다른 한편으로는 피소유자 입장에서 해당 제안의 영향을 받을 수 있었고 이는 명백한 이해충돌이다.

법원의 판결은 신규 법규에 대한 의회의 비용·편익 분석 의무 조항을 근거로 했다. 앞서 지적했듯이 새로운 법률의 비용은 구체적인 금액으로 측정이 가능하지만, 편익은 대체로 구체적인 측정이 불가능하다. 주주가 자신이 지분을 소유한 기업의 경영에 적극적으로 참여함으로써 얻을 수 있는 가치를 어떻게 측정할 수 있겠는가? 판결문에서 연방정부가 "사회가 받는 부담을 최소화하기 위해 법률 규정을 적절히 조정"해야 하며 "반드시 편익이 비용을 상회하도록 하여 (…) 공익을 실현"해야 한다는 대목에만 고개가 끄덕여진다. 하지만 수학적 순수성에 대한 집착 때문에 그 고귀한 원칙이 무시될 때 손실은 우리 사회의 몫이 된다. 어찌 되었든 SEC는 법원의 완고한 판결에 항소하지 않았고 위임장 공시 문제는 현재까지 해결되지 않았다.

소유자의 권리와 책임

사법부는 주식 소유자와 대리인에게 소유권에 내재한 권한의 행사를 일체 허용하지 않았다. 그러나 우리 기관 투자자가 할 수 있는 일은 여전히 많다. 첫 번째 과제는 미국 투자업계를 지배하는 금융브로커가 자기 고객의 이익을 최우선시하도록 의무화하는 것이다. 우리는 기존의 수탁 관련법을 강화해야 한다. 현재 수탁 관련법은 기업이 등록된 주에서만 느슨하게 집행되는 경향이 있다. 우리는 수탁 의무를 연방법으로 시행할 뿐만 아니라 1787년 헌법 회의에서 논의된 바와 같이 기업이 연방정부의 설립 인가를 받는 편이 합리적이지 않을지 검토해야 한다.

헌법 회의 당시에 제임스 매디슨은 새로 들어설 연방정부에 기업 설립을 인가할 권한을 주어야 한다고 주장했다. 그러나 로저 로웬스타인은 이를 다음과 같이 표현했다. "연방정부의 인가는 왕실의 특권 같아서 정부가 관련법 제정을 맡게 되었다. 기밀 유지를 중시하는 은행가들이 케이먼 제도를 조세피난처로 택했듯이 자유방임주의적인 델라웨어주가 기업 소재지로 인기를 끌었다. 오늘날에도 미국의 대기업 가운데 절반 이상이 미국에서 면적이 두 번째로 작은 주인 델라웨어에 있다. 델라웨어법은 연차보고서 발행을 의무화하지 않을 정도로 느슨하다."

소유자처럼 행동하기

마지막으로 최종소유자인 투자자들이 직접 나서서 자신의 소유권을 대리하는 수탁자들에게 높은 기준을 요구해야 한다. 뮤추얼펀드의 직접 소유자인 1억 명 개개인은 영향력이 없지만, 이들이 힘을 모으면 어마어마한 영향력을 행사할 수 있다. 펀드 투자자들은 투자와 수탁 관계가 무엇인지 철저히 파악해야 하며, 투자자의 이익을 위해 최선을 다하는 다른 펀드로 옮겨 가는 방식으로 반대 의사를 표명해야 한다.

연기금에는 과세이연 연금저축 가입자와 퇴직연금 수령자에게 동일한 실적을 보장하는 메커니즘이 존재하지 않지만, 투자자들은 여기에도 공식적이고 법적인 행동을 취할 자격이 있다. 이를테면 노후자금 마련을 위해 자산을 투자한 사람들이 수탁자가 지켜야 할 행동수칙을 제정하는 것이다. 주법에는 연금수탁자가 성실과 신중이라는 전통적인 의무를 지켜야 한다는 점이 명시되어 있다. 이제는 더 나아가 다른 사람의 돈을 관리할 책임을 맡은 금융회사의 대리인이 돈을 맡긴 주인에게 수탁 의무를 다해야 한다는 내용을 연방법으로 성문화해야 한다. 연방법의 수탁 의무는 다음과 같은 사항을 포함할 정도로 광범위하고 포괄적이어야 한다.

- 모든 수탁자는 수령자의 장기적인 이익을 도모하는 행동만 해야 한다는 의무 조항
- 모든 상장기업에서의 실질적인 주주 참여가 국익에 도움이 된다는 정부의 확약
- 모든 자산운용사가 순전히 주주의 이익을 위해 반드시 의결권을 행사해야 한다는 요구 조항
- 적절한 요건을 갖춘 주주가 이사 후보를 지명하고 대리 제안을 할 수 있다는 승인 조항
- 기업의 소유 구조에서 이해충돌의 여지를 없애야 한다는 요구 조항

위의 다섯 사항은 나만의 생각이 아니라 로버트 몽크스의 생각에 깊이 공감하며 인용한 것이다. 연방정부의 연금 담당 공무원 출신으로, 투자자문사 ISS의 설립자이자 코퍼레이트 라이브러리의 공동 설립자인 몽크스는 앨런 사이크스와 〈소유자 없는 자본주의는 실패한다〉라는 논문을 공동 집필했는데, 그 제목은 결코 과장이 아니다. 기업 경영진은 주식을 잠시 빌린 이들을 위해 단기 주가 수익에 신경 쓰기보다는 소유자를 위한 장기 가치의 창출에 초점을 맞춰야 한다. 몽크의 열정적이고 강력한 주장은 달리 찾아보기 어려울 정도로 독보적이다. 박스 3.3은 그가 2011년에 쓴 소논문 〈포획〉을 발췌한 것이다.

로버트 몽크스의 〈포획〉

오늘날의 미국 기업들은 옛날 옛적 유럽의 거대한 군주국 같다. 그들은 지배의 근간이 되는 법을 마음대로 좌지우지하고 공공 자원의 배분을 지시하는 영향력을 행사한다. 이는 미래를 예측한 것이 아니라 현재 상황을 그대로 묘사한 것이다. 기업들은 사실상 미국과 그 사법부, 정치계, 국부를 포로로 삼았으나 지배에 따르는 의무를 이행하지 않는다. 그 사실을 입증하는 증거는 다음과 같다.

- 가장 확실한 증거는 CEO의 보수다. 임원 보수는 CEO에 집중된 기업 권력과 기업에 집중된 국가 권력을 가장 단적으로 보여주는 요소다. 2008년 금융위기의 여파로 경기 침체가 한창이던 2010년, 미국 CEO의 중위 보수는 35퍼센트 상승했다.
- 퇴직 리스크는 직원들에게 전가됐다. CEO들의 보수가 두 배 가까이 뛰었던 기간 동안 '최우수' 기업의 '최우수' CEO들은 "고용주가 근로자에게 연금을 지급한다"라는 세기에 걸친 약속을 파기했다. 그 중에서도 IBM이 '진정한' 직원 연금제도를 폐지하는 데 앞장섰다. 이 회사는 향후 몇 년에 걸쳐 자그마치 30억 달러의 비용을 절감하기 위해 기존의 DB형 연금제도를 없앴고 (…) 비교적 예측 가능한 비용 구조를 도입했다. (…) CEO는 풍요로웠지만 정부를 비롯한 기업의 다른 이해 관계자들은 부채만 떠안았다.

- 현재 미국 기업은 재력으로 입법부, 행정부, 궁극적으로 사법부까지 정치 전반을 지배한다. 대법원은 시민연합 대 연방선거위원회의 소송('시민연합 판결')에 대한 2010년 1월 판결을 통해 기업이 돈으로 정치에 관여하는 것을 제한하는 법적 장치를 모조리 없애버렸다. 이 비상식적인 판결은 국익이 아니라 기업의 가치만 극대화하는 결과를 낳았다.
- '포획'은 기업의 광범위한 로비 활동을 통해 더욱 본격적으로 이루어진다. "왕좌에 앉은 기업"과 "군산 복합체의 부당한 영향력"에 대한 링컨과 아이젠하워의 경고는 우리 시대에 완전히 현실이 되었다.
- 막강한 기업의 CEO들은 국가를 '포획'하면서 법망을 벗어나고 법을 초월하는 존재가 되었다. 월가가 2008년 금융위기의 발생에 결정적인 역할을 했다는 증거가 차고 넘치는데도 월가 고위 임원 중 해고된 사람은 아무도 없다. 게다가 은행들이 제한 조치를 피하기 위해 부실자산 구제프로그램TARP으로 받은 자금으로 기존 채무를 청산해야 했던 상황에서도 임원의 보수는 그대로 유지되었다.
- 마지막으로 기업이 규제가 없고 과세가 되지 않는 '역외off-shore'로 자산을 빼돌림으로써 포획이 고착화되고 있다. 보통의 국민과 기업의 사회계약은 지금과는 다른 방식으로 이루어져야 했다. 기업이 제한적인 책임만 지고 다른 특혜를 누리는 대가로 일련의 의무를 이행하지 않는다면 정당한 권한을 행사할 수 없어야 했다. 그러나 현대에 들어서 기업은 실제로 사업

활동이 어디에서 이루어지는지와 상관없이 마음만 먹으면 다른 사법 권역으로 이전할 수 있는 권리를 얻었고 그 덕분에 의무에 따른 제약을 회피할 수 있다.

정부는 기업에 책임을 물을 수 없고 그럴 의지도 없다. 그 사실만큼은 확실하다. 실제로 이러한 진실에 서서히 눈을 뜬 사람들이 월가 점거 운동을 벌였지만 기업의 소유자만이 기업에 책임의식을 불어넣을 수 있다. 오로지 책임의식의 고취를 통해 기업이 정부를 옭아맨 매듭을 풀어낼 수 있다.

문제의 본질은 상당히 단순하다. 바로 기업 지배구조의 실패다. 그 원인도 복잡하지 않다. 미국 기업의 소유를 위임받은 이들이 자신이 투자한 기업을 감시하고 감독해야 할 책임, 법적 의무, 시민의 의무를 적극적으로 이행하지 않기 때문이다. 수탁회사가 보유한 미국 기업의 지분은 70퍼센트가 넘는다. 따라서 현재의 상황뿐만 아니라 시스템을 구제하기 위해 져야 할 책임도 70퍼센트 이상이다.

이제 양심 있는 사람들이 미국 기업의 이사회를 다시 장악해야 한다. 이사회는 인수합병이 시작되는 곳이며 포획의 매듭이 최종적으로 풀릴 수 있는 곳이다. 기업이 아니라 국민의, 국민에 의한, 국민을 위한 정부가 영토를 회복할 수 있는 곳이기도 하다.

그렇다. 실제로 소유자 없는 자본주의는 멸망하게 되어 있다. 경영진이 주식을 잠시 빌린 이들을 위해 단기 주가에 신경 쓰기보다 소유자를 위한 장기 가치의 창출에 초점을 맞출 때 비로소 미국 재계가 국가 성장과 번영의 원동력이자 혁신과 실험의 산실이 될 수 있다. 기업 경영진이 아무런 제지 없이 운전석에 앉아서 주주의 이익을 저버리고 사리사욕을 채우며 주식을 잠시 빌린 이들이 일시적인 단기 주가에만 초점을 맞추는 한 자본주의는 번영할 수 없다.

미국의 대형 투자회사는 그 같은 목표 달성에 앞장서기를 꺼리는 눈치다. 그러나 투자회사가 아니면 누가 그 일을 앞장서서 추진할 수 있겠는가? 대형 투자회사는 전체 지분의 70퍼센트 이상을 소유하고 있으며 기업의 재무제표와 위임장을 자세히 들여다볼 직원들이 있다. 게다가 CEO의 성과, 보수, 특전을 평가할 전문 지식이 있다. 더욱이 뮤추얼펀드의 위임투표 전면공개가 의무화된 현재는 수령자의 기대에 부응하는 방향으로 투표를 할 만한 동기가 있다. 투자회사들이 현재와 같은 단기 투기의 문화에서 벗어나 과거와 같이 다시 장기 투자에 초점을 맞추면 자신이 소유한 기업을 지배할 수단을 얻기 위해 싸워야 한다. 소유자로서의 위치에 적합한 지배 수단을 얻겠다는 투쟁은 기업시민으로서의 권리와 책임을 기꺼이 받아들이겠다는 의지를 표명한다는 점에서 적절하다.

우리가 이 같은 목표를 달성하려면 잘 논의되지 않는 기업 민주주의의 실행 방안을 고찰해야 한다. 장기 소유자의 의결권을 강화하거나, 일정 기간 이상 주식을 보유한 주주에게만 의결권을 허용하거나, 장기 소유자에게만 할증배당 우선주를 발행하는 방법 등이 있다. 이처럼 약간의 상상력만 발휘해도 기업 지배구조의 상태에 신경 쓰지 않는 듯한 주식 임차인보다 관심이 많은 소유자에게 훨씬 더 큰 우대책을 제공할 수 있다.

푸딩의 맛은 먹어봐야 안다

그러나 이제까지 미국의 자산운용사들은 그 같은 권리와 의무를 받아들이지 않고 회피하는 경향이 압도적으로 컸다. "푸딩 맛은 먹어봐야 안다"라는 옛 속담처럼 결과는 시행해봐야 알겠지만, 뮤추얼펀드에 위임투표 내용을 공시하도록 의무화한 SEC의 규정이 뮤추얼펀드의 의결 관행에 미치는 긍정적인 영향은 미미할 것으로 보인다. 나는 현재까지 뮤추얼펀드의 위임투표 경향을 고찰한 학술 논문을 본 적이 없다. 다만 학계가 아닌 미국 주·군·시 공무원연맹American Federation of State, County, Municipal Employees, AFSCME이 위임투표 관행에 대한 방대한 연구를 진행했으며 지난 5년에 걸쳐 해마다 연구 보고서를 냈다.[08]

AFSCME가 2011년 6월 30일에 끝나는 회계연도에 낸 보고서는 주로 기업 연금제도에 연금 서비스를 제공하며 총 4조 달러 규모 산업인 연기금 간의 관행 차이에 초점을 맞추었다. AFSCME의 데이터에 따르면 4대 연기금 운용사(피델리티, 뱅가드, 아메리칸펀즈, 블랙록)는 "기업 경영진에 유리한 의결 성향을 보였다." 다시 말해 보통 경영진이 낸 이사 후보를 지지하고 경영진의 제안을 승인하며 주주의 제안에 반대한다는 것이다.

AFSCME는 미국 26대 뮤추얼펀드사가 던진 표를 분석하여 그들이 세 가지 유형의 제안을 지지하는 경향이 있다는 결론을 도출했다.

---

08 일부는 AFSCME의 연구를 편파적이라고 비판한다. 그러나 연구 데이터는 꽤 정확해 보이며, 비판하는 이들도 뮤추얼펀드가 위임투표에 소극적이라는 이 논문의 핵심 결론에는 반박하지 않았다. 더 나아가 편견이 개입되었더라도 26개 운용사의 상대적 순위가 그 영향을 받았을 가능성은 거의 없다.

1. S&P 500대 기업 특정 이사의 제안. 임원 보수에 대한 우려 때문에 전체 지분 중 30퍼센트 이상이 1인 이상의 이사 후보에 대한 투표를 기권하거나 반대표를 던지며, 기업전략 자문사로부터 특정 이사 후보에 대해 반대표를 던지라는 권고를 받은 기업이 해당한다.
2. 주주의 보수 관련 제안을 확정하는 기업 경영진의 제안. 여기에는 주식 보상 계획, 상여금 지급 계획, 성과 기준, 임원 보수와 관련된 경영진의 비강제적 투표say-on-pay vote, 스톡옵션 발행 등이 포함된다.
3. 주로 임원 보수 제한과 관련된 주주의 제안

해당 보고서는 26대 뮤추얼펀드사의 의결 관행을 임원 보수와 경영 실적(궁극적으로 주주가치)을 연동하는 방침에 협조하는 수준을 조사하고 순위를 매겼다(자료 3.1 참고). AFSCME는 임원 보수에 대한 주주 제안 중에서 주주가치의 증대에 가장 기여할 것으로 판단되는 유형을 골라냈다. 또한 임원 보수의 제한 조치를 한결같이 지지하는 자산운용사를 '보수 제한 성향'으로, 그러한 조치에 찬성표를 던지는 일이 거의 없는 운용사를 '보수 방임 성향'으로 칭했다. 가장 낮은 점수는 보수 방임 성향이 있는 운용사에게 돌아갔고, 2011년 데이터는 2010년 데이터와 거의 일치했다. 다음은 해당 연구를 통해 밝혀진 내용이다.

- 미국 4대 DC형 퇴직연금운용사는 피델리티, 뱅가드, 블랙록, 아메리칸펀즈로서 이들은 해당 보고서의 연구 대상인 펀드에 투자된 전체 DC형 연금 가운데 통틀어 절반 가까이를 운용했고, 기타 22개 펀드사가 나머지 절반을 운용했다. 26개 펀드사가 운용하는 연금 자산은 총 3조 1,000억 달러였다.

운용사	2011년 DC형 연금 운용 규모 (단위: $1,000)	이사의 제안	경영진의 제안	주주의 제안	AFSCME 순위
피델리티	493,000,000	65%	67%	4%	24위
뱅가드	362,000,000	94%	90%	2%	26위
블랙록	324,000,000	86%	91%	15%	20위
아메리칸펀즈	232,000,000	86%	70%	4%	25위
4대 운용사	1,411,000,000	83%	80%	6%	–
22개 운용사*	1,692,000,000	50%	80%	56%	–
합계: 26개 운용사	3,103,000,000	55%	80%	48%	

* 규모 5위부터 26위 운용사의 의결 데이터다.

- 최대 규모의 운용사들이 주주의 제안과 이사 투표에 경영진과 가장 가까운 의결 성향을 보였다.
- 이들은 다른 운용사에 비해 경영진의 제안을 한층 더 면밀히 검토하는 경향이 있지만, 주주의 제안에 대한 지지도 항목에서는 하위 5위 자산운용사로 꼽힌다.

AFSCME가 주주에게 가장 덜 우호적인 운용사로 (26개 운용사 중에 26위를 차지한) 뱅가드를 꼽은 것은 지나치게 두루뭉술하고 편파적인 일반화일지도 모르지만 어쨌든 내 마음을 무겁게 한다. AFSCME의 순위는 어떻게 해석되든 뱅가드가 공개 보고서에서 사용한 데이터와 일치하는 편이다. 뱅가드의 보고서에 따르면 이사의 제안에는 94퍼센트, 경영진의 제안에는 89퍼센트, 주주의 제안에는 13퍼센트로 찬성표를 던졌다.

피델리티와 블랙록과 아메리칸펀즈가 '더 큰 매출과 이익을 얻으려는 경영진의 욕구와 거대 시장에서 승승장구하려는 경쟁 욕구 때문에 수탁 의무를 위협받고, 이에 따라 뮤추얼펀드 주주의 이익에 부합하는 표를 던지지 못하는 것은 아니냐'라는 질문에 어떻게 대답할지 알 수 없다. 뱅가드 경영진은 그 같은 의혹을 전면 부인한다. 뱅가드의 위임투표 방침을 보면 이 회사는 사실상 실제 표수보다는 '지배구조와 보수 문제에 관해 포트폴리오에 있는 기업의 경영진이나 이사회와의 논의(이메일, 화상회의, 1대1 회의)에 상당한 시간을 쏟아부었다'라는 점이 더 중요하며 "어떤 경우에는 기업 임원이 우리의 우려를 인식하고 대응 조치를 약속했는데, 우리는 그렇지 않은 경우 반대표를 던졌다"라고 주장한다.

나는 뱅가드의 주장을 액면 그대로 받아들인다. 그 주장을 반박할 정보도 없다. 다만 내가 놀라고 다소 실망한 점은 4대 운용사 중 뱅가드와 블랙록, 두 운용사가 눈에 띄게 소극적으로 의결권을 행사한다는 사실이었다. 솔직히 말해서 인덱스펀드가 기업 경영진을 달가워하지 않으면 그 회사 주식을 판매하기 어려워진다. 따라서 합리적으로는 어떻게든 경영진을 교체해야 한다. 뱅가드 CEO를 역임한 존 브레넌은 인덱스펀드가 의결권 행사에 적극적으로 관여하는 것을 지지하는 듯 보인다. 그는 2010년 《월스트리트 저널》에 기고한 글에서 이렇게 말했다. "뱅가드는 세계 최대 자산운용사 가운데 하나로서 기업 경영에 소극적으로 임하지 않는다. 기업의 영구 주주permanent shareholder로서 우리는 장기 가치를 극대화하고 단기 목표를 달성하고자 한다는 점에서 주주들과 동일한 이해관계에 있다." 그러나 AFSCME는 (상대적으로 규모가 작은 150억 달러의 DC형 연금 자산을 운용하지만) 주요 자산운용사로 꼽히는 디멘셔널 펀드어드바이저스를 주주 행동주의 항목에서 1위로 선정했다. 이 회사는 주주의 제안 중 무려 99퍼센트에 찬성표를 던졌다.

의결 데이터와 회사 방침이 반드시 일치하지는 않는다. 그러나 대규모 DC형 연금운용사들이 자사의 주도적인 위치를 보호하고 다른 기업으로부터 더 많은 투자를 유치하는 능력에 초점을 맞추기보다 주주의 이익을 우선시해야 할 책임을 다하고 있는지는 의문이다. 앞서 지적했듯이 자산운용사는 현재의 고객이든 미래의 고객이든 고객의 심기에 거슬리고 싶어 하지 않는다. 그런데 자산운용사의 고객은 DC형이든 DB형이든 하나같이 규모가 큰 기업뿐이기에 조심스러울 수밖에 없다.

뱅가드와 다른 대형 자산운용사가 연금을 운용하든 하지 않든 미국 상장기업의 경영에 적극적인 입장을 취할지는 시간이 흘러야 확실해질 것이다. 경영진과 더 많은 대화를 하기로 결정할 수도 있다. 아니면 주주에 우호적인 제안에 더욱 적극적으로 찬성표를 던질 가능성도 있다. 어쩌면 미래에는 자산운용사가 기업 경영진에게 주주의 이익에 초점을 맞추도록 직접 제안할지도 모른다.

그러나 현재까지 주주 제안의 대부분은 개인 혹은 소규모 운용사에서 나온다. 대형 자산운용사가 이 같은 제안을 내놓는 경우는 드물다. 주주 제안의 종류와 숫자는 상당하다. 최근 몇 년 새에 환경과 사회 문제에 초점을 두고 이사 투표에 대한 '이사선임권'을 요구하는 주주 제안이 점점 더 증가하는 추세다. 실제로 2012년에 주주들은 임원 보수와 기업의 정치후원금을 제한하자는 제안으로 반격을 가했다. 둘 다 별도로 논의할 만한 주제다.

임원 보수

미국의 대형 자산운용사(대리인)이 특히 개입하기지 않으려고 하는 사안이 바로 임원 보수 문제다. 결과적으로 자산운용사는 기업 CEO 와 고위 임원들에게 엄청난 연봉, 성과급, 이연 보수, 스톡옵션 등의 각종 보상을 제공해야 하는 책임을 어느 정도 질 수밖에 없다. 최근 임원 보수는 그야말로 천정부지로 치솟았고 내가 보기에 그 금액은 감당할 수 없는 수준으로 불어났다.

CEO의 보수와 자산 수준은 어느 정도일까? 다행히도 《뉴욕타임스》는 연 50억 달러 이상의 매출을 올리는 200대 기업 CEO의 연봉을 해마다 조사하여 2012년에도 2011년의 결과를 발표했다. 자료 3.2는 조사 결과 연봉이 가장 높은 CEO 15명의 명단이다.

위의 CEO 15인은 모두 1,800만 달러에서 2,200만 달러 사이로 연봉을 받았으며, 상위 50명에서 가장 보수가 낮은 사람이 1,100만 달러를 받았다. CEO 상위 100인의 중위 보수는 1,440만 달러로서 미국인 평균 급여인 4만 5,230달러의 320배에 달했다. 아이러니하게도 CEO가 근로자의 급여를 동결함으로써 이익 증진에 성공하면 이득을 보지만, 해당 회사가 제조하고 판매하는 제품을 생산하는 근로자 수백만 명은 손해를 본다.

2011년에 CEO와 일반 근로자의 보수 비율이 320 대 1에 이르렀다. 1980년에는 고작 42 대 1에 불과했다. 30년 동안 CEO의 명목 임금은 일반 근로자에 비해 16배 이상 인상되었다. 같은 기간 동안 일반 근로자의 급여는 두 배 남짓 인상된 데 그쳤다. CEO의 보수는 1980년의 실질 달러 가치로 환산했을 때 매년 6.5퍼센트씩 상승했다. 다시 말해

이름	기업명	2011년 연봉(단위: $)
팀 쿡	애플	378,000,000
래리 엘리슨	오라클	77,600,000
로널드 존슨	J.C. 페니	53,300,000
필립 도먼	바이어컴	43,100,000
데이비트 코트	하니웰	35,300,000
스티븐 체이젠	옥시덴탈페트롤리엄	31,700,000
로버트 아이거	월트디즈니	31,400,000
클래런스 카자로 주니어	매러선오일	29,900,000
앨런 멀랠리	포드자동차	29,500,000
루퍼트 머독	뉴스코퍼레이션	29,400,000
그레고리 브라운	모토로라솔루션	29,300,000
새뮤얼 팔미사노	IBM	24,200,000
윌리엄 웰던	존슨앤존슨	23,400,000
로웰 맥애덤	버라이즌	23,000,000
루이 셰느베르	유나이티드테크놀로지	22,900,000

출처: 기업보고서

30년 동안 실질 보수가 560퍼센트 넘게 인상된 것이다. 이에 비해 일반 근로자의 보수는 연간 0.7퍼센트 인상되어 30년 동안의 누적 인상분이 14퍼센트에 불과하며 그 결과 일반 가정의 생활수준은 두드러지게 향상되지 않았다. 그처럼 급격한 보수 비율의 변화는 충격적이기까지 하며, 그 원인을 설명하는 것은 사실상 불가능하다.

　오늘날의 CEO의 높은 보수를 정당화하는 근거는 CEO들이 주주에게 "가치를 창출해주었다"라는 것이다. 그러나 CEO들이 실제로 그 어마어마한 보수 인상에 상응하는 가치를 창출했을까? 평균으로 따지면 당연히 아니다. 지난 24년 동안 기업들이 **추정한** 성장률은 연평균 11.5퍼센트였다. 그러나 연평균 **실질**성장률은 추정치의 절반에 불과하며 명목성장률인 6.2퍼센트를 밑도는 6퍼센트에 그쳤다. 실질가치로 환산한 연평균 실적증가율은 2.9퍼센트에 불과했다. GDP로 대변되는 미국 경제의 실질성장률인 3.1퍼센트에도 못 미치는 수치다. 이처럼 실망스러운 실적에도 불구하고 어떻게 CEO의 평균 보수가 2004년에 무려 980만 달러에 이르고 2010년에는 1,140만 달러를 돌파하게 되었는지는 이 시대의 가장 큰 의문 중 하나다.

기업 임원의 보수와 자산 가운데 상당 부분은 "앞면이 나오면 임원이 승리하고 뒷면이 나오면 주주가 패배하는" 스톡옵션으로 창출된다. 스톡옵션에 의한 주식 지분 희석share dilution은 겉보기에는 합리적인 선으로 유지된다. 해마다 총 발행 주식 가운데 대략 2~3퍼센트가 희석되며, 임원에게 발행된 숫자만큼의 주식이 환매되어 희석 효과가 상쇄된다. 그러나 몇 년에 걸쳐 희석 효과가 엄청난 수준으로 누적된다는 사실에 주목을 기울이는 이는 많지 않다. 실제로 10년 동안 희석되는 주식은 자그마치 25퍼센트가 넘는다. 그러나 나는 장기간에 걸친 주식 희석의 심각성을 다룬 기업 지배구조 연구나 학술 논문을 단 한 편도 발견하지 못했다.

CEO의 보수 급등 추세는 일류 운동선수나 연예계와 영화계 톱스타가 받는 어마어마한 (그리고 공개적인) 보수를 반영한 것에 불과하다는 주장도 있다. 부적절하고 터무니없는 비교다. 운동선수나 연예인 같은 유명인들은 사실상 팬이나 팀 또는 방송국 소유주가 '자기' 돈으로 지급하는 보수를 받는다. 그러나 CEO는 이사가 자기 돈이 아닌 '남'의 돈으로 지급하는 보수를 받는다.[09] 기업 이사는 주주의 대리인

---

09 CEO 보수가 연방정부의 기준을 넘어서면 가산세 적용 대상이 된다. CEO의 보수를 온전히 지급하기 위해 기업은 보수에 예상 세액을 "합산"하곤 한다. 세금을 배상받다니 대단하지 않은가! 앞서 지적했듯이 남의 돈으로 물건을 살 수 있으면 비용이 얼마나 적게 드는지 모른다.

이지만 이사가 주주의 이익을 최우선으로 생각하고 행동하는지는 별개의 문제다. 다시 말하지만 대리인 문제는 기업의 지배구조에 뿌리를 내렸으며 CEO의 보수 인상에 가장 큰 책임이 있다.

왜 이런 일이 일어났을까?

미국 CEO들의 보수가 급등하고 그들과 직원 사이의 격차가 어마어마한 수준으로 벌어진 원인을 찾기란 어렵지 않다. 일단 CEO가 ('적정 규모화'라는 명분하에) 감량 경영downsizing를 단행하고 월가에 제공한 실적 지침에 부합하는 실적을 올려야 하는 압박에 시달릴 때는, 직원의 급여 인상을 엄격하게 제한하는 것이 비용을 절감하고 이익을 증대하는 데 효과적이다. 물론 경영진은 연봉 인상과 성과급이라는 보상을 받지만 말이다.

그러나 매일 업무에 헌신하며 회사의 동력인 제품과 서비스를 개발하고 생산하는 직원들은 거의 항상 희생자가 된다. 기업이 취하는 조치는 대외비가 아니다. 인원을 감축하고 연봉이 높거나 나이 든 직원을 (당사자가 해고당한다는 느낌을 받지 못하도록 교묘하게) 내보내며, 임금 인상폭을 줄이고, 연구 개발 비용을 삭감하며, 퇴직 급여를 깎는 등의 조치가 대표적이다. 한때 기업 퇴직연금의 대세였던 DB형 연금제도가 소멸 직전까지 간 것을 생각해보라. 이는 7장에서 다룰 주제이기도 하다.

위와 같은 조치가 기업의 이익을 증대하고 월가의 기대에 부응하며 기업의 주가를 올리기 위해 설계된다는 사실은 잠시 제쳐두자. 실제로 감량 경영은 그러한 목표 달성에 도움이 된다. 적어도 잠시 동안은 말이다. 그러나 기업이 근시안적인 효율화를 추진하고 미래에 충분히 투자하지 않는 것이 궁극적으로 기업의 장기 성장 전망에 타격을 주는지는 아직 결론이 나지 않았다. 거듭 말하건대 가장 큰 문제는 이 책이 기본 주제로 다루는 문제가 현실로 나타나리라는 것이다. 주가를 중시하는 단기 투기 문화가 기업의 내재가치를 중시하는 장기 투자 문화를 집어삼킬 때 발생하는 문제 말이다.

더욱이 고위 경영진의 스톡옵션은 장기적인 내재가치와는 별 관련이 없으며 순전히 주가의 영향을 받는다. 이러한 기업의 가치와 주가의 이분법은 한동안 충분히 지속될 수 있다. 그러나 장기적으로 기업의 주가와 가치는 거의 일치해야 한다. 워런 버핏의 말은 핵심을 짚었다. "버크셔 해서웨이의 주가가 일시적으로 기업 실적보다 월등하거나 부진한 실적을 낼 때 소수의 주주(매도자든 매수자든)는 상대방의 손실을 대가로 과분한 이득을 본다. 그러나 장기적으로는 버크셔 주주가 얻는 총수익은 반드시 버크셔의 영업 이익과 일치해야 한다."

래칫 효과

보수 컨설턴트compensation consultant라는 직업이 급부상한 것은 CEO 보수 체계의 자체적인 결함 때문이다. 우선 임원 보수에 대해 자문을 제공하는 업계 사람들이 사업을 지속하기 위해 무엇을 하는지 생각해보라. 당연히 훌륭한 분석 자료를 잔뜩 제시하고 멋진 프레젠테이션을 선보이며 설득력 있는 말을 늘어놓을 것이다. 무엇보다도 **업계에 오래 남으려면 보수를 깎으라거나 CEO 보수 책정 기준을 높이 잡으라는 제안은 하지 말아야 한다.** 설상가상으로 컨설턴트들의 유명한 수법(CEO의 보수를 사분위수quartile로 분류하는 수법)은 반드시 래칫 효과ratchet effect〔앞으로만 돌아가며 역회전이 불가능한 래칫 톱니바퀴처럼 특정한 것이 계속해서 상승하는 현상〕를 일으킨다.

래칫 효과가 일어나는 과정을 살펴보자. 이사회는 CEO의 보수가 하위 25퍼센트, 즉 제4사분위수에 정체되어 있다는 사실을 알게 되면 십중팔구 CEO의 보수를 인상하여 상위 50퍼센트인 제2사분위수 정도로 끌어올리려고 한다(그렇다고 CEO의 보수를 상위 25퍼센트인 제1사분위수로 전격 인상해주는 이사회는 거의 없는 듯하다). 어쨌든 어떤 CEO의 보수가 껑충 뛰어오르면 다른 CEO가 제4사분위수로 떨어진다. 그러나 결국에는 그 사람 역시 더 높은 사분위수로 상승하게 되어있다. 이런 식의 상승은 오랜 세월에 걸쳐 주기적으로 되풀이된다. 이때 겉보기에는 공정하지만 이사회에 고용되고 적어도 암묵적으로 CEO의 지지를 받는 감독자가 보수 인상을 부추기는 법이다. 따라서 CEO의 보수를 결정하는 '자유시장'이라는 것은 존재하지 않는다. 그보다는 사실상 보수 컨설턴트가 만들어낸 통제 시장에서 보수가 책정된다.[10]

이와 같은 수법은 근본적으로 결함이 있으며 그 결과는 뻔하다. 즉 특정 사분위수의 보수는 거의 항상 **우상향하며** 결코 하락하지 않는다. 이와 관련하여 워런 버핏은 보수책정 컨설팅 회사를 "올리고, 또 올리니 좋은 곳Ratchet, Ratchet, and Bingo"이라고 칭하며 신랄하고 장난스럽게 비판했다. 이러한 명칭은 기업 임원이 결코 돈을 잃을 수 없는 복권 당첨자라는 사실을 상기시킨다. 스톡옵션을 받은 임원은 주가가 오르

---

10 이와 같이 변칙적인 이상 시장을 나타내는 단어가 만들어져야 한다. 독점이나 과점은 아니지만 '컨설턴트 독점consultopoly'이라는 표현이 적절할 듯하다.

면 스톡옵션을 행사하고 주가가 하락하면 내버려두면 되니 손해를 볼 일이 없다. CEO의 보수가 **기업 실적이 아니라 같은 집단의 보수를 근거로 책정되는 한** 지금과 같은 상승 추세는 계속 이어질 수밖에 없다.[11]

막대한 연봉을 받는 자산운용사의 경영진이 기업 경영진의 어마어마한 보수에 적극적으로 이의를 제기하지 않는 것은 본인의 보수 또한 어마어마하기 때문일 것이다.[12] 마지막으로 대형 자산운용사 대부분은 다른 상장기업의 소유물로서 통제를 받는다("내 자산운용사의 모기업 CEO가 상사로 버티고 있는데 내가 어떻게 내 포트폴리오에 있는 상사의 보수를 인상하자는 제안에 반대표를 던질 수 있겠는가?"). 한 손이 다른 손까지 서로 씻어주는 순환소유circular ownership에는 명백히 이해충돌의 소지가 있다. 이러한 이해충돌 문제는 다가오는 2020년대에 최우선으로 해결되어야 할 문제다.

그렇다면 대안은 무엇인가

무슨 조치를 취해야 할까? 우선 CEO의 보수는 장기적이고 지속적인 내재가치를 창출했는지를 기준으로 책정되어야 한다. 역설적이게

---

11 개선 방안: CEO가 포함되는 사분위와 실적 기준으로 기업이 포함되는 사분위가 일치해야 한다. (즉 CEO의 성과는 주가가 아니라 기업의 ROTC로 측정되어야 한다는 뜻이다.) 두 가지를 비교 측정하는 관행이 자리 잡으면 임원 보수가 지속적으로 상승하는 순환이 멈출 것이다.

12 자산운용사의 CEO도 높은 보수를 받는다. 상장된 자산운용사의 데이터만 입수 가능한데 데이터에 따르면 티로우 프라이스의 CEO 제임스 케네디의 2011년 연봉은 790만 달러였다. 블랙록의 CEO 로렌스 핑크는 2,190만 달러를 받았다. 프랭클린 리소시스의 CEO 그레고리 존슨의 연봉은 990만 달러였다. 페더레이티드의 CEO 크리스토퍼 도나휴는 460만 달러를 받았다. 그러나 여기에는 운용사 주식에 축적된 가치가 포함되지 않는다. 케네디, 핑크, 존슨 일가, 도나휴 일가가 보유한 주식 가치는 각각 2억 달러, 3억 1,000만 달러, 90억 달러, 1억 4,000만 달러다.

도 내재가치는 정확히 측정하기 어렵지만 현실을 반영한다. 물론 주가는 사업 실적과 상관관계가 있지만 아주 오랜 시간이 흘러야 한다. 단기적으로는 기껏해야 우연의 일치로 상관관계가 발생한다. 간단히 말해 주가를 기업 실적의 척도로 쓰기는 어렵다. 케인스의 고전적 공식을 활용하자면 주가는 사업 활동(장기간에 걸쳐 투자로 수익을 얻는 행위)과 투기(시장의 심리에 돈을 거는 행위)로 결정된다. 나는 60년 전에 사업 활동이 궁극적으로 승리하는 것이 타당하다고 주장했으며 지금도 투자가 투기보다 우위에 있어야 한다고 믿는다.

예를 들어 1980년대와 1990년대에 S&P 500대 기업의 실적증가율은 연간 5.9퍼센트 정도였다. 그 이전 20년 동안의 성장률인 7.7퍼센트에 비하면 한참 낮은 수치다. 그러나 그 기간 동안 주식은 좋은 실적을 거두었다. 순전히 S&P 500대 기업의 PER이 8배에서 32배로 뛰어올라 연간 7.5퍼센트 정도의 투기 수익이 주가에 반영되었기 때문이다. 분명 이러한 수익은 일정하게 발생하는 경상소득current income이 아니었고 누적 수치는 실제 실적 증가분을 훌쩍 웃돌았다. 한마디로 주식시장의 평가 가치가 상승함에 따라 주식 실적이 좋아지자 임원들이 고연봉을 받는 결과로 이어졌다. 일시적인 감정에 의해 발생한 시장의 광기가 스톡옵션의 기저에 있는 '복권 효과'를 일으키는 데 결정적인 역할을 했다. 그렇다면 옵션 가격이 최소한 전반적인 주가 수준의 변화를 반영하는 식으로 조정되어야 한다는 이야기가 된다. 이때 전반적인 수준은 S&P 500 지수 같은 주가지수로 측정된다.

기업의 내재가치를 임원 보수의 책정 근거로 삼는 것은 지속적이고 장기적인 성과를 거둔 임원들에게 적절한 보상을 제공할 수 있는 방법이다. 예를 들어 CEO의 보수는 기업의 이익 성장과(조작하기 훨썬 더 어려운 기업의 현금흐름이라면 더 좋다) 배당성장률dividend growth 을 기준으로 책정될 수 있다. 아니면 동종 기업이나 S&P 500대 기업 대비 자기자본이 아닌 총자본이익률을 기준으로 삼아도 된다. ROTC는 장기간에 걸친 수익률이어야 하되 **기업의 자본비용을 공제한 후의 수치여야 한다.**

자본비용의 반영

그러나 ROTC를 보수 책정에 감안하는 경우는 실제로 존재한다 하더라도 극히 드물다. 하지만 절대로 간과되어서는 안 될 요소다. 기업은 일종의 '기준수익률hurdle rate'을 정해야 한다. 기준수익률에는 기업의 자본비용이 반영된다. 예를 들어 연간 기준수익률을 8퍼센트 정도로 비교적 낮게 정하더라도, 이익이 해당 기준수익률을 웃돌 때만 임원들에게 보상을 지급해야 한다. 어떤 기업이 10억 달러의 자본을 보유하고 있으며 기준수익률을 8퍼센트로 잡았다고 치자. 금액으로 따지만 8,000만 달러의 이익을 얻어야 한다. 그 목표에 도달하기 전까지는 임원들에게 그 어떠한 성과급과 스톡옵션도 제공하지 말아야 한다. 보상은 이익이 기업의 기준수익률을 웃돌 때만 지급되어야 한다. 물론 만만치 않은 목표이지만 그처럼 까다롭고 경쟁적인 기준에 도달하는 것만이 실질적인 사업 성과라 할 수 있다.

CEO의 보수에는 조건이 붙어야 하며 지속적인 요소가 작용해야 한다. 성과급은 장기간에 걸쳐 분할 지급되어야 하며 스톡옵션 역시 단계적으로 행사되어야 한다. 예를 들어 옵션 중 50퍼센트는 최초 행사일에 행사할 수 있고, 10퍼센트는 그 후 5년에 걸쳐 해마다 행사할 수 있도록 하는 것이다. 임원이 취득한 스톡옵션을 상당 기간 동안 보유하도록 의무화하는 방안도 필요하다. 적어도 퇴사하기 전까지는 행사하지 못하도록 하는 편이 바람직하다.

그 이외에도 기업이 재무제표를 재작성해야 하는 경우 임원들에게 성과급을 반환하도록 하는 '환수claw-back' 조항이 필요하다. 그러한 점에서 나는 한때 기업이 재무제표를 재작성해야 할 때 사베인-옥슬리법의 304항이 주식 기반의 임원 보수를 효과적으로 환수할 수 있는 조항이라고 생각했다. 그러나 사베인-옥슬리법에 명시된 환수는 '부정행위misconduct'의 결과로 인한 재작성에만 해당되며 SEC는 이와 관련하여 아직까지 단 한 건도 조사하지 않았다.

개혁으로의 진일보

현재 중요한 조치가 진행되고 있다. 중요한 사실은 자산운용사가 아니라 의회의 요청에 따른 조치라는 점이다. 2010년에 제정된 도드-프랭크 금융개혁법은 모든 상장기업이 임원 보수 지급에 대한 주주의 비강제적 투표를 허용해야 한다는 조항을 담고 있다. 투표의 실행비용은 그리 크지 않으리라 예상되며, 금융회사 주주들은 앞으로 임원 보수 지급 문제에 더 큰 관심을 기울여야 할 것으로 보인다. 긍정적인 진전이 이루어진 셈이다. 미국 재계를 좌지우지하는 금융회사 소유자들을 책임감 있는 기업시민이 되도록 유도하는 조치가 시행되면 우리 사회 전반이 그 혜택을 볼 것이다.

그러나 비강제적 투표 허용이 의무화된 이후 처음으로 기업들의 주주총회가 열렸던 2011년 봄에도 이렇다 할 변화가 감지되지 않았다. 그로부터 얼마 후인 7월에 보도된 《월스트리트 저널》의 기사에 따르면 2,532개 기업 가운데 39개 기업만이 주주들이 임원에 대한 보수 지급 계획에 퇴짜를 놓았다고 한다(주주총회 자문사인 인스티튜셔널 셰어홀더 서비스는 298개 기업의 주주에게 임원 보상책에 반대표를 던져야 한다고 권고한 바 있다). 대략 71퍼센트에 해당하는 기업의 주주들이 임원 보상 관행에 찬성표를 던진 것이다.

어째서 이처럼 압도적인 찬성표가 나왔을까? 두 가지 이유가 있는 것으로 보인다. 첫째, 다수의 기업이 보수 지급 논의 과정과 분석보고서에서 기업의 철학과 보수 책정에 활용된 지표 등을 적극적으로 공개하면서 주주들이 보수 지급 문제를 한층 더 명확히 파악하게 되었다. 둘째, 기업 다수가 기관 투자자들과의 대화를 통해 그들이 자사의 임원 보수를 산정할 때 사용하는 요소를 이해하게 되었고, 그러한 정보를 바탕으로 자사의 보수 체계가 합당하다고 설득했을 가능성이 크다. 그러나 임원 보수에 대한 '비강제적 투표'가 임원 보수의 상승세를 늦추었는지는 결코 확실하지 않다. 로버트 몽크스는 "비강제적 투표는 기껏해야 관심을 다른 데로 돌리려는 수법이고 최악의 경우에는 기만행위에 불과하다. 기업은 개혁의 모양새만 갖추었을 뿐 형편없는 속임수를 쓰고 있다"라고 지적했다. SEC의 수석회계사였던 린 터너는 기업 고객을 유치하기 위해 애쓰는 뮤추얼펀드의 이해충돌 문제를 지적했다. 대형 펀드사는 "큰 문제가 없는 한 경영진의 임원 보수 제안에 웬만해서는 반대표를 던지지 않는다"라는 것이다.[13]

---

13 2012년 4월 18일, 씨티그룹 주주들은 경영진의 보수책정에 반대표를 던졌다. 한때 파산 직전까지 갔던 금융대기업에서 그러한 표결이 나온 것은 처음이었다. 주주들의 반대표는 경영진을 향한 따끔한 질책이었다. 주주의 55퍼센트 정도가 비강제적 보수 계획에 반대표를 던졌다.

흥미롭게도 대규모 연기금이지만 이렇다 할 이해충돌의 소지가 없는 캘리포니아주 교원연금시스템CalSTRS은 스물세 차례나 경영진의 보수 지급 계획에 반대표를 던졌다.

기업의 정치헌금

기업 지배구조와 관련하여 기업의 정치헌금도 큰 문제로 부각되고 있다. 특히 2011년 연방대법원이 '시민연합 소송'에서 기념비적인 판결을 내리면서 기업이 사실상 무제한으로 정치헌금을 제공할 수 있는 길이 열렸다. 이에 따라 2012년 주주총회 시즌에는 이 문제가 '쟁점'으로 떠오를 수 있다. 현재까지 정치헌금에 대한 의문은 기업의 자발적인 내역 공개를 통해 해소되고 있다. 이는 기업 경영진이 공익도 자신의 이익에 도움이 된다는 사실에 눈을 뜨고 일부 기관 투자자들이 정치헌금 내역 공개를 의무화해야 한다고 요구한 데 따른 결과물이다.

그러나 내역 공개만으로는 충분하지 않다. 투자자들은 주주의 승인 없이도 정치헌금을 허용하는 것이 정당한지 문제를 제기해야 한다. SEC는 2011년 초 임원 보수에 대한 기준을 마련했지만 아직 정치헌금 공시에 대한 적절하고 통일된 투표 기준을 마련하려는 조짐을 보이지 않고 있다. 나는 SEC가 지금 당장이라도 기준을 마련해야 한다고 본다.[14]

---

14 적어도 위원 중 한 사람은 내 의견에 동의한다. 루이스 아길라르는 2012년 2월에 한 연설에서 "일부 기업은 자발적으로 공시 자료를 제공하지만 대부분은 그렇지 않다. (…) 제공된 공시 자료들도 통일성이 없고 미흡한 편이다. 주주의 인식이나 동의 없이 정치헌금이 제공될 때 주주가 이를 모르고 있어서는 안 된다. 위원회는 통일되고 일관된 공시 기준을 마련해야 한다"라고 말했다.

2011년 11월, 6,900억 달러의 자산을 책임지는 자산운용사와 투자 전문가 연합이 SEC에 기업의 정치헌금 공시를 의무화하는 규정을 요구하는 서한을 보냈다(그러나 대형 뮤추얼펀드사 가운데 단 한 곳도 그러한 청원에 동참하지 않았다). 유형에 따라 공시가 의무화되지 않은 지출도 있기 때문에 이들은 SEC가 모든 상장기업에 정치 관련 지출을 전면 공개하도록 명시하는 규정을 마련해야 한다고 촉구했다. 기관 투자자 위원회Council for Institutional Investors가 그 제안에 지지를 보냈다.

　　　주주는 자신이 투자한 기업이 어떤 정치적 목적을 위해 어떤 방법으로 자원을 사용하는지 알 권리가 있다. 그러나 기존 규제 체계는 그러한 정보를 차단한다. 공시 정보는 일부 규제 당국에 분산되거나 정치 지출이 후원자 이름의 공표 의무가 없는 독립 단체를 통해 전달될 경우에는 공시 자체가 전혀 이루어지지 않는다.

　　어떤 주정부의 회계담당자는 "많은 기업이 주주의 동의를 받기는 커녕 주주에게 전혀 알리지 않고 선거 운동에 자금을 대는 현상은 크게 우려스럽다"라고 덧붙였다.

　　나는 전면공시 원칙에 찬사를 보내지만 공시 외에 추가 절차가 필요하다고 본다. 시민연합 소송을 계기로 기관 투자자 공동체는 한층 더 강력한 행동을 취해야 할 의무가 있다. 적절한 공시 기준이 마련되기 전이라도 기업은 어떤 형태의 정치헌금이든 주주의 승인을 받아야 한다. 어찌 되었든 주주는 기업을 소유한 주체이므로 정치 지출에 대한 기업 방침을 결정할 권리가 있다. 나는 2011년 5월 14일《뉴욕타임스》에 기고한 글을 통해 기관 투자자들에게 투자 대상 기업의 위임장 명세에 다음과 같은 결의를 넣도록 제안하라고 촉구했다.

> 결의안: 기업은 발행주식을 75퍼센트 이상 소유한 주주들의 동의 없이
> 정치헌금을 제공할 수 없다.

주주층의 폭넓은 정치 성향을 감안할 때 '압도적 다수' 요건을 넣어야 한다. 내가 제안한 75퍼센트는 단순 과반수simple majority와 기존 델라웨어 회사법이 요구하는 기준 사이에 있다. 델라웨어 회사법은 기업이 자선 목적 이외의 용도로 자산을 증여하려 할 때 주주의 만장일치 승인을 받아야 함을 명시한다. 물론 정치헌금 가운데 적어도 일부는 "기업 자산의 증여"에 해당한다(그렇다고 모든 정치헌금이 주주의 승인을 받아야 한다고 주장하는 것은 아니다. 그보다는 주주가 기업의 정치헌금 방침을 일일이 승인해야 한다는 뜻이다).

'시민연합 판결'은 그 모든 결함에도 불구하고 선거 자금법의 공시 요건을 확정했다. 나는 전면공시 요건이 기업의 정치헌금을 제한하기를 기대했다. 그러나 지금도 기업들은 비영리 단체가 공시 없이도 거액의 정치헌금을 할 수 있도록 법을 악용할 수 있다. 이 놀라운 허점 덕분에 기업은 이론적으로 특정 후보자의 선거 운동과 연결되지 않은 로비 활동, 공격성 광고, 지지 광고에 산더미 같은 현금을 펑펑 쏟아부을 수 있게 되었다. 이러한 행위는 결과적으로 미국의 정치시스템을 와해하고 국익을 해친다. 따라서 기업 차원에서 정치헌금을 제한하는 조치가 시급하다.

기업 민주주의의 절차

실제로 연방대법원의 판결은 기업의 정치적 증여를 관리할 책임을 주주에게 떠넘긴다. 앤터니 케네디 대법관은 '시민연합 소송'에 대한 다수의견서에서 "수정헌법 제1조 언론의 자유 규정에 따라 기업 주주들이 기업의 정치적 표현에 자신의 의견을 반영할 수 있는 권리가 있으며 이는 임원의 이익을 위해 기업 자산을 전용하는 행위와 다르다"라고 단정했다. 그는 이와 관련해 직권 남용이 발생하면 주주들이 "기업 민주주의 절차를 통해" 시정해야 한다고 제안했다.

사실상 기업 민주주의는 아직 도래하지 않았다. 기업의 정치적 지출이 논란이 된 것도 얼마 전의 일이다. 앞으로 뮤추얼펀드뿐 아니라 연기금과 다른 대형기관 투자자와 같이 미국 재계에 절대적인 지배력을 확보한 대형 금융사가 처음으로 나서서 적극적인 의견을 표명해야 할 것이다. 2012년 주주총회 시즌에는 기업 정치헌금 내역의 의무 공시와 기업의 정치헌금에 대한 주주 승인 여부를 묻는 투표가 기업 여러 곳에서 이루어지고 있다. 의무 공시와 주주 승인 방안은 SEC의 심의를 통과했다. 따라서 이제 대형기관 투자자들은 찬성표나 반대표를 던져야 할 것이다.

기관 투자자가 기업의 정치헌금에 반대표를 던질 때는 앞으로 자기 회사 이름으로 정치헌금을 하지 않겠다는 서약부터 하는 것이 타당하다. 반드시 "깨끗한 손으로" 표를 던질 필요가 있다.[15] 그러나 거듭 강조하건대 대형 자산운용사 가운데 대다수가 상장기업이거나 상장된 금융그룹의 소유인 점을 감안할 때 이들이 손을 깨끗이 하려면 엄청난 노력이 필요할 것이다. 대리인인 자산운용사가 앞으로 주인의 이익을 우선시하게 될까? 아니면 앞으로도 자신의 사리사욕을 우위에 둘까? 두고 볼 일이다.

SEC는 2004년부터 뮤추얼펀드(대리인)가 침묵을 깨고 주주들에게 투표 결과를 공개하도록 명령했다. 그러나 기업 지배구조에 대한 적극적인 참여 측면에서 대부분의 뮤추얼펀드는 여전히 침묵을 지키고 있다. 연기금과 연기금운용사 역시 마찬가지다. 임원 보수와 정치헌금 등의 중요한 사안이 조명을 받고 있는 지금이야말로 자산운용사가 나서서 쟁점 현안에 대해 의견을 표명할 때다. 그뿐만 아니라 이제 오랜 침묵을 깨고 실제로 자체적인 제안을 내놓고 기업에 그러한 제안을 위임장에 넣도록 요구해야 한다. 나는 주주/주인을 대리하는 대형기관투자자들이 기업 지배구조에 한층 더 적극적으로 참여하는 시도야말로 건전한 장기 투자 문화의 조성, 현대 자본주의 체제의 유지, 국익 실현에 꼭 필요하다고 생각한다. 뮤추얼펀드 산업이 이러한 움직임을 선도해야 한다. 다음 장에서는 뮤추얼펀드의 발전 과정을 다룬다.

박스 3.4

'단 한 명도 변화를 불러올 수 있다.'

1970년대 후반, 나는 뱅가드 우수상을 만들어서 자기 직무 범위 이상의 실적을 내며 펀드 주주와 동료들에게 최선을 다한 직원들에게 분기별로 수여했는데, 그 상패에 '단 한 명도 변화를 불러올 수 있다'

---

15 이런 일은 쉽사리 실현되지 않을 것이다. 최근 대형 뮤추얼펀드사인 피델리티는 자사 조직 중 한 곳이 2011년 한 해 동안 총 500만 달러가 넘는 정치헌금을 제공했다는 사실을 밝혔다.

라는 문구를 넣었다. 그로부터 수십 년이 흘렀지만 나는 (어떤 직업에 종사하든) 단 한 사람이 이 세상에 변화를 일으킬 수 있다는 말을 다시 한번 떠올린다. 2012년 초에 내 믿음이 옳다는 것을 재차 경험했다. 나는 어떤 사람이 온갖 역경을 뚫고 앞서 인용한 것처럼 기업이 어떤 형태로든 정치헌금을 하려면 75퍼센트의 주주 동의를 얻어야 한다는 결의 사항을 기업 안건에 넣는 데 성공하는 것을 목격했다.

제임스 매키는 내 오랜 친구이자 이웃이다. 그러나 나는 매키가 내 《뉴욕타임스》 기고문을 읽었을 뿐 아니라 내 제안을 실행에 옮기기로 결정했다는 사실에 깜짝 놀랐다. 그는 개인 투자자로서 몇몇 기업의 주식을 적당량 보유하고 있는데, 그 어떠한 도움도 없이 단독으로 직접 나서서 자신의 주식이 있는 기업 몇 곳에 내 제안을 보냈고 그 내용을 2012년 위임권유서에 실어서 주주들에게 제출하라고 요구했다.

장벽은 높았고 과정은 고되었으며 그 제안을 위임권유서에 기재하려는 기업들의 의지는 부족했다. 그러나 맥키는 마침내 자기 뜻을 이루었다. 미국에서 손꼽히는 제약회사 존슨앤존슨이 그 요구를 수용한 것이다. 투표는 2012년 4월 26일 존슨앤존슨의 연례 주주총회에서 이루어졌다.

존슨앤존슨은 제안 채택에 반대했다. 그러한 제안 때문에 "기업과 주주의 정당한 사업 이익에 부합하는 정책적 입장을 내놓은 정치인들을 지원"하기 위해 정치헌금을 제공할 수 있는 자사의 권리가 침해될지도 모른다는 이유에서였다. 사측의 반대 앞에 해당 결의안은 주주 가운데 소수의 찬성표만 받았다. 그러나 앞으로 자산운용사는 자사의 표결 사항을 기록으로 남겨야 한다. 주주 민주주의 역사상 작지만 중요한 승리다.

내 입장에서 매키의 제안이 남긴 교훈은 더 큰 의미가 있다. 첫째, 존슨앤존슨이 매키의 제안을 받아들인 이유는 SEC 규정 때문이었다. 따라서 앞으로 다른 투자자들도 같은 제안을 여러 회사에 보낼 것으로 예상된다. 선례는 한 번 마련되면 널리 확산되게 마련이다. 그러나 그보다 훨씬 더 중요한 의미는 자원과 경험이 부족한 주주 한 사람이 세상을 더 나은 방향으로 이끌 수 있다는 것이 입증되었다는 데서 찾을 수 있다. 제임스 매키라는 개인 투자자가 할 수 있었던 행동을 무한한 자원과 오랜 경험을 갖춘 우리 대형기관 투자자들도 할 수 있지 않을까?

4장

'상호' 간의 뮤추얼펀드 문화

상술에 사로잡힌 관리자 의식

남의 돈을 관리하는 사람이 자기 돈을 관리할 때만큼 주의하는 일은 드물다.
— 애덤 스미스

금융계에서 투자와 투기의 충돌이 가장 생생하고 구체적으로 일어나고 있는 곳은 뮤추얼펀드 업계다. 앞서 언급했듯이 나는 이 분야에 몸담은 지 60년이 넘었으며, 그동안 문화적 변화를 현장에서 목격했다. 2012년의 뮤추얼펀드 산업은 60년 전과는 완전히 다른 문화의 지배를 받고 있다. 뮤추얼펀드 산업은 한때 장기 투자 지향성을 보였지만 오늘날에는 단기 투기 지향성을 보인다.

　나는 뮤추얼펀드 산업을 사랑하지만 이러한 변화가 달갑지 않다. 그래서 내가 오랜 세월을 바친 뮤추얼펀드 산업과 애증의 싸움을 하고 있다. 나는 그저 뮤추얼펀드 산업 종사자가 최대한 잠재력을 발휘하여 펀드 투자자에 대한 수탁 의무를 이행했으면 하는 마음뿐이다.

산업의 변화

뮤추얼펀드 자산의 놀라운 증가

업계 문화가 변화한 데는 여러 이유가 있다. 첫째, 뮤추얼펀드 산업의 주식형펀드가 놀랄 만큼 성장했다. 내가 업계에 입문한 1951년에는 뮤추얼펀드의 주식형자산이 25억 달러에 불과했으나 그 후 연간 14퍼센트씩 성장을 거듭하여 현재는 5조 9,000억 달러에 이른다. (이렇게 말해도 될지 모르겠지만) 가내 수공업 정도로 영세한 산업이 거대 산업으로 성장하면 거의 모든 것이 변화한다. 우리가 뼈저린 경험을 통해 깨달았듯이 대기업은 소기업에서 '규모'만 달라지는 것이 아니라 기업의 '종류' 자체가 달라진다.

50여 년 동안 주식형펀드는 뮤추얼펀드 산업의 주력 상품이었다. 그러나 그 성장세는 들쭉날쭉했다. 주식시장이 견조할 때는 투자자로부터 대량의 자금이 유입되었지만, 시장이 어려울 때는 자금 유입이 저조했을 뿐 아니라 유출도 빈번했다. 주식형펀드 자산은 1972년 560억 달러로 정점에 달했다가 1974년 310억 달러로 감소했으나 그 후 1999년까지 긴 상승장이 이어지면서 4조 달러로 치솟았다. 그에 이은 하락장에서 주식형펀드 자산은 2조 6,000억 달러로 급감했으며, 또 한 차례의 하락장 때문에 성장세가 꺾였다가 2006년에는 6조 달러 정도로 급상승했고 2012년에도 6조 달러 수준을 유지하고 있다. 주식시장 추세에 민감하게 반응하는(투자자들이 고점 근처에서 매수하고 저점에서 매도하는) 주식형펀드의 특성이 펀드 투자자의 수익률에 부정적 영향을 미치는 것은 당연하다.

1972~1974년의 하락장 이후에는 채권형펀드가 두각을 드러냈다. 금융시장의 변화와 더불어 투자자의 요구도 변화했으며 일정한 수익의 제공이 최우선 과제로 떠올랐다. 1870년대부터 1959년까지 약 100년 동안 주식의 배당수익률이 채권수익률을 앞섰다. 그러다가 주식의 수익률 우위가 사라졌고, 적어도 현재까지 다시는 부활하지 못

했다. 그러나 2012년 초에는 주식수익률과 채권수익률은 다시 한번 비슷한 수준으로 수렴하고 있다. 1950년대에 10억 달러 규모에도 못 미쳤던 채권형펀드는 1960년대와 1970년대에 느린 속도로 성장했다. 그러나 그때부터 1987년까지 2,500억 달러 규모로 치솟아 주식형펀드의 총액인 1,750억 달러를 훌쩍 추월했다. 그 후 채권형펀드는 덜 중요한 역할로 밀려났지만 점진적으로 성장하여 1992년에는 5,000억 달러 규모에 이르렀다. 오늘날에는 몇 년 동안 후한 금리가 적용되고 1970년대 후반에 지방채 펀드가 등장한 덕분에 비과세 및 과세 채권형펀드의 합계 자산이 3조 달러에 달하며, 뮤추얼펀드 총자산의 25퍼센트를 차지했다.

주식형펀드의 우위가 꺾이자 1970년대 중반의 가장 혁신적인 펀드 상품인 단기금융펀드MMF가 뮤추얼펀드 산업의 가장 강력한 성장 동력이 되었다. 1984년 MMF의 규모는 주식형펀드 자산의 세 배인 2,350억 달러였다. 그 후 2008년까지 MMF는 꾸준한 성장을 보여 3조 8,000억 달러 규모가 되었다. 그러나 2008년 대형 펀드의 파산으로 규제당국이 MMF 구조에 이의를 제기하면서 MMF 자산은 뮤추얼펀드 총자산의 21퍼센트인 2조 6,000억 달러로 감소했다. 대부분의 대형 자산운용사는 반세기 동안 주식형펀드 한 가지 또는 몇 가지만 전문적으로 운용하는 투자회사 형태였지만 지금은 채권형펀드와 MMF의 성장으로 다양한 투자 상품을 제공하는 영업회사 형태로 변화했다. 다시 말해 행정과 마케팅에 치중한 '금융 백화점'이 되었다.

급변한 투자산업

둘째로 자산운용사의 업무에 급격한 변화가 일어났다. 자산운용사의 문화는 한때 투자위원회의 주도하에 장기 지향적이고 건전한 투자 위주의 보수적인 문화가 대세였지만 현재는 펀드매니저가 주도하는 단기 지향적이고 공격적인 투기 문화로 바뀌고 있다.

주도권이 위원회에서 펀드매니저 개인으로 넘어가면서 1950년대와 1960년대 초에 1,520퍼센트였던 펀드의 평균 포트폴리오 회전율이 그 후 40년 동안 85,100퍼센트대로 급격하게 뛰어올랐다. 다시 말해 펀드 포트폴리오에 포함된 특정 주식의 평균 보유 기간이 6년에서 1년으로 곤두박질쳤다. 실제로는 보유 기간이 1년에도 못 미친다. 한때 투자회사였던 자산운용사 대부분은 이제 투기회사나 다름없다.

거래 활동의 유례없는 급증과 더불어 새로운 문화가 등장하자 모든 유형의 투자자들이 앞다퉈 그러한 문화를 받아들였다. 물론 이들은 서로 주식을 맞바꾸었을 뿐이다. 그에 이어 좀 더 투기적이며 단기 실적에 초점을 둔 투자가 등장하기 시작했다. 과거 뮤추얼펀드 업계에서는 우량주에 분산 투자하여 시장과 비슷한 포트폴리오를 구축하여 시장과 비슷한 실적을 내는(물론 수수료 공제 전에) 방식을 선호했다. 그러나 이러한 구세대 모형은 새로운 모형으로 진화했다. '베타' 〔주식의 변동성을 측정하는 것으로, 1.00을 기준으로 그 이상은 시장보다 변동성이 크고 미만은 변동성이 적다는 의미〕라는 척도로 측정하는 개별 펀드의 상대적 변동성relative volatility이 상승했다. 베타값을 구하면 리스크가 어느 정도로 상승했는지 손쉽게 측정할 수 있다. 1950년대에 평균 0.85이던 주식형펀드 수익률의 베타값은 2000년대에 들어서 1.11로 급상승했다. 다시 말해 1950년대에는 주식형펀드가 시장보다 16퍼센트 낮은 수익률을 보이다가 지난 10년 동안 시장보다 11퍼센트 높은 변동성을 보였다. 펀드의 베타값이 평균 30퍼센트 상승한 것이다. 자료

자료 4.1 **주식형 뮤추얼펀드의 '베타' 급상승**

	1950~1956년	2008~2011년*	차이
펀드의 수	56	5,091	
베타값			
1.11 초과	0%	38%	+38%p
0.95~1.11	34%	38%	+4%p
0.85~0.94	30%	10%	−20%p
0.70~0.84	36%	6%	−30%p
0.70 미만	0%	9%	+9%p

출처: 위즌버거; 스트래티직 인사이트

*표본: 상위 200개 펀드

4.1에서 보듯이 초창기에는 베타값이 1.11를 웃도는 주식형펀드가 존재하지 않았다. 현대에 들어서 베타값이 1.11를 넘어선 주식형펀드가 38퍼센트에 달한다.

변동성이 높아지기 시작한 때는 1960년대 후반의 경기 호황기였다. 그 시대의 '잘 나가는' 펀드매니저는 할리우드 스타 대접을 받았고 스타와 비슷한 방식으로 홍보되었다. 오늘날에도 이러한 풍조가 상당히 이어지고 있다. 인덱스펀드의 발명은 희귀하고 두드러진 예외였다. 이론상 인덱스펀드의 베타값은 1.00이다. 그러나 펀드 실적이 어김없이 평균으로 회귀하는 현상이 작용하고 공격적인 펀드매니저들이 항성보다는 혜성에 가깝다는 사실이 입증되면서, 투기꾼들은 늘 하던 대로 군중을 따라갔고 기업의 단기 이익 예측치나 주식 모멘텀stock momentum〔주가의 추세〕 등의 계량적 척도가 어떻게 변화하는지에 초점을 맞추었다. 이들은 대체로 신중한 검토, 기업 실사due diligence 조사, 재무제표 분석 등의 조치를 간과했고 내재가치와 장기 투자라는 전통적인 가치를 망각했다. 그 이후 스타 대접을 받던 펀드매니저 대부분이 혜성처럼 사라졌다.

자산운용사의 문화도 변화했다. 스타급 펀드매니저의 성공이 집중 조명되고 그에 따라 매해는 물론 매 분기마다 '최우수' 펀드가 선정되며 자산운용사에 거액의 수수료와 보상이 지급된 데다 '잘 나가는' 펀드매니저에게도 어마어마한 보상이 제공되자 자산운용사의 문화는 한층 더 급격한 변화를 겪었다. 그러나 펀드매니저로서는 실적이 조금만 떨어져도 직장을 잃을 수 있었기 때문에 민첩하고 유연한 자세를 유지하면서 포트폴리오를 '실시간으로' 지켜보는 것이 최선책이었다. 주식형펀드 자산이 급증함에 따라 좀 더 공격적인 펀드도 우후죽순으로 생겨났다. '의사결정은 신중하게!'는 더 이상 모토가 될 수 없었다. 펀드매니저들은 활발한 거래 활동으로 이익을 얻으려 안간힘을 다했고 자연스레 포트폴리오 회전율이 뛰어올랐다. 회전율의 상승으로 펀드의 실적이 개선된 것처럼 보이기도 했지만 그것은 자문료와 거래비용 덕분이었다. 이러한 현상이 모든 자산운용사에 유리하게 작용할 수는 없었다. 승자가 있으면 패자도 있게 마련이기 때문이다.

나는 몇 년 전 펀드 포트폴리오에 포함된 주식이 매년 첫 거래일에 올린 수익률과 이후 한 해 동안 달성한 실제 수익률을 비교하며 연구했다. 그해가 끝났을 때 패시브 포트폴리오가 52퍼센트의 확률로 경쟁에서 승리했고, 액티브 포트폴리오는 48퍼센트의 확률로 승리했다. 그렇다고 펀드매니저가 새해 첫날에 사무실을 박차고 나가면서 상사에게 "오늘 포트폴리오 그대로 유지할 거예요. 크리스마스 지나고 뵙겠습니다"라고 통보하면 자리가 위태로워질 것이다.[01]

상품 다양화의 등장

뮤추얼펀드 문화를 바꾼 세 번째 요소는 상품 다양화product prolif-eration다. 상품 다양화는 급성장을 보이는 산업이라면 어디나 겪는 추세다. 이러한 추세는 경기 호황기에 펀드 산업에 자리 잡기 시작했지만 1982~2000년의 대상승장으로 투자 기대치가 그 어느 때보다도 높아지자 본격적으로 확산되었다. 무엇보다도 펀드의 숫자가 폭증했다. 내가 1951년에 뮤추얼펀드 산업에 입문했을 때는 뮤추얼펀드가 125개에 지나지 않았다(그 가운데 주식형펀드 50개만이 1938년부터 1995년까지 발행된 위즌버거 연례 편람에 수익률을 실을 수 있었다). 오늘날 주식형펀드의 숫자는 자그마치 5,091개에 이른다. 여기에 2,262개의 채권형펀드와 595개의 단기금융펀드를 추가하면 현재 전통적인 뮤추얼펀드는 7,948개다. 그 외에 1,446개의 ETF가 있다. (단순하고 분별 있는 상품에서 복잡하고 터무니없는 상품에 이르는) 엄청난 상품 다양화가 펀드 투자자의 이익에 부합하는지는 두고 볼 일이다. 나는 이러한 현상이 석연치 않으며, 현재까지 나타난 사실로는 내 의혹이 타당한 것 같다.

희소식이라면 신생 펀드 중 대다수가 채권형펀드와 MMF라는 사실이다. 두 상품은 주식과 전통적인 예금보다 훨씬 더 높은 수익률을 제공했다. 실제로 예금의 경우 연방정부 규정에 따라 1980년까지 이자율이 제한되어 있었다. 물론 오늘날에는 이처럼 후한 이자를 제공하는 펀드를 찾아볼 수 없다. 그러나 신생 펀드 중에서도 고정수익형fixed-income펀드는 더 안정적인 포트폴리오를 제공했고 그 이전까

---

01 "인간의 모든 불행은 방 안에 가만히 앉아 있을 수 없는 데서 비롯된다"라는 파스칼의 고찰을 명심하라.

지 일반 투자자가 이용할 수 없었던 금융부문을 개방했다. 나쁜 소식도 있다. 뮤추얼펀드의 주식형펀드 섹터에서 수많은 전략과 운용사가 검증되지도 않은 채로 급증하면서 투자자들에게 혼란을 초래했다. 이처럼 펀드 상품이 다양화하고 겉보기에 무궁무진한 선택이 가능해진 배경에는 평범한 시장수익률을 웃도는 수익을 손쉽게 얻을 수 있다는 믿음이 작용했던 듯하다. 제대로 된 펀드나 자산운용사만 선택하면 된다는 믿음이었다. 그러나 어떤 펀드나 자산운용사가 승리할지 정확히 예측할 수 있는 투자자와 자문사가 있었겠는가?

사라질 운명인 펀드

한마디로 현대에 들어서 뮤추얼펀드 산업의 문화가 온통 뒤바뀌었다. 엄청난 성장과 더불어 소규모 산업이 대규모 산업으로 확장되었다. 투자 결정의 주체가 집단에서 개별 자산운용사로 전환됨에 따라 장기 지향 투자 문화가 단기 지향 투자 문화로 바뀌었다. 애널리스트와 펀드매니저의 경쟁은 한층 더 치열해졌다. 이들에 대한 평가 기준이 다양해진 데다 평가 기간도 점점 더 짧아졌다. 이러한 문화의 변화로 투자의 초점은 당연히 내재가치에서 주가로 옮겨갔다. 역설적이게도 펀드 '상품'의 다양화는 수많은 펀드 상품이 소멸되는 결과로 이어졌다.

　펀드 '상품'이 유행처럼 개발되는 추세는 현실에서도 손쉽게 확인할 수 있다. 예를 들어 1960년대 후반의 경기 호황기에는 신생 주식형 펀드(대부분 높은 '실적'을 노려 변동성과 리스크가 큰 펀드) 약 350개가 신설되었다. 1965년 240개였던 펀드는 1972년까지 535개로 두 배 넘게 증가했다. 그러나 곧이어 거품이 붕괴하고 주식시장이 50퍼센트 가까이 폭락하자 그 후 10년 동안은 연간 7~8개 펀드만이 새로 조성되었다. 그다음 거품은 1990년대 후반 정보화 시대의 도래와 더불어 찾아왔는데, 이때는 인터넷과 첨단 기술 주식이 상승세를 주도했다. 펀드 산업은 마케팅 산업과 똑같은 방식으로 대응했다. 그 당시 생겨난 주식형펀드는 놀랍게도 3,800개에 달했으며 대부분은 기술과 이른바 신경제new economy에 초점을 둔 공격적인 성장주펀드growth fund였다. 이 기간 동안 1,200개 정도의 펀드가 시장에서 퇴출되었지만 그럼에도 1996년 초부터 2001년까지 주식형펀드는 2,100개에서 4,700개로 두 배 넘게 증가했다.

물론 펀드가 우후죽순으로 생겨난 뒤에는 어김없이 투자의 현실이 투기의 환상을 짓밟았다. 호황기 이후 대부분의 신생 펀드가 파산했다. 경기 호황기 이전에 신설된 펀드 수만큼 거의 그대로 파산했다. 1960년대에는 매년 1퍼센트 정도의 펀드가, 그 후 10년 동안에는 10퍼센트의 펀드가 사라졌다. 거품이 잔뜩 끼었던 1990년대에서 거품이 빠지는 2000년대가 되자 주식형펀드의 연평균 파산율은 6퍼센트 정도로 뛰어올랐다. 2000년대 초반에 존재했던 펀드 가운데 55퍼센트가 2000년대 말에 사라졌다. 이러한 파산율이 2010년대가 끝날 때까지 지속된다고 가정하면 4,600개 주식형펀드 가운데 2,500개 정도가 사라지게 된다. 향후 10년 동안 하루에 거의 한 개씩 펀드가 소멸된다는 이야기다. 뮤추얼펀드 업계 사람들은 뮤추얼펀드가 장기 투자자에게 적합한 상품이라고 자부하지만 단기간만 유지되는 펀드에 장기간 투자할 방도가 있겠는가?

이와 같이 심층적이고도 폭넓은 변화는 뮤추얼펀드 산업 자체의 근본적인 변화를 반영한 것이다. 무엇보다도 수십 년 동안 뮤추얼펀드 산업의 대세였던 **전문가** 문화가 이제는 **사업가** 문화로 전환되었다. 본래 펀드 산업은 신중한 투자 운용에 무게를 두었지만 이제 그 무게는 공격적인 상품 마케팅으로 옮겨갔다. 관리자 의식을 중시하던 분위기가 상술에 밀려난 것이다.

비용과 성과

펀드 비용의 급등

뮤추얼펀드 산업의 비약적인 성장에도 불구하고 펀드 투자자가 부담해야 하는 비용이 빠른 속도로 늘어났다. 주식형펀드의 평균 보수비용율expense ratio은 자산 규모에 가중치를 부여했을 때 주식형펀드의 자산 규모가 50억 달러에 불과했던 1960년에는 0.50퍼센트였으나 6조 달러 규모의 산업으로 성장한 2012년 초에는 0.99퍼센트에 달했다. 놀랍게도 100퍼센트 가까이 상승한 셈이다. 달러 금액으로 환산하면 주식형 뮤추얼펀드의 투자비용은 1951년부터 2011년까지 연간 17퍼센트나 상승하여 500만 달러에서 600억 달러로 뛰어올랐다. 이러한 상승분 중에서 당연히 상대적으로 적은 부분만이 운용사의 투자 활동에 투입되었다. 상승분 대부분은 마케팅 비용 급등, 주주 서비스 개선을 위한 지출, 자산운용사의 이익으로 돌아갔다. 자산운용사들은 펀드 소유자와 규모의 경제를 공유하기보다는 그 이익을 스스로의 몫으로 가로챘다(베이시스포인트가 아닌 금액으로 따지면 자산운용사의 막대한 이익이 어느 정도인지 한층 더 확실하게 가늠할 수 있다).

뮤추얼펀드사를 소유하면 상상 이상으로 큰 보상을 얻는 경우가 많다. 그러나 뮤추얼펀드를 소유했을 때의 보상은 그보다 훨씬 더 작다. 1967년 경제학자 폴 새뮤얼슨은 의회 청문회에서 정곡을 찌르는 말을 했다. "뮤추얼펀드 산업에서 돈을 버는 방법은 전면에 나서지 않고 배후에 있는 것 오직 하나뿐이었다. 술집에서 술에 취하지 않은 사람이 카운터 뒤쪽에 숨어 있는 것과 마찬가지다. (…) 그래서 나는 자산운용사에 투자했다." 운용사의 공동 소유가 배후에서 일하는 펀드매니저들에게는 이익이 되지만 전면에서 축하주를 즐겼던 뮤추얼펀드 소유자들에게는 독이 되리라는 새뮤얼슨의 말에서 그의 뛰어난 통찰력을 확인할 수 있다.[02]

비용과 수익률

펀드 수익의 형성에서 비용의 비중에 대해서는 논쟁의 여지가 없다. 비용의 역할은 연이은 학술 연구를 통해 입증되었다. 2010년 펀드분석서비스로 정평이 난 모닝스타Morningstar는 자사의 정교한 분석 시스템보다 펀드 실적을 한층 더 정확히 예측하는 요소가 펀드 비용이라는 사실을 인정했다. 평균 보수비용율과 포트폴리오 거래비용에 대다수 펀드에 따라붙는 판매수수료sales load까지 결합되면 총비용은 주주가 얻는 수익에 큰 부담으로 작용한다. 그렇다면 이러한 비용 때문에 주주의 수익률이 높아지는 일이 있을까?

불가능하다. 본질적으로 시장과 다를 바 없는 자산운용사가 어떻게 집단 차원에서 시장을 앞설 수 있겠는가? 그러나 자산운용사의 수

---

02 개인적인 일화: 나는 뱅가드의 경쟁사 티로우 프라이스의 활동을 시시각각 파악하고 싶은 마음에 1994년에 티로우 프라이스의 주식 100주를 4,189달러에 샀다. 올해 내 배당금만 해도 4,325달러이며 내가 투자한 자금은 현재 가치로 20만 8,960달러로 불어났다. 역시 뮤추얼펀드사의 공동 소유는 운용사 자체에나 지분 소유자에게나 큰 이득이 된다.

자료 4.2 **대형주 뮤추얼펀드의 수익률: 15년 전 투자된 1만 달러의 수익 현황(1997~2011년)**

대형주 유형	연간수익률	초기 투자 1만 달러로 얻은 수익
코어펀드	3.9%	$7,750
성장주펀드	3.7%	$7,250
가치주펀드	4.6%	$9,630
평균	4.1%	$8,270
S&P 500 지수	5.4%	$12,010

출처: 모닝스타
주: 생존자 편향 오류를 보정한 수치. 따라서 위 자료의 수익률은 생존자 편향 오류를 보정하지 않은 자료
4.3과 자료 4.4의 수치보다 상당히 낮다.

익률이 시장과 일치할 때 투자자의 총수익률은 시장의 총수익률과
일치할 수밖에 없지만, 펀드 비용을 공제한 후의 순수익률은 당연히
시장수익률에 못 미친다. 이해를 돕기 위해 15년 전 주식형펀드에 들
어간 최초 투자 자금 1만 달러의 증가액과 S&P 500 지수로 대변되
는 주식시장의 수익률을 비교해보자. 자료 4.2에서 보듯이 적극적으
로 운용되지 않는 S&P 500 지수에 투자된 1만 달러의 15년 간 누적
자본이익은 같은 금액을 투자한 액티브 주식형펀드의 평균 수익률을
웃돌았으며, 초기 투자 자금은 50퍼센트가 넘게 불어났다.

나는 S&P 500 지수와 대형주펀드large-cap fund만 비교했다. 대형
주펀드가 대규모 자본이 투입된 S&P 500 지수와 주식시장 전체의 특
성을 가장 잘 반영하기 때문이다(시가총액의 85퍼센트 정도는 S&P 500
지수가 차지한다). 그러나 1997년부터 2011년까지의 15년 동안에는 중
형주펀드와 소형주펀드가 연평균 6퍼센트를 다소 웃도는 수익률을
내며 전반적으로 대형주펀드를 앞서는 특이 현상이 발생했다는 사실
도 알아둘 필요가 있다.

연평균 1.3퍼센트의 수익 차이를 보면 보수·비용의 비중이 어느 정

도인지 대강 짐작이 간다. 1.4퍼센트의 총운용비용에서 연평균 보수비용율이 1.0퍼센트, (판매 수수료를 제외한) 평균 거래비용이 0.4퍼센트라고 가정하면, 1.3퍼센트의 수익률 차이가 대략 설명이 되며, 수익률 차이의 원인이 운용비용이라고 보아도 무방하다. 보기에는 수익률 차이가 크지 않지만 그 차이가 누적될 때의 영향은 상당하다.[03]

이제는 펀드 산업의 새로운 구조와 새로운 문화가 주식형펀드 투자자에게 이득이 되지 못한다는 사실이 분명해졌다. 신생 뮤추얼펀드는 시장의 순간적 요구에 부응하기 위해 우후죽순으로 탄생했다. 아니면 개인뿐 아니라 금융회사, 판매회사, 투자자문사, 브로커 등 다양한 시장의 요구에 맞춰 탄생했을 수도 있다. '평생 투자'와 '자산배분'과 '분산 투자'의 개념은 시시각각 급변하는 주식시장의 잡음에 묻혀 사라졌다. "주식시장은 투자 산업에 가장 큰 혼란을 유발하는 요인"이라는 경고를 다시 한번 상기하기를 바란다.

잘못된 투자 선택의 비용

상품 다양화는 창의적인 마케팅 기법이 물밀듯 쏟아지면서 나타난 현상이고, 대체로 장기 투자 수요에 부응하지 못하며 시장 경쟁적인 실적을 제공하지 못하는 펀드의 소멸로 이어졌다. 폭발적으로 늘어

03 나는 뱅가드가 최초의 인덱스 뮤추얼펀드를 개발해야 한다고 제안하면서 주식형 뮤추얼펀드의 연간 수익률과 S&P 500의 수익률을 비교했다. 그때까지 30년 동안 S&P 500의 연평균 수익률은 11.3퍼센트였다. 이와 비교해 주식형 뮤추얼펀드의 수익률은 1.6퍼센트포인트의 차이가 나는 9.7퍼센트였다(자세한 내용은 6장을 보라). 그러나 나는 시장수익률에서 0.3퍼센트로 추산되는 비용의 공제를 누락했다. 그렇다면 수익률의 차이는 1.3퍼센트포인트가 된다. 또한 그보다 더 이전부터 더 장기간에 걸친 기간 동안의 S&P 500의 수익 우위도 1.3퍼센트포인트였다. 수익률 격차가 동일한 것은 단순한 우연의 일치가 아니다.

자료 4.3 펀드의 수익률과 투자자의 수익률(1997~2011년)

유형	연평균 수익률			누적수익률		
	펀드*	투자자	투자자 기준 수익률 차이	펀드	투자자	투자자 기준 수익률 차이
대형주	5.4%	3.9%	-1.6%p	127.9%	94.4%	-33.5%p
중형주	7.5%	4.7%	-2.8%p	208.7%	119.5%	-89.2%p
소형주	7.4%	5.3%	-2.1%p	214.2%	141.3%	-72.9%p
해외주식	5.6%	3.4%	-2.2%p	141.4%	85.9%	-55.5%p
평균	6.5%	4.3%	-2.2%p	173.1%	110.3%	-62.8%p

출처: 모닝스타

* 위의 수익률은 생존자 편향 오류를 보정하지 않은 수치로 자료 4.2의 수치보다 상당히 왜곡되어 있다.04

난 '선택지'는 뮤추얼펀드 투자자의 자멸을 불러왔다. 시장추종적이고 실적을 쫓아다니는 행태는 일반적인 관행이 되었고 '끝까지 버티는' 방법으로 수익을 얻은 투자자의 수익률에 큰 타격을 끼쳤다. 자료 4.3은 펀드가 직접 보고한 수익률(시간 가중 수익률)과 투자자가 실제로 얻은 수익률(금액 가중 수익률)의 차이를 비교한 것이다.

그러나 생존자 편향 오류(데이터의 한계를 고려하지 않고 관측 가능한 데이터만으로 엉뚱한 결과를 도출하는 오류)를 감안하여 보정한다면 위의 표에 제시된 큰 격차가 더 크게 벌어질 것이다. 생존자 편향 오류는 철저히 '적자생존'의 원리를 반영한다. 이 경우에 생존자 편향 오류를 보정하지 않는다는 말은 15년을 거쳐 살아남은 펀드만을 비교 대상에 포함한다는 뜻이다. 일반적으로 실적이 좋은 펀드는 살아남고 그렇지 못

---

04 나는 -2.2퍼센트포인트라는 격차가 투자자가 실제로 뒤처진 정도를 충분히 반영하는지 확신할 수 없다. 자본 흐름이 가장 크며 액티브펀드 18개 가운데 6개의 투자자 수익률은 매년 펀드사가 보고한 수익률보다 3~4.5퍼센트포인트 낮았다. (자본 흐름이 작거나 없는 펀드는 두 가지 수익률이 동일할 것이다.)

한 펀드는 소멸한다. 따라서 펀드수익률은 현실보다 훨씬 더 과장되어 있다. 언뜻 보면 투자자가 얻는 실제 수익률과 펀드사가 보고하는 (비용 공제 후에는 하락하는) 수익률의 차이는 연평균 2.2퍼센트로 그리 크지 않아 보인다. 그러나 시간이 흐름에 따라 그러한 차이는 훨씬 더 크게 벌어진다. 실제로 투자자들은 지난 15년 동안 자신의 잠재 자본 가운데 3분의 2 가까이를(!) 비용으로 치렀다.

설상가상으로 펀드 투자자들은 곧이어 자산운용사의 투기 행위를 답습했다. 과거에 투자자들은 매년 자산의 8퍼센트에 해당하는 주식을 청산했다. 그런데 현재는 그 비율이 30퍼센트에 이른다. 그 결과 주주가 펀드 지분을 보유하는 기간은 내가 펀드 산업에 입문한 1951년에는 평균 12년이었는데, 현재는 3년 정도에 불과하다. 이 어리석은 추세는 펀드 투자자들이 언제든 기존 펀드에서 다른 펀드로 갈아탈 준비가 되어있다는 사실을 반영한다. 그러나 혼자만의 예측으로 시장이 내려갈 때 들어가고 올라갈 때 나오겠다는 이들의 시도는 대부분 실패로 끝난다.

지금까지 입증된 바에 따르면 혁신적이고 대체로 변동성이 큰 주

자료 4.4 주식형 뮤추얼펀드의 15년(1997~2011년) 수익률: 변동성 증가와 투자자 수익 감소

5분위	리스크 (표준편차)	연평균 수익률			누적수익률		
		펀드	투자자	투자자 기준 수익률 차이	펀드	투자자	투자자 기준 수익률 차이
1분위	15.2%	6.3%	5.5%	-0.8%p	159.4%	136.2%	-23.2%p
2분위	17.6%	5.7%	4.2%	-1.5%p	142.9%	103.5%	-39.4%p
3분위	19.5%	5.8%	4.0%	-1.8%p	146.6%	96.1%	-50.4%p
4분위	21.8%	6.8%	3.8%	-2.9%p	186.8%	99.4%	-87.4%p
5분위	28.2%	7.0%	4.0%	-3.0%p	205.1%	122.4%	-82.7%p

출처: 모닝스타

주: 표준편차에 따라 5분위로 구분된 수익률에는 생존자 편향 오류가 적용되지 않았다.

식형펀드가 창출되면 투자자의 수익률이 큰 타격을 입는다. 매우 많은 투자자가 우월한 실적이라는 성배를 위해 기회를 잡았지만 성배는 존재하지 않았다. 펀드 수익률의 변동성이 클수록 투자자의 수익률은 펀드의 실제 수익률에 미치지 못하게 된다. 자료 4.4에서 보듯이 변동성 하위 5분위 펀드의 경우 펀드사가 보고한 수익률과 투자자 수익률의 차이는 0.8퍼센트에 불과했다(이 차이도 작지 않다). 그러나 변동성 상위 5분위의 경우 그 차이는 3.0퍼센트로 커졌다. 투자자들이 15년 동안에 입은 누적 손실은 펀드를 매수하고 그대로 보유했다면 얻을 수 있었던 잠재 수익의 82퍼센트에 달했다.

한때 좋았던 시절

펀드 산업의 초창기에는 상황이 매우 달랐다! 나는 펀드 산업의 비즈니스 모델BM(기업이 수익을 창출하는 일련의 아이디어)이 급격하게 변화하는 과정을 현장에서 목격한 사람 중에서 유일하지는 않더라도 매우 희귀한 생존자에 속한다. 1924년 펀드 산업의 초창기에 자산운용사 대다수는 포트폴리오 지휘, 조사, 운용에만 관여했다. 펀드 지분의 판촉이나 유통에는 관여하지 않았다. 운용사는 합당한 이유에서 펀드 지분의 판촉을 제3자에게 맡겼다. 해당 운용사가 소유하지도, 경영에도 관여하지 않는 독립유통회사가 계약에 따라 판촉 업무를 처리했다. 최초의 뮤추얼펀드인 메사추세츠 인베스터스 트러스트MIT는 설립 초기인 1924년부터 거의 반세기가 지난 1969년까지 독자적인 도매 유통회사에 펀드 유통을 맡겼다.

뮤추얼펀드 업계에서 두 번째로 탄생한 스테이트스트리트 인베스트먼트 코퍼레이션State Street Investment Corporation은 1989년까지

MIT의 BM을 그대로 따랐다. 오늘날 거대 그룹으로 성장한 아메리칸 펀즈 역시 1933년 회사 설립부터 1974년까지 별도의 독자적인 유통 주식회사에 판촉 활동을 맡겼다. 그러다 1974년에 운용사와 유통회사가 하나로 합병되었다. 합병으로 이들의 방점이 변화했을까? 물론이다. 12년 전 아메리칸펀즈의 자산이 수천억 달러로 불어나는 동안에도 유통부서의 총책임자는 자사가 펀드를 마감하지도, 추가 매수를 제한하지도 않을 것이라며 투자자들을 안심시켰다. 자산 규모가 그 정도로 어마어마해지면 포트폴리오 운용이 한층 더 어려워지며 투자 선택지가 줄어들며 거래 유연성이 떨어진다. 이 모든 사실은 주목받지 못하거나 최소한 묵살된 것으로 보인다.[05]

그러나 자산 획득asset gathering이 가장 중요해졌다. 현금흐름, 자산 규모, 실적 증대를 둘러싼 경쟁이 치열해지면서 야심찬 펀드 임원들은 시장 지분을 넓히기 위한 전장에서 앞다퉈 자기 이름을 알리고 패기를 드러냈다. 특히 금융대기업이 소유한 운용사들이 마케팅 열풍에 감염되었다. 금융대기업의 공동 주주들이 운용사에 "이익을 개선"하라고 종용했기 때문이다. 그러나 개인 소유의 운용사조차 마케팅 열풍을 비켜 가지는 못했다. 주목할 만한 점은 뮤추얼펀드의 자산이 급증하는 동안 지출은 그보다 훨씬 더 큰 폭으로 급증했다는 사실이다. 이는 운용사가 투자를 통해 실현한 막대한 규모의 경제를 독차지한 결과였다.

하지만 자산 획득이 가장 중요해질 때 마케팅과 투자는 불가분의

---

05 나는 자산운용사가 양심적으로 이익을 추구해야 하며, 수익을 내지 못할 정도로 비대해지기 전에 펀드를 마감해야 한다고 생각한다. 1985년에 뱅가드가 (당시 업계 최대 규모의 주식형펀드였던) 윈저 펀드와 소형주펀드인 익스플로러 펀드를 마감한 것도 그 때문이다. 나는 우리가 내린 (업계 사상 유례가 없는) 결정을 설명할 때 "황금알을 낳는 거위를 죽이고 싶지는 않았다"라는 단순한 비유를 인용했다.

관계를 맺게 된다. 우수한 성과는 엄청난 매출로 이어진다(예상 가능한 일이다). 그러면 매출 증가에 따라 브로커에 지급하는 인센티브가 커진다. 뮤추얼펀드의 거래량이 급증하면 유통이 원활해진다. 페이투 플레이pay to play〔추가 투자가 진행될 때 기존 투자자가 자신의 지분율만큼 후속 투자를 해서 지분 희석을 막는 것〕규정 덕분에 펀드의 지분을 판매하는 브로커들은 어마어마한 거래 수수료를 얻으며 한층 더 많은 지분을 판매할 수 있다. 이때 비용은 순전히 펀드 주주의 몫이며 혜택은 모조리 자산운용사가 받는다. 게다가 광고 역시 주주들이 내는 운용 수수료를 통해 한층 더 공격적이고 광범위하게 이루어지고 있다. 예를 들어 이들의 광고는 단기수익률을 부각하지만, 당연히 단기수익률이 월등하게 높을 때만 그 사실을 강조한다. 최근 몇 년 새에 자산운용사들이 다양한 매체 광고에 지출한 금액은 연간 2억 5,000만 달러로 추산된다(중개비용 중 상당 부분이 공격적인 판촉에 들어간다).

2010년 5월, 자산운용사이자 판매회사인 아메리프라이즈 파이낸셜AMP은 곧 컬럼비아펀드를 인수한다고 발표했으며 인수합병의 이유를 밝혔다. 펀드가 주주보다 펀드를 지배하는 기업에 이익이 되는 방향으로 운영된다는 사실을 이보다 더 명확하게 보여주는 사례는 흔치 않다. 아메리프라이즈 경영진의 발표문과 나의 설명은 **박스 4.1**에 요약되어 있다.

박스 4.1

아메리프라이즈: 기업을 우선하는 펀드의 좋은 예

나는 펀드 산업의 문화와 성격이 이전과 다르게 변화한 것은 논쟁

의 여지가 없는 현실이라고 생각한다. 특히 최근에는 그러한 변화를 포괄적이고 단적으로 보여주는 사례가 있었다. 운용사의 수익성을 개선하려는 의지와 1958년 SEC가 금지하려다 실패한 운용사 주식의 밀거래trafficking가 결합된 사건이다.

그리고 이 사건은 어느 대형 뮤추얼펀드사가 자사 규모에 맞먹는 대형 경쟁사를 인수하기로 결정한 이유를 말해준다. 인수자는 1894년에 설립되어 1940년 펀드 산업에 진입한 AMP였다. AMP는 1984년에 아메리칸 익스프레스(아멕스)에 합병되었다가 IPO를 통해 별도의 회사로 분리되었고 2005년 지금의 '아메리프라이즈 파이낸셜'로 사명을 바꾸었으며, 아메리칸 익스프레스는 리버소스라는 이름으로 바꾸었다. 그리고 AMP는 셀리그먼이라는 운용사를 인수했다.

2010년 5월 3일, AMP는 뱅크오브아메리카의 컬럼비아펀드를 10억 달러 정도에 인수했다. AMP의 자산 4,620억 달러에 컬럼비아펀드의 자산 1,900억 달러가 추가되면서 6,520억 달러 규모의 거대 금융회사가 탄생했다.[06] AMP의 대표는 인수 소식을 발표하면서 인수합병의 동기를 놀랄 만큼 솔직하게 털어놓았다. "인수합병을 통해 우리 회사의 운용 역량이 크게 개선되고 (운용 중인 자산의) 성장을 가속화할 발판이 마련될 것이다. 규모가 커지고 펀드 유통망이 확대되

---

[06] 1964년에 설립된 컬럼비아펀드는 인수합병 광풍의 산물이었으며 플리트보스턴, 네이션스뱅크, 뱅크오브아메리카 등의 금융지주회사에 연이어 인수되었다. 그 과정에서 콜로니얼, 스타인로 앤 파넘, 웬저, 크랩 허드슨, 뉴포트퍼시픽, US 트러스트어드바이저스, 마르시코 등의 뮤추얼펀드사가 합병되었다(이 중 마르시코는 2007년에 설립자에게 다시 매각되었다). 컬럼비아는 아메리프라이즈에 인수되기 전에 블랙록, 프랭클린 리소시스, 페더레이티드 같은 자산운용사의 러브콜을 받았다. 운용사 주식이 '밀거래'될지도 모른다는 SEC의 우려는 적중했다.

며 펀드 구성이 탄탄해진다. (…) 더욱이 우리 아메리프라이즈는 인수합병을 통해 자산운용 부문의 수익률과 이윤을 개선하는 데 필수불가결한 지출 시너지를 장기간에 걸쳐 달성할 수 있다."

발표문에 인수합병이 기존 컬럼비아펀드의 주주에게 어떤 이익이 될지는 제시되어 있지 않았다. 다만 "현재 우리는 고객에게 모든 투자 방식을 통틀어 탄탄한 실적을 내는 펀드를 제공한다"라는 아메리프라이즈의 주장이 장황하게 담겨있었다. 그러한 발언은 사실처럼 보인다. 인수합병 직후 컬럼비아펀드 중 31개가 4성星과 5성 등급을 얻었으며 모닝스타의 다섯 가지 평가 항목에서 1, 2위를 차지했다. 그러나 그의 주장에는 드러난 사실보다 감춰진 사실이 더 많았다. (31개 펀드의 두 배에 가까운) 59개 펀드가 낮은 등급(1성과 2성)을 받았으며 나머지 75개 펀드가 평균인 3성 등급을 받았다는 사실은 발표문 어디에도 언급되지 않았다. 자산운용사의 공식 발표문에는 펀드의 전반적인 실적이 (좋게 봐줘야) 평범하다는 사실이 쏙 빠져 있었다. 물론 뮤추얼펀드와 그 주주는 자기 의견을 낼 방법이 없었으며 독립적이라는 이사진도 침묵을 지켰을 뿐이다.

뮤추얼펀드의 대기업화

뮤추얼펀드 문화의 변화를 돌이키다 보니 다른 변화에도 눈길이 간다. 개인 소유였던 뮤추얼펀드사들이 공동 소유로 탈바꿈한 기이한 현상이야말로 가장 중요한 변화다. 대부분의 자산운용사는 본래 설립자와 투자 담당 임원의 소유였으나 기업 공개를 단행하여 일반 투자자들에게 상당 부분의 소유권을 제공했다. 그러나 얼마 지나지 않아 금융대기업이 급성장 중인 뮤추얼펀드 산업의 이익 흐름을 확보하기 위해 끼어들었다. (큰 리스크를 감수하여) 고수익을 올리는 '우수' 펀드매니저를 확보한 운용사가 엄청난 이익을 거둔 가운데, 단기 투기와 장기 투자의 충돌에서 단기 투기가 대세를 장악한 것도 이러한 변화에 한몫했다. 뮤추얼펀드 산업의 놀라운 성장은 자산운용사를 인수하려는 욕망을 거세게 불러일으켰다. 초기 인수자들의 선견지명이 주목받았다. 뮤추얼펀드 산업은 미국의 금융 자산과 보통주를 최대 규모로 소유할 전망이었다. 이처럼 큰 변화에 자산운용과 마케팅의 충돌이 더해졌다. 충돌은 결코 운용에 유리한 방향으로 해소되지 않았으며, 결과적으로 펀드 주주와 운용사의 이해관계가 충돌할 수밖에 없었다.[07]

　펀드 산업의 근본적인 체질을 뒤바꾼 요소는 공동 소유였다. 이처럼 해로운 변화를 부추긴 것은 법원의 안타까운 판결이었다. 1958년 캘리포니아 지방법원은 자산운용사 매각이 곧 수탁 업무의 매각이며 따라서 수탁 의무를 위반한 것이라는 SEC의 입장을 기각했다. 상고심에서 연방대법원은 기존 판결을 그대로 유지했다. 이미 잊힌 지 오래지만 이 중대한 사건으로 경쟁의 규칙이 바뀌었다. 막혀 있던 수문이 뚫리듯 공동 소유의 길이 열렸으며 운용사의 공동 소유자들은 기업가정신의 대가로 막대한 보상을 얻었다. 물론 그 과정에서 펀드 주

---

07 금융대기업이 이러한 추세를 이끌었지만 펀드 산업에 현대식 마케팅을 최초로 도입한 회사는 개인 소유의 피델리티다.

주들의 불가피한 희생이 따랐다.

1950년대 당시 35개 정도 되던 뮤추얼펀드사는 주로 합자회사partnership나 투자 전문가들이 소유한 주식회사가 운영했다. 그러나 법원의 판결로부터 10년도 지나지 않아 대형 뮤추얼펀드사 수십 곳이 상장되어 자사주를 판매했다(다만 대부분 의결권은 유지했다). 미국과 전 세계의 금융대기업들이 새로 상장된 운용사는 물론 개인 소유의 운용사까지 싹쓸이하기까지 오랜 시간이 걸리지 않았다. 이러한 금융대기업들이 뮤추얼펀드 산업에 뛰어든 것은 펀드 투자자들이 자기들에게 맡긴 자본의 수익을 희생시켜서라도 자본을 굴려 높은 수익을 확보하려 했기 때문이다.

펀드 산업을 지배한 금융대기업

변화의 규모는 이례적이었다. 오늘날 50대 뮤추얼펀드사 중 41개는 공동 소유이며 그 중 33개는 금융대기업의 소유다. 8개만이 개인 소유로 남아 있다. 그 외에는 펀드 주주가 자산운용사를 소유한 '상호' 구조 뮤추얼펀드다. 이 구조에 해당하는 뮤추얼펀드사(뱅가드그룹)에 대해서는 잠시 후에 자세히 설명할 것이다. 하지만 그 이전에 자료 4.2에서 살펴본 두 조직 구조의 근본적 차이를 생각해보자. 상장된 자산운용사는 모두 외부 소유자가 있다. 따라서 외부 소유자를 두 번째 주인으로 섬겨야 한다. 구조로나 취지로나 상호성은 전혀 존재하지 않는다. 이번 장의 제목에 '상호성'을 뜻하는 '뮤추얼mutual'이라는 표현을 사용한 것이 옳은 것인지 의문도 든다.[08]

뮤추얼펀드 산업의 대기업화는 거의 주목을 받지 못했다. 현재 대형 자산운용사의 75퍼센트를 소유한 금융대기업이 뮤추얼펀드 산업의 최대 세력이다. 그러나 나는 (금융대기업과 상장기업으로 이루어진) 외부 소유자들이 운용사의 숫자 면에서는 50개 중 41개로 뮤추얼펀드 산업을 장악했지만 규모 면에서 3대 뮤추얼펀드사(뱅가드, 피델리티, 아메리칸펀즈)는 모두 개인 소유이거나 상호 소유라는 사실을 지적하고 넘어가야겠다. 세 회사가 운용하는 총자산만 해도 4조 달러인데, 이는 50대 운용사의 운용 자산인 10조 3,000억 달러의 40퍼센트에 달한다. 그 외에 블랙록과 핌코PIMCO 같은 자산운용사가 자산 1조 2,000억 달러를 운용하며 신흥 강자로 떠오른 '빅 5' 중 하나로 꼽힌다. 블랙록은 인덱스펀드 위주로서 ETF에 특화된 회사이며, 독일 알리안츠의 자회사인 핌코는 전설적인 채권 매니저인 빌 그로스로 유명한 회사다. 두 회사의 전략은 매우 다르지만 둘 다 '빅 3'와 자웅을 겨룰 만하다. 다만 '빅 3'보다 수수료가 높은 뮤추얼펀드를 운용한다.

운용 계약의 '밀거래'

개인 소유 운용사의 성장은 순전히 내부적으로 이루어지는 반면, 공동 소유 운용사 대다수는 재계의 대기업들과 마찬가지로 인수를 통해 성장한다. 예를 들어 앞서 소개한 아메리프라이즈 펀드의 경우 개인 소유이던 자산운용사 열두 곳을 인수하여 탄생한 회사다. 블랙록 역시 스테이트스트리트 매니지먼트앤리서치SSRM를 인수한 후, 2006년과 2009년에 각각 메릴린치자산운용MAM와 바클리스 글로벌

---

08 '상호적'이지 않은 뮤추얼펀드에 대한 지적은 1956년의 한 기념비적인 연설을 통해 이루어졌다. 당시 SEC 의장이던 마누엘 코언은 '뮤추얼펀드'라는 연설에서 그 같은 지적을 했으며 나는 그의 솔직하고 선견지명이 있는 발언을 2011년에 출간한 《너무 믿지 마세요Don't Count On It!》의 13장에 자세하게 인용했다.

인베스터즈BGI를 인수함으로써 거의 모든 자산 기반을 확보했다. 역시 대형 운용사인 프랭클린 리소시스는 1992년에 프랭클린 그룹과 템플턴 그룹이라는 두 대기업의 합병으로 탄생했다. 인베스코 역시 1996년에 AIM을, 2009년에 모건스탠리의 자회사였던 반 캠펀을 인수함으로써 자산을 몇 배로 불렸다.[09]

주인이 여러 차례 바뀐 자산운용사 역시 흥미롭다. 잠시 후에 소개할 퍼트넘은 개인 소유에서 공동 소유로 바뀌었다가 소유권이 마쉬앤맥레넌MMC으로 넘어갔으나 최근 캐나다의 파워파이낸셜로 주인이 바뀌었다. 개인 소유 운용사였던 델라웨어는 링컨 파이낸셜에 이어 맥쿼리로 소유권이 넘어갔다. 드레퓌스는 개인 소유에서 공동 소유로 바뀐 후에 차례로 멜런과 뱅크오브뉴욕의 소유가 되었다. (현재 DWS 인베스트먼트로 불리며) 규모를 자랑하는 스커더 스티븐스 앤 클라크는 슈퍼바이즈드 셰어즈Supervised Shares, 취리히 인슈런스, 도이체방크의 손을 거쳤다. 한 회사에서 다른 회사로 '매각'된 자산운용사 중 몇 가지 사례만 살펴보더라도 공동 소유가 운용 계약의 '밀거래'로 이어질 수 있다는 과거 SEC의 우려가 합당했음을 알 수 있다. 이러한 계약의 밀거래는 실제로 이루어지고 있으나 펀드 주주에게는 이렇다 할 이득이 없다.

아메리칸센추리 자산운용의 소수 지분minority interest(소유주식 합계가 발행 주식의 절반 이하인 주주의 지분) 상당 부분이 다른 소유자로 넘어간 사례 역시 운용 계약의 밀거래에 해당한다. 아메리칸센추리펀드는

---

09 1997년부터 2012년까지의 15년 동안 '빅 5' 운용사의 펀드 자산 집중도는 39퍼센트에서 약 50퍼센트로 늘어났다. 대기업화가 이러한 추세에 미친 영향은 확실하지 않다.

2003년 JP모건 체이스에 인수된 후 2011년 8억 4,800만 달러에 캐나다 임페리얼 상업은행CIBC으로 매각되었다. 그 후에 제기된 소송에서 중재인단은 JP모건 체이스가 아메리칸센추리와의 계약을 여러 차례 위반했다고 판정했으며, JP모건 체이스가 아메리칸센추리에 3억 7,300만 달러를 다시 지급해야 한다고 명령했다. 자산운용사의 지배권을 교묘하게 확보하는 수법도 개발되었다.

1990년 AMG라는 회사가 개인이 소유한 운용사들의 다수 지분을 확보하기 시작했다. 현재 AMG는 27개 자산운용사의 다수 지분을 소유한 상태다. 가장 최근에는 아주 전형적인 방법으로 인수를 감행했다. AMG는 기존에 총 3,520억 달러의 자산을 운용했는데 약트먼의 지배 지분을 매수함으로써 약트먼의 운용 자산 170억 달러를 추가했다("AMG가 약트먼을 쓸어담다"라는 기사 제목은 적절한 표현이었다). 운용사들은 그 대가로 돈을 받지만 우리는 그 금액을 알 수 없다(놀랍게도 그러한 거래의 조건조차 공개되지 않는다). 어쨌든 계속해서 회사를 운영하는 데다 보수를 챙길 수 있다. 보수 금액 역시 비밀이다. 그야말로 "끝내주는 거래" 아닌가?

기업 구조와 펀드 실적

나는 펀드 산업의 '대기업화'가 펀드 주주의 수익을 잠식한다는 것을 정확한 통계수치로 입증할 수는 없다. 그러나 모닝스타의 등급을 토대로 실적이 평균 미만인 펀드와 평균 이상인 펀드의 비율을 따질 때, 상호 소유 구조의 운용사 한 곳을 포함한 개인 소유의 펀드그룹들이 눈에 띄게 우월한 수익을 냈다. 예를 들어 어떤 운용사가 소유한 펀드 25퍼센트가 4성 또는 5성 등급이고 10퍼센트가 1성 또는 2성 등급에 들 경우 해당 펀드그룹의 순등급net rating은 15퍼센트다(짐작하다시피 50대 운용사의 평균 등급은 사실상 0이다).

지난 10년 동안 티아 크레프(+46), 뱅가드(+44), GMO(+19), DFA(+22) 등 개인 소유 운용사가 최고 실적 집단을 장악했고 탄탄한 플러스 실적을 올렸다(모두 영업비용이 눈에 띄게 적은 운용사들이라는 사실과 관련이 있다). 아메리칸펀즈(+7)와 피델리티(+6) 역시 소폭이긴 하지만 평균을 웃도는 실적이다.

물론 상장된 운용사 중에서도 일부는 지난 10년 동안 우수한 실적을 올렸다. 선두를 달리는 티로우 프라이스(+51)가 그 대표적인 예다. 그러나 모닝스타로부터 가장 낮은 등급을 받은 운용사들 역시 금융대기업의 소유다. 골드만삭스(-43),[10] 퍼트넘(-40), 인베스코(-21), 오펜하이머(-20), 앨리언스 번스타인(-12)이 여기에 속하며 모두 대형 펀드그룹 중에서는 가장 낮은 등급을 받았다(공교롭게도 이러한 운용사들은 영업비용이 높거나 매우 높은 축에 속한다).

짐작하다시피 개별 운용사의 점수는 시기별로 크게 차이 날 수 있다. 그러나 장기간에 걸친 각 운용사가 받은 등급의 통계적 상관관계를 보면 (완벽한 상관관계를 1.00이라 할 때 0.67로서) 상당히 정확한 점수임을 알 수 있다. 더욱이 특정 기간의 플러스 등급과 마이너스 등급은 그다음 기간에도 이어지는 경향이 있다. 예를 들어 5년 전에 마무리된 비슷한 연구의 등급 비교를 보면 상위 17개 운용사 중 16개

---

10 골드만삭스는 줄곧 자사 고객을 우선시한다고 주장하지만 이 회사의 평균 보수비용율이 1.37퍼센트로 업계 최고 수준인 것만 봐도 이러한 주장은 옳지 않아 보인다. 참고로 해당 연구에서 50대 운용사의 평균 보수비용율은 1.16퍼센트로 추산되었다. 골드만삭스가 평균 보수비용율을 그 수준으로 낮추면 이 회사의 실적 역시 평균 수준으로 뛰어오를 것이다.

는 10년 동안 플러스 영역을 유지했으며 하위 15개 운용사 중 10개는 마이너스 영역에 머물렀다.

변화의 가능성

안타깝게도 연방 법규로 대형 뮤추얼펀드 그룹의 내부화internaliza-tion〔외부인이 아닌 회사 자체가 거래를 수행하는 것〕를 의무화하는 것은 현실적이지 못한 목표다. (SEC는 1960년에 '투자 회사 성장이 공공 정책에 미치는 영향'이라는 보고서에서 의무화 방안을 논의했으나 실행에 옮기지는 않았다.) 장기적으로 대기업 소유 펀드 그룹의 주주 비용이 유일한 상호 소유의 펀드 그룹뿐만 아니라 개인 소유 펀드 그룹보다 훨씬 더 높다는 분명한 사실을 감안할 때, 조만간 투자자들이 반기를 들고 주주의 이익을 최우선시하기 위해 최선을 다하는 펀드로 갈아탈 가능성이 커 보인다. 실제로 뮤추얼펀드 산업의 현금흐름을 보면 투자자들이 이미 '반대 행동'에 나서고 있음을 알 수 있다.[11]

게다가 앞으로는 대형 펀드 그룹에 속한 뮤추얼펀드의 사외이사들이 현실을 인식하고 주주에 대한 의무를 이행하기 위해 적극적으로 나설 가능성도 있다. 순식간에 (아니면 적어도 운용사에 60일 전에 통보하는 식으로) 그러한 행동에 돌입할 수도 있고 상호화mutualization라는 궁극적 목표를 위해 운용 수수료를 점진적으로 인하할 수도 있다. 어쩌면 다른 상황이나 어려움이 닥쳐서 상호화 외에는 선택의 여지가 없어질 수도 있다. 나는 한때 업계 강자였던 퍼트넘에 '상호화'라는 멋

---

11 2011년과 2012년 1분기에 뱅가드는 535억 달러의 현금을 주식형펀드와 채권형펀드에 유치했다. 나머지 49대 운용사는 1,260억 달러를 유치했다. 뱅가드의 현금흐름이 50대 운용사 전체의 현금흐름 가운데 무려 30퍼센트를 차지했다.

진 신세계를 소개하기 위해 애쓴 적이 있다. 다음은 어떻게 그 일이 거의 실현될 뻔 했는지를 설명한다.

잠시 상호화를 시도했던 퍼트넘

2009년 나는 과거에 출간한 《뮤추얼펀드 상식》의 10주년 기념 개정판에서 펀드 지배권을 주주에게 제공하는 식의 급진적인 구조조정(뮤추얼펀드의 진정한 상호화)에 대한 기대가 실현되지 못한 현실을 한탄했다. 그러나 5년 전에 드디어 때가 왔을지도 모른다는 기대가 다시 한번 샘솟았다. 뱅가드와 함께 오랫동안 뮤추얼펀드 산업에 몸담은 퍼트넘이 상호화하기에 제격인 회사로 변화한 것이다.

설립 초기인 1936년부터 퍼트넘은 업계 선두주자로 정평이 났다. 처음에는 '조지 퍼트넘 펀드 오브 보스턴'이라는 하나의 혼합형펀드balanced fund(주식 또는 채권의 비율이 60퍼센트 미만인 펀드)를 운용했으나 점차 다양한 펀드를 제공하는 펀드업계의 흐름을 따라갔다. 퍼트넘 가문과 임원 몇 명이 소유했던 퍼트넘은 1960년대까지 탄탄한 성장세를 이어갔다. 그러다가 설립자와 임원들이 성공한 회사의 지분을 매각하여 현금을 챙기는 현상이 퍼져나갔다.

퍼트넘은 1965년 IPO를 통해 공동 소유 회사로 전환되었다. 1969년에는 실적이 좋은 보험사 가이코GEICO의 인수 제안에 동의했다. 퍼트넘은 두 회사가 합병에 "원칙적으로 합의했다"라는 성명서를 발표했다. (가이코는 훗날 워런 버핏의 버크셔 해서웨이에 인수되었다.)

운용사만 배불리는 인수합병

인수합병은 이루어지지 않았다. 그러나 불과 1년 후인 1970년, 퍼트넘은 보험 중개업체인 마쉬앤맥레넌에 인수되었다. 1982~2000년의 대상승장 동안 퍼트넘은 새로 대표이사에 취임한 로렌스 래서의 공격적인 운용하에 승승장구했다. 마쉬앤맥레넌 입장에서 2000년부터 2007년까지 7년 동안 33억 달러를 벌어들인 퍼트넘은 노다지였다. 래서 역시 거의 매년 2,000만 달러 이상의 연봉을 받으며 승승장구했다. 1999년에만 2,700만 달러를 챙겼을 정도다. 게다가 회사를 떠날 때 그가 받은 퇴직금은 7,800만 달러에 달했으며 그가 소유한 마쉬앤맥레넌의 양도제한조건부 주식(성과 목표를 달성한 임직원에게 보상으로 지급되는 주식)의 가치는 2,900만 달러로 평가되었다.

이처럼 퍼트넘은 새로운 주인을 만나 막대한 이익을 벌어들였지만 펀드 주주들은 그렇지 못했다. 퍼트넘은 투기적인 성향에 힘입어 주식형펀드를 공격적으로 운용했고 우수한 실적을 보고했지만, 주주 대부분은 수익률이 떨어질 때까지 그 이익을 나눠받지 못했고 상승 국면에서도 투자수익률은 미미했다.

그 과정에서 소규모 펀드였던 퍼트넘 하이인컴 거버먼트 트러스트가 110억 달러 규모의 큰 회사로 성장했다(1987년에는 업계 2위를 차지했다). 미국 장기 국채 금리가 6퍼센트대를 유지하던 때에 12퍼센트나 되는 수익률을 낸다고 광고한 덕분이었다(어째서 그런 일이 가능한지는 묻지 말라).

퍼트넘의 전략은 처참한 실패로 끝났다. 펀드의 연간 배당금은 1987년 주당 1.54달러에서 1994년 0.62달러로 주저앉았고 2004년에는 0.20달러로 폭락했다. 주당 순자산가치는 12.47달러에서 8.09달러로 하락했다. 펀드 이사진은 운용사를 바꾸기보다 (내 생각에는 현명하게도) 펀드의 이름을 '퍼트넘 미국정부 인컴펀드income fund'(채권, 부동산투자신탁, 고배당주 등에 투자해 일정 기간마다 수익 또는 이자를 챙길 수 있는 펀드)로 바꾸었다. (이 업계에서는 실수를 덮기가 참 쉽다.) 현재 펀드의 자산은 최고치에서 93퍼센트 감소한 총 7억 달러 정도다.

주식시장이 폭락하면서 다시 하락장이 찾아온 2000년대 초반에 높은 리스크를 감수했던 퍼트넘 주식형펀드의 실적은 더 나빠졌다. 나는 《뮤추얼펀드 상식》의 1999년 판본에서 전통적인 산업 구조(자산운용사의 이익 극대화에 중점을 둔 구조)가 상호적인 구조(펀드 주주의 이익 극대화에 중점을 둔 구조)로 변화하는 계기가 "오랫동안 주식의 부진한 실적이나 주가의 급락 때문에 속이 타들어간 투자자들"에 의해 만들어질지도 모른다고 적었다.

가난해진 주주들

퍼트넘은 2000년부터 2003년까지의 폭락장에서 눈에 띄게 열등한 실적을 내면서 파산 위기에 직면했다. 더욱이 이 회사는 큰 논란이 된 펀드업계의 '시차 활용 거래'와 '장 마감 후 거래'에도 적극적으로 관여했다. 설상가상으로 펀드매니저 아홉 명이 자신이 운용하는 펀드의 이익과 반대 방향으로 거래한 사실이 밝혀졌다. 래서는 이처럼 명백한 수탁 의무 위반 사실을 인지했지만 펀드의 이사진에게 보고하지 않고 사표를 썼다.

그때 마쉬앤맥레넌은 래서의 사표를 수리했고, 자회사인 퍼트넘

운용사의 문을 닫기로 결정했다. 그래서 나는 펀드 자체의 이사진을 접촉하여 상호화할 수 있는 기회이니 당장 그 귀중한 기회를 잡으라고 독려했다. 물론 상호화가 성사되면 펀드 주주들은 이득을 얻겠지만 마쉬앤맥레넌이 소유한 지분은 휴지조각이 될 가능성이 있었다.

나는 펀드의 사외이사회장인 존 힐에게 전화했다. 그는 내게 뉴욕에서 만나 해당 사안을 논의하자고 제안했다. 나는 그와 함께 유쾌한 점심식사를 하면서 상호화가 펀드 주주에게 더 이득이 되는 선택지라는 견해를 밝혔다. 그런데 힐은 '사외'이사기는 했지만, 나중에 알고 보니 몇 년 전에 마쉬앤맥레넌의 CEO를 역임했던 인물이었다. 위임권유서에는 그 사실이 공개되어 있지 않았다. 나는 나중에 다른 사외이사도 만났다. 그러나 이때도 진전을 이루지 못했고, 나는 힐이 내 전화에 답하지 않았을 때 그의 '거부' 의사를 짐작할 수 있었다.

2008년, 마쉬앤맥레넌은 퍼트넘자산운용의 소유권을 매각했다. 인수자는 캐나다의 파워파이낸셜이었고 인수 금액은 자그마치 40억 달러였다. 그러나 퍼트넘은 얼마 후에 새로운 난국을 맞이했다. 펀드의 주주들이 지분을 쉴 새 없이 청산했고 그 결과 퍼트넘은 2000년부터 2011년까지 매년 순현금유출을 경험했다. 2,500억 달러에 달하던 펀드 자산은 2012년 초반까지 530억 달러로 급감했다. 퍼트넘 펀드의 주주들이 상호화하지 못해 입었을 손해는 상상하기도 힘들다. 그리고 보니 퍼트넘 운용사의 새로운 소유주도 그 막대한 매입 금액을 몇 년은 물론 몇십 년이 지나도 회수하지 못할 것으로 보인다. 이처럼 마쉬앤맥레넌은 자사와 자사 주주의 사욕만 잔뜩 채웠고 그러느라 수탁의무의 대상인 퍼트넘 펀드 주주들에게 손해를 끼쳤다.

중요한 차이: 펀드사의 조직 구조

대부분의 뮤추얼펀드 투자자들은 자신이 투자한 펀드 회사의 조직 구조를 궁금해하지 않는다. 실제로 자신이 지분을 소유한 펀드의 조직 구조에 주목하는 사람은 거의 없을 것이다. 왜 조직 구조에 신경을 써야 할까? 뮤추얼펀드의 조직 구조는 펀드 주주의 수익률에 어마어마한 영향을 끼칠 수 있기 때문이다.

몇 가지 중요한 예외를 제외하면 뮤추얼펀드사는 주주에 의해 소유되고 공동 이사회common board of director의 관리를 받는 하나의 통합된 구조로 운영된다. 펀드 이사회는 이론적으로 자산운용사의 경영과 상당 부분 '분리'된다. 펀드 그룹의 개별 펀드는 외부 운용사와 계약을 맺고 운용의 대가로 수수료를 지급한다. 운용사는 펀드 이사회에 임원을 심어두고 이사회장을 직접 추천하는 경우도 많다(농담이 아니다). 운용사가 심어놓은 임원은 보통 운용사의 임원이기도 하며 운용사로부터 보수를 받는다. 운용사는 펀드의 존립에 필요한 활동 일체를 대행한다. 이러한 활동에는 투자자문 서비스, 유통과 마케팅 서비스, 운영과 법률, 그리고 재무 서비스까지 포함된다.

이처럼 펀드가 사실상 서류상의 회사에 불과한 전통적인 구조와 반대되는 것이 상호 구조로서, 상호 구조에서는 펀드가 직접 운용사를 **소유**하고 운용사는 이윤을 내지 않는 원가기준at-cost basis으로 운영된다. 이 경우 펀드의 임원과 이사는 운용사의 임원과 이사이기도 하므로 펀드 주주에게 상당한 이익이 돌아간다. 자세한 내용은 자료 4.5의 도표를 통해 알아보자.

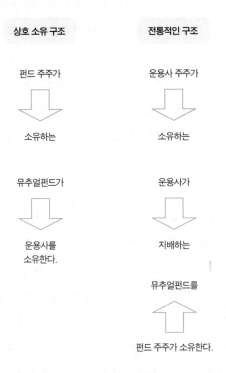

구조에 따른 전략

전략의 중대한 차이는 구조의 차이에서 비롯된다. 한쪽에는 전통적인 산업 구조가 있다. 보통은 이해가 상충되는 두 종류의 소유자(펀드 주주와 자산운용사)들에게 봉사하도록 설계된 구조다. 다른 쪽에는 상호화되고 내부에서 경영이 이루어지는 구조가 있다. 이는 펀드 주주의 이익에만 전념하는 구조다. 서비스 전략을 제외하면 이 두 가지 구조의 전략 차이는 어마어마하다.

- 이익 전략

물론 두 가지 구조의 경영진 모두 펀드 주주의 수익 극대화를 목표로 한다. 그러나 전통적인 구조의 운용사는 자사의 이익 극대화도 추구한다. 실제로 운용사들이 얻는 이익은 상당하다. 다른 사람을 위해 돈을 벌려는 욕구가 자신의 돈을 벌려는 욕구만큼 크지 않으리라는 것은 직관적으로 예측할 수 있다. 운용사 같은 대리인이 "스스로에게 주인의 물건을 선물한다"라는 애덤 스미스의 경고를 떠올려보라.

- 가격 전략

간단히 말해 전통적인 외부에서 운용하는 뮤추얼펀드사의 가격 전략은 투자자가 부담할 수 있는 최대치를 부과하는 것이다. (이번 장 앞부분에서 설명한 대로) 펀드 비용이 펀드 수익률의 결정에 중대한 역할을 담당하는 사실을 감안할 때 펀드 이사와 펀드 주주의 관심 부족은 비용이 수익률 결정에 중요한 역할을 한다는 인식이 부족해서일 것이다. 이와 반대로 상호 구조의 운용사는 펀드를 원가 기준으로 판매한다. 즉 운용 비용을 투자자의 지불 용의 비용보다 낮게 책정한다.

- 서비스 전략

구조를 막론하고 자산운용사는 고객의 기대를 충족할 뿐만 아니라 이를 능가하는 실적을 내려고 분투한다. 펀드업계에서는 다른 서비스 산업처럼 우수한 서비스가 필수다. 두 구조 모두 "고객을 주인처럼 모셔라"는 말을 신조로 삼는다. 그러나 상호화된 구조만이 "고객이 주인이기 때문에"라는 말을 정당하게 덧붙일 수 있다.

- 리스크 운용 전략

전통적인 운용사는 (주로 단기 가격 변동성으로 측정되는) 펀드의 리스크를 동급 펀드의 리스크와 맞추면서 더 높은 수익률을 달성하기 위해 더 많은 리스크를 감수하는 경향이 있다. 상호 구조의 뮤추얼펀드도 리스크를 감수할 수 있다. 다만 비용이 경쟁 표준보다 한참 더 낮기 때문에 주식형펀드든 채권형펀드든 위험을 무릅쓰고 더 높은 수익률에 도달할 필요가 없다. 포트폴리오의 품질이 꾸준히 유지된다면 비용을 낮추기만 해도 더 높은 수익률을 손쉽게 달성할 수 있기 때문이다.

- '상품' 전략

오늘날의 전통적인 운용사는 장기적인 내재가치 유무와는 상관없이 일반 투자자들의 관심을 잡아 끌 만한 신규 상품의 개발에 열을 올린다. 자산이 추가되면 적어도 단기적으로는 운용사 소유자들에게 돌아가는 수수료와 이윤도 늘어난다. 상호화된 조직에는 이러한 전제가 해당하지 않는다. 상호화된 조직은 주주 수익의 증대에 별달리 기여하지 않는 데다 비용이 많이 드는 신규 사업을 추진할 의무가 없다. 이들의 유일한 의무는 펀드 주주들에게 최적의 순수익을 벌어주는 것이기 때문이다.

- 마케팅 전략

펀드 산업의 자산 증가에 따른 수익은 대부분 펀드 주주가 아니라 운용사에 돌아간다. 결국 전통적인 운용사는 공격적으로 자산을 끌어모은다. 따라서 전통적인 구조를 갖춘 뮤추얼펀드사의 입장에서는 공격적인 마케팅 전략을 취하는 편이 합리적이다. 그러나 원가 기준으로 운영되며 지출(이 경우에는 마케팅 비용)을 가능한 한 억제하는 상호 소유 뮤추얼펀드사에는 보수적인 마케팅 전략이 합리적이고 효율적이다.

뱅가드의 구조와 전략

나는 뱅가드를 설립할 때 뮤추얼펀드의 주주에게 혜택을 제공하기 위한 방안을 구상했다. 상호 구조야말로 영업비용을 최소화하고 주주에게 결정권을 제공하는 데다 동급 펀드에 비해 상당히 안정적인 실적을 내는 펀드의 개발에 도움이 된다고 확신했다. 우리는 이러한 전략을 실행하기 위해 영업을 시작한 지 불과 몇 달 후에 주식형 인덱스펀드의 개발이라는 첫 번째 중대 결단을 내렸다.

이제부터는 뱅가드가 어떻게 성장해왔는지 간략하게 설명하고자 한다. 이를 통해 고유한 구조를 창조하기가 얼마나 어려운지 알게 될 것이다. 그러나 뱅가드는 고유한 구조를 완성하자마자 10억 달러가 조금 넘는 자산을 운용하던 피라미에서 세계 최대 규모의 자산운용사로 성장했으며 현재는 1조 8,000억 달러의 펀드 자산을 운용한다. 37년이 흐르고 나서도 뱅가드가 이 나라 유일의 상호화된 뮤추얼뮤추얼펀드사로 남아 있는 비결이 무엇인지 궁금해 하는 사람이 많을 것이다.

뱅가드는 어떻게 탄생했는가?

1974년, 나는 새로운 펀드 운용 구조에 대한 아이디어를 떠올렸다. 그때 진정으로 상호적인 구조가 강력한 비교우위를 지니리라는 확신이 들었다. 세계 최대 규모의 뮤추얼펀드사라는 뱅가드의 현재 위치만 보더라도 앞서 설명한 뻔한 전략들이 우리 주주와 회사가 성과에 큰 성과를 안겼다는 사실을 알 수 있을 것이다. "전략은 구조를 따른다"라는 내 좌우명은 통했다.

뱅가드의 창립과 관련된 이야기는 복잡하며 조금은 전문적이다. 따라서 나는 그 이야기를 요약하여 전달하고자 한다. 1969년에 나는 필라델피아에 있는 웰링턴그룹의 CEO였다. 웰링턴그룹은 23억 달러 정도의 자산과 11개의 서로 연관된 뮤추얼펀드를 운용하는 합자회사였다. 웰링턴그룹의 지분은 대부분 임원의 소유였지만 1960년에 단행된 IPO 이후에는 일반 주주들도 지분을 소유했다(현재는 임원들의 개인 소유다). 주식시장은 호황기 동안에 불어 닥친 투기 광풍이 종말을 맞이한 후 진통을 겪었지만 1973년의 사상 최고점에 이를 것을 예고라도 하듯이 반등하고 있었고 회사는 승승장구했다.

웰링턴자산운용는 그에 앞선 1967년에 공개된 주식의 '유통' 덕분에 보스턴의 투자회사인 '손다이크, 도란, 페인 앤드 루이스TDP&L'를 인수했고 그 결과 TDP&L의 파트너 임원 네 명이 웰링턴의 의결권 40퍼센트 정도를 확보했다. TDP&L은 고고펀드go-go fund〔단기 고수익을 노리고 고위험을 감수하는 투기성 펀드〕였던 아이베스트펀드의 운용사이기도 했다. 아이베스트는 (지금은 사라진 지 오래지만) 투기의 시대에 업계 최고의 성과를 내는 곳이었다. 이 회사는 곧 웰링턴그룹의 주요 자금원이 되었다.

수탁 원칙

웰링턴은 초창기의 인수합병으로 괄목할 만한 성공을 거두었지만 나는 상호 소유 구조가 펀드 주주에게 최적인지, 새로운 구조를 도입하면 업계 내 회사의 위상이 올라갈 뿐 아니라 펀드 주주 대다수에게도 이득이 될 수 있을지 고심했다. 우리가 바뀌지 않으면 업계 주도권을 손에 쥘 수 없다는 생각이 들었다. 1971년 9월에 열린 연례 회의에서 나는 상호화의 가능성을 언급했다. 내 연설은 할란 피스크 스톤 대법관이 1934년에 남긴 말로 시작되었다.

> 이제 막 끝에 다다른 금융 시대의 실수와 과오 대부분은 "그 누구도 두 명의 주인을 섬겨서는 안 된다"라는 성서 계율처럼 오래된 수탁 의무를 이행하지 못한 탓으로 돌릴 수 있을 것이다. (…) 이름만 '수탁자'일 뿐 자신이 관리하는 펀드 주주의 이익을 마지막에 고려하는 이들을 보면 우리가 수탁 의무의 필연적인 의미를 깡그리 무시하고 있는 현실이 드러난다.

그다음에 나는 우려를 제기했다. "내게는 오래된 편견이 있다. 모든 점을 고려했을 때 전문기업이 [사업가 같은] 일반 주주를 들이는 것은 바람직하지 않다. 실제로 그들이 실적에 압박을 가하면 전문 조직으로서 책임

있는 운영이 어려워질 수 있다. 자산운용 분야는 사업과 전문업의 요소를 두루 지니지만 두 상반된 요소는 결과적으로 고객에게 유리한 방향으로 조화를 이루어야 한다." 그리고 나서 나는 그러한 조화가 '상호화'를 통해 이루어질 수 있다고 주장했다. 펀드의 운용사 확보 방안으로 제시한 상호화 아이디어는 그 모든 어려움에도 불구하고 불과 5년 후에 실현되었다. 그리고 1974년에 나는 '상호화'를 입으로만 떠벌리는 것이 아니라 발로 뛰며 실행에 옮겼다.

1970년대 초반에 접어들면서 웰링턴의 신규 BM은 실패하기 시작했다. 1973~1974년 하락장이 고착되자 1967년 인수합병으로 형성된 동업자 관계에 금이 갔다. 나는 웰링턴의 CEO에서 물러났다. 나를 해임한 것은 나와 함께 운용사 주주와 펀드 주주 모두의 기대를 저버린 경영진이었다. 그러나 나는 해임 당한 이후에도 펀드 이사회장으로 남아 상당히 독립되고 독자적인 사외이사진과 일했다. 이러한 구조는 펀드 산업에서 흔한 일이었다.

혁신적인 제안

나는 해임 통보를 받기 전인 1974년 1월 12일에 웰링턴펀드의 이사회에 펀드를 상호화하고 내부 관리의 형태로 운영하자는 제안서를 제출했다. 상호화가 "뮤추얼펀드 업계에서 유례없는" 일이라는 사실을 스스럼없이 내세웠다. 이사회는 조심스러워하면서도 내게 상호화 방안을 검토해보라며 흥미를 드러냈다.

첫 번째 보고서는 3월 11일 전에 완성되었다. 나는 보고서를 통해 펀드의 완전 상호화를 비롯해 다양한 구조를 소개했다. 궁극적인 목표는 1940년 투자회사법에 구체적으로 명시된 구조이지만 더 이상 활용되지 않는 구조를 통해 "펀드에 기업적, 사업적, 경제적인 독립성을 어느 정도 부여하는 것"이었다. "우리가 직면한 문제는 윤리적·법적 기준이 덜 엄격하던 시대에 통했던 전통적인 뮤추얼펀드 산업의 구조가 현재와 미래에도 통할 것인지, 아니면 펀드에 독립성이라는 단어가 어울리려면 어느 정도의 통제가 필요할지 결정하는 것이다."

1974년 6월 11일, 수개월의 연구 끝에 펀드 이사회는 결정을 내렸다. 완전상호화는 거부 당했으며, 펀드가 직접 임직원을 채용하고 펀드의 행정, 회계, 법무, 주주 제출 장부 기록 서비스를 제공할 뿐 아니라 외부 회사의 투자자문 서비스와 유통 서비스를 감독하고 평가하는 책임까지 떠맡는 '제한적인 내부화limited internalization'가 채택되었다. 투자자문 서비스와 유통 서비스는 계속 웰링턴자산운용에 맡길예정이었다.

여름이 끝날 무렵에 이사회는 웰링턴자산운용이 본래의 이름을 유지하기로 결정했기에, '웰링턴'이라는 이름은 새로운 회사의 이름으로 사용될 수 없었다(나로서는 놀랍지 않은 일이었다). 웰링턴펀드 역시 그 이름 그대로 유지될 예정이었으나 곧이어 탄생할 운용사에는 새로운 이름이 필요했다. 9월에 나는 새 회사의 이름으로 '뱅가드Vanguard'를 제안했고, 열띤 논쟁 끝에 이사회는 이를 승인했다. 그렇게 뱅가드 그룹 주식회사는 1974년 9월 24일에 설립되었다. 1975년 5월 1일에는 SEC가 변화를 제안한 펀드의 위임권유서를 허가했다. 펀드 주주들의 승인은 이미 떨어져 있었다. 뱅가드는 영업을 시작했고 웰링턴펀드에 '원가 기준'으로 서비스를 제공했다.

상호화의 완성

뱅가드가 뮤추얼펀드사의 기초가 되는 세 분야(판매, 운용, 수탁) 중에 한 가지만 확보한 상태에서 나는 다른 생각을 했다. 일종의 승리를 거두기는 했지만 득보다 실이 많은 승리라는 우려가 들었다. 뱅가드는 포트폴리오 운용이나 유통에 관여할 수 없는 협소한 권한만을 얻은 탓에 펀드의 운명을 결정하기엔 역부족이었다. 어째서일까? 펀드의 성공은 펀드가 얼마나 제대로 운영되는지보다 어떤 펀드가 개발되고, 어떻게 운용되며, 월등히 높은 투자수익률을 달성하는지, 그리고 펀드가 얼마만큼 효율적으로 판매되고 유통되는지에 좌우된다. 우리는 펀드라는 빵의 3분의 1을 얻은 셈이었지만 그것은 청사진의 실현 측면에서 분명 중요하지 않은 조각이었다. 나머지 두 조각에 우리의 사활이 달려있었다. 나는 새 이름으로 탄생한 뱅가드가 그 두 조각까지 확보해야 한다는 것을 깨달았다.

우리는 재빨리 다른 한 조각을 손에 넣었다. 뱅가드가 영업을 시작한 지 불과 몇 개월도 지나지 않아 펀드 이사회는 S&P 500 주가지수와 동일한 성과를 목표로 하는 인덱스펀드의 개발을 세계 최초로 승인했다. 뱅가드펀드는 1975년 말에 창설되었고 IPO는 1976년 8월에 마무리되었다. 뱅가드는 1980년 주식투자·운용 업계에 진입한 지 5년도 채 지나지 않아 뱅가드 채권펀드와 MMF의 운용을 맡았고, 얼마 후에는 펀더멘털 분석 대신 계량기법을 적극적으로 활용하는 펀드도 운용하게 되었다. (현재 30개에 달하는) 외부 자문사가 뱅가드의 자산 1조 8,000억 달러 가운데 20퍼센트를 차지하는 주식형펀드의 대부분을 계속 운용하고 있다. 전통적인 인덱스펀드와 대부분의 채권형펀드를 비롯한 나머지 80퍼센트는 모두 주가지수와 유사한 특성 (명확한 추적 기준, 고품질, 이례적으로 광범위한 분산 투자, 최저 가격)을 지닌 자산으로서 뱅가드가 자체적으로 운용한다.

뱅가드가 인덱스펀드의 IPO를 통해 운용 업무를 확보하고 5개월밖에 지나지 않은 1977년 2월 9일, 우리는 마지막 3분의 1 조각도 손에 넣었다. 우리의 펀드는 웰링턴자산운용와의 유통 계약을 해지하고 모든 판매 수수료를 없앴다. 하룻밤 새에 뱅가드는 자사의 유통 시스템을 완전히 없앴고 판매자 위주의 로드펀드load-fund〔판매 수수료가 붙는 뮤추얼펀드〕에서 소비자 위주의 노로드펀드no-load fund〔판매 수수료가 없는 뮤추얼펀드〕로 전환했다. 신생 조직인 뱅가드가 완전한 상호 구조의 뮤추얼펀드사로 발돋움하여 펀드의 수탁과 유통은 물론 자산 대부분의 운용까지 책임지게 되었다. 우리는 새롭고 전례 없는 경로로 들어설 준비가 되어 있었다. '상호화'가 완성되자 뱅가드는 명성을 떨치기 시작했다.

수탁 사회의 건설

오늘날 뮤추얼펀드 및 대규모 자산운용사가 처한 어려움은 과거와 당연히 다르지만 원칙은 19세기에 애덤 스미스가 한 경고에 압축되어 있듯이 동일하다. 애덤 스미스의 경고를 다시 인용한다. "타인의 돈을 관리하는 이들이 자기 자신의 돈을 관리할 때만큼 (…) 긴장하고 주의를 기울이는 경우는 드물다." 아직도 우리 미국의 자금관리자/대리인 대다수에서 그러한 결함을 흔히 찾아볼 수 있다. 심지어 주주/

주인에 대한 의무와 책임을 완전히 외면하는 경우도 적지 않다. "긴장하고 주의를 기울이는" 것은 한때 투자 전문가의 당연한 자질로 여겨졌지만 오늘날 남의 돈을 관리하면서 그러한 모습을 보여주는 운용사는 극소수에 불과하다. 따라서 우리가 해야 할 일은 새로운 **수탁** 사회를 건설하는 것이다. 새로운 수탁 사회는 (뮤추얼펀드에 일생동안의 저축을 쏟아 넣은 주주뿐 아니라 연금 수령자까지 포함한) 최종 소유자가 투자 주체로서의 권리를 반드시 보장받을 수 있는 사회다. 그러한 권리는 다음과 같다.

- 기관 자금관리자/대리인에게 온전히 주인을 대리하는 역할만 하도록 요구할 권리. 한마디로 고객이 주인이어야 한다.
- 세심한 기준을 준수하게 할 권리. 여기에는 투자 전략을 세우는 자금관리자/대리인 및 최종적으로 주인이 소유하는 투자 포트폴리오의 증권을 평가하는 증권 애널리스트의 기업 실사와 전문적인 행위가 포함된다.
- 책임감 있는 기업시민으로서 행동하겠다는 대리인의 확약을 받을 권리. 즉 대리인은 주인에게 그동안 간과된 주식 소유자의 권리와 책임을 되돌려주고 기업 이사와 경영진에게 주주에 대한 수탁 의무를 이행해야 한다.
- 자금관리자/대리인이 제공하는 뮤추얼펀드와 금융 상품의 체계와 무결함을 요구할 권리.
- 요율뿐 아니라 금액 기준으로 산정된 '합당한' 자문 수수료 체계의 확립. 자문 수수료 체계는 대등한 입장의 다른 고객에게 해당되는 수수료나 체계와 비교할 때에도 합리적이어야 한다.

- 이러한 목표의 달성을 방해할 만한 모든 이해충돌 요소의 제거.

위의 마지막 조항을 적용하면 오늘날 뮤추얼펀드 업계의 지배적인 조직 형태인 금융대기업이 필연적으로 자산운용사의 소유권과 지배권을 제3자에게 양도해야 할 것이다(앞서 지적했듯 현재 50대 자산운용사 가운데 33개는 금융대기업의 소유다). 그러한 분리는 고통과 혼란을 초래하겠지만 금융대기업의 자산운용사 소유야말로 "그 누구도 두 명의 주인을 섬겨서는 안 된다"라는 성서의 원칙을 가장 명백하게 위반하는 행위다.

"뮤추얼펀드는 수탁회사다"

나는 오랫동안 뮤추얼펀드사가 수탁자의 의무를 이행해야 한다는 원칙을 밀고 나가는 과정에서 종종 소외감을 느끼곤 했다. 그러한 상황에서 매슈 핑크가 쓴 《뮤추얼펀드의 출현Rise of Mutual Funds, An Insider's View》[12]를 매우 흥미롭게 읽었다. 현재는 은퇴했지만 핑크는 세계투자회사협회ICI의 대표를 역임했는데, 이곳은 원칙을 강경하게 고수하지 않는 조직이자 산업 로비스트로 알려진 곳이다. 여기에 그 문제에 대한 확실한 의견을 소개한다.

> 뮤추얼펀드는 다른 기업과 다르다. 한마디로 수탁회사다. 뮤추얼펀드와 운용사는 수탁자다. 따라서 사외이사의 역할은 자산운용사가 반드시 수탁자로서 행동하도록 하는 것이다. 수탁자의 가장 중요한 요건은

---

12 옥스퍼드대학교출판부(Oxford University Press, 2008), 259~260.

자신의 이익보다 주인의 이익을 우선시하는 것이다. 그러한 요건을 지키느냐 여부만이 수탁자를 검증하는 수단이다. 뮤추얼펀드의 이사는 고유한 기업 지배구조의 맥락에서 고유한 역할을 담당한다.

펀드 이사와 운용사 임원 다수가 수탁 기준의 준수를 자신의 최우선 사항으로 간주하지 않는다면 뮤추얼펀드 산업은 힘든 시기를 맞이할 것이다. 법률 위반까지는 아니더라도 수많은 윤리 위반이 발생할 것이다. 그 결과 매우 엄중한 법률이 제정될 것이다. 뮤추얼펀드 산업은 획일화되고 상업화되며 위축될 것이다. 이는 모두 펀드 주주에게 해가 되는 상황이다. 반면 산업 참여자들이 수탁자의 역할에 전념하면 뮤추얼펀드 산업과 펀드 주주들은 훌륭한 성과를 얻을 것이다. 뮤추얼펀드 산업의 미래는 수탁자들의 손에 달려 있다.

매슈 핑크의 지적은 타당하다. 그러나 나는 그의 결론에는 완전히 동의하지 않는다. 사실 뮤추얼펀드의 미래는 뮤추얼펀드의 주인인 투자자의 손에 달려있다. 투자자들이 다음 5장에서 소개할 '관리자 지수stewardship quotient' 평가를 무리 없이 통과하지 못하는 운용사에 '반기'를 들고 자신의 투자 자금(과 신뢰) 테스트를 멋지게 통과하는 운용사로 옮긴다면 산업의 미래는 밝다.

그러나 개인 투자자 다수의 행동으로 산업이 재편되기까지는 몇 년은 물론 몇십 년까지 걸릴 수도 있다. 당장 행동에 나서야 한다. 내가 지지하는 행동은 수탁 의무를 연방법으로 제정하여 새로운 뮤추얼펀드 문화, 즉 과거의 가치관을 고수하고 앞서 설명한 수탁 사회의 일부가 되는 문화를 조성하는 것이다. 자산운용사가 투자자의 이익 도모만을 목적으로 삼아야 한다는 원칙이 반드시 법으로 명시되어야 한다. 명백한 조항이 필요하다. 연방정부는 그러한 법률 조항을 통해 수탁 업무와 수탁 의무의 기준을 집행할 의도와 역량이 있음을 확실히 천명해야 한다.

정부의 조치는 반드시 필요하지만 새로운 시스템은 민간 투자부문과의 협력을 통해 개발되어야 한다. 우리는 알렉산더 해밀턴(미국 건국의 아버지 중 하나로 꼽히는 정치가)의 방식대로 책임을 분담해야 한다. 의회는 수탁 기준을 성문화하고 민간 기업은 그 기준에 부합하기 위한 관행을 확립해야 한다. 자본주의를 최종 소유자에게 돌려주는 과업을 달성하려면 분명 오랜 시간이 필요하다. 그러나 수탁 의무라는 개념이 논의되어야 할 이상만이 아닌 반드시 실행에 옮겨져야 할 필수 요소라는 현실이 가시화되고 있다.

새로운 현실이 자리 잡을 때까지는 뮤추얼펀드 투자자들이 직접 자신이 소유한 펀드를 평가하고 자산운용사의 의무인 수탁 기준이 제대로 충족되는지 확인해야 할 것이다. 투자자가 어떻게 확인할 수 있을까? 5장에서는 개별 펀드와 운용사의 '관리자 지수'를 측정하는 몇 가지 방법을 소개하고자 한다.

그 펀드매니저는
정말 우리 편인가?

좋은 금융 서비스를 선택하기 위한
15가지 체크리스트

예수께서 청지기를 불러다가 말했다. '자네 소문을 들었는데, 그게 무슨 짓인가? 이제는 자네를 내 청지기로 둘 수 없으니 자네가 맡은 일을 다 청산하게.'

— 누가복음 16:2

뮤추얼펀드의 선두 주자들과 업계의 이익 단체인 ICI는 자신들이 주주를 대변한다고 주장한다. 그러나 사실 이들은 펀드를 운용하는 회사들을 대변한다. ICI의 연례총회에서는 이러한 모순이 전혀 논의되지 않는다. 실제로 1997년, 2000년, 2008년에 열린 총회는 '무결성 전통tradition of integrity'이라는 주제에 초점이 맞추어졌다. 2003년 5월에 열린 연례총회에서 당시 ICI 회장 매튜 핑크는 뮤추얼펀드 산업의 훌륭한 평판을 자랑스럽게 언급했다.

핑크는 SEC 위원 하비 골드슈미트가 몇 달 전 뮤추얼펀드 산업에 보낸 열띤 찬사를 인용했다. "뮤추얼펀드 산업은 축복받은 산업이다. 상대적으로 이렇다 할 추문이 없다는 점에서 축복이라는 단어가 잘 어울린다." 핑크가 발언하는 동안 골드슈미트의 말이 단상 양쪽의 화면에 큼지막하게 떠 있었다. 핑크는 "이런 찬사는 우연이 아니다. (…) 우리는 뮤추얼펀드를 운용하는 회사의 이익과 뮤추얼펀드에 투자하는 이들의 이익을 적절히 조화시킨 덕분에 성공을 거둘 수 있었다"라고 덧붙였다.

핑크의 발언은 아메리칸펀즈 중역과 ICI 회장을 역임한 폴 해거가 기조연설에서 발언한 내용과 다르지 않았다. "우리의 강력한 무결함성 전통은 앞으로도 우리를 결속시킬 것이다. (…) 무결성이라는 단어가 최근 연례총회의 단골 주제가 된 이유는 간단하다. 무결성과 여기서 비롯된 주주의 신뢰가 우리 산업의 토대이기 때문이다. 뮤추얼펀드 주주는 자신이 소유한 뮤추얼펀드가 자신의 이익을 위해 운용된다는 사실을 신뢰한다." 그러더니 해거는 뮤추얼펀드 산업을 비판하는 이들을 언급하면서 이렇게 비난했다. "SEC의 역대 위원장들, 텔레비전의 논객들, 경쟁사들, 오마하의 현인, 그리고 동상까지 제작된 성인(이 말을 할 때는 그 많은 청중 중에서 나를 똑바로 응시했다)들은 우리의 '결함'에 대해 온갖 논의를 벌여왔다. (…) 우리가 실제로 무슨 잘못이라도 저질렀을 때 어떤 상황이 펼쳐질지 궁금하다."[01]

스피처 검찰총장의 등장

그가 오랫동안 궁금해 할 필요는 없었다. 연례총회가 있고 4개월도 채지나지 않은 2003년 9월 3일, 충격적인 스캔들이 뮤추얼펀드 산업을 강타했다. 뉴욕주 검찰총장 엘리엇 스피처는 대형 뮤추얼펀드사 네 곳이 우대 투자자preferred investor들과 공모하고 그러한 투자자들의 불법 행위를 방조하기까지 했다면서 이들을 상대로 민사 소송을 제기했다. 그가 말한 '우대 투자자'에는 '뮤추얼펀드의 마켓 타이밍'을 투

---

01 "오마하의 현인"은 워런 버핏의 별명이었다. 그 외에도 폴 해거는 "동상까지 제작된 성인"이라는 말로 나를 언급했다. 나는 종종 '월가의 성인'이라는 별명으로 불리며 내 동상이 뱅가드 사옥이 있는 밸리포지 캠퍼스에 있는 것도 사실이다.

자 전략으로 한 헤지펀드 400개가 포함된 것으로 드러났다. 우대 투자자들은 미국 시장이 마감한 후 한참 뒤에 일어나는 일들을 토대로 미국 밖의 해외 증권에 투자된 뮤추얼펀드 주식을 사고팔았을 뿐 아니라, 실제 거래가 일어나기 몇 시간 전에 해외시장에서 정해진 종가에 주식을 거래했다. 스피처는 우대 투자자들의 불법 관행을 경주마들이 결승선을 통과한 이후에 경주에 돈을 거는 행위에 비유했다.

뮤추얼펀드 산업이 신뢰를 저버렸다는 스피처 검찰총장의 폭로는 2001년에 재계에서 일어난 엔론 스캔들과 2012년 투자 업계에서 일어난 스캔들(기업의 '셀사이드' 증권 애널리스트들이 투자은행의 애널리스트들과 사실상 결탁하여 해당 기업이 인수하는 주식의 등급을 높게 매긴 사건)과 섬뜩하리만큼 닮았다. (이러한 애널리스트들은 자신들의 추천에 따라 인수된 증권의 실제 수준을 거의 알지 못했다. "호박에 줄 그어보았자 수박이 되지 않는다"는 속담이 어울리는 사례였다.) 그다음 해에는 뮤추얼펀드 스캔들에 연루된 운용사가 23개로 늘어났다. 그중에는 대형 운용사도 상당수 포함되어 있었다. 스캔들에 연루된 운용사의 장기 펀드 자산은 총 1조 2,000억 달러로, 당시 뮤추얼펀드 산업의 총운용자산AUM인 5조 달러의 25퍼센트를 차지했다.[02] 스캔들의 전모가 서서히 밝혀지자 초기에 믿지 못하겠다는 반응을 보이던 펀드 투자자들은 혐오감을 드러냈고, 이어서 행동을 취하기 시작했다. 스캔들에 연루된 운용사의 지분 청산 물량이 급증했다.

---

02 소형 펀드로 운용되는 자산은 이러한 거래 물량을 소화하기에는 부족하다. 따라서 시차 활용 거래에 투입된 대형 펀드는 전체 펀드의 75퍼센트를 훌쩍 넘을 것으로 보인다. 사과 몇 개만 썩은 게 아니라 통 안에 담긴 사과 전체가 썩었다고 할 수 있다. 최소한 부정행위에 관여하고자 하는 유혹을 이긴 자산 운용사로는 아메리칸펀즈, 피델리티, 티로우 프라이스, 그리고 다행히도 뱅가드가 있었다.

연루된 운용사들은 결국 "혐의를 인정하지도, 부인하지도 않는다"라는 말로 법 위반에 대한 SEC의 청구를 무마하려 했다. 그러한 발언은 2012년 초에 배심원단의 이의 제기로 큰 문제가 되었고, 이들은 상당히 불충분하지만 어느 정도 지은 죄에 대한 합당한 벌금과 시장에서의 불명예를 감수해야 했다. 법 위반으로 기소되지 않은 운용사들조차도 섣불리 무죄를 주장할 수 없는 상황이었다. 펀드를 사고파는 정규 주문은 장 마감 시간인 오후 4시 정각 이전까지 이루어져야 했는데, 과세이연 연금저축의 거래 대부분이 4시보다 한참 뒤에 이루어졌다는 사실이 밝혀졌기 때문이다. 그런데 기본적으로 그처럼 많은 거래량을 제때 회계 처리하는 것은 사실상 불가능하다. 따라서 회계 조작 행위가 있었을 것이라고 추측할 수밖에 없다. 어쨌든 이 일로 대형 청산소 두 곳이 퇴출되었다.

운용사들의 이러한 관행이 고객의 신뢰를 저버린 행위라는 대중의 판단은 내 판단과도 일치한다. 고객이 강경한 반응을 보인 것도 당연하다. 신뢰를 저버린 회사에 돈을 그대로 둘 이유가 있겠는가? 퍼트넘의 스캔들 연루 사실이 밝혀진 이후 새로운 CEO로 영입된 찰스 헬더만조차 다음과 같은 말로 세간의 반응에 동조했다. "퍼트넘에 판단 착오를 일으키고 주주의 이익보다 자신의 이익을 우선시한 사람들이 있었다. (…) 나는 그들의 판단이 잘못되었다고 생각한다. **투자 전문가가 수탁자의 신뢰를 저버리면 다음 기회는 없다. 그런 일에는 시효도 없다고 생각한다.**" 옳은 말이다!

펀드 투자자들이 의지할 곳은?

뮤추얼펀드사에 대한 신뢰가 깨진 펀드 투자자들과 자문사들은 어디로 갈아타야 할까? 나는 투자자들이 펀드 주주의 이익과 운용사의 이익 사이에서 적절한 균형점을 찾아 추구하는 조직의 펀드를 선별해내기 위해 최선을 다해야 한다고 본다. 이를테면 상술보다 관리자 의식에 한층 더 큰 무게를 두는 자산운용사가 적절하다. 스스로의 이익을 챙기기보다 주주에 대한 봉사를 최우선시하는 일에 전념하고, 투자자에 대한 수탁 의무를 이행하는 운용사여야 한다.

물론 '상술은 필요 없다'라는 천진난만한 생각을 하는 것은 아니다. **모든 직종에는 상업적인 요소가 있다.** 영리 기업이든 숭고하기 짝이 없는 비영리 자선단체든 지출이 계속 수입을 초과하는 조직은 오래 존속할 수 없다. 그러나 미국에서 가장 명예로운 몇몇 전문직종(의료, 법률, 회계, 언론, 건축, 그리고 무엇보다도 남의 돈을 관리하는 직종)을 보면 과거와는 달리 신뢰보다 영업에 치중하는 방향으로 서서히 바뀌어가고 있는 듯하다. 로저 로웬스타인은 몇 년 전 《뉴욕타임스 매거진》에 기고한 글에서 미국의 전문직종이 "칼뱅파다운 정직함Calvinist rectitude"을 상실했다고 개탄했다. 그가 말한 '칼뱅파다운 정직함'은 "진실성, 윤리의식, 고객에 대한 굳건한 충성심 등의 전통적인 개념을 뿌리로 하는 정신"이다. 그는 "미국의 전문직종은 지독히도 상업적으로 변화했다. (…) 회계법인이 골프 토너먼트를 후원하는 식으로 말이다"라고 덧붙였다. 뮤추얼펀드사도 이와 똑같이 행동하고 있을 뿐 아니라 막대한 비용을 들여 명명권naming rights을 사들이기도 한다(예를 들어 씨티그룹은 구제금융을 받기 직전에 4억 달러를 지급하는 조건으로 뉴욕 메츠의 새 홈구장 명명권을 따냈다). 로웬스타인은 (전문직종이) "독립전쟁에서 승리하지 못했다"는 결론을 내렸다. 따라서 투자 운용 분야에서 남의 돈OPM을 관리하는 이들이 전적으로 투자자의 이익만을 추구하게 하는 장치가 필요하다.[03]

판단을 어렵게 하는 요소

나는 다른 전문직종에 근본으로 돌아가는 방법을 제안할 정도로 지식이 풍부하지는 않다. 그러나 남의 돈을 맡아서 관리하는 직종이 옛모습을 찾는 방법은 어느 정도 알고 있다. 투자자가 뮤추얼펀드사의 평가에 활용할 수 있는 정보는 다양하다. 운용사가 얼마나 영업과 사명 사이의 갈등을 적절히 해결하는지 알려주는 정보도 많다. 펀드업계의 스캔들은 우리에게 이러한 이해충돌 해소에 대한 새로운 시각을 제공했다. 그러한 스캔들이 발생한 것은 자산운용사가 자산 취합, 사업 구축, 수수료 매출의 극대화를 펀드 주주의 이익과 진실성, 공정한 대우, 합리적인 비용, 정직한 공개, 최적의 투자수익률 등의 의무보다 앞세웠기 때문이다.

솔직히 말해 뮤추얼펀드 스캔들은 재앙의 탈을 쓴 축복이다. 스캔들 덕분에 투자자들은 뮤추얼펀드사의 부정직하고 불법적이며 비윤리적인 관행에 눈을 떴다. 스캔들에 관여한 뮤추얼펀드사는 헤지펀드사와 공모하여 극단적인 '마켓 타이밍' 전략을 감행했다. 그래서 펀

---

03 '남의 돈'을 뜻하는 OPM은 널리 쓰이는 준말이다. 그러나 'My Own Money(내 돈)'의 머리글자를 딴 'MOM'은 그보다 덜 알려져 있다. 이는 프린스턴대학의 앨런 블라인더 교수가 만든 준말이다. OPM과 MOM 모두 투자자를 우선시해야 한다는 의미다.

드 장기 투자자의 수익이 희석되거나 아예 사라지기까지 하는 결과가 나타났다. 그뿐만 아니라 뮤추얼펀드 스캔들을 통해 좀 더 교묘한 형태의 마켓 타이밍이 얼마나 큰 폐해를 끼치는지도 드러났다. 너무도 많은 펀드 투자자가 그러한 거래 수법에 휘말리고 있으며 펀드업계는 이를 방조해왔다. 교묘한 형태의 마켓 타이밍은 특수 펀드specialty fund를 통해 이루어진다. 특수 펀드는 제한적이고 투기 성격이 강한 투자 전략을 토대로, 최근 몇 년 새에는 주식시장의 상승이나 하락 여부에 과도한 차입금을 거는 데 치중한다. 장기 보유 목적으로 매입하며 위험 분산이 잘 된 주식형펀드와는 달리 빠르게 매수하고 더 빠르게 매도하는 펀드다(심지어 매수하고 몇 분 또는 몇 초 후에 매도하는 경우도 있다!).

다행히도 마케팅이 운용보다 우선시되는 새 패러다임에도 굴하지 않고 자기 자리를 지키기 위해 최선을 다하는 펀드와 자산운용사도 존재한다. 스캔들에 연루된 운용사(그뿐만 아니라 다른 여러 운용사)의 교활한 관행과 부정행위에 진력이 나서 자신의 자산을 다른 펀드로 옮기기로 결심한 투자자들이 가장 먼저 고려에 넣어야 할 곳도 이러한 운용사다. 여기에서 나는 운용사에 대한 평가 기준을 제시한다. 투자자들은 다음 기준을 참고하여 스캔들에 관여 여부와 상관없이 자신이 선호하고 신뢰하는 뮤추얼펀드를 재평가할 수 있을 것이다.

관리자 지수

여러 차례 입증된 바와 같이 과거의 실적은 미래의 수익률을 확실하게 예측할 수 있는 수단이 아니다. 따라서 운용사의 이익보다 주주의 이익을 얼마나 우선시하는 펀드인지를 기준으로 펀드를 가려내는 편이 바람직하다. 1940년에 제정된 투자회사법도 바로 이러한 원칙을 토대로 삼았다. 투자회사법은 뮤추얼펀드가 "투자자문사와 인수회사"의 이익보다 주주의 이익에 부합하도록 "조직되고 운영되며 운용되어야" 한다고 명시했다. '상품'의 영업보다 투자 자산의 관리가 자산운용사의 본분이라고 본 것이다. 우리는 '**관리자 지수**SQ'라는 척도를 통해 열다섯 가지 기준이 얼마나 제대로 지켜지고 있는지 평가할 수 있다. 이 기준은 자산운용사가 양측의 상충되는 이익을 어느 정도로 적절히 조화시키는지를 반영한다.

관리자 지수를 설명하기 전에 주의사항을 말해두고자 한다. 여기서 제시하는 기준은 순전히 주관적인 견해를 반영한 것이다. 약 38년 전에 나는 이러한 생각을 바탕으로 관리자 의식을 가장 중요한 원칙으로 삼는 회사를 설립했다. 이력을 돌아보면 관리자 의식이라는 가치를 완벽하게 구현하지는 못했다. 그러나 나는 최선을 다했다. 1974년에 내가 고안한 '상호' 소유 형태의 뮤추얼펀드 모델을 본뜨거나 모방하는 펀드사가 아직까지 한 군데도 없다. 따라서 다음 열다섯 가지 기준을 현실성이 다소 부족한 자기 충족적 기준으로 간주해도 무방하다. 그러나 내가 이러한 기준을 널리 알린다고 금전적인 이득을 얻는 일은 없다는 점을 알아주길 바란다. 나는 그저 이 기준이 펀드 투자자 대다수와 장기적으로는 펀드 산업에 이득이 되리라는 확고한 신념이 있다.

자료 5.1은 나의 추론 과정을 이해하는 데 도움이 될 것이다. 표에 나열되는 열다섯 가지 기준은 특정 펀드 운영사가 자사 임직원과 주주의 이익과 비교하여 펀드 소유자의 이익 실현을 어느 정도로 우선

자료 5.1 관리자 지수 계산법

운용사 이름 _____

	SQ 점수*				
	3	2	1	0	점수
1 운용 수수료와 영업외비용	매우 낮음	평균 미만	평균 수준	평균 초과	
2 포트폴리오 회전율	30% 미만	30~50%	50~100%	100% 초과	
3 분산 투자	전체 시장	대형주 혼합	다른 분산 방식	섹터 펀드	
4 마케팅 지향성	기존 상품을 판매함	마케팅을 하지만 드문 편	마케팅을 가끔 시행함	팔릴 만한 상품을 개발함	
5 광고	없음	제한적	다양한 광고 활동	퍼포먼스 마케팅	
6 진열대 사용료	없음	중개 및 거래 비용 적음	중개 및 거래 비용 많음	진열대 사용료 지불	
7 판매 수수료	전혀 없음	판매 수수료는 없지만 12b-1 수수료 소액 부과	낮은 판매 수수료	상당한 판매 수수료와 12b-1 수수료	
8 주주 안정성	20% 미만	20~40%	40~50%	50% 초과	
9 펀드 규모 제한	규모 제한을 꺼리지 않음	필요할 때 마감함	펀드 마감이 거의 없음	규모 제한이 없음	
10 펀드매니저의 경험과 안정성	10년 초과	5~10년	5년 미만	신규 매니저	
11 내부자 소유 여부	다양한 펀드에 대규모로 소유함	다양한 펀드에 적정 규모로 소유함	소수 펀드에 적정 규모로 소유함	작거나 없음	
12 운용사의 조직 구조	상호 소유	개인 소유	상장사	금융대기업의 계열사	
13 이사회의 구성	운용사와 무관한 이사	운용사와 거의 관련 없는 이사	다수의 내부자	다수의 운용사 관계자	
14 이사회의 리더십	자문사와 무관함	CEO와 별개의 인물	금융대기업의 임원	금융대기업 이사회 회장	
15 규제 문제	없거나 극소수	최근에 중대한 위반 사례 없음	사소한 위반	중대한 위반	

* 총점수: (모든 점수의 합 ÷ 15) × 100

시하는지 판단하는 데 필요한 척도다. 각각의 기준에 대해 자신이 이용하는 자산운용사에 몇 점을 줄지는 평가하는 사람의 마음이다. 가장 높은 점수를 3점, 가장 낮은 점수를 0점으로 하여 박스의 칸을 채우고, 평균 점수에 100을 곱하여 운용사의 관리자 지수를 산출해 보자. 예를 들어 각 항목에서 2점을 얻어 총점이 30점인 운용사의 SQ는 200점이다. 항목마다 최고점인 3점을 받아 총 45점을 얻은 운용사의 SQ는 300점이다. 거두절미하고 이제 자료 5.1의 점수 기입표에 있는 열다섯 가지 기준을 검토해보자.

기준 1: 운용 수수료와 영업외비용

운용 수수료와 영업외비용OER만큼 자산운용사와 펀드 주주의 뿌리 깊은 이해충돌을 극명하게 보여주는 요소도 없다. 주식형펀드 중 비용 상위 25퍼센트의 보수비용율은 1.95퍼센트이며 하위 25퍼센트의 보수비용율은 0.65퍼센트다. 1.30퍼센트포인트의 차이는 가장 비용이 낮은 4분위수 펀드가 지난 20년 동안 벌어들인 연간 수익률(8.82퍼센트)과 가장 비용이 높은 사분위수 펀드의 수익률(7.62퍼센트)의 차이인 1.20퍼센트포인트보다도 더 크다.

자료 5.2에서 보듯 비용이 높은 펀드와 비용이 낮은 펀드의 초기 투자 자금 1만 달러가 보인 누적 가치 차이는 어마어마하다. 보수비용율 항목에서 비용이 낮은 그룹은 지난 20년 동안 가장 비용이 높은 그룹에 비해 1만 800달러의 추가 수익을 냈다. 회전율이 낮은 그룹은 1만 3,400달러를 더 벌었다. 이러한 부가 가치에도 리스크가 증가하는 일은 없었다. 한마디로 '예기치 않게 생긴 돈found money'은 아니라는 뜻이다. 보수비용율과 수익률의 관계는 오랜 기간에 걸쳐 일정하

자료 5.2 주식형펀드의 비용과 수익률: 저비용 펀드 vs. 고비용 펀드(20년의 수익률)

사분위수	보수비용에 따른 분류		회전율에 따른 분류		총비용에 따른 분류	
	보수비용율	총수익률	회전율	총수익률	총비용	총수익률
저비용	0.65%	8.82%	14.3%	8.94%	0.96%	9.02%
고비용	1.95%	7.62%	130.9%	7.86%	2.86%	7.55%
차이	−1.30%	−1.20%	−116.6%	−1.08%	−1.90%	−1.47%

초기 투자금 $10,000의 가치 증식

저비용	$44,200	$45,400	$46,300
고비용	$33,400	$35,400	$32,900
차이	$10,800	$10,000	$13,400

출처: 모닝스타

게 유지될 뿐 아니라 운용 방식에 따라서도 일관성을 보인다.

물론 이러한 차이가 나타나는 이유는 뻔하다. 서로 경쟁을 벌이는 자산운용사 모두가 비용 공제 전에 평균 실적을 낸다면 결국 차이는 비용에서 발생할 수밖에 없다. 과거에는 비용이 수익률을 좌우한다는 이론을 신봉하는 이들이 거의 없었지만 오늘날에는 의심할 여지없는 사실로 받아들여진다. CBS의 경제 웹사이트 '머니워치'의 선임 편집장 잭 오터도 해당 이론을 신봉하는 사람이다. 오터는 2012년 4월 《뉴욕 타임스》에 기고한 글에서 "뮤추얼펀드의 실적을 가장 정확하게 예측하는 지표는 수수료"라고 지적했다. 한마디로 수수료가 낮은 운용사일수록 더 좋은 실적을 낸다는 뜻이다. 그렇다면 운용 수수료를 합리적인 수준으로 책정함으로써 수수료의 극대화를 꾀하는 운용사와 수수료를 최소화하여 더 큰 수익을 얻으려는 주주 사이의 이해충돌 여부가 운용사의 관리자 의식을 정확히 가늠할 수 있는 척도가 된다.

요율이 낮은 운용사일수록 관리자 의식을 중요시할 가능성이 크다.

보수비용이 낮을수록 수익률이 높아지므로 펀드 자문사는 상식적으로 비용이 낮은 운용사의 펀드를 선택하게 되어 있다.[04] 따라서 비용이 매우 낮은 극소수의 운용사에는 3점을, 비용이 이미 높은 수준인 업계 표준을 상회하는 운용사에는 0점을 주어야 한다.

기준 2: 포트폴리오 회전율

펀드의 포트폴리오 회전율과 수익률에도 역의 관계가 있다(자료 5.2 참고). 회전율은 펀드매니저의 거래량을 나타내는 척도다. 예를 들어 주식형펀드 가운데 회전율이 가장 낮은(연평균 회전율 14퍼센트) 4분위수 펀드의 연간 수익률은 8.94퍼센트로서 가장 높은 4분위수의 수익률인 7.86퍼센트보다 1퍼센트포인트 이상 높다. 회전율이 가장 높은 4분위수 펀드의 연평균 포트폴리오 회전율은 131퍼센트나 된다(더욱이 과세 대상인 투자자들은 높은 회전율로 세금 부담까지 늘어날 수 있다). 회전율이 30퍼센트 미만으로 매우 낮은 펀드에 3점을, 100퍼센트를 웃도는 펀드에는 0점을 주도록 하자.[05]

흥미롭게도 총비용 기준을 적용하면 비용과 편익을 따로 따질 때보다 더 강력한 비용·편익 비율이 나타난다. 여기서 총비용은 경비와 회전비용의 합계다. 나는 총비용을 보수적으로 회전율의 1퍼센트 정도로 추산한다. 예를 들어 포트폴리오 회전율이 50퍼센트인 펀드의 총비

---

04 요율뿐 아니라 수수료 액수까지 확인하는 것이 좋다. 100만 달러 규모 펀드의 수수료 1퍼센트는 적당해 보일 수도 있지만 300억 달러 규모의 펀드의 수수료 0.25퍼센트를 금액으로 따지면 연간 7,500만 달러에 이른다.

05 운용 수수료와 마찬가지로 회전율에 대해서도 각별한 주의를 기울일 필요가 있다. 예를 들어 퀀트펀드 quantitative fund(수학 모델을 토대로 한 컴퓨터 프로그램이 투자 결정을 내리는 펀드)의 포트폴리오 회전율은 100퍼센트를 초과할 때가 많지만 일반적으로 퀀트펀드는 최소한의 거래비용을 들인다.

용은 포트폴리오 매도 건당 0.25퍼센트와 매입 건당 0.25퍼센트의 비용을 합한 0.5퍼센트다. 비용이 하위 25퍼센트 펀드의 경비·회전비용 비율은 0.96퍼센트이며 상위 25퍼센트의 펀드의 경비·회전비용 비율은 2.86퍼센트로 연간 1.9퍼센트포인트나 비용 우위가 발생한다.

이러한 비용 격차 덕분에 연간 실적에는 9.0퍼센트 대 7.5퍼센트로 1.5퍼센트포인트의 우위가 발생한다(자료 5.2 참고). 연간 표준 편차 19.8퍼센트인 고비용 펀드는 표준 편차 17.5퍼센트인 저비용 펀드보다 30퍼센트 정도 더 큰 리스크를 감수하므로 리스크를 보정한 수익률 차이는 한층 더 크다.

이 차이가 커보이지 않다고 해서 이를 과소평가해서는 안 된다. 20년 전에 1만 달러로 투자를 시작했다고 가정할 때 펀드의 연간 수익률이 9퍼센트면 1만 달러는 20년 뒤에 4만 6,000달러로 불어난다. 수익률이 7.5퍼센트면 이는 3만 2,500달러에 그친다. 약 40퍼센트 정도 차이가 나는 셈이다. 좋든 싫든 그 결과에는 논쟁의 여지가 없다. 우리는 비용이 중요하다는 판정을 내릴 수밖에 없다. 투자자를 위해 낮은 경비와 회전비용을 지향하는 펀드는 다른 펀드보다 투자자 자산에 대한 관리자 의식을 한층 더 중요시하며, 이러한 관심 덕분에 훨씬 더 높은 투자수익률을 창출한다고 볼 수 있다.

기준 3: 분산 투자

펀드사가 비용과 회전율이 낮은 뮤추얼펀드를 조직하고 운영하며 관리하면 높은 SQ 점수를 받을 수 있다. 또한 매우 광범위하게 분산 투자되고 장기 보유 용도로 설계된 뮤추얼펀드를 제공하는 펀드사도 높은 점수를 받을 수 있다. 펀드 스펙트럼의 한쪽 끝에는 사실상 미

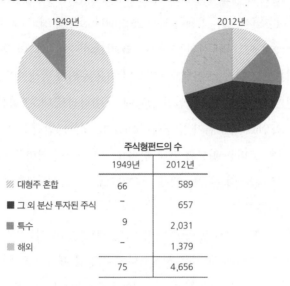

자료 5.3 광범위한 분산 투자와 특정 부문에 한정된 투자의 비교

	주식형펀드의 수	
	1949년	2012년
〃 대형주 혼합	66	589
■ 그 외 분산 투자된 주식	-	657
■ 특수	9	2,031
■ 해외	-	1,379
	75	4,656

출처: 1949년 위즌버거, 2012년 모닝스타 자료

국의 모든 상장 주식을 영구적으로 보유하는 토탈마켓 인덱스펀드가 있다. 반대쪽 끝에는 특수 펀드가 있다. 정보통신이나 기술 같은 제한된 섹터의 주식만 보유하며 궁극적으로 투자자의 거래를 위해 창출된 펀드다. 그 중간에는 중형 가치주펀드value fund와 소형 성장주펀드 등 다양한 펀드가 존재한다. 분명한 사실은 이처럼 다양한 투자 방식 중에서 특정 방식이 시장 전반보다 우월한 성과를 낼 때가 가끔씩은 찾아오며 투자 방식 자체도 포트폴리오의 일부로 보유할 수 있고 기회가 있을 때 거래될 수도 있다는 점이다.

관리자 의식의 중요성이 대두된 초기에 광범위한 시장에 투자된 펀드가 펀드 산업을 장악했다(자료 5.3 참고). 그러나 상술이 판을 치는 최근에는 그러한 펀드가 소수로 밀려나고 제한된 투자 전략을 구사하는 특수 펀드가 주를 이룬다.

나는 광범위하게 분산 투자된 펀드 중에서도 저비용 인덱스펀드를 강력하게 추천한다. 어째서일까? 인덱스펀드는 주식시장이 약속한 수익률에 더하지도 덜하지도 않기 때문이다. 시장을 앞지르는 펀드의 투자자는 결국 비용 때문에 오히려 손실을 입게 된다. 따라서 지수를 추종하는 인덱스펀드에 투자하는 사람은 장기적으로 다른 투자자보다 더 많은 자산을 축적하는 결과를 거의 확실하게 보장받는다. 나라면 토탈마켓 인덱스펀드를 포함해 광범위하게 분산 투자된 펀드에 3점을, 섹터 펀드에는 0점을 주겠다.

기준 4: 마케팅 지향성

그 외에도 광범위하게 분산 투자되고 비용이 낮으며 시장 전반을 아우르는 펀드와 제한된 부문에 집중되고 개별 종목을 중심으로 하는 펀드의 수익률 차이는 비용의 차이보다 훨씬 더 크다. 어째서일까? 비용 차이는 투자 운용 서비스의 경제적 요소만을 반영한다. 그러나 투자자의 수익률에는 '감정'이라는 요소도 상당 부분 작용하다. 시장 전체의 주식을 사고 보유하면 거래 횟수와 감정이 개입할 여지도 크게 줄어든다. 따라서 주식시장 전체를 (저비용에) 보유한 투자자는 실제로 시장수익률의 상당 부분을 획득할 수 있다.

그러나 자산운용사가 특수 펀드의 영업 활동에 열을 올릴 때는 투자자가 잘못된 시기에 주식을 사고팔 가능성이 커진다. 펀드를 홍보하는 이들은 일시적인 유행이 반짝 불어닥쳐 투자자들이 미끼를 물기만을 기다린다. 투자자들이 어떤 투자 방식이 대유행하다가 밀려나기 **직전**에 펀드를 덥석 무는 이유는 어느 정도는 탐욕 때문이다. 어느 현인은 "**투자 문제**가 있는 사람이 아니라 **사람 문제**가 있는 투자가 골칫거리"라고 말했다.

펀드매니저라면 인기 있는 신규 펀드를 매도하기에 최적의 시기가 매수하기에는 최악의 시기임을 모를 리가 없다. 펀드업계가 가격이 폭등하는 테크 관련 펀드를 계속 조성하는 추세를 보면 그 사실을 확실히 알 수 있다. 예를 들어 1990년대 초반만 해도 한 해에 조성되는 테크펀드가 한 개를 넘지 않았다. 그러나 2000년 한 해 동안에 조성된 신규 테크펀드는 91개에 달했다. 물론 테크주가 폭락함에 따라 그 숫자는 급감했으며 2002년 이후로 조성된 테크펀드는 연평균 3개에 불과했다(자료 5.4 참고). 신규 펀드 가운데 자그마치 75퍼센트가 투기꾼들을 대상으로 한 ETF였다.

특정 운용사가 선정하여 판매하는 펀드 '상품'[06]의 종류를 보면 그 운용사가 관리자 의식과 상술 중 어느 것에 주안점을 두는지 확인할 수 있다. 특정 운용사가 탄탄하며 주식시장 전반에 분산 투자된 펀드를 선택하는가? 아니면 한정된 부문에 투자되어 있고 시장의 추이에 따라 쉽게 흔들리는 특수 펀드를 선택하는가? 가장 인기 있고 참신한 투자 아이디어를 선호하는 군중에 영합하지 않는 운용사가 가장 높은 관리자 의식을 갖춘 운용사다. 잘 운용할 수 있는 펀드만 1~6개만 판매하는 운용사가 가장 높은 점수를 받을 수 있다. 팔릴 만한 펀드만 조성하는 운용사는(예를 들어 1990년대의 '신경제' 열풍에 편승했던 운용사) 투자자들로부터 수천 억 달러를 끌어모으지만 거품은 반드시 꺼

---

06 나는 '상품'이란 판매를 목적으로 제작되는 것이라고 생각한다. 부연 설명은 필요 없다. 나는 25년 동안 CEO로 있으면서 뱅가드 임직원들에게 '상품product'이라는 단어의 사용을 금지했다. 뮤추얼펀드는 금융 서비스이며 더 나아가 신탁 자산이다.

자료 5.4 테크펀드의 유행과 몰락

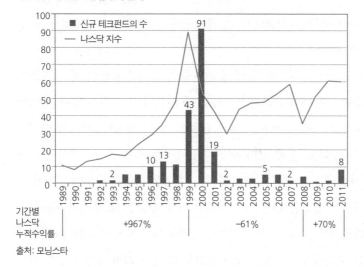

출처: 모닝스타

지게 되어 있으며 그와 더불어 유행하는 펀드는 휴지 조각이 되게 마련이다. 그러한 운용사의 관리자 의식 점수는 0점이다. 자사가 개발한 펀드를 판매하는 펀드에는 3점을 주자.

기준 5: 광고

광고야말로 자산운용사의 관리자 의식(상술 지향성)이 명백히 갈리는 측면이다. 누가 광고비를 부담할까? 펀드의 기존 주주가 부담한다. 누가 광고로 이득을 볼까? 자사 펀드에 새로운 투자자를 유치하여 매출을 올리는 운용사가 이득을 본다. 운용사들은 '자기 돈'을 들여 펀드 홍보를 한다는 주장을 하곤 한다. 그러나 그 돈의 출처는 당연히 주주가 낸 수수료다. 광고에 들이지 않는다면 펀드로 환수될 수 있는 돈이다. 자산운용사가 광고를 통해 새로운 자산을 유치하여 규모의 경제를 창출하고 지출을 상쇄하는 것이 투자자에게 이득이 된다는 주장을 뒷받침하는 근거는 없다(반면에 펀드 자산을 일정 규모 이상으로 축적하면 운용사가 탁월한 실적을 내기가 어려워진다는 것을 입증하는 근거는 차고 넘친다).

광고가 펀드 투자자들에게 비용을 발생시키는 만큼 광고 지출이 과도한 운용사의 관리자 의식에는 큰 의문이 들 수밖에 없다. 펀드의 성장을 촉진하기 위해 막대한 금액을 지출하는 운용사는 상업성을 우선시한다고 볼 수 있다. 어떤 이유에서든 대형 펀드사 대부분은 신규 펀드와 기존 펀드의 홍보에 주주의 돈을 지출하는 것이 반드시 필요하다는 입장을 내세운다. 이들은 매체 광고든, 브로커에 지급하는 장려금이든, 그 외에 펀드 시장에서 성공하고 시장 지분을 쌓는 데 필요한 수단이라면 가리지 않고 광고를 낸다. 따라서 나는 광고를 하지 않는 운용사에는 최고 점수인 3점을, 소규모 광고만 하는 운용사에는 2점을, 광고로 도배를 하는 운용사에는 1점을 주겠다. 눈을 똑바로 뜨고 감시해야 할 일이다!

0점은 자사 실적을 광고하는 펀드의 몫이다. 왜일까? 전 세계 거의 모든 펀드사가 가장 큰 성공을 거두고 이미 높은 수익률을 낸 펀드만 광고하기 때문이다. 펀드가 죽을 쑤거나 주식시장이 폭락할 때는 완전한 침묵에 빠진다. 나는 그러한 패턴을 따르는 광고를 보면 본질적으로 사람을 현혹한다는 인상을 받는다. 예를 들어 2000년 3월에 주식시장이 최고점을 기록했을 때 경제지《머니》에는 그 전해에만 평균 85.6퍼센트라는 경이로운 수익률을 냈다고 으스대는 44개 펀드의 광고가 실렸다. 그 다음에 일어난 일을 생각하면 펀드를 광고한 운용사의 탐욕스러운 기회주의가 드러난다. 과연 그러한 운용사가 관리자 의식을 중요시했겠는가? 5년도 못 되어 이들의 행동이 상술에 지나지 않았다는 것이 입증되었다. 44개 펀드 가운데 9개가 사라졌다. 살아남은 펀드의 평균 수익률은 –39.5퍼센트에 불과했는데, 이는 운용사가 얼마 전에 과시했던 수익률을 125퍼센트포인트 가까이 밑도는 수치다.

기준 6: 진열대 사용료

펀드사가 유통망 구축을 위해 브로커에 진열대 사용료shelf space〔자사 펀드를 우선적으로 추천해주는 대가로 지불하는 돈〕를 지급하는 행위는 더 많은 자산을 끌어오기 위해 주주의 돈을 지출한다는 점에서 펀드 광고처럼 주주에게 악영향을 준다. 1990년대에 원조 뮤추얼펀드 '상점'이 탄생하면서 펀드 산업은 탈바꿈했다. 투자자는 펀드 쇼핑을 하면서 수수료나 거래비용을 직접 치를 필요가 없어졌다. 그 대신에 펀드를 판매 목록에 올려놓은 운용사가 '진열대 사용료'라는 비용을 치르게 되었다. 진열대 사용료는 소매업에서는 잘 알려진 개념이다. 언뜻 '공짜'로 보이는 거래가 마켓 타이밍 거래의 급증과 펀드를 계속 사고팔려는 투자 심리로 이어질 수도 있다고 우려하는 전문가는 거의 없었다. 해당 서비스를 이용하지도 않는 다른 펀드의 주주들이 사실상 진열대 사용료를 치르고 있다는 것을 지적하는 이들도 드물었다.

물론 얼마 지나지 않아 자사를 펀드 상점으로 간주하지 않는 증권사들조차도 비슷한 대우를 요구했다. 그러자 자산을 끌어오기 위한 사용료가 0.20퍼센트에서 0.25퍼센트로, 다시 0.30퍼센트로 오르더니 현재는 0.40퍼센트에 이르는 것으로 보인다. 곧이어 자사의 펀드를 '상점'의 상품으로 간주하지 않던 운용사도 브로커와 운용 수수료를 나누어야만 브로커의 지원을 받을 수 있는 필수 요건임을 깨닫게 되었다. 그 과정에서 중요한 경계선이 침범 당했다. 상술이 경계를 넘었고 관리자 의식은 밀려났다. 따라서 진열대 사용료를 결코 쓰지 않는 운용사에는 3점을, 치르는 운용사에는 1~2점을, 주주의 돈으로 (직간접적으로) 진열대 사용료를 지급하는 운용사에는 0점을 주겠다.

기준 7: 판매 수수료

펀드 산업이 금융 서비스처럼 마케팅 산업에 가까워졌다는 것은 널리 알려진 사실이다. 실제로 산업 초창기에 금융 브로커와 판매회사가 투자자들에게 펀드업계의 메시지를 전달하지 않았다면 펀드 산업은 지금처럼 대규모로 성장하지 못했을 것이다. 그렇지 않았다면 투자자들은 한참 후에야 뮤추얼펀드에 대한 정보를 얻었을 것이며 그나마 얻는 정보도 한참 부족했을 것이다. 정보 서비스는 비용이 든다는 점에서 투자자에게 돌아갈 수익률을 깎아먹지만 반드시 필요한 서비스다. 그럴 만한 가치가 있다. 그러나 뮤추얼펀드가 투자자들에게 올바른 정보를 제공하는지는 의문이다. 우리는 과거 실적과 미래 수익률의 상관관계가 인과관계가 아니라는 사실을 알면서도 과거 실적을 강조한다. 이익을 올려야 하는 자문사는 고객에게 '승자 선정'보다는 자산배분, 광범위한 분산 투자, 저비용, 세금 효율, 단순성은 물론 심지어 부동산 계획 등의 요소에 초점을 맞추라고 자문한다.

그러나 스캔들에 연루된 펀드에 이미 매매 수수료를 지급한 투자자는 (특히 최근에 수수료를 지급했다면) 수수료가 없는 펀드에 재투자하는 방안을 고려해야 한다. 이미 투자라는 긴 항해를 위해 표를 구입했으니 다시 살 필요가 없다. 따라서 관리자 의식을 거의 염두에 두지 않은 펀드보다는 SQ 기준에 부합하는 펀드를 찾아나서야 한다. 환매할 때 일종의 위약금인 환매 수수료를 지급하더라도 12b-1(SEC

규정에 따라 펀드 자산에서 지출할 수 있는 판촉, 유통 비용) 수수료를 몇 년 더 계속해서 치르느니 빠져나오는 편이 나을 것이다.

일반적으로 상술은 노로드펀드보다는 로드펀드의 판매에 적용된다. 결국 매매 수수료는 판매하는 사람에게 보상을 지급하기 위한 것이다. 그러므로 나는 매매 수수료를 전혀 청구하지 않는 운용사에는 3점을, 소액이지만 12b-1 수수료를 청구하는 운용사에는 그보다 낮은 2점을 주겠다. 상당수의 우량 운용사가 합리적인 수준의 판매 수수료와 12b-1 수수료를 동시에 청구하지만, 사실 그러한 비용은 수익률을 크게 저해한다. 그러니 이러한 펀드에는 SQ 점수를 전혀 주지 않는 방향으로 생각해보라.

기준 8: 주주 안정성

내가 뮤추얼펀드 업계에서 첫 20년을 보내던 때는 마켓 타이밍이 금기시되었다. 20년 동안 주식형펀드 자산의 환매율은 평균 8퍼센트 정도였다. 투자자의 평균 보유 기간이 12년 이상이었다는 뜻이다. 그러나 환매율은 그 후 상승하기 시작하여 2002년에는 41퍼센트(!)로 최고 수준에 다다랐으며 펀드 투자자의 평균 보유 기간이 고작 2년 4개월로 감소했다. 해외 펀드의 연평균 환매율은 100퍼센트를 넘어섰다!

불법인 장 마감 후 거래와 시차 활용 거래 스캔들이 터진 데 대한 반작용으로 주식형펀드의 환매율은 현재 30퍼센트대로 하락했으나 주주의 평균 보유 기간은 여전히 3년 남짓에 불과하다. 우리가 만든 뮤추얼펀드 산업은 상대적으로 제한된 투자 전략으로 구사되는 펀드와 밀집도가 높은 섹터에 집중된 펀드들로 가득하다. 이를테면 투자자가 투자 생애 동안 보유하기 위한 것이 아니라 팔기 위해 사는 펀드들이 대다수다. 이처럼 어리석은 행위에 관여하는 투자자가 입는 손실은 빙산의 일각 뿐이다(물론 장 마감 후 거래와 시차 활용 거래를 통해 무임승차를 하지 않는 한 그렇다는 이야기다!). 진짜 문제는 거래량이 증가하면 펀드의 포트폴리오 회전율이 상승하여 비용이 발생한다는 점이다. 한마디로 그러한 펀드를 운용하는 행위는 자산운용사를 충실한 관리자로 믿고 돈을 맡긴 투자자들에게 몹쓸 짓을 하는 것이다.

다시 말하지만 푸딩의 맛은 먹어봐야 알 수 있다. 관리자 의식에 초점을 맞춘 펀드의 환매율은 낮을 가능성이 크다. 오늘날처럼 펀드의 회전율이 터무니없이 높은 상황에서도 그러한 펀드의 환매율은 20퍼센트를 넘지 않는 경향이 있다. 이와 같은 주식형펀드는 1,800개 정도로서 전체 주식형펀드의 20퍼센트에 해당한다(참고로 뱅가드의 펀드 중에서 액티브 주식형펀드의 2011년 평균 환매율은 10퍼센트 정도였고 같은 해 인덱스펀드의 평균 환매율은 대략 7퍼센트였다).

나는 20퍼센트도 매우 높다고 생각하지만 어쨌든 그 정도 환매율을 넘지 않은 펀드에는 3점을 주도록 하자. 환매율이 현재 업계 표준으로 간주되는 30퍼센트대를 벗어난 20~40퍼센트인 펀드에는 2점을, 환매율이 50퍼센트에 가까운 펀드에는 1점이라는 짠 점수를 주자. 더 나아가 환매율이 그 수준을 초과하는 펀드는 0점을 받아야 하며 경계 대상이다. 환매율이 펀드 자산의 100퍼센트를 넘어서면 (믿기 어렵겠지만 1,133개의 주식형펀드가 여기에 해당한다!) 강도 높은 마켓 타이밍이 진행될 가능성이 크다.[07] 지나치게 빈번한 거래 행위를 묵인

---

07 특정 펀드가 장기 투자자에게 얼마만큼의 봉사 정신이 있는지 대략적으로라도 알아보려면 12개월 동안 주주에게 허용된 왕복 거래round-trip transaction 횟수를 보면 된다. 2번이면(내게는 많아 보이지만!) 괜찮은 축에 속한다. 8번 이상을 허용하는 운용사의 관리자 의식 점수는 0점이다.

할 뿐 아니라 부추기는 운용사의 점수를 깎거나 단기 거래에 대해 자발적으로 환매 수수료를 청구하는 운용사에 점수를 더 주고 싶으면 얼마든지 그렇게 해도 좋다.

기준 9: 펀드 규모 제한

대부분의 운용사는 수수료 수입을 늘리기 위해 자산을 최대한도로 끌어모으려 한다. 그러나 투자 운용 분야에서는 "성공만큼 큰 실패는 없다nothing fails like success"라는 말이 곧 진리다. 월등한 실적을 내는 펀드는 공격적인 홍보에 힘입어 자본을 대량으로 끌어모으다가 결국에는 탄력성을 잃고, 투자가 가능한 영역이 축소된다. 그러면 포트폴리오 거래가 가격에 미치는 영향이 커진다. 곧이어 펀드는 초반의 영광을 회복할 능력을 상실하고 만다. 그 단적인 사례가 거의 10년 동안 대형 자산운용사 피델리티의 주력 펀드였던 마젤란펀드다. 1978년부터 1983년까지 이어진 영광의 시대 동안 마젤란펀드는 S&P 500의 수익률인 12퍼센트보다 26퍼센트포인트 높은 수익률을 거두었으며 그덕분에 자산 규모가 3,000만 달러에서 20억 달러로 불어났다(자료 5.5 참고). 그 후 10년 동안에도 (S&P 500보다 연간 4퍼센트포인트 앞선) 좋은 실적을 올렸다. 마젤란의 자산 규모는 1992년에 310억 달러로 성장했고 1999년에는 1,020억 달러를 넘었다. 그러나 성장 추진력은 동이 난 지 오래였다. 마젤란은 과거 10년 중 7년간은 S&P 500의 수익률에 못 미쳤으며, 1993년부터 2012년까지는 S&P 500보다 연평균 2퍼센트포인트 낮은 수익률을 올렸다. 마젤란펀드의 자산은 2012년 초에 150억 달러로 급감했다.[08]

펀드가 성장하도록 내버려두면 제대로 운용할 수 있는 능력이 한

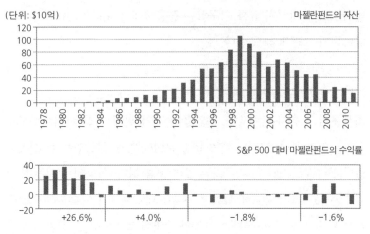

자료 5.5 꾸준히 성공을 이어가기에는 너무 비대해진 마젤란펀드

(단위: $10억)   마젤란펀드의 자산

S&P 500 대비 마젤란펀드의 수익률

+26.6%   +4.0%   −1.8%   −1.6%

출처: 스트래티직 인사이트 심펀드/지인의 자료

계에 이른다. 이때 영업 기술이 가장 중요시되며 관리자 의식 개념은 펀드 운용의 속도와 방향에 영향을 주지 못할 정도로 힘을 잃는 것으로 보인다. 일부 펀드는 "제대로 운용하기에는 덩치가 너무 큰" 펀드에 비해 부담이 적다(회전율이 매우 낮은 인덱스펀드와 그 외 펀드가 이에 해당한다). 그러나 대다수의 펀드는 그렇지 못하다. 따라서 자산의 한도를 미리 공표하지 않는(공표하더라도 그대로 지키는) 운용사에는 3점을, 기존 주주를 고려한 투자 성격을 유지하기 위해 신규 투자자를 받아들이지 않는 펀드에는 2점을 주겠다. 너무 빈번하거나 뒤늦게라도 펀드를 마감하거나 확실하게 **현금흐름을 늘리기 위해 사전에 펀드 마감**

---

08 마젤란펀드를 고안했으며 포트폴리오 관리에 천부적인 재능이 있었던 피터 린치는 1990년에 은퇴했다. 따라서 우리는 린치가 1990년대 후반과 2000년대 초반에 있었던 마젤란의 엄청난 자산 증식에 얼마만큼 영향력을 미쳤는지를 알 도리가 없다. 마젤란의 (불가피한) 평균회귀는 9장에서 자세히 논한다.

사실을 발표하는 운용사에는 1점만 주자. 장기적으로 거의 분명하고 확실한 결과에 대한 고려 없이 계속해서 성장하도록 허용되는 펀드는 0점이 합당하다.

기준 10: 펀드매니저의 경험과 안정성

펀드 운용의 배후에서 무슨 일이 이루어지고 있는지를 보면 관리자 의식을 평가하는 데 도움이 된다. 운용사가 책임자처럼 행동하는가? 신용, 자신감, 성실성을 평가하기란 쉽지 않지만 자산운용사 중역과 펀드매니저의 나이, 교육 수준, 전문가로서의 경험, 재직 기간에 대한 정보를 구할 방법은 많다. 나라면 적어도 시장 주기를 몇 차례 경험했으며 자신의 투자 철학과 전략을 명확하게 표현할 수 있고 포트폴리오 운용에 그러한 철학과 전략을 적용하는 베테랑과 운명을 같이 하겠다. 게다가 베테랑은 가치주든 성장주든 장기 투자에 초점을 맞추는 경향이 있다.

모닝스타의 조사에 따르면 펀드매니저의 펀드 운용 기간은 평균 5년에 불과하다고 한다. 내 생각에 관리자 의식과는 거리가 멀어 보이는 기간이다. 어떤 일반적인 주주가 펀드 5개를 (현실성은 없지만) 전 생애 동안 보유한다고 치자. 50년 동안 펀드매니저를 50번 동안 바꾸는 행위는 수탁자를 선정하기보다는 '상품'을 골라내는 행위에 가까워 보인다. 따라서 나는 10~15년간 재직하면서 경험을 쌓은 펀드매니저에게 3점을 주겠다. 또한 특수한 상황을 제외하면 0점은 신입 매니저의 몫이다.

우리는 '펀드매니저'를 최우선적으로 고려해야 할 요소로 생각하는 경향이 있지만 팀이나 투자위원회가 운용하는 펀드도 염두해야 한다. 알다시피 자격이 충분해 보이는 펀드매니저라도 각광을 받은 지 몇 년도 지나지 않아 모두 타버리고 그 재를 지구로 날려보내는 별똥별 같은 사람이 많다. 각각의 '스타'는 현란한 방법으로 홍보되는 일이 많기 때문에 여러 사람의 지혜를 모으는 펀드의 관리자 의식이 개인보다 더 높다고 할 수 있다. 나는 노련한 투자위원회가 운용하는 펀드에도 주저하지 않고 3점을 주겠다.

기준 11: 내부자 소유 여부

나는 스스로 지휘하거나 관리하는 펀드의 상당한 지분을 소유함으로써 "자기가 만든 음식을 직접 먹는"식으로 같은 뮤추얼펀드사에 속한 다른 펀드를 딱히 배제하지 않는 펀드 이사, 임원, 펀드매니저를 선호한다. 일부 운용사는 이 같은 철학을 극단적으로 실천하여 내부자에게 소유한 유동 자산 전부를 펀드에 투자하도록 요구하기도 하지만 그런 일이 가능할 리가 없다.

어떤 경우든 내부자에게 펀드 지분을 상당량 소유하도록 하는 운용사와 그 기준에 완벽하게 부합하지는 않지만 상당히 근접한 운용사에는 3점을 주자. 자기 자산을 펀드에 투자한 관리자라면 그 운용에 각별한 관심을 기울일 것이 확실하다. 운용 자산 중에 내부 관계자가 소유한 자산이 적거나 없는 운용사에는 0점을 주자.

불행히도 이 중요한 사안을 확고하게 가늠할 만한 정보가 거의 없으며 운용사 임원과 펀드매니저의 펀드 거래 내역을 밝힐 의무는 없다. 마켓 타이밍 스캔들에서 알 수 있듯이 일부 자산운용사는 자신이 운용하는 펀드의 지분까지 마켓 타이밍에 활용했다. 현재 SEC가 펀드매니저의 보유 지분을 공개하도록 요구하고 있으나 거래 내역의 공개도 반드시 필요하다. "상관할 일이 아니"라는 식의 대답이 돌아오면 그 운용사 대신에 자사 방침, 보유 지분, 거래 내역을 기꺼이 공개할 뿐 아니라 자발적으로 밝히는 운용사의 펀드에 투자하는 방안을 고려해보라.

이사의 펀드 지분 보유와 관련해서는 여전히 심각하고 불가해한 정보 격차가 존재한다. ICI는 어떤 방법을 동원했는지는 모르겠지만 SEC를 설득하여 펀드 이사가 보유한 지분수를 정확히 공개하지 않아도 되도록 조치했다. 다른 관계자 모두가 보유 지분수를 공개해야 하는 것과는 대조적이다. 더 정확히 말하자면 펀드 이사는 단일 펀드나 뮤추얼펀드사의 모든 펀드에 대해 '없음, 1만 달러 미만, 1만~5만 달러, 5만~10만 달러, 10만 달러 초과'와 같이 보유한 지분의 금액대만 밝히면 된다. 물론 보유 지분에 대해 전혀 공개하지 않는 것보다는 나을지도 모른다.

그러나 펀드 이사가 투자 금액을, 예를 들어 10만 1,000달러에서 100만 달러로 늘렸다고 투자자에게 굳이 공개하지 않을 이유가 있을까? 아마도 더 중요한 것은 100만 달러에서 10만 1,000달러로 감액했는지를 밝히지 않는 이유일 것이다. 어쨌든 그 같은 정보는 비밀로 남아있으며 현행 규정에는 정말로 투자자가 "상관할 일이 아니"라는 것과 다를 바 없는 내용이 있다(이러한 정보 격차는 뮤추얼펀드의 고위 임원이 펀드에서 받는 보수와 운용사에서 받는 보수를 공개할 필요 없다는 SEC의 한결같은 입장에서도 찾아볼 수 있다. 그러나 그러한 정보의 공개는 다른 주식회사에는 빠짐없이 적용되는 기준이다). 알쏭달쏭한 금액대가 아니라 정확한 공시 정보를 제공하도록 법규를 개정하는 것은 빠를수록 좋다.

기준 12: 운용사의 조직 구조

내가 오래 전에 뮤추얼펀드 산업에 입문했을 때만 해도 사실상 모든 자산운용사가 주주의 지배를 받는 소규모 합자회사나 주식회사 형태였다. 그 당시에 자산운용사는 펀드와 한 몸이나 다름없었고 스스로를 위임된 자산의 수탁자이자 관리자로 간주했다. 운용사 사람들은 자기 자신을 투자 운용이라는 전문직종의 종사자로 생각했다. 그러나 1958년에는 그러한 구조가 사라지고 있었다. 3장에서 다루었듯이 운용사의 주식 상장이 가능해지자 수많은 운용사의 상장이 잇따랐다. 그때 운용사들은 자사 주식의 가격과 자사 소유자의 이익에 초점을 맞추려고 애썼다. 그 과정에서 펀드 주주의 이익이 희생되는 일이 많았다. 펀드 그룹의 자산과 시장 점유율을 쌓아 나갈 뿐 아니라 운용 수수료 매출을 늘리고 공격적으로 판촉활동을 벌이며 최대한 많은 이익을 얻는 것이 1차 목표가 되었다.

그러나 4장에서 설명했듯이 이것은 시작에 불과했다. 차츰 금융대기업들이 상장 운용사나 개인 운용사를 매입해나갔다. 이들은 펀드 투자자가 맡긴 자본의 수익률보다는 스스로의 자본 수익률을 극대화는 데 초점을 맞추었다. 예를 들어 무려 10억 달러에 자산운용사를 인수한 은행은 무슨 일이 있어도 자본비용 15퍼센트(연간 1억 5,000만 달러)를 벌어들여야 했다. 그 결과 전문가로서의 관심사(주주 자산에 대한 관리자 의식)는 사업적인 이해관계로 대체되었다. 상술과 마케팅이 성행했고 매출이 늘어났다.

현재까지 상호 구조를 선택한 운용사는 뱅가드가 유일한데 나는 이러한 운용사에는 3점을, 개인 기업으로 유지되는 운용사에는 2점을, 상장된 운용사에는 1점을 주겠다. 내가 주는 점수에 동의하든 동의하지 않든 결정은 당신의 몫이다. 그러나 펀드의 운용과 동떨어진 금융대기업이 운용사를 소유할 때 관리자 의식이 상당 부분 실종된다는 내 생각에 동의한다면 그러한 구조를 갖춘 운용사에는 0점을 주는 것이 올바른 판단인 듯싶다.

기준 13: 이사회의 구성

뮤추얼펀드의 투자자문사와 연관되지 않은 사외이사들의 진정한 독립성을 측정할 방법은 없다. 그러나 이사들의 업적, 배경, 경험을 따져볼 수는 있다. 더욱이 이사로서의 재직 기간도 척도로 삼을 수 있다. 나는 솔직히 재직 기간이 긴 이사를 선호하는 편이다. 3~5년도 재직하지 않은 이사가 어떻게 자신의 책무를 제대로 이해할 수 있겠는가? 또한 재직 기간이 길다 하더라도 100~200개나 되는 펀드에 재직하는 이사가 펀드 하나하나를 파악할 수 있겠는가? 펀드 이름이라도 기억할지 의문이다! 펀드 이사의 보수가 과도한지도 따져보아야 한다. 지나치게 많은 보수를 받는 이사는 그 금액을 결정하는 운용사의 이익을 우선시하는 쪽으로 편향될 수도 있다.

기준 13의 점수를 매기는 일은 부정확할 수밖에 없으며 개인적인 판단뿐만 아니라 짐작이 개입된다. 어찌 되었든 개인적인 판단과 어림짐작을 두루 동원하여 이 분야에서 전반적으로 우수한 운용사에는 3점을, 상당한 개선이 필요한 운용사에는 0점을, 그 중간에 있는 운용사에는 1~2점을 주자.

기준 14: 이사회의 리더십

펀드 이사회장에게는 상당한 권한이 따라붙는다. 권한을 거의 행사하지 않더라도 그 권한은 막강하다. 이사회장은 이사회를 이끌고 안건을 정하며 펀드의 지배구조를 책임지는 주요 관계자이거나, 그러한 역할을 하도록 기대된다. 한편 펀드의 CEO는 대체로 자산운용사를 운영한다. 시간이 흐르고 우리 사회에서 이사회의 독립성에 대한 관심이 높아져가는 가운데 나는 펀드 회장과 펀드 CEO의 직책이 분리되어야 하며 경영진과는 별개로 이사회에도 명확한 권한을 위임해야 한다고 생각하기에 이르렀다(나는 웰링턴자산운용와 뱅가드에서 두 직책을 모두 역임했다. 그러나 "상황이 달라지면 생각도 달라집니다. 당신은 어떻습니까?"라는 케인스의 말에 수긍하는 바다). 따라서 회장과 CEO가 분리되어 있는 운용사에는 3점을, 운용사 회장이나 사장이 뮤추얼펀드 이사회의 회장으로도 재직할 정도로 이해충돌이 극에 달한 운용사에는 0점을 주자. 이처럼 극과 극인 지배구조 모형의 중간에 해당하는 운용사에는 1~2점을 줄 수 있다.

기준 15: 규제 문제

반드시 따져보아야 할 일이 있다. 우리는 펀드나 자산운용사가 SEC 같은 주요 연방 규제 기관, 과거에 전미증권협회NASD였던 금융산업규제국FINRA, 주정부 산하의 증권위원회 등의 규제 당국과 갈등을 빚는 일이 얼마나 자주 있었는지 확인해야 한다. 문제가 드러났을 때 양측의 합의 조건은 무엇이었는지도 알아보아야 한다. 피고가 "혐의를 인정하지도, 부인하지도 않은" 상태로 합의가 이루어지는 일이 너무도 많았다(나는 합의라는 관행을 좋아하지 않는다. 운용사 임원은 잘못을 인정하든가, 혐의를 부인하고 판사와 배심원 앞에 서서 무엇이 되든지 결과를 받아들여야 한다). 위반한 것으로 추정되는 법이 민법인지 형법인지도 여부도 중요하다. 그러고 보니 업계 최대 규모의 펀드 그룹 가운데 다섯 곳이 마켓 타이밍 스캔들에 휘말리지 않았지만 평판이 훌륭한 대형 펀드 그룹 한 곳은 중대한 규제 문제에 직면했으며 징계와 벌금을 받았다.[09] 규제 이력이 깨끗한 운용사에는 3점을, 중대한 규제 문제를 겪은 운용사에는 0점을 부여하자(자료 5.6에는 네 가지 구체적인 사례가 소개되어 있다).

업계의 다른 운용사 중에서 관리자 의식 점수가 200점을 훌쩍 넘는 곳이 거의 없으며, 대다수가 75점 미만이다. 나는 향후 10년 동안 전자에 해당하는 운용사가 다른 운용사보다 훨씬 더 높은 수익률을 주주에게 제공할 공산이 크다고 생각한다. 결과적으로 관리자 의식을 중요시하고 실천하는 운용사가 펀드 산업을 지배하게 될 것이다. 주주는 자신에게 가장 이득이 될 일을 찾아 반기를 들고 기적을 행할 것이다.

나는 투자자들에게 관리자 지수의 열다섯 가지 기준을 눈여겨보고 그 기준에 부합하는 펀드의 지분을 선택하고 보유하기를 강력하게 권고한다. 위의 기준들 중 100퍼센트 정확한 기준은 없다. 그러니 얼마든 자신만의 기준을 추가하여 독자적인 판단을 내리기를 바란다. 그러나 무엇보다도 관리자 의식과 상업성 사이에 적절한 균형이 이루어진 영업적인 압박보다 전문가로서의 규범을 우위에 둔 뮤추얼펀

---

09 2008년 FINRA는 아메리칸펀즈의 운용사인 캐피탈그룹이 펀드 지분의 판매량에 따라 펀드 중개 수수료를 브로커에 지급한 규정 위반에 100만 달러의 벌금을 부과했다. 항소심에서도 평결은 그대로 유지되었지만 사실상 "누구나 그렇게 한다"라는 이유로 벌금 액수가 10만 달러로 줄어들었다. 흥미로운 사례다!

드사에 투자 자금의 상당 부분을 맡기자. 관리자 지수는 비록 불완전하고 주관적이기는 해도 자산운용사가 어느 정도로 수탁 원칙을 이행하며 투자자의 신뢰를 받을 자격이 있는지 평가하기 위한 척도다.

닭장 안에 여우가 있는가?

내가 매긴 뱅가드의 관리자 지수 점수는 300점 만점에 267점으로서 훨씬 더 규모가 작은 롱리프Longleaf의 247점과 사실상 동점이다. 아메리칸펀즈에는 펀드 규모와 규제 문제 때문에 그보다 낮은 점수를 매겼다. 퍼트넘의 점수가 최저점에 가까운 67점인 이유는 내 주관적인 견해뿐 아니라 실제 정보(높은 보수비용율과 회전율, 판매 수수료, 대기업의 소유 등)를 반영했기 때문이다. 모닝스타 통계 서비스 역시 '관리자 의식 등급'이라는 자체적인 평가 체계로 펀드 그룹의 점수를 매긴다. 뱅가드의 평균 등급은 A다(물론 '운용사 인센티브' 항목에서는 매우 낮은 점수를 받았다. 나는 그러한 결과를 어떻게 해석해야 할지 모르겠다!). 그 이외에 아메리칸펀즈는 A, 롱리프는 B, 퍼트넘은 B를 받았다. 이들의 개별 항목 점수는 A에서 C를 넘나들며, 자료 5.6에 소개한 내 평가 점수와도 전반적인 패턴이 거의 일치한다.

이 점수를 매기기 위해 나는 4개 운용사 각각이 운용하거나 감독하는 펀드 가운데 규모가 가장 크면서도 대표성이 강한 펀드 몇 개를 선정해 검토했다(대형 뮤추얼펀드사 대부분이 다양한 목표, 방침, 전략은 물론 비용까지 아우르는 펀드를 제공한다). 내 평가 체계는 다소 복잡하며 심지어 얄팍해 보일 수도 있다. 내 판단이 지나치게 단순해 보인다면 내가 관리자 지수를 측정하기 위해 사용한 열다섯 가지 항목 외에도 독자

자료 5.6 "천사도 발 딛기 두려워하는 그곳"*

		관리자 지수			
		뱅가드	아메리칸펀즈	롱리프	퍼트넘
1	운용 수수료와 영업외비용	3	2	2	0
2	포트폴리오 회전율	3	3	3	0
3	분산 투자	3	2	2	1
4	마케팅 지향성	2	2	3	0
5	광고	3	3	3	0
6	진열대 사용료	3	1	3	1
7	판매 수수료	3	0	3	1
8	주주 안정성	3	3	3	1
9	펀드 규모 제한	2	0	2	1
10	펀드매니저의 경험과 안정성	2	3	2	0
11	내부자 소유 여부	2	3	3	1
12	운용사의 조직 구조	3	2	2	0
13	이사회의 구성	3	3	1	2
14	이사회장의 리더십	2	2	1	2
15	규제 문제	3	0	3	1
	합계	40	29	37	10
	SQ	267	193	247	67

* 뱅가드와 경쟁사들을 비교하는 위험한 행위에 대한 내 망설임을 담은 표현이다.

<u>스스로</u>가 적절하다고 생각하는 요소를 감안하여 어느 정도는 독자의 입장에서 판단해볼 것을 권장한다.

특히 여우가 지키는 닭장처럼 음험한 의도가 있는 이들이 운용하는 펀드에는 당연히 의심의 눈초리를 보내야 한다. 15개 항목 가운데 (전부는 아니지만) 대부분의 항목에서 뱅가드에 높은 점수를 준 점이 다소 민망하다. 그러나 내가 수탁 의무 기준 중에서도 가장 엄격한 기준을 충족할 만큼 상호적인 구조로 뱅가드를 설립한 것은 사실이다. 내 선택은 뱅가드의 고객 지향적인 문화에 반영되어 있다. 나는 그러

한 문화를 조성하는 일에 전력을 다했다. 38년 후에도 고객 지향적인 문화는 상당 부분 그대로 유지되었다. 물론 뱅가드가 (1) 단연코 업계 최저 비용을 자랑하는 회사이며, (2) 회전율이 낮고 시장 전반을 아우르는 인덱스펀드에 가장 특화된 데다, (3) 판매 수수료 없이 펀드 지분을 제공할 뿐만 아니라, (4) 가장 낮은 환매율을 보이며, (5) 펀드 실적을 전혀 광고하지 않는 회사라는 데는 논란의 여지가 없다. 그 이외에 다른 요소에는 이론의 여지가 있을지도 모르니 마음껏 논의하고 내가 부여한 점수에 이의를 제기해도 좋다.

분명 뱅가드는 최저 비용으로 운용되는 다른 주식 및 채권과 비교해 상대적으로 수익률을 정확하게 예측할 수 있는 인덱스펀드를 뚜렷하게 선호하며 인덱스펀드에 대한 의존도가 높다. 그와 같은 전략은 뱅가드의 관리자 의식의 가장 중요한 시금석 역할을 해왔다. 적극적으로 운용되는 기존 뮤추얼펀드와 소극적으로 운용되는 인덱스펀드의 차이는 그 자체로 독자적인 이야깃거리가 된다. 장기 투자 문화에서 성행하던 인덱스펀드가 어떻게 해서 단기 투기 성격의 인덱스펀드에 밀려나게 되었는지도 마찬가지다. 그 이야기는 6장에서 이어진다.

6장

인덱스펀드의 탄생

장기 투자의 부상과 단기 투기의 도전

집 짓는 자들이 버린 돌이 모퉁이의 머릿돌이 되었나니.

— 구약성서 시편 118편

인덱스펀드는 어떻게 조성되었는가

초기 인덱스 뮤추얼펀드의 간략한 역사: 장기 투자의 패러다임

1976년 8월 31일, 사실상 세계 최초의 '인덱스 뮤추얼펀드'가 공식적으로 모습을 드러냈다. 퍼스트 인덱스 인베스트먼트 트러스트First Index Investment Trust라는 인덱스펀드를 내놓은 곳은 뱅가드그룹이었다. 뱅가드는 불과 16개월 전에 영업을 시작한 신생 뮤추얼펀드사였다. 인덱스펀드는 소규모 자산 기반으로 시작했으나 최근에는 모닝스타의 말을 빌자면 "투자업계의 기념비적인 사건이며 (…) 오늘날에도 꾸준하게 이어지는 혁명"이라는 찬사를 받는다. 인덱스펀드가 탄생한 지 거의 36년이 흘렀으며 내가 장기 투자의 패러다임으로 구상했던 뱅가드의 인덱스 뮤추얼펀드는 현재 세계에서 가장 큰 주식 집합체가 되었다. 현재 '뱅가드500 인덱스펀드'로 알려졌으며 여섯 종류의 펀드로 구성된 인덱스펀드의 자산 규모는 2,050억 달러를 웃돈다.

월가에서는 인덱스펀드가 인기를 끌지 못했다. 소극적인 운용(패시브펀드)이 적극적인 운용(액티브펀드)을 능가할 수 있다는 무언의 주장은 비판받고 조롱당했다. 그때까지만 해도 뮤추얼펀드 산업의 보편적인 전략은 적극적인 운용이었고, 최초의 인덱스펀드에는 '보글의 어리석은 짓Bogle's Folly'이라는 별칭이 붙었다. 인덱스펀드는 "비非미국적"이라는 말도 들었다. 그러나 오늘날 인덱스펀드는 놀랄 만큼 많은 인정을 받고 있다. 현재 인덱스펀드의 자산 규모는 2조 4,000억 달러에 달해 주식형펀드 총자산의 25퍼센트 이상을 차지한다. 게다가 이러한 추세는 한층 가속화되고 있다. 지난 5년 동안 액티브 주식형펀드는 3,720억 달러의 자금이 빠져나가는 타격을 입었지만 인덱스펀드에는 5,710억 달러의 자금이 유입되었다. 인덱스투자가 시의적절한 전략이라는 것은 충분히 입증된 사실이다. "집 짓는 자들이 버린 돌이 모퉁이의 머릿돌이 되었다"라는 시편 118편의 교훈이 인덱스투자를 설명하기에 적절하다.

인덱스펀드가 창시되었을 때만 해도 뱅가드의 동료들은 인덱스투자가 결국 뮤추얼펀드 산업을 재편하리라는 나의 확신에 동의했다. 주식형 뮤추얼펀드는 전반적으로 주식시장의 수익률을 거의 따라가기는 했지만 그것도 높은 비용을 공제하기 전의 일이었다. 이러한 비용에는 연평균 자산의 1.5퍼센트 정도에 달하는 운용 수수료와 영업 경비, 브로커에 펀드 지분 판매의 대가로 지급하는 판매 수수료, 포트폴리오 회전에 내재된 (비공개) 거래비용, 액티브펀드의 주주에게 발생하는 과도한 세금 등이 포함되었다. 이 비용을 모두 합하면 세후 연간 3퍼센트는 되었기 때문에 액티브펀드에 투자한 사람들은 대부분 시장보다 한참 낮은 수익률을 얻을 수밖에 없었다.

인덱스펀드의 시작

이와 대조적으로 최초의 인덱스펀드는 S&P 500 지수를 추종하는 펀드로서 적극적인 운용이 필요하지 않기 때문에 자문료가 없었으며, 연간 보수비용율이 0.3퍼센트를 넘지 않을 것으로 예상되었다 (2011년까지 뱅가드500 인덱스펀드의 보수비용율은 불과 0.06퍼센트로 낮아졌다). 또한 IPO 이후 판매 수수료 일체를 없앴으며 포트폴리오 회전 비용을 최소한으로 발생시켰다. 게다가 세금 효율성이 높았다. 그 결과 최초의 인덱스펀드는 투자자들에게 적정 수준의 주식시장수익률을 보장했다. 더욱이 비용이 미미했기 때문에 비용 공제 후에도 별 영향이 없었다.

나와 함께 인덱스펀드의 투자 개념과 마케팅 계획을 개발한 사람 중에는 젊은 나이에도 뛰어난 능력을 보인 제임스 리프가 있다. 리프는 훗날 존경받는 업계 리더가 되었고 ICI의 회장과 티로우 프라이스의 상무를 지냈다. 그 외에 프린스턴대학과 와튼 경영대학원을 갓 졸업했으며 이후 프랭크러셀의 대표이사가 된 얀 트바르도프스키가 개발에 참여했다. 그는 인덱스펀드의 타당성을 입증하는 데 필요한 통계 작업을 완벽하고 정확하며 전문적으로 해냈다. 1975년 초여름, 우리 세 사람은 펀드의 타당성을 입증하기 시작했다. 1975년 9월 18일에 있었던 이사회의에서 나는 뱅가드 이사들에게 공식제안서를 건넸다.

회의에서 대부분의 논의는 이 독창적인 모험이 신생 회사인 뱅가드의 권한에 속하는지에 집중되었다. 그 당시에 1년도 안 된 뱅가드가 투자자문이나 마케팅 서비스에 관여할 수는 없었다. 우리의 권한은 펀드와 관련된 행정 서비스 일체를 제공하는 것으로 제한되어 있었으며 그마저도 상당한 내부 갈등 끝에 얻은 권한이었다. 그러나 우리는 그 어떠한 투자자문에도 개입하지 않을 것이며 IPO를 위한 언더라이팅은 브로커들로 구성된 외부연합체에게 맡길 것이라는 말로 이사회를 설득시켰다.

우리는 이사들에게 과거의 기록을 담은 표를 제시했다. 1945~1975년까지 모든 주식형 뮤추얼펀드의 연평균 수익률은 9.7퍼센트였다. 이에 비해 S&P 500 지수의 수익률은 그보다 연간 1.6퍼센트포인트 더 높은 11.3퍼센트였다. 1.6퍼센트포인트의 우위는 겉보기에 미미하지만 인덱스펀드가 보수적이면서도 합리적인 방식으로 주가지수를 추종해 제공할 수 있는 장기 우위와 비슷했다.

이러한 차이는 그 자체로 설득력이 있어 보였지만 우리는 확실하게 설득하기 위해 초기 투자 자금 100만 달러가 있는 인덱스펀드와 일반 펀드를 가정했다. 그런 다음에 30년 동안의 수익률을 복리로 환산했다. 그 결과 인덱스펀드의 수익률은 2,402만 4,000달러였고, 일반 뮤추얼펀드의 수익률은 1,538만 7,000달러로 인덱스펀드의 수익 우위는 자그마치 900만 달러에 가까웠다. 이처럼 언뜻 믿기 어려운 결과는 (나중에 자세히 설명하겠지만) **수익률의 복리 효과**라는 마법이 비용의 복리 효과라는 횡포를 압도한 결과였다.

그 당시에는 신생 뮤추얼펀드가 자본을 조달할 수 있는 방법이 월가의 금융회사 집단에 IPO의 언더라이팅을 해달라고 설득하는 방법뿐이었다. 나는 뱅가드의 인덱스펀드를 위해 몇 달 동안 금융회사 연합체를 구성하려 애썼지만 결국에는 '딘위터', '바슈-할시 스튜어트', '페인, 웨버, 잭슨 앤드 커티스', '레이놀즈증권' 등 월가의 4대 소매금융 브로커만이 내 제안에 응했다(아이러니하게도 이 가운데 현재까지 남아 있는 회사는 단 한 곳도 없다). 이들의 목표 금액은 1억 5,000만 달러로서 성공적인 IPO가 확실시되었다. 적어도 우리 생각은 그러했다.

결과는 그렇지 못했다. 퍼스트 인덱스 인베스트먼트 트러스트의 공식적인 IPO 금액은 목표치보다 93퍼센트 부족한 1,130만 달러에 불과했다. 퍼스트 인베스트먼트 트러스트가 S&P 500 지수에 포함된 500개 주식 전부를 보유하기에는 턱없이 부족한 금액이었다. 언더라이팅을 담당한 브로커들은 실패했다는 소식을 전하면서 모든 일을 없던 일로 하고 IPO를 취소하자고 제안했다. 내가 "절대 안 됩니다. 우리가 세계 최초의 인덱스펀드를 준비한다는 사실을 잊으셨어요?"라고 대답했던 것이 기억난다.

교수, 학생, 그리고 인덱스펀드

노벨경제학상 수상자인 폴 새뮤얼슨은 세계 최초 인덱스펀드의 개발에 중요한 영향을 끼쳤다. 그로부터 25년도 더 전인 1951년에 나는 프린스턴대학 3학년이었는데 당시 쓴 논문 〈투자회사의 경제적 역할〉에서 인덱스펀드 개념을 넌지시 제시했다. 나는 항상 역발상을 좋아했고 직관적으로 남들이 많이 다니지 않은 길을 택하곤 했다. 그리고 미국의 시인 로버트 프로스트의 표현처럼 그로 인해 "모든 것이 달라졌다." 새뮤얼슨 박사는 나보다 훨씬 더 직설적이고 단호했다. 그는 대놓고 인덱스펀드가 필요하다고 주장했다. 그의 말 덕분에 나는 기성 산업에 도전한다는 난제를 앞두고 마음을 다질 수 있었다.

1974년 가을, 《저널 오브 포트폴리오 매니지먼트》라는 학술지의 창간호 첫 논문으로 새뮤얼슨 박사의 〈판단에 대한 도전〉이 게재되었다. 참으로 시의적절한 순간에 그 논문이 내 눈을 끌었다.[01] 새뮤얼슨 교수는 "적어도 대규모 펀드사라면 S&P 500 지수를 추종하는 포트폴리오를 구성해야 한다. 그저 내부의 총잡이들이 자신의 기량 측정에 이용할 수 있는 단순한 모형을 구성하는 것이 목적이라면 말이다. (…) 전미경제학회AEA는 회원들을 위해 판매 및 운용 수수료가 없으며 사실상 회전이 불가능한 펀드를 조성하는 방안을 생각해 볼 수 있다." 그러나 새뮤얼슨은 "경제학자보다 물리치료사가 창출하는 경제적 가치가 더 클 수 있다"라는 말로 극복 불가능한 어려움이 있음을 지적했다. 그는 인덱스펀드를 창시할 사람이 직면할 수 있는 도전 과제를 구체적으로 제시했다.

나는 새뮤얼슨이 제시한 도전과제를 접하고는 가만히 있을 수 없었다. 다른 회사들도 최초의 인덱스펀드를 개발할 **기회**가 있었지만 뱅가드만이 **동기**가 있었다. 5장에서 설명한 이유 때문에 '뱅가드'라는 신생 기업은 **상호 구조** 인덱스펀드라는 단순하고 명확하며 논리적인 신개념의 '선봉vanguard'에 설 수밖에 없었다. 그 이유는 무엇일까? 뱅가드의 목표가 잘 분산되고 최소한의 비용으로 운용되며 장기 투자에 적합한 펀드를 제공하는 것이었기 때문이다. 우리만이 상호성이 있는 뮤추얼펀드사였으며, 인덱스펀드는 그러한 우리 회사에 딱 들어맞았다. 그야말로 천생연분이었고 그 사실은 내가 지난 30년 동안 취합한 S&P 500 지수 대비 뱅가드500 인덱스펀드의 실적과 같은 객관적 데이터로 명백하게 뒷받침된다.

---

01 그로부터 1년 후에 투자 전문가 찰스 엘리스가 《파이낸셜 애널리스트 저널》에 발표한 논문 〈패자의 게임〉 역시 내 의욕을 자극했다. 그 한참 전에도 프린스턴대학의 버턴 말킬 교수는 명저 《랜덤워크 투자수업》의 초판에서 "시장 평균 수준인 주식 수백 개를 매입하기만 하는 뮤추얼펀드"를 시작하려는 사람에게 도전장을 던졌다. 안타깝게도 나는 1980년대 초반에 이르러서야 말킬의 책을 읽었다.

간단한 계산: 이론의 여지가 없는 결론

두 서로 다른 이론이 패시브 투자 전략의 토대가 되었다는 사실을 아는 사람은 전문가 중에서도 드물다. 학자와 시장을 정밀하게 분석하는 '퀀트'는 1960년대 중반에 시카고 대학의 유진 파마 교수가 주창한 효율적 시장 가설Efficient Market Hypothesis, EMH을 따른다. EMH는 주식이 투자자 다수의 합리적인 의견과 정보를 모두 정확히 반영한 가격으로 끊임없이 평가되기 때문에 주식의 가격이 합당하다는 이론이다.

그러나 내가 여러 차례 언급했듯이 우리의 신념은 EMH를 토대로 하지 않는다. 결국 시장은 효율적일 때도 있지만 반대로 비효율적일 때도 있기 때문에, 그 차이를 실시간으로 파악하기란 쉽지 않다. 그보다 우리는 한층 더 설득력 있을 뿐 아니라 더욱 보편적인 이론을 따랐다. 비용 문제 가설Cost Matters Hypothesis, CMH만 있으면 지수 추종이 성공할 수밖에 없는 이유를 설명할 수 있다. 실제로 우리는 CMH 덕분에 지수 추종의 효과를 상당히 정확하게 계량화할 수 있었다. 시장이 효율적이든 아니든 CMH의 설명력은 그대로 유지된다. 내가 앞부분에서 언급했듯이 주식시장의 총수익률에서 수익을 위해 들인 (높은) 비용을 공제하면 투자자가 실제로 얻는 순수익률이 된다. CMH는 이처럼 단순하다.02

나에게는 지수 추종이 이론적·현실적으로 유효하며 좋은 성과를 내리라는 것을 동시에 입증할 필생의 기회였다. 인덱스펀드 덕분에

---

02 이러한 내 생각은 영국의 철학자 오컴이 말한 '경제성의 원리'의 영향을 받았다. '오컴의 면도날'로 알려진 이 원칙은 다양한 문제 해결책이 존재할 때 가장 간단한 해결책을 선택하는 것을 골자로 한다.

신생 기업인 뱅가드는 끊임없이 발전하던 뮤추얼펀드 업계에서 선구자 역할을 할 수 있을 터였다. '뱅가드Vanguard'라는 단어에는 '새로운 추세의 주도'라는 뜻도 있다. 새뮤얼슨 교수가 준 영감에 행운과 고된 노력이 결합되어, 대학 시절 논문을 쓰면서 머릿속에 싹튼 생각이 마침내 현실이 되었다(**박스 6.1** 참고).

새뮤얼슨 교수의 《뉴스위크》 기고문

뱅가드의 언더라이팅에 대한 언론의 첫 반응은 상당히 호의적이었지만 인덱스펀드가 뮤추얼펀드 산업의 새로운 시대를 열 것이라고 시사한 언론은 없었다. 가장 열광적인 반응을 한 사람은 새뮤얼슨 교수였다. 그는 1976년 8월에 《뉴스위크》에 기고한 글에서 우리가 "전체 시장을 모방하며 판매 수수료를 요구하지 않고 수수료, 회전비용, 운용 비용을 가능한 한 최소한으로 유지"하는 인덱스펀드를 창시했다면서 자신이 오래 전에 던진 도전장이 마침내 응답을 받았다며 기쁨을 표시했다.

박스 6.1

아이디어와 실행의 차이

아이디어는 차고 넘치지만 관건은 그 아이디어를 실행으로 옮길 수 있는지 여부다. 나는 이력을 쌓는 내내 이러한 좌우명을 표현해왔다. 세계 최초의 인덱스펀드 개발에도 당연히 그러한 좌우명이 적용되었다.

내가 인덱스펀드라는 아이디어를 막연하게나마 떠올린 때는 한참 전인 1951년이었다. 나는 주식형펀드의 수익률과 다양한 시장 지수를 비교한 통계 자료를 검토한 끝에 학부 시절 논문에서 뮤추얼펀드가 "시장 평균보다 우월하다고 주장해서는 안 된다"라는 결론을 내렸다. 다른 이들은 시장과 인덱스펀드의 조화에 대한 내 관심이 한참 전에 내린 그 결론에서 시작되었다고 해석했다. 솔직히 말해 나는 정말 그러한지 확신할 수 없다. 하지만 인덱스펀드의 씨앗을 심었던 때를 생각해보면 바로 그때가 떠오른다. 그 씨앗은 1975년 내가 S&P 500 지수를 추종하는 첫 인덱스 뮤추얼펀드에 대한 제안서를 뱅가드 이사회에 제출하면서 싹을 틔웠다.

이미 1960년대 말에는 대다수의 애널리스트와 학자가 지수 추종 개념을 본격적으로 모색하던 중이었다. 1969~1971년, 웰스파고 은행은 존 맥퀀, 윌리엄 파우즈, 제임스 버틴 등의 주도 아래에 복잡한 수학 모델을 기반으로 새로운 인덱스투자의 원리와 기법을 개발했다. 맥퀀은 "우리는 컴퓨터, 데이터, 좋은 모델을 쓰기 전까지 어떤 절차가 옳고 그른지 판단할 수 없었다. 많은 것을 놓쳤지만 명확한 아이디어 몇 가지를 생각해냈다"라고 말했다. 이들은 그러한 작업을 토대로 1971년에 쌤소나이트 주식회사의 연기금 600만 달러를 주가지수에 투자했다.

아이디어는 탄탄했지만 누군가가 묘사한 대로 그 실행은 "끔찍한 실패"로 끝났다. 이들이 뉴욕증권거래소에 상장된 주식을 포트폴리오 종목의 비중을 균일하게 유지하는 동일가중방식EWI 전략을 구사했고, 그 결과 "회계 처리와 경리 업무가 복잡해지고 날마다 관리"해야 하는 번거로움이 발생했기 때문이다. 웰스파고의 전략은 실패했고 결국 1976년에 중단되었다. 웰스파고는 그 후 당연히 새 지수로 대형주에 집중하는 시가총액가중지수MSCI인 S&P 500 지수를 선택했다. 1975년에 뱅가드가 새 펀드의 기준으로 선택한 바로 그 지수였다. 웰스파고는 연기금 고객들을 위해 새로운 전략을 구사했고 나중에는 일리노이 벨로 적용 범위를 확대했다.

이와 별개로 1971년에 보스턴의 배터리마치 파이낸셜 매니지먼트는 자사 자문을 받는 고객들에게 인덱스투자 방식을 제공하기로 결정했다. 개발자는 이 회사의 설립자인 제러미 그랜섬과 딘 르배런이었다. 그랜섬은 1971년 하버드 경영대학원 세미나에서 인덱스투자의 개념을 설명했지만 호응하는 사람은 없었다. 그러한 노고에도 불구하고 배터리마치는 1972년 《펜션 앤 인베스트먼트》라는 잡지사가 주는 '의심스러운 업적 상Dubious Achievement Award'을 받았다. 이 회사가 최초의 연기금 고객을 유치한 때는 그로부터 2년이 흐른 1974년 12월이었다.

그때는 이미 시카고의 아메리칸내셔널뱅크가 S&P 500 지수를 추종하며 10만 달러 이상의 투자를 의무화한 공동 신탁 펀드common trust fund가 존재했다. '공동 신탁 펀드'라는 개념은 학계는 물론 인덱스투자를 처음으로 주창한 금융회사 세 곳에서 일반인들에게까지 전파되기 시작했다.

그 외에도 인덱스펀드와 비슷한 투자 방식을 개발하려다 실패한 두 곳의 사례를 알아보자. 2002년 아멕스의 임원이었던 조지 밀러가 내게 짧은 편지와 함께 '미국의 인덱스펀드'에 대한 예비투자설명서 한 부를 보냈다. 아멕스가 1974년 2월 22일 SEC에 제출한 문서였다. 해당 펀드는 S&P 500을 '느슨하게 추종'하며 100만 달러 이상을 투자해야 했다. 그러나 그 해가 가기 전에 아메리칸익스프레스의 고위 경영진은 이러한 도전을 감행할 용기를 잃었다. 제안은 철회되었고 해당 계획은 없던 일이 되었다.

2011년 9월, 《월스트리트 저널》은 밀러라는 독자가 편집자에게 보낸 편지를 실었다. 인덱스펀드의 역사를 간략하게 설명한 내용이었다. 그 편지에 따르면 인덱스펀드의 창시자를 자처하는 회사는 한 곳 더 존재했다. 티아 크레프의 어느 임원은 1971년에 노벨경제학상 수상자이자 티아 크레프의 일부인 크레프CREF에 있던 밀턴 프리드먼이 보낸 편지를 공개했다. 프리드먼은 크레프가 변액 연금variable annuity에 대한 모든 투자 분석을 중단하고 "기계적으로 S&P 500 지수만을 활용"해야 한다고 제안했다. 그의 아이디어 역시 주목 받지 못했고 실행에 옮겨지지 않았다.

이처럼 인덱스투자 개념의 복잡한 개발 역사만 보더라도 아이디어 그 자체보다 그 아이디어를 실행에 옮기는 것이 관건임을 확인할 수 있다. 인덱스투자에 대한 그 모든 시도에 점수를 매기자면 아이디어는 A+이지만 실행은 F다. 뱅가드만이 아이디어와 실행 모두 A+를 받았다. 특정한 혁신 기술이 실행되었는지는 아이디어와 실행 모두 최고점을 받았는지 여부로 가늠할 수 있다.

이제 그러한 펀드가 눈앞에 있었다. 새뮤얼슨은 "예상했던 것보다 더 빨리 내 대담한 기도가 응답을 받았다. 곧 시장에도 등장할 것이다. 나는 빳빳한 신규 투자설명서에서 '퍼스트 인베스트먼트 트러스트'를 보았다"고 썼다. 그는 해당 펀드가 여섯 가지 요건 가운데 다섯 가지만을 충족한다는 점은 인정했다. (1) 자산이 많지 않은 투자자도 이용할 수 있고, (2) 전반적인 S&P 500 지수의 추종을 제안하며, (3) 매년 매우 적은 경비만 부담하면 되고, (4) 포트폴리오 회전율이 극도로 낮으며, (5) "무엇보다도 평균 수익률의 극대화에 필요한 가장 광범위한 분산 투자와 더불어 최소분산 포트폴리오portfolio variance〔포트폴리오 수익이 얼마만큼 잘 분산되어 있는지 보여주는 수치로서 각 투자 항목의 표준 편차를 산출해 구함〕와 변동성을 제공"해야 한다는 것이다.

새뮤얼슨은 여섯 번째 요건(노로드펀드여야 한다는 것)은 충족되지 못했지만 그럼에도 "일개 교수의 기도가 완전한 응답을 받는 일은 드물다"라며 너그러운 태도를 보였다. 공교롭게도 불과 6개월 후에 그의 마지막 기도 역시 응답을 받았다. 1977년 2월, 뱅가드가 모든 펀드의 판매 수수료를 없앴고 '노로드' 체제로 유례없는 전환을 감행한 것이다.

알고 보면 오랜 관계

신기한 사실은 (《뉴욕타임스》가 말한 것처럼) "가장 중요한 20세기 경제학자"와 나의 관계가 그보다 훨씬 더 오래 전에 시작되었다는 점이다. 프린스턴대학 시절에 적당히 똑똑했지만 뛰어나다고 하기에는 부족했던 나는 2학년 때 처음으로 경제학 수업을 들었다. 교재는 새뮤얼슨이 쓴 《경제학》 초판이었다(밑줄이 가득한 책이 아직도 내 서재 책장에 꽂혀 있다). 솔직히 말하자면 나는 그 책이 버거웠고, 난생 처음으로 접한 경제학 과목에서 형편없는 성적을 받았다. 1948년 가을에 받은 내 중간고사 점수는 4+였다(현재 점수로는 D+). 내가 프린스턴대학이 주는 전액장학금을 계속 받으려면 평균 학점을 3-(현재 점수로는 C-) 이상으로 유지해야 했다. 학기말까지 성적을 올려놓지 못하면 대학 생활이 끝장날 터였다.

나는 힘겨운 나날을 보낸 끝에 학기말에 내가 목표로 했던 3점을 간신히 얻었다. 내 학점은 계속해서 올라갔다. 다행히도 3학년 때 뮤추얼펀드 산업에 관한 논문(물론 새뮤얼슨의 책과는 판이한 내용이었지만)을 써서 높은 학점을 받은 덕택에 나는 경제학과를 우수한 성적으로 졸업했다. 그 후 1951년 7월 5일에 선구자 월터 모건의 웰링턴자산운용에 입사하면서 뮤추얼펀드 산업에 입문했다.

귀중한 성원

1948년에 그처럼 초라한 출발을 해 1975년에 최초의 인덱스 뮤추얼펀드에 대해 새뮤얼슨의 지지를 받기까지 그와 내 관계는 점점 더 돈독해졌다. 1993년, 나는 그에게 내 첫 번째 책인 《존 보글, 뮤추얼펀드를 말하다》의 추천사를 부탁했다. 그는 추천사 대신 서문을 쓰고 싶다고 하면서 나를 깜짝 놀라게 했다. 그때 그가 써준 서문의 요약본을 아래 옮긴다.

> 과거에 어느 보건총감은 담뱃갑에 "이 제품은 건강을 해칠 수 있습니다"라는 경고 문구를 삽입하도록 의무화했다. 그 사람은 개인의 자산 관리를 다루는 100권의 책 중 99권에도 똑같은 경고문의 삽입을 의무화해야 했다. 예외는 거의 없다. 벤저민 그레이엄의 《현명한 투자자》가 그러한 예외였다. 나는 《존 보글, 뮤추얼펀드를 말하다》를 또 하나의 예외로 적극 추천한다. (…) 나는 뱅가드그룹의 펀드와 아무런 관련이 없다. 그

저 수많은 자녀와 그보다 더 많은 손주들 같은 뱅가드의 초기 투자자일 뿐이다. 따라서 여론 법정의 객관적인 증인인 내 추천은 꽤 큰 의미가 있을 것이다. 존 보글은 뮤추얼 산업 전반을 최적의 방향으로 바꾸어놓았다. 이런 말을 들을 수 있는 사람은 거의 없다.

서로에 대한 존경심

서로 알고 지낸 61년의 세월 동안 폴 새뮤얼슨과 내가 직접 만난 횟수는 여섯 번에 불과했다. 그러나 그는 내게 짧은 편지를 자주 보냈으며 스무 번도 넘게 내 사무실로 연락했다. 그의 전화를 받을 때마다 나는 재빨리 메모 용지와 펜을 손에 쥐었다. 그가 최초의 뮤추얼펀드를 개선할 수 있는 일련의 아이디어를 속사포 같이 쏟아내리라는 것을 잘 알았기 때문이다. 처음에는 (당연히!) 주눅들었지만 시간이 흐를수록 새뮤얼슨의 천재성뿐만 아니라 온화하고 우호적인 성품, 풍자적인 유머 감각, 자기보다 한참 떨어지는 두뇌의 소유자에 대한 참을성에 감탄했다.

'한여름 어느 날'에 그가 보냈던 짧은 편지가 갑자기 떠오른다. 2005년 6월 말에 새뮤얼슨은 "뱅가드가 내 여섯 자녀와 열다섯 명의 손주에게 해준 일들을 생각하면 내가 당신에게 끼친 사소한 영향은 아무것도 아닙니다. 다윈이 당신을 축복하기를!"이라는 내용의 자필 편지를 내게 보냈다. 우리 둘의 서로에 대한 존경심은 내가 2007년에 쓴 《모든 주식을 소유하라》를 새뮤얼슨에게 헌정했을 때 최고조에 이르렀다. 헌정사의 마지막 문장은 "현재 92세인 새뮤얼슨은 여전히 내 멘토이자 영감의 원천이며 빛나는 등불이다"였다. 그가 오랜 삶의 여정을 끝낸 2009년 이후에도 나는 여전히 그에게서 영감을 얻는다.

단순한 아이디어가 거대한 현실이 된다

오늘날 S&P 500 지수를 추종하는 뱅가드500 인덱스펀드의 총자산은 2,000억 달러를 웃돈다. 뱅가드의 펀드는 통틀어서 세계 최대 규모의 주식형펀드다. 두 번째로 규모가 큰 주식형펀드는 1,800억 달러의 자산으로 구성된 뱅가드 토탈스톡마켓 인덱스펀드다. 이 펀드의 포트폴리오는 S&P 500에 포함된 대형주 위주로 구성되지만 중형주와 소형주도 포함한다. 투자자들은 인덱스펀드라는 우리의 구상과 그 실행에 확실한 지지를 보내왔다. 그들은 자신에게 가장 이익이 되는 펀드를 선택했고 앞으로도 계속 그렇게 할 것이다.

잘 알려진 바와 같이 새뮤얼슨은 2005년 11월 15일에 보스턴 증권분석가협회 회의에서 한 연설에서 다음과 같이 인덱스펀드에 대한 최고의 찬사를 보냈다. "보글의 발명이 바퀴, 알파벳, 구텐베르크 인쇄술, 와인, 치즈의 발명 만큼 가치가 있다고 생각한다. 그가 발명한 뮤추얼펀드는 사리사욕보다 펀드 주주의 장기수익률을 끌어올렸다. 새로운 시대가 열렸다." 지식계의 거장인 새뮤얼슨이 평범한 인간으로서 뛰어난 지성도 없이 간신히 버텨온(그러나 대단한 지적 호기심과 단호한 결단력을 소유한) 내게 보낸 그 말은 내가 오랜 경력을 쌓는 동안 얻은 보상 중에서도 최고에 속한다. 어떤 이는 경제학 덕택에 어울리지 않는 두 사람이 뭉쳤다고 말할지도 모른다. 그러나 어쨌든 교수와 제자가 힘을 합쳐 세계 최초의 인덱스펀드를 만들었다.

인덱스투자의 승리

뱅가드가 1975년에 개발한 인덱스펀드는 부정적인 반응과 경멸 섞인 평가를 잔뜩 이끌어냈다. 경쟁사의 반응은 전혀 없었다. 흔히 하는 말대로 뮤추얼펀드 산업은 "전혀 개의치 않았다." 실제로 제2의 인덱스펀드가 나온 것은 그로부터 9년이 흐른 후였다. 1984년에서야 웰스파고가 스테이지코치 코퍼레이트 주식형펀드Stagecoach Corporate Stock Fund를 내놓았다. 그러나 웰스파고의 인덱스펀드는 판매 수수료 4.5퍼센트와 연간 경비 1퍼센트를 청구했다. 비용이 그만큼이나 발생하는데 성공하기란 어려웠다. 결국 해당 펀드는 추종 대상인 주가지수[03]의 실적에 한참 못 미치는 실적을 냈다. 현재는 웰스파고 어드밴티지 인덱스펀드로 이름이 바뀐 해당 펀드의 자산은 1억 3,000만 달러에 불과하다. 인덱스펀드의 총자산에 비하면 새발의 피 수준이다.

1986년에는 본격적인 주식형 인덱스펀드로서 판매 수수료 4.75퍼센트가 붙는 콜로니얼 인덱스 트러스트가 나왔다. 초기 판매 수수료를 감안하면 사실상 "한참 뒤지는 위치에서" 출발한 인덱스펀드였다. 게다가 연간 1.50퍼센트 정도인 영업 경비까지 더해져 해당 인덱스펀드의 상황은 해가 갈수록 더더욱 불리해졌다. 시장은 안목이 있었다. 결함을 내포한 해당 펀드는 투자자의 자산을 소규모로만 유치했고 1993년에 마감을 맞이했다.

10년이라는 긴 세월 동안 인덱스펀드는 여전히 주식형 뮤추얼펀드 자산 중에서 조그만 비중만 차지했다. 1986년 말에 그 비중은 0.5퍼센트에도 미치지 못했다. 그럼에도 인덱스펀드는 민간 연기금 분야에서 강세를 보여 연기금 자산 가운데 15퍼센트 가까이를 유치했다. 인덱스투자의 상승세가 자리 잡기 시작했다.

---

03 웰스파고의 대변인은 이처럼 높은 비용을 다음과 같은 말로 정당화했다. "우리(관리자)는 엄청난 수익을 올릴 수 있다. 우리 인덱스펀드는 고수익 상품이다."

자료 6.1 인덱스투자의 상승세: 인덱스 뮤추얼펀드 자산의 증가(1977~2012년)

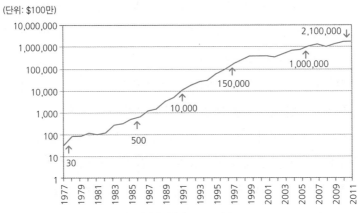

자료 6.1 인덱스투자의 상승세: 인덱스 뮤추얼펀드 자산의 증가(1977~2012년)

출처: 모닝스타(1977~1984년), 스트래티직 인사이트(1984년~)

인덱스펀드가 인정을 받기까지는 오랜 시간이 걸렸으나 그 인기는 갑자기 급상승했다. 주식형 인덱스펀드의 자산은 1976년에 1,100만 달러(주식형펀드 자산의 0.3퍼센트 비중)에 불과했지만 10년 후에는 약 60배에 달하는 6억 달러(0.4퍼센트 비중)로 급증했고 그러다가 1996년에 910억 달러(5.5퍼센트 비중)에 이르렀다. 2001년까지 인덱스펀드의 자산은 3,400억 달러(11퍼센트 비중)로 뛰어올랐고 2012년 초반에는 1조 1,000억 달러에 달해 주식형펀드 자산 가운데 무려 28퍼센트를 차지하기에 이르렀다(자료 6.1 참고). 이것만 보더라도 인덱스투자의 승리는 확실했다.

단순함의 힘

인덱스펀드가 기관 투자자와 개인 투자자의 마음을 끈 까닭은 단순성 때문이다. 인덱스펀드는 S&P 500 지수를 추종하며 사실상 미국 주식시장을 소유했다. 주식시장을 매입해서 영원히(아니면 적어도 은퇴할 때까지) 소유하는 것이 인덱스투자의 골자다. 펀드매니저가 바뀌어도 걱정할 필요가 없다. 시장을 잠시라도 앞지를 정도로 운이 좋거나 머리가 잘 돌아가는 펀드매니저가 누구인지 고심할 필요도 없다. 펀드매니저를 찾느라 고심할 필요도 없다. 인덱스펀드를 소유하면 투자에 대한 고민 없는 삶을 살고 느긋하게 지낼 수 있다.[04]

좋든 나쁘든 인덱스펀드는 성장과 더불어 종류가 다양해졌다. 초창기에는 모든 인덱스펀드가 S&P 500 지수를 추종했다. 그러나 얼마 지나지 않아 인덱스투자는 미국의 주식시장 전체를 아우르기에 이르렀다(나쁘지 않은 일이었다). 그 후 인덱스투자는 성장주, 가치주, 대형주, 중형주, 소형주 등의 다양한 섹터를, 그다음에는 해외시장과 신흥시장을 차례차례 포괄하는 식으로 확대되었다. 나는 이러한 확장에도 크게 신경 쓰지 않았다. 1990년대 초반에 신종 인덱스펀드가 시장에 등장했다. 언제나 장이 마감할 때만 매입이나 환매가 가능했던 TIF는 언제든 즉시 매입과 매도가 가능한 신종 인덱스펀드인 ETF의 도전을 받았다. 그러나 ETF는 폭넓은 다각화를 제공하되 대상으로 하는 시장이 한정되어 있었다. 나는 이러한 추세에 대한 우려를 상당히 노골적으로 드러냈다.[05]

어쨌든 현재 인덱스펀드는 두 가지로 뚜렷하게 나뉜다(물론 ETF와

---

04 투자자는 일반적으로 네 가지 주식형 뮤추얼펀드를 소유한다. 또 펀드매니저는 일반적으로 한 직장에 5년 동안 머무른다. 따라서 투자 기간이 60년이라고 하면 투자자의 포트폴리오를 운용하는 관리자가 약 50번 바뀌는 셈이다. 그러니 투자자가 인덱스펀드에 근접하는 수익률을 낼 수 없는 것이 당연하다.

05 지난 10년 동안 ETF는 급성장을 거듭하며 인덱스펀드의 대세로 자리 잡았고 인덱스투자의 새로운 패러다임이 되었다. ETF의 자산 개요(자료 6.5 참고)는 TIF의 자산 개요(자료 6.2 참고)와 판이해 보인다.

자료 6.2 TIF 현황: 장기 보유 포트폴리오의 장악

종류	펀드의 수	총자산(단위: $100만)
S&P 500 인덱스	51	304,855
전체 주식시장	9	180,200
광범위한 시장 추종 합계	60	485,055
보완 지수 추종	5	23,459
대형주	36	47,077
중형주	19	33,780
소형주	25	40,510
대형주·중형주·소형주 합계	80	121,367
해외 선진국	33	99,589
신흥시장	5	14,140
해외시장 합계	38	113,729
기타	34	27,309
TIF 합계	217	770,919

TIF의 포트폴리오에는 일부 겹치는 부분도 있지만 그처럼 중첩되는 경우는 놀랄 만큼 극소수다). 이제 자료 6.2를 살펴보면서 TIF의 자산 구성으로 시선을 돌려보자. 2012년이 시작될 당시의 자산 구성을 보여주는 자료 6.2는 여러모로 주목할 필요가 있다. 첫째, 미국의 다양한 주식시장을 포괄하는 인덱스펀드는 평생 보유를 목표로 설계되었으며 자산 규모가 총 4,850억 달러로서 전체 TIF 자산의 거의 65퍼센트를 차지한다. 여기에 모든 시장 리스크 익스포저risk exposure[발생 가능한 손실 가능액]를 포괄하기 위해 S&P 500 펀드와 함께 운용되는 보완펀드completion fund, 시장 전체의 대형주 편향성을 반영하는 대형주 펀드, 전 세계 선진국 시장에 투자하는 인덱스펀드까지 더하면, 총 134개 펀드에 자산

규모는 6,550억 달러에 달한다. 이처럼 다양한 시장을 포괄하는 인덱스펀드는 전체 TIF 자산인 7,770억 달러의 약 90퍼센트를 차지한다. 기존 인덱스펀드가 여전히 대세를 장악한 것을 보면 최초의 인덱스펀드가 패러다임으로 삼았던 장기 투자 지향성이 오늘날에도 패러다임 자리를 유지하고 있음을 알 수 있다.

푸딩의 맛

거듭 말하건대 푸딩의 맛은 먹어보아야 알 수 있는 법이다. 그러므로 이제 최초의 인덱스펀드가 초기 투자자들에게 실제로 제공한 성과가 어떠했는지 알아볼 필요가 있다. 다행히도 나는 2006년에 인덱스펀드 출범 30주년 기념 만찬에 참석한 덕분에 위의 질문에 대한 답을 알게 되었다. 설리번앤크롬웰 소속으로 펀드의 인수자들에게 법률 자문을 제공한 변호사 스티븐 웨스트는 만찬장에 모인 사람들에게 자신이 최초의 인덱스펀드가 나오자마자 1,000주를 주당 15달러에 샀다고 말했다. 이 금액에는 유통회사에게 지급할 초기 판매 수수료 6퍼센트가 포함되어 있었다고 한다. 그에 따르면 1만 5,000달러를 그대로 보유했으며 환매 한번 하지 않고 모든 배당수익을 재투자했다고 한다. 그러더니 그는 호주머니에서 가장 최근에 받은 뱅가드의 자산보고서를 꺼내어 자신이 보유한 인덱스펀드의 가치가 46만 1,771달러로 불어났다고 자랑했다. 그 후 2007년부터 2009년 초까지 극심한 하락장이 이어졌지만 2012년에 들어서면서 그가 초기에 투자한 인덱스펀드의 가치는 꾸준히 상승해 55만 134달러에 이르렀다. 이 정도 성과에 무슨 말이 더 필요하겠는가.[06]

따라서 "최초 투자자는 어떠한 성과를 올렸는가?"라는 단순한 질문을 누군가가 던진다면 "굉장히 좋은 성과를 올렸다"는 말로 간단하게 답할 수 있다. 그러나 그 이외에도 (좀 더 고차원적이고 온전히 객관적인) 질문을 해볼 수 있다. "패시브펀드인 뱅가드500 인덱스펀드의 수익률을 전문가가 운용한 액티브펀드의 수익률과 비교해 어떠한가?"라는 질문이다. 그에 대한 유일한 답은 "이례적으로 훌륭하다!"이다. 뱅가드500 인덱스펀드는 대형주 위주의 펀드(성장주와 가치주도 포함한 펀드)에 비해 장기간에 걸쳐 놀랄 만큼 우수한 실적을 올렸다. 지난 25년 동안 뱅가드500 인덱스펀드는 상위 50퍼센트에 속한 적이 16차례이며 하위 25퍼센트에 속한 적은 단 한 번도 없었다. 이 인덱스펀드처럼 높은 순위를 자주 기록했으며 한 번도 순위가 바닥으로 추락하지 않은 펀드가 있을까 싶다.[07] 이것이 명확한 사실이다. 단순하지만 이보다 더 정확한 답을 찾기란 어렵다. 주식형펀드는 놀랄 만큼 빠른 속도로 나타났다가 사라진다. 따라서 자취를 감춘 펀드의 열등한 수익률까지 감안할 필요는 없다. 그렇게 하더라도 부정확한 답을 얻게 마련이다.[08] 물론 인덱스펀드의 상당한 세금 효율과 최소한의 포트폴리오 회전율이 지니는 가치를 정확하게 추정할 수는 없다. 운용되는 펀드 중 대략 3분의 2가 연평균 5퍼센트 정도의 판매 수수료를 부과하는데, 이러한 펀드의 투자자가 치르는 판매 수수료의 액수

---

06 한 가지만 언급하자면 1976년에 존재했던 주식형 뮤추얼펀드 360개 중에서 살아남은 펀드는 135개 정도에 불과하다. 대략 225개 펀드가 시장에서 자취를 감췄다.

07 나는 펀드를 시작할 때쯤 이례적인 성과를 올리는 꿈을 꾼 적이 있다. 꿈속에서 나는 인덱스펀드라는 사실을 밝히지 않고 펀드를 출시하기로 마음먹었다. 투자자들에게 내가 포트폴리오를 관리할 것이라고 말했다. 그리고 지난 25년 동안 가장 성공한 주식형펀드 관리자로 꼽히게 되었다. 깨고 나서 꿈이란 걸 깨달았다….

를 정확하게 산출할 방법도 없다.

그러나 뱅가드는 가능한 한 모든 사실을 제공하려고 한다. 다음은 데이터를 통해 알 수 있는 사실들이다.

- 뱅가드500 인덱스펀드가 초창기인 1976년부터 2012년 초까지 올린 연간 평균수익률은 10.4퍼센트다. 최초에 1만 달러를 투자했다면 최종적인 복리가치compounded value는 32만 8,838달러다.
- 대형주 혼합 펀드(가장 적합한 비교 대상)의 연간 평균수익률은 평균적으로 9.2퍼센트였다. 최초에 1만 달러를 투자했다면 총수익률의 복리가치는 22만 6,253달러다.
- 인덱스펀드의 우위는 연간 1.2퍼센트포인트이며 누적 우위는 10만 2,585달러다. 인덱스펀드의 총자본축적률이 50퍼센트 가까이 높다는 이야기다. 놀랍게도 1.2퍼센트포인트라는 차이는 내가 1975년에 뱅가드 이사들에게 대략적으로 제시한 조정수익률 차이인 1.6퍼센트포인트와 거의 비슷하다.[09] 수익률 우위가 60년에 가까운 기간 동안 놀랄 만큼 일관되게 유지되었다는 사실을 보면 인덱스펀드의 우월성이 꾸준히 유지되고 있음을 알 수 있다.

그러나 이러한 결과도 적극적인 운용사들에 유리한 방향으로 편향되어 있다. 어째서일까? 여기에는 네 가지 이유가 있다. 첫째, 장담컨

---

08 뱅가드는 최근에 1990년부터 2010년까지 20년을 아우르는 연구를 진행했다. 연구 결과 생존자 편향 오류를 감안하면 미국의 액티브 주식형펀드 가운데 72퍼센트가 S&P 500 지수의 수익률보다 떨어지는 것으로 밝혀졌다.

09 좀 더 자세한 정보는 4장의 각주 3번을 보라.

자료 6.3 액티브펀드보다 앞선 인덱스펀드의 연평균 수익률(1976~2011년)

기간	S&P 500 지수	뱅가드500 인덱스펀드**	평균 대형주 혼합형펀드***	뱅가드 500 인덱스펀드 vs. 평균 대형주 혼합형펀드
1976*~1981년	8.8%	8.1%	12.1%	-4.0%p
1981~1986년	19.9%	19.3%	16.8%	2.5%p
1986~1991년	15.4%	15.0%	12.2%	2.8%p
1991~1996년	15.2%	15.1%	12.6%	2.5%p
1996~2001년	10.7%	10.7%	8.7%	2.0%p
2001~2006년	6.2%	6.1%	5.0%	1.1%p
2006~2011년	-0.2%	-0.2%	-1.9%	1.7%p
1976*~2011년	10.6%	10.4%	9.2%	1.2%p
1만 달러의 가치 증식	$356,276	$328,838	$226,253	$102,585

출처: 모닝스타

* 뱅가드500 인덱스펀드의 출범일인 1976년 8월 31일부터 연말까지를 말한다.

** 2000년까지는 인베스터 셰어스(최소 투자 금액이 3,000달러인 투자군), 그 이후에는 애드미럴 셰어스(최소 투자 금액 10,000달러 이상인 투자군으로 인베스터 셰어스보다 비용이 낮다)의 데이터다.

*** 내가 산출한 수치는 모닝스타의 데이터에서 0.5퍼센트로 추정되는 생존자 편향 오류와 0.3퍼센트로 추정되는 판매 수수료의 영향을 제거한 것이다.

대 표에 제시된 조정수익률의 차이가 상당히 축소되어 있다. 둘째, 인덱스펀드의 세금 우위를 감안하지 않았다. 이를 감안하면 연간 1퍼센트 이상의 우위가 추가된다. 셋째, 지수 추종 펀드의 비용이 급감함에 따라 뱅가드500 인덱스펀드의 수익률과 S&P 500 지수의 수익률 차이 자체가 0.7퍼센트에서 2011년 0에 가까운 수준으로 떨어졌다. 넷째, 분명 뱅가드는 펀드를 출시하기에는 불리한 시기를 선택했다. 펀드를 출시한 1976년은 S&P 500의 수익률이 액티브펀드보다 비정상적으로 높았던 기간(1972~1975년)이 끝난 직후였다. 따라서 초기 5년 동안 평균회귀가 어느 정도 일어났으리라 추정할 수 있다. 하필이면 75년 기간 가운데 그 5년 동안은 S&P 500이 액티브펀드와의 경쟁에서 유일하게 패배한 때였다. 객관적으로 뱅가드500 인덱스펀드가 향후 3개 기간 동안에 올린 뛰어난 성과는 어느 정도의 평균회귀를 반영한 것일 수 있다.

혁신가의 책임

최초의 인덱스펀드가 두각을 드러내기도 전에 우리는 펀드의 종류를 늘려나갔다. 물론 최초의 인덱스펀드는 기술성(투자자의 성과)과 상업성(자산 획득) 측면에서 경이로운 성공을 거두었다. 뱅가드는 S&P 500 인덱스펀드의 원조를 창시한 선구자로서 새로운 인덱스펀드의 개발에 앞장서기로 결정했다. 종류는 달라도 모두 동일한 우위를 제공하되 투자자의 특수한 요구에 부합하는 펀드를 개발하기로 한 것이다. 뮤추얼펀드 산업이 그러한 방향으로 변화하고 있음은 거의 확실해 보였다(실제로도 그러했다). 뱅가드는 기량과 경험이 있는 투자 담당 직원과 행정 담당 직원을 갖춘 데다 최저 비용으로 펀드를 운용할 역량이 있었다. 그러한 장점을 감안할 때 우리는 뱅가드가 인덱스펀드 분야를 계속 이끌어야 할 책임이 있다고 판단했다. 그에 따라 기존의 인덱스투자 개념을 확대해 좀 더 폭넓은 용도로 활용한다는 전략 구축에 신속하게 돌입했다. 전략은 빠르고도 손쉽게 추진되었다. 우리는 주식형 인덱스펀드를 개발한 이후 몇 년 동안 우선 채권형 인덱스펀드 분야에 진출했다. 그다음에는 인덱스펀드 '패밀리'를 구축해 우리의 권한을 큰 폭으로 확대했다. **박스 6.2**는 그 과정을 요약한 것이다.[10]

채권형 인덱스펀드

1986년은 뱅가드의 주식형 인덱스펀드가 10주년을 맞이한 해였다. 얼마 지나지 않아 주식형 인덱스펀드의 자산은 10억 달러를 넘어섰다. 뱅가드의 주식형 인덱스펀드는 뛰어난 성과를 거두고 (대단하지는 않더라도) 점점 더 큰 인정을 받았다. 이러한 상황에서 "인덱스투자가 주식시장에서 그토록 뛰어난 성과를 거두었으니 채권시장에서도 그렇지 않을까?"라는 생각이 떠오른 것은 정해진 수순이었다. 더욱이 수익률이 큰 폭으로 변동하는 주식형펀드와 비교할 때 채권형펀드의 연간 수익률은 그보다 훨씬 더 좁은 오차에서 움직인다. 채권형펀드의 수익률이 운용사의 기량 차이보다는 전반적인 금리 변화의 영향을 받기 때문이다. 결론적으로 저비용 채권형 인덱스펀드는 액티브 채권형펀드를 크게 앞설 뿐 아니라 그처럼 우월한 성과를 지속적으로 유지할 수 있으며, 투자자들에게 인덱스펀드의 우위를 보장하고 명확하게 전달하게 된다.

따라서 1986년이 저물어갈 무렵에 우리는 인덱스펀드라는 대양에 두 번째 다이빙을 감행했다. 뱅가드는 개인 투자자를 대상으로 한 최초의 채권형 인덱스펀드를 조성했다(기관 투자자 대상의 채권형 인덱스펀드는 그해 초에 시작되었다). 채권형펀드는 대부분 보수비용율이 높고

---

10 이러한 역사에 대한 좀 더 자세한 정보는 내가 1995년에 개인적으로 펴낸 소책자 《뱅가드: 인덱스투자의 선구자》에 나와 있다. www.johncbogle.com에서도 열람할 수 있다.

판매 수수료가 과도해 가격이 큰 폭으로 과대평가되어 있었다. 그렇기 때문에 나는 채권형 인덱스펀드가 시장의 주요 요구를 반드시 충족하리라 판단했다. 저비용이며 판매 수수료가 없는 인덱스펀드라면 그러한 수요의 대부분을 채울 수 있을 것으로 보였다.

우리는 '뱅가드 본드마켓 인덱스펀드'의 조성으로 다시 한번 선구자 자리에 섰다. SEC는 인덱스펀드가 상대적으로 적은 숫자의 개별 채권을 소유할 수 있으며 4,000개의 채권이 포함된 지수와 거의 비슷한 성과를 기대할 수 있다는 우리의 구상을 인정하지 않을 것이 분명했다. 그런 만큼 '뱅가드 채권형 인덱스펀드'라는 이름의 사용을 허용하지 않을 가능성이 컸다. 우리는 1986년 내내 채권형 인덱스펀드의 기초를 닦았지만《포브스》가 고정수익형 뮤추얼펀드의 신통찮은 수익률과 높은 비용을 지적하면서 저비용 채권형 인덱스펀드가 필요하다는 시장의 니즈를 전달했을 때 마지막 영감을 얻었다(정말이다!).

두 번째 열렬한 외침

《포브스》는 "뱅가드, 당신이 가장 필요한 지금, 어디에 있는가?"라며 호소하듯 질문을 던졌다.《포브스》의 열렬한 외침은 폴 새뮤얼슨이 10년 전에 주식형 인덱스펀드의 필요성을 호소했을 때처럼 쐐기를 박았다. 우리는 다시 한번 응답했다. 그 후 우리의 채권형 인덱스펀드 역시 기술성과 상업성 측면에서 큰 성공작으로 판명되었다. 채권형 인덱스펀드는 미국의 투자등급 채권을 포괄하는 리먼브라더스 채권 지수(현재 명칭은 바클리스 자본총액 채권지수)의 수익률을 거의 그대로 따라가는 성과를 거두었다. 뱅가드의 채권형 인덱스펀드는

10년 만에 가장 자산 규모가 큰 채권 뮤추얼펀드 10개 중 하나가 되었다.[11]

　시간이 걸리기는 했지만 현재 '뱅가드 토탈본드마켓 인덱스펀드'라는 채권형 인덱스펀드는 업계에서 두 번째로 규모가 큰 채권형펀드로 부상했다. 2012년 초에 이르러서는 서로 연결된 포트폴리오 두 개로 구성된 해당 펀드의 총자산이 1,600억 달러를 기록했다. 이보다 규모가 큰 채권형펀드는 자산 규모 2,500억 달러로 최고 위치를 차지한 핌코의 토탈리턴 채권형펀드뿐이었다. 핌코의 자산 규모는 채권 산업의 전설적인 인물인 빌 그로스의 지휘하에 우월한 수익률을 올린 덕분이었다. 그 외에는 핌코와 뱅가드의 수준에 근접하는 채권형펀드가 단 한 곳도 없다. 핌코와 뱅가드 다음 10대 채권형펀드의 평균 자산은 340억 달러 정도에 지나지 않는다.

　이러한 규모만 보더라도 뱅가드 토탈본드마켓 인덱스펀드가 실적 잠재력을 온전히 발휘했음을 알 수 있다. 24년이 지난 현재 연평균 수익률은 6.9퍼센트에 이르며, 다른 과세대상 채권형펀드의 평균 수익률인 5.7퍼센트를 1.2퍼센트포인트나 앞선다. 뱅가드의 채권형 인덱스펀드는 훨씬 더 적은 신용 리스크를 감수했음에도 이처럼 우월한 성과를 얻고 있다. 채권시장 지수처럼 70퍼센트가 넘는 자산을 미국 재무부와 그 산하 기관의 보증을 받는 유가증권으로 보유하고 있기

---

11 채권시장 지수를 흡사하게 추종하는 것이 쉽다는 이야기는 아니다. 2002년 뱅가드 토탈본드마켓 인덱스펀드의 수익률은 바클리스 인덱스펀드의 수익률보다 무려 2퍼센트포인트나 뒤처졌다. 역설적이게도 전체 채권시장 인덱스펀드는 그러한 부진에도 불구하고 액티브 채권형펀드를 0.75퍼센트포인트 앞섰다.

때문이다. 여기에는 자동이체식 증권mortgage pass through certificate
〔차입자가 지급하는 상환액이 투자자에게 전달되는 증권〕도 포함된다.
1986년 말에 투자된 10만 달러의 복리가치는 엄청났다. 액티브 채권
형펀드에 투자된 10만 달러의 복리가치는 2만 9,900달러였다. 뱅가드
토탈본드마켓 인덱스펀드는 4만 2,600달러로, 수익률의 차이가 40퍼
센트를 웃돌았다. 이처럼 놀라운 우위를 통해 복리수익률의 마법도,
복리 비용의 만행도 잊지 말아야 한다는 진리를 재차 확인할 수 있다.

경험에서 얻은 교훈

채권시장도 이러한 이치를 깨우친 것이 분명했다. 1989년 뱅가드
의 채권형 인덱스펀드의 자산은 1억 달러에도 미치지 못했으며 전체
과세대상 채권형펀드의 자산 가운데 0.1퍼센트를 차지하는 데 그쳤
다. 그러나 1996년에 이르러 채권형 인덱스펀드의 자산은 과세대상
채권형펀드 자산의 1퍼센트 정도에 해당하는 40억 달러로 뛰어올랐
으며, 2006년에는 4퍼센트에 달하는 450억 달러를 기록했다. 2012년
초에 뱅가드 채권형 인덱스펀드의 총자산은 1,900억 달러로 전체 과
세형 펀드 자산의 9퍼센트에 가까운 기록적인 비중을 차지하기에 이
르렀다.

더 중요한 점은 현재 채권형 인덱스펀드의 총자산이 3,700억 달러
로 자산 2조 4,000억 달러 규모의 과세대상 채권형펀드 가운데 사상
최고치인 17퍼센트를 차지한다는 사실이다. 더욱이 2011년에는 전체
과세대상 채권형펀드에 유입된 투자 자금 중 무려 40퍼센트가 채권
형 인덱스펀드로 향했다. 이러한 침투력만 보더라도 채권 인덱스투

자의 추세가 주식과 마찬가지로 계속 성장하리라는 것을 짐작할 수 있다. 채권 인덱스투자의 확산은 세계 최대 자산운용사인 블랙록의 피터 피셔가 한 말을 입증하는 것이었다. "우리는 인덱스 혁명의 2단계로 나아가고 있다. 세계는 위협적이고 불확실한 장소이며, 투자자들은 밤잠을 푹 자기 위해 자신의 (채권) 포트폴리오가 간소해지기를 원한다."

연평균 보수비용율이 0.1퍼센트(10bp)인 뱅가드 토탈본드마켓 인덱스펀드는 오늘날에도 경쟁력을 갖추고 있다. 다른 회사의 채권형 인덱스펀드는 연평균 0.4퍼센트(40bp)의 수수료를 청구한다. 더 나아가 과세대상 액티브 채권형펀드의 연평균 보수비용율은 1.05퍼센트(105 bp)다. 그뿐만 아니라 액티브 채권형펀드는 대체로 과중한 판매 수수료를 청구한다. 이러한 점에서 나는 채권 인덱스투자의 우월성이 시간이 흐르면 흐를수록 한층 더 뚜렷이 입증되리라 확신한다.

단, 전체 채권시장 인덱스펀드의 단점이 있다면 바클리스 자본총액 채권 지수 자체의 문제점 때문일 것이다. 해당 지수는 미국 재무부 채권을 비롯한 국채뿐만 아니라 연방정부 후원 주택담보대출채권GNMA 등에 과도한 가중치를 부여한다. 1986년 뱅가드 채권형 인덱스펀드의 첫 연차보고서에서 나는 미국 정부 관련 채권이 자산의 77퍼센트를 차지한다고 보고했다. 가장 최근에 나온 뱅가드 채권형 인덱스펀드의 보고서에 따르면 현재 그 비중은 아주 약간 하락한 72퍼센트다. 10년 만기 국채의 수익률이 고작 1.6퍼센트에 머무는 등 국채수익률이 1940년대 이후로 가장 낮은 수준에 근접하고 있는 가운데 금리 인상 리스크도 간과할 수는 없다.

따라서 이제는 토탈코퍼레이트본드(회사채) 인덱스펀드 같은 신종 채권형 인덱스펀드를 개발할 때다. 2012년 5월, 회사채 인덱스펀드의 추정수익률은 3.3퍼센트로 뱅가드 토탈본드마켓 인덱스펀드의 수익률인 1.9퍼센트를 훌쩍 웃돈다. 회사채 인덱스펀드는 과도한 리스크를 떠안지 않고도 좀 더 높은 수익을 얻고자 하는 투자자들에게 적합할 것이다. 예를 들어 투자자가 포트폴리오에 있는 채권형 인덱스펀드의 절반을 투자(적격) 등급 회사채로 옮길 경우 채권의 35퍼센트를 국채로 소유하게 된다. 앞으로 한동안 낮은 금리 기조가 이어지고 회사채와 국채의 수익률 차이가 현재 수준으로 유지된다면, 회사채 인덱스펀드가 투자자에게 제공될 날도 멀지 않아 보인다.

뱅가드 인덱스펀드 패밀리의 이정표(1986~1996년)

- 1986년: 채권형 인덱스펀드의 개발

  인덱스펀드 운용사로서의 평판을 구축하기 위해 취한 조치였다. 자세한 내용은 박스 6.2 를 참조하라.

- 1987년: 인덱스펀드의 확장

  S&P 500 지수를 추종하는 인덱스펀드는 장점이 많지만 미흡한 점도 있다. 미국 증시의 약 80퍼센트와 비슷한 수익률을 내는 수단을 제공했지만 시가총액이 중간 규모이거나 소규모인 주식을 배제했다. 확장된 시장 포트폴리오는 S&P 500에 속하지 않는 주식도 편입해서, 미국의 거의 모든 주식을 포괄하는 윌셔 5000 지수 추종에 적합했다.

- 1989년: 뱅가드 소형주 펀드

해당 펀드는 원래 외부에서 운용하던 액티브펀드로서, 1985~1988년
에 유독 낮은 실적을 냈다. 뱅가드는 해당 펀드를 러셀 2000 지수를
추종하는 소규모 시가총액 인덱스펀드로 전환했다.

- 1990년: 두 종류의 글로벌펀드

우리는 원래 모건스탠리 캐피털 인터내셔널이 발표하는 EAFE(유럽,
호주, 극동) 주가지수를 추종하는 해외 펀드를 검토했다. 그러나 그
당시에는 일본 증시의 거품 붕괴 리스크가 상당했다. 그에 따라 우
리는 두 종류의 글로벌펀드를 출시함으로써 그러한 딜레마를 해결
하고자 했다. 하나는 EAFE의 유럽 지수을 추종하는 펀드였고 다른
하나는 태평양 지역 부분을 추종하는 펀드였다. 우연이었든 선견지
명이었든 일본 증시에 대한 우려는 그대로 현실이 되었으며 1989년
에 내리막길을 걷기 시작한 일본 증시는 오늘날까지도 하락세를 이
어가고 있다.

- 1990년: 대형기관 투자자 대상 인덱스펀드

뱅가드 기관 인덱스펀드 역시 S&P 500 지수를 추종하지만 자산이 많
은 기관 투자자를 대상으로 했다. 계정당 1,000만 달러 이상의 최초
투자 금액을 요구했으며 보수비용율이 0.09퍼센트에 불과했다. 당시
뱅가드500 인덱스펀드의 보수비용율인 0.22퍼센트보다 한참 낮은 수
준이다.

- 1992년: 혼합형 인덱스펀드

  우리는 주식 인덱스투자와 채권 인덱스투자의 효과를 연달아 입증했다. 주식 지수에 60퍼센트를, 채권 지수에 40퍼센트를 투자하는 혼합형 인덱스펀드의 출시는 당연한 수순이었다. 혼합형 인덱스펀드라는 개념은 그 후에 개발된 뱅가드 라이프스트래티지 펀드Life Strategy Fund의 모태가 되었으며, 2005년에는 뱅가드 타겟리타이어먼트 펀드Target Retirement Fund(생애주기 펀드)로 이어졌다. 두 펀드의 근간은 다양한 자산군을 대상으로 하는 인덱스펀드다.

- 1992년: 성장주 인덱스펀드와 가치주 인덱스펀드

  '토탈마켓' 인덱스투자의 확실한 성공으로 자신감을 얻은 뱅가드는 성장주 인덱스펀드와 가치주 인덱스펀드를 나누어 제공하기로 결정했다. 1992년 S&P가 마침내 성장주 지수와 가치주 지수를 내놓자 우리는 그 두 지수를 추종하는 펀드를 내놓았다. 수급 단계accumulation phase에는 성장주 인덱스펀드를, 분배 단계distribution phase에는 가치주 인덱스펀드를 제공하는 아이디어였다. 안타깝게도 너무도 많은 투자자가 미래에 가장 실적이 좋을 만한 섹터를 예측하는 일에 두 가지 펀드를 이용했다(당연히 대부분이 손실을 입었다). 두 인덱스펀드의 잠재력은 아직까지 발휘되지 못한 상태다.

- 1993년: 만기 확정 채권형 인덱스펀드DMF

  우리는 업계 최초로 만기가 정해진 채권형 인덱스펀드를 개발했다. 장기채, 중기채, 단기채 포트폴리오는 리먼브라더스 전체 채권 지수의 해당 부분을 모델로 했다.[12] 이러한 구분은 1976년에 뱅가드가 조성한 3단계 지방채 기금에서 비롯되었다. 과세형 포트폴리오로 구성된 해당 펀드는 엄밀히 말해 인덱스펀드는 아니었지만 인덱스투자 원칙에 따라 운용되었다.

- 1993년: 신흥시장 인덱스펀드

같은 해 말에 뱅가드는 MSCI의 신흥시장 지수를 추종하는 신흥시장 펀드를 조성하기로 결정했다. 신흥시장 주식은 위험한 수준으로 폭등한 듯 보였지만 우리는 그러한 포트폴리오가 장기적으로는 유용하리라 판단했다. 그런데 운이 좋았는지 절차와 규제상의 문제가 발생해 1994년 5월까지 출시가 미루어졌고 그동안 신흥시장의 거품이 붕괴되었다.

- 1993년: 과세관리 인덱스펀드

뱅가드는 역시 1993년(바쁜 한 해!)에 세후 이익을 극대화하는 신종 인덱스펀드를 개발하기 시작했다. 우리가 개발한 지수 추종 과세관리 펀드는 세 가지였다. 각각 과세관리 성장과 소득 펀드, 자본 증대 펀드, 혼합형펀드로서 수익률이 비교적 낮은 주식 포트폴리오와 중기 비과세 지방채에 자산을 절반씩 배분한 형태였다. 우리는 투기꾼의 '핫머니hot money(단기 차익을 따라 이동하는 투기 자금)'를 피하고 싶었기 때문에 매입 후 5년 이내에 포트폴리오의 주식을 환매하는 주주들에

---

12 해당 펀드는 비용 부담이 극도로 낮았고 투자 금액이 2만 5,000만 달러 이상인 투자자들에게만 제공되었다. 우리는 그러한 투자자들에게 애드머럴admiral이라는 명칭을 부여했다. 결과적으로 뱅가드는 (규모의 경제를 감안해) 이러한 구상을 다른 펀드에도 확대했다. 뱅가드의 펀드 대부분이 여기에 포함되었다. 이처럼 새로 포함된 저비용 등급도 애드머럴이라는 명칭을 얻었다. 현재 애드머럴 지분만 해도 뱅가드의 펀드 자산 가운데 30퍼센트 이상을 차지한다.

게 해약금을 부과했다.

- 1994년: 라이프스트래티지 인덱스펀드
  네 종류의 라이프스트래티지 포트폴리오는 각각 기존 뱅가드 인덱스
  펀드를 활용해 주식 배분을 다양하게 유지한다. 인컴펀드 포트폴리
  오는 20퍼센트를, 보수적 성장주는 40퍼센트를, 중간 성장주펀드는
  60퍼센트, 성장주펀드는 80퍼센트를 주식에 투자한다. 나머지 부분
  은 뱅가드의 채권형 인덱스펀드로 구성되었다(라이프스트래티지 포트
  폴리오는 뱅가드 자산배분 펀드 역시 적정 수준으로 활용했다).

- 1996년: 토탈글로벌 인덱스펀드와 리츠REIT 인덱스펀드
  전체 해외 포트폴리오는 '펀드 중 펀드'로서 기존 유럽, 태평양, 신흥
  시장 포트폴리오로 구성되었다. 1996년 5월에 출시된 리츠는 '부동산
  투자 신탁'Real Estate Investment Trusts의 약어이며 투자자에게 저비용
  으로 부동산 '자산군'을 다각화하는 수단이 되었다.

내가 뱅가드 CEO 자리에서 내려온 1996년은 이미 인덱스펀드에
최적화된 풍토가 조성되어 있었다. 그 후 몇 년 동안 뱅가드는 성장
주, 가치주, 소형주, 중형주, 대형주 혼합형펀드 등을 완성해 모닝스
타의 아홉 가지 스타일 박스style box 분류 체계에 모두 포함되는 인
덱스펀드를 조성했다. 우리는 과세 관리 인덱스펀드를 추가로 조
성했고 그와 더불어 '기업의 사회적 책임' 원칙을 준수한다고 알려
진 기업의 외부 지수를 토대로 '사회 지수social index' 펀드도 신설했
다. 2004년에는 금융, 의료 서비스, 에너지, 정보 기술을 비롯한 S&P

500의 10개 산업 분야를 다루는 인덱스펀드를 개발했다. 2006년 뱅가드는 배당수익이 장기 시장수익률의 형성에 중요한 역할을 한다는 것을 깨닫고 인덱스펀드 2종을 추가로 개발했다. 각각 배당성장과 높은 배당수익률에 초점을 맞춘 펀드였다. 여러 지수가 생긴 2010년에는 S&P 500 지수를 추종하는 기존 인덱스펀드를 기반으로 러셀 지수의 기본 항목을 반영한 인덱스펀드 6종을 신설했다.

이 글을 쓰는 2012년 초 기준 뱅가드는 62종의 시장 인덱스펀드, 12종의 섹터 인덱스펀드, 4종의 라이프스트래티지 펀드, 8종의 타겟 리타이어먼트 펀드를 관리하고 있다. 마지막 두 펀드는 뱅가드의 인덱스펀드와 그 기초 자산을 활용한다. 이러한 자산배분 인덱스펀드는 2012년 초에 총자산이 1,300억 달러에 이를 정도로 빠른 성장을 보이고 있다.

ETF와 TIF의 충돌

ETF의 침공: '실시간' 거래가 가능한 인덱스펀드

인덱스 뮤추얼펀드의 성장은 최근 들어 가장 주목할 만한 현상 중 하나다. 1992년 이후로 인덱스펀드의 자산은 160억 달러에서 1조 6,000억 달러로 100배 가까이 증가했다. 또한 뱅가드는 여전히 인덱스 뮤추얼펀드 분야의 가장 높은 첨탑 자리를 유지하고 있다. 우리는 35년 동안 전체 인덱스펀드 자산의 50퍼센트가 넘는 비중을 차지해왔다.

그러나 뱅가드가 최고 위치에 이르는 도중에 재미있는 일이 일어났다. TIF가 꽤 많이 성장한 것은 사실이지만 인덱스투자의 성장 중 가장 큰 원동력은 '비전통적인' 인덱스펀드, 즉 ETF였다. ETF는 1992년에야 탄생했지만 2008년에 이르면 ETF 자산이 TIF 자산을 넘어섰다. 2012년에는 ETF의 자산이 1조 2,100억 달러, TIF의 자산이 1조 1,290억 달러로 ETF가 한층 더 큰 폭으로 앞섰다.

　이처럼 실시간으로 활발한 거래가 가능한 신개념 인덱스펀드가 자리를 잡기 시작함에 따라 뱅가드도 2001년에 ETF의 시류에 올라탔다. 지난 20년 동안 뱅가드의 자산 성장을 이끈 요소는 TIF였는데, 오늘날 뱅가드의 인덱스펀드 자산은 1조 600억 달러로서 TIF와 ETF가

자료 6.4 인덱스펀드 자산의 증가(1992~2011년)

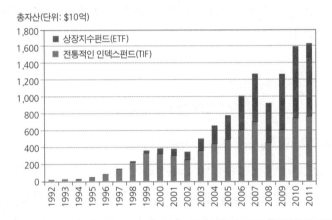

연도	1992년	1996년	1999년	2002년	2005년	2008년	2011년
TIF 자산	$160억	$480억	$3,330억	$2,530억	$4,970억	$4,550억	$7,760억
ETF 자산	$0	$10억	$340억	$980억	$2,870억	$4,730억	$8,610억
합계	$160억	$490억	$3,670억	$3,510억	$7,840억	$9,280억	$1조 6,000억
TIF의 수	46	67	186	219	197	218	217
ETF의 수	0	2	30	105	199	728	1,138
합계	46	69	216	324	396	946	1,355

각각 8,500억 달러와 2,100억 달러를 차지하고 있다.

흔히 TIF와 ETF는 서로 경쟁 관계에 있다고 알려져 있지만 사실은 다르다. 두 펀드 모두 인덱스펀드인데 어떻게 서로 '경쟁'할 수 있겠는 가? 둘 다 (일반적으로) 뮤추얼펀드의 형태이며 주요 인덱스자산운용 사라면 어느 곳이나 TIF와 ETF를 모두 취급한다. 그러나 TIF 포트폴리 오와 ETF 포트폴리오 모두 같은 기초 보유 주식으로 구성한 곳은 뱅가 드가 유일하다. 그러나 중복되는 부분은 그것뿐이다. 형식만 같을 뿐 이지 내용 면에서는 두 가지 사이에 극명한 차이가 있다.

- 거래 물량: 투자 vs. 투기

  TIF 투자자 가운데 절대 다수는 장기 투자자로서 TIF 주주의 환매율 은 연간 10퍼센트 정도다. 반면에 ETF는 주로 거래 횟수가 어마어마 한 단기 투자자에 의해 활용된다. ETF의 연평균 회전율은 1,400퍼센 트이며, 회전율이 10,000퍼센트 이상이나 되는 ETF도 존재한다. 당 연히 이러한 회전율은 TIF의 회전율보다 한참 높으며 가장 활발히 거 래되는 보통주 종목의 회전율보다도 몇 배 더 높은 수준이다. 제너럴 일렉트릭의 주식은 꽤 활발하게 거래되지만 그 회전율마저도 연간 150퍼센트 정도다.

- 포트폴리오의 제한성과 높은 선택 리스크

  개별 ETF의 96퍼센트와 ETF 자산의 87퍼센트는 매우 특수한 분야에 투자되며 S&P 500과 같은 광범위한 시장 지수에 대한 추종이 덜하 다. ETF는 TIF와 비교했을 때 상대적으로 특정 국가, 특정 원자재(특 히 금) 등의 극도로 제한된 섹터에 방점을 둔다. 또한 주가의 일시적인 방향(상승이나 하락)에 큰돈을 거는 사람들의 일일 시장수익률을 레버리지leverage(지렛대 역할을 하는 차입금)로 활용하는 펀드에 집중한다.

매우 높은 회전율과 극도로 제한된 섹터에 대한 추종이 결합되면서 ETF와 TIF는 '정도'만이 아니라 아예 '종류'가 다른 펀드가 되었다. 이를테면 그 차이는 장기 투자와 단기 투기의 차이와 같다. 자료 6.5는 ETF와 TIF의 근본적인 차이를 제시하며, 혁명이 진행되는 과정을 보여준다. 2000년대 초반까지는 TIF가 인덱스투자의 대세였지만, ETF는 시장에서 빠른 속도로 인정을 받았다. 오늘날에도 그러한 추세가 이어지고 있다. 그렇다고 TIF가 쇠퇴하고 있다는 말은 아니다. 그보다는 현재 ETF가 인덱스펀드 성장의 원동력이라는 이야기다.

TIF와 ETF의 항목당 자산 규모는 비슷하지만 항목당 펀드 숫자는 전혀 비슷하지 않다. 2005년에는 TIF와 ETF의 숫자가 각각 200개 정도였다. 현재 주식형 TIF은 217개로 비슷한 수준을 유지하는 반면에 주식형 ETF의 숫자는 1,138개로 급증했다(추가로 1,000개 정도가 2012년에 조성될 계획이라고 한다).

자료 6.5를 통해 앞의 자료 6.2에서 제시된 TIF와 두드러지게 다른 ETF의 특성을 살펴 보라. 1,138개 가운데 미국의 광범위한 시장 지수를 추종하는 ETF는 11개에 불과하며, 총자산 8,700억 달러 중 그 비중은 15퍼센트다. 그러나 광범위한 시장 지수를 추종하는 TIF는 60개나 되며, 총자산 7,170억 달러 중 65퍼센트에 달한다. ETF를 면밀히 검토해보면 223개가 섹터 ETF, 95개가 특정 국가 ETF, 142개가 원자재 ETF, 191개가 레버리지 ETF(기초 주가지수의 변동폭보다 X배의 수익이나 손실을 내도록 설계된 펀드) 및 인버스 ETF(기초 주가지수 하락폭의 X배만큼 수익을

자료 6.5 ETF의 현황: 장기 포트폴리오는 극히 일부에 불과하다

종류	펀드의 수	자산 합계(단위: $100만)
S&P 500 인덱스	3	113,926
전체 주식시장	9	24,864
펀더멘탈 지수 ETF	44	11,434
광범위한 시장 합계	**56**	**150,224**
대형주	102	135,236
중형주	36	42,148
소형주	52	39,877
대형주·중형주·소형주 합계	**190**	**217,261**
해외 선진국	70	$79,823
신흥시장	33	82,066
특정 국가	95	52,150
국제 부문	53	9,287
해외시장 합계	**251**	**223,325**
섹터 ETF	**223**	**106,114**
금	28	110,175
기타 원자재	114	22,752
원자재 합계	**142**	**132,927**
레버리지 ETF	75	11,310
인버스 ETF	96	12,518
롱·숏·시장 중립	20	755
대안 투자 합계	**191**	**24,583**
섹터 통화 ETF	20	5,151
기타	65	8,342
특화 ETF 합계	**1,082**	**717,703**
주식형 ETF 합계	**1,138**	**867,927**

내도록 설계된 펀드) 등이다. 대부분이 자료 6.2의 TIF에는 포함되어 있지 않은 항목이라는 점에 주목하자. 이처럼 ETF는 한정된 부문에 초점을 맞춤으로써 투자자가 어느 산업 부문이나 국가의 미래 수익률과 주가의 일시적인 움직임에 돈을 걸 수 있도록 한다.

요약하자면 장기 투자는 TIF 산업의 원동력이고, 반대로 단기 투기는 ETF 산업의 원동력이었다. 광범위한 시장 지수를 추종하는 ETF는 장기 투자자에게 편익을 제공할 수 있다(일부는 TIF에 비해서도 손색이 없다). 그러나 이러한 ETF를 어느 정도까지 활용할 수 있는지 확신할 수 있는 사람은 없다. 어쨌든 복잡한 전략을 구사하며 주로 SPY와 QQQ 등의 ETF를 헤징 목적이나 단기간 동안 현금 잔고를 주식에 투자하려는 목적으로 ETF를 활용하는 대형 투자 기관들이 ETF 자산의 주요 구성 요소로 보인다. 그 외에 단타 매매에 개입하고자 기회를 노리는 개인들이 ETF의 자산 기반이다. 우리는 장기 투자자가 보유한 자산의 규모를 결코 알 수 없다. 장기 투자자의 지분은 넉넉히 잡아 15퍼센트 정도일 것 같다. ETF 투자자들은 과도한 거래를 통해 수익을 증대할 수 있었을까? 그와 정반대로 수익을 깎아먹었다는 것을 입증하는 자료들이 존재한다.[13]

네이선 모스트는 ETF 구조를 고안한 선지자일 뿐만 아니라 폭발적인 추진력으로 자신의 아이디어를 실행한 사람이다. (2004년에 세상을 떠난) 모스트가 오늘날까지 살아있다면 ETF의 현황에 대해 어떻

---

13 최근에 듀크대학의 에드워드 타워 교수와 밍시에 교수가 발표한 논문 〈ETF는 투자자의 이익에 부합하지 않는가?: 존 보글의 가설 검증〉를 보면 내 직감이 옳았다. 타워 교수는 ETF 투자자들이 장기적으로나 단기적으로나 "옳지 못한 결정"을 내리며 이들의 "쉴 새 없는 투자 전략 전환이 단기 투자에 대한 결정보다도 훨씬 더 많은 가치를 깎아먹는 요소"라고 결론짓는다.

게 생각할지 의문이다. 그의 공헌은 대부분 주목받지 못한 채로 사라졌다. 이제 네이선 모스트라는 인물을 살펴보자.

ETF의 간략한 역사

60년 전에 처음으로 뮤추얼펀드 산업을 연구하기 시작했을 때 '일일 유동성daily liquidity을 보장할 수 있다'라는 발상에 깜짝 놀라고 말았다. 투자자들은 자신이 소유한 펀드 지분을 하루에 한 번씩 청산할 수 있었으며, 청산 가격은 사실상 장이 마감할 때 결정되었다. 나는 청산이 보장된다는 사실이 놀라웠다. 실제로 그러한 약속은 그 후 60년 동안 단 한 번의 예외도 없이 이행되었다. 일일 유동성은 전문적인 운용, 분산화, 편의, 주주에 대한 봉사와 더불어 1982~1999년의 대상승장 동안 뮤추얼펀드 산업의 대대적인 성장을 이끌었다. 내가 펀드업계에 합류한 1951년부터 2000년까지 뮤추얼펀드의 자산은 25억 달러에서 6조 달러 남짓으로 뛰어올랐다. 그 후 자산증가율은 둔화했지만 꾸준히 5퍼센트 정도로 합리적인 수준을 유지하고 있으며, 자산은 2012년 초에 11조 달러에 이르렀다.

1992년 초에 어떤 사람이 펜실베이니아 밸리포지의 사무실에 찾아와서 우리가 인덱스펀드에 대해 제공하는 일일 유동성이 충분하지 않다고 열변을 토했다. 그는 시장이 열리는 동안 뱅가드500 인덱스펀드의 주식을 즉각 거래할 수 있는 '신상품'(이는 이후 'VOO'가 된다) 구상을 제시하고 동업을 제안했다. 그는 뱅가드500 인덱스펀드의 주식이 개별 종목처럼 전국의 증권거래소에서 거래될 수 있다면 새로운 유형의 투자자들을 유치함으로써 뱅가드의 고객 기반을 큰 폭으로 확대할 수 있으리라 확신했다(그가 직접 언급하지는 않았지만 투기꾼도 유입될 것이 분명했다).

"한번 고려해보세요." 그가 말했다. 뱅가드가 이미 제공하고 있는 분산화, 포트폴리오의 투명성, 낮은 경비 외에도 투자자는 주식을 증거금으로 공매도하거나 매입하는 능력까지 갖추게 된다는 것이었다. 그뿐만 아니라 해외 증권거래소에서 손쉬운 거래와 세금 효율의 증대가 가능해지며, 리스크 익스포저를 실시간으로 조정할 수 있어 헤지펀드 등의 기관 투자자를 유치할 수 있다고도 했다. 그의 말투는 온화했지만 자신의 구상을 적극적으로 전도했다.

네이선 모스트를 만나다

그 사람이 바로 네이선 모스트였다. 네이선 모스트는 미국증권거래소ASE의 상품개발팀장이었다. 그는 ETF로 알려지게 될 획기적인 혁신 상품의 계획안을 내게 건넸다. 나는 흥미롭게 그의 계획을 들었고 내 생각을 알렸다. 첫째, 그의 구상에는 실제 시행을 위해서는 반드시 보완되어야 할 서너 가지 결함이 있었다. 둘째, 새로운 구상으로 몇 가지 문제가 해결되더라도 뱅가드500 인덱스펀드는 장기 투자자를 위해 설계되었다. 나는 유동성을 추가했다가 우리 장기 투자자들의 이익을 해칠 단기 투기꾼들이 잔뜩 유입될까봐 걱정스러웠다. 그렇게 해서 우리는 이해의 일치를 보지 못했다. 그러나 우호적인 분위기 속에서 헤어졌으며, 그 후 오랫동안 친분을 나누었다.

네이선 모스트는 뉴욕으로 돌아가는 기차 안에서 내가 찾아낸 운영상의 문제를 해결할 방법이 떠올랐다고 말했다. 그런 다음에 동업자를 다시 찾아 나섰고 얼마 지나지 않아 대형 자문사인 스테이트 스트리트 글로벌어드바이저즈SSGA와 제휴를 맺었다. 1993년 1월,

SSGA는 SPDR(SPY)을 출시했다. S&P 500 지수를 추종하는 이 ETF
는 출시 이후 ETF 시장을 지배하고 있다. 해마다 새로운 ETF가 놀라
운 속도로 쏟아져나오고 있지만 SPDR은 여전히 세계 최대 ETF의 자
리를 고수하고 있으며 현재 세계에서 가장 활발하게 거래되는 주식
으로서 2012년에 총자산이 900억 달러에 이르렀다.

ETF의 대유행

나는 ETF의 자산이 모스트가 예상한 최대치를 한참 넘어서는 수준
으로 증가했다고 확신한다. 현재 ETF에 1조 2,000억 달러 정도가 투
자된 상황에서 나는 네이선 모스트가 선견지명을 발휘해 창안한 최
초의 ETF야말로 현대 증권 산업에서 가장 성공적인 마케팅 아이디어
라고 주저 없이 말할 수 있다. 그러나 ETF가 이 시대의 가장 성공적인
투자 아이디어인지는 두고 봐야 한다. 지금까지 ETF는 대체로 투자
자들에게 도움이 되지 못했다. 어떻게 그럴 수 있겠는가? 2012년 초
기준 1,446개의 ETF가 1,056개나 되는 지수를 추종하고 있다. 이러한
상황에서 ETF를 골라내기는 개별 주식을 골라내는 것과 마찬가지이
며, 주식 선정 때와 같은 리스크가 따른다(나는 인덱스펀드의 투기가 개
별 주식 종목의 투기보다는 훨씬 더 적은 리스크를 수반한다고 확신한다).

따라서 나로서는 오늘날의 ETF가 투자의 성배, 즉 많은 사람이 그
토록 찾아 헤매던 주식시장의 수익률을 앞지르는 수단이 되리라 상
상하기 어렵다. 물론 일부 ETF는 주식시장의 한정된 부문에 투자하
려는 충동을 부추기고, 일부는 색다른 차입 전략을 활용하며, 비교적
단순한 원자재에 투자하는 ETF도 있다. 그러나 60년 동안의 투자 경
험을 통해 (투기라고 불러도 무방한) 단타 거래가 단연코 패자의 게

임이며 장기 투자야말로 승자의 게임이라는 내 신념은 한층 더 확고해졌다(1장에서 한 이야기다).

"하루 종일 실시간으로"

SPDR의 초창기 광고 문구에는 마케팅 제안이 노골적으로 명시되어 있었다. "이제 여러분은 하루 종일 실시간으로 S&P 500 지수를 거래하실 수 있습니다." 거친 말을 써서 미안하지만 나는 '어떤 얼간이가 저런 걸 하겠어?'라는 의문이 들 따름이었다. 그러나 SPDR는 나날이 그러한 광고 문구에 부응해 세계에서 가장 활발하게 거래되는 주식이 되었다. 2011년에만 일평균 거래량이 2억 2,000만 주에 달하는데 이를 금액으로 환산하면 6조 8,000억 달러다. SPDR의 자산은 연평균 900억 달러 정도로서 회전율로 따지면 7,311퍼센트에 해당한다. 나는 위의 광고 문구가 통했다고 인정할 수밖에 없다. 실제로 투자자들은 온종일 실시간으로 S&P 500 지수를 거래하고 있으며 그 금액과 물량은 상상을 초월한다. 네이선 모스트는 자신의 꿈이 실현된 것이 자랑스러울 것이다.[14]

그러나 SPDR에 이어 수많은 ETF가 양산되었으며 투자 선택지는 모스트 같은 혁신가가 보더라도 적절한 수준을 한참 넘어서서 지나치게 다양해졌다. "머릿속에 떠오른 색다른 상품을 제안하면 우리는 그 상품을 만들 것이다"라는 구호는 신종 ETF를 내놓는 사람들이 내세우는 것이다. 이들이 게임에 참여하는 이유는 자신이 판매하는 '상

---

[14] 그러나 그가 기존 SPDR이 현재와 같이 113개의 개별 펀드로 바뀐 상황을 반길 것 같지는 않다! 최근의 SPDR 광고 문구는 "다음에 시장에 들를 때는 구매할 주식 목록을 준비하세요"였다. 몇 페이지 후에 내가 지적할 내용을 미리 귀띔하자면 어떤 종목을 고를지 알 수 없을 때는 "그냥 다트를 던져서 결정하라!"

품'이 투자자에게 유익해서라기보다는 대박을 터뜨려서 자산을 잔뜩 끌어 오고 한몫 잡기 위해서다. 일부 ETF는 제대로만 활용하면 투자자에게 이득이 되지만 그렇지 않은 것도 많다. 그러나 펀드 판매자들이 유행하는 신상품에 올라타고 욕구를 이겨내기란 쉽지 않다. 나는 펀드업계에 있는 동안 수십 차례나 혁신을 목격했지만 정작 장기 투자자의 지속적인 요구에 부합하는 것은 극소수였다. ETF 역시 그 기준에 부합한다고 하기 어렵다.

"충격이야, 충격…."

단적으로 ETF 분야에서는 장기 투자보다 단기 투기가 훨씬 더 많이 이루어지고 있다. 특수 펀드나 레버리지 투자자뿐 아니라 미국의 전체 주식시장·채권시장, 해외시장과 같이 광범위한 시장을 포괄하는 일반 펀드의 투자자에서도 ETF의 단기 투기가 성행한다. 투기의 규모는 충격적이다. 2011년 미국 내 ETF의 거래 금액만 해도 18조 달러에 이르렀다. 회전율이 이처럼 어마어마하다는 사실을 부정하는 것을 보면 영화 〈카사블랑카〉의 경찰국장 루이 르노 경감이 했던 명대사가 떠오른다. "충격이야, 충격. 이곳에서 도박판이 벌어지고 있다니"(영화 속에서 단속을 나온 르노 경감 역시 도박장의 단골이며 이 말을 마치자마자 자기가 도박에서 딴 돈을 챙긴다).

그렇다. ETF에서 이루어지고 있는 대다수 도박의 주체는 보유한 현금으로 투기하거나 헤징하거나 주식화하거나 계속해서 신용 대출을 내주는 금융회사들이다. 그 숫자가 어느 정도인지는 단언할 수 없지만 내 추산으로는 ETF 자산의 75퍼센트가 기관 투자자의 소유이며 나머지 25퍼센트는 개인의 소유다. 더 나아가 나는 개인 소유자

가운데 3분의 2 정도가 어떤 유형으로든 매매 전략을 구사하며 기존 TIF의 패러다임과 유사한 매수 후 보유 전략을 엄격하게 따르는 이는 3분의 1에 불과하다고 본다(즉 장기 투자자가 보유한 ETF 자산은 전체의 10퍼센트에도 미치지 못할 것이다).

자료 6.6을 보면 ETF 판에 대규모로 참여한 투자자들의 2011년 회전율은 최고 1만 5,813퍼센트이며, 최저 342퍼센트다. 그뿐만 아니라 개별 ETF 가운데 일부의 회전율이 1만 2,004퍼센트에서 297퍼센트 사이임을 알 수 있다. 대개는 투기성(또는 비주류 성격)이 강한 전략을 따를수록 회전율이 높아진다.[15] ETF 열풍의 원동력은 투기의 매력인 것이 분명해 보인다(자료 6.6에서 회전율뿐만 아니라 수조 달러에 달하는 막대한 거래량도 눈여겨볼 필요가 있다).

박스 6.3

그냥 다트를 던져서 결정하라!
《월스트리트 저널》 2012년 1월 3일자에 실린 ETF 현황표

ETF의 선택지가 1,400개를 넘어설 정도로 놀랄 만큼 다양하다는 사실을 감안하면 ETF의 유혹에 넘어간 투자자와 투기꾼이 할 수 있는 일은 그저 다트를 던져서 결정하듯 무작위로 골라내는 것뿐이다. (나는 이 책의 지면에 맞추기 위해 다음 표에 750개의 ETF만 넣었다. 2012년에 1,000개가 더 나올 예정이라고 한다!

---

15 나는 이러한 회전율이 ETF 자체의 회전율이 아니라 시장 참여자에 의한 ETF 회전율이라는 점을 분명히 해두고자 한다. 예를 들어 SPDR 포트폴리오의 회전율은 1퍼센트에, 뱅가드 토탈스톡마켓 ETF(VTI)의 회전율은 5퍼센트에 지나지 않았다. (출처: 모닝스타)

EXCHANGE-TRADED PORTFOLIOS 2011 TRADING SUMMARY

wsj.com/ETFresearch

주요 ETF 운용사	2011년 평균 총자산 (단위: $100만)	2011년 총 거래량 (단위: $100만)	2011년 회전율 (단위: %)
블랙록	448,469	5,055,158	1,127
스테이트스트리트	246,164	10,038,971	4,078
뱅가드	159,551	545,730	342
프로셰어즈	23,338	1,387,600	5,946
위즈덤트리	11,037	48,281	437
디렉시온	6,634	1,049,071	15,813
주요 ETF(티커)			
프로셰어즈 울트라 S&P 500(SSO)	1,622	194,674	12,004
아이셰어즈 러셀 2000(IWM)	15,880	1,298,192	8,175
SPDR S&P 500(SPY)	92,636	6,876,297	7,423
아이셰어즈 MSCI 신흥시장(EEM)	39,976	722,399	1,807
SPDR 골드 셰어즈(GLD)	60,768	670,638	1,104
뱅가드 MSCI 신흥시장(VWO)	43,592	260,881	598
뱅가드 토탈스톡마켓 인덱스펀드(VTI)	18,726	38,765	207

출처: 모닝스타, 스트래티직 인사이트, Indexuniverse.com
주: ETF 거래량은 하룻동안 거래된 주식의 수에 일일 종가를 곱한 것이다.

뱅가드와 바이퍼

결국 뱅가드도 ETF의 성장세와 잠재력에 매력을 느끼고 2001년부터 대열에 동참했다. 뱅가드의 투자본부장인 거스 소터가 앞장서서 ETF 업무를 맡았다. 이 같은 결정을 집요하게 요구한 것도 그였다. 소터는 열의를 다해서 ETF의 시행을 책임졌다. 그가 개발하고 특허를 낸 구조에 따라 개별 ETF는 기존 TIF 포트폴리오 중 하나에 새로운 주식군share class으로 편입되었다. 뱅가드의 기존 ETF는 '바이퍼viper'라는 이름이었는데, 'viper'가 '큼직한 어금니가 있는 독사'나 '배신자'

를 뜻한다는 사실을 생각하면 의아한 선택이었다. 그래서 얼마 후부터 그 이름은 더 이상 사용되지 않았다.

뱅가드는 2001년에 뱅가드 토탈스톡마켓 ETF(티커: VTI)를 처음 출시한 이후로 성장주, 가치주, 소형주 등과 같은 기존의 광범위한 시장 추종 분야에까지 ETF의 영역을 확대해나갔다. 그뿐만 아니라 에너지, 의료 서비스, 정보 기술과 같은 적당히 광범위한 섹터, 광범위한 해외 지수, 다양한 채권형 인덱스펀드 등으로 서서히 분야를 넓혔다. 2010년에는 S&P 500과 러셀 2000 지수를 추종하는 광범위한 인덱스펀드를 추가했다. 뱅가드는 ETF라는 영역에서 의심할 여지없이 우위를 점하고 있으면서도 리스크가 큰 섹터나 투기성이 강해 미지의 대상에 대한 투자를 부추기는 특정 부문을 취급하지 않는다는 점에서 칭찬할 만하다.

뱅가드의 상대적으로 절제된 전략은 장기 투자자와 단기 투기꾼을 두루 사로잡았다. 뱅가드의 ETF 회전율은 TIF와 비교하면 상당히 높지만 타사 ETF의 회전율에 비하면 아주 낮다. 뮤추얼펀드 분야에서 이처럼 절제된 원칙이 보상을 받는 일은 드물지만 뱅가드가 내놓은 ETF는 그러한 통념을 깨고 성장했다.

전체 ETF 자산 가운데 뱅가드의 지분은 2004년에 3퍼센트에 지나지 않았으나 쉴 새 없이 불어나서 2008년에는 8퍼센트, 2012년 초에는 16퍼센트에 이르렀다. 2011년 전체 ETF에 새로 유입된 자금 중 뱅가드의 비중은 28퍼센트로 증가했는데, 이는 업계에서 가장 큰 규모이며 2등급 운용사에 비해 10퍼센트포인트 정도 높은 수준이다. 자료 6.7에는 ETF의 숫자, ETF 운용사가 관리하는 자산 규모, ETF 운용사의 '제품군'에 대한 간략한 소개가 있다.

운용사 이름	펀드의 수	총자산 (단위: $100만)	비고
블랙록	270	500,494	• 41개국(타이, 터키, 인도 니프티 50 지수 등) • 25개 섹터(기술 소프트웨어, 주택담보대출 관련 금융)
스테이트 스트리트	109	289,752	• 자산의 33퍼센트(45개 섹터)가 SPY에 투자됨
뱅가드	64	205,001	• 자산의 80퍼센트를 인덱스펀드에 투자 • 특정 국가나 하위 부문 펀드는 없음
인베스코 파워셰어즈	125	58,537	• 5개 펀드의 자산총합 10억 달러 이상 • 20개의 매우 '역동적인' 펀드 • 자산의 절반은 나스닥 추종 QQQ에 투자됨
프로펀드	132	23,535	• 다양한 종류의 최대 규모 펀드(레버리지펀드, 인버스펀드, 레버리지 인버스펀드)
위즈덤트리	48	15,691	• 고배당 추구(기존 배당 전략은 현재 자산의 1퍼센트에 불과), 9개의 통화펀드
구겐하임 인베스트먼트	36	7,946	• 9개의 통화펀드(루브르, 파운드, 페소 등)
디렉시온 펀드	56	6,862	• 불(3X 레버리지), 베어(3X 인버스 레버리지)

뱅가드가 ETF의 각축장에 진입하기까지는 10년 가까운 세월이 걸렸지만 다른 운용사들은 훨씬 더 늦은 움직임을 보였다. 2011년 말, 피델리티는 2003년 이후로 단일 ETF(나스닥 지수 추종)만 운용해온 데서 탈피해 ETF 사업을 크게 확대하겠다고 발표했다. 2012년 초, 핌코는 자사의 간판 펀드인 토탈리턴펀드를 적극적으로 운용하는 토탈리턴 ETF(티커: TR)를 출시했다. 얼라이언스 번스틴, 드레퓌스, 야누스, 티로우 프라이스 등도 적극적으로 운용되는 ETF를 판매하기 위해 SEC에 필요한 서류를 제출했다. 그러나 주식시장의 일시적인 움직임에 돈을 거는 행위가 아무리 어리석다고는 해도, 특정 운용사가 분 단위로 시장보다 한참 좋은 성과나 못한 성과를 내는지 여부에 돈을 거는 것보다는 낫지 않은가?

아메리칸펀드와 프랭클린 리소시스 같은 운용사도 경쟁 압박을 느끼고 ETF 대열에 합류할 것으로 보이며 액티브 ETF일 따를 가능성이 크다(대부분의 펀드사는 수수료가 최저 수준이라는 점 때문에 인덱스펀드를 꺼린다). 그러나 인덱스투자가 탄생하고 압도적인 대세로 자리 잡은 것은 적극적인 운용사들이 지속적으로 우월한 장기수익률을 내는 데 실패했기 때문이라는 점을 감안하면 나는 액티브 ETF 모델이 업계를 선도할 가능성은 없다고 본다. 그보다는 블랙록의 아이셰어즈, 스테이트스트리트의 SPDR, 뱅가드의 인덱스펀드 ETF가 계속해서 우위를 유지할 가능성이 크다.

ETF의 좋지 못한 성과

물론 "푸딩의 맛은 먹어보아야 알 수 있다"라고 하지만, 전반적으로 ETF라는 푸딩의 맛은 그다지 좋지 않다. ETF 투자자들은 대체로 거래량이 극도로 많은 투기꾼들이다. 이들이 어떠한 결과를 얻었는지는 끊임없이 쌓여가는 자료로 입증된다. 그러나 알다시피 상대적으로 탄탄한 ETF 가운데서도 상당수가 기대에 부합하지 못하는 성과를 낸다. 자료 6.8은 ETF 운용사가 **보고한 수익률**과 같은 ETF의 투자자들이 **실제로 벌어들인 수익률**을 비교해 보여준다. 이를 통해 한정된 부문에 집중한 ETF 투자자의 수익률과 주가의 일시적인 상승과 하락에 돈을 거는 레버리지 ETF나 인버스 ETF의 투자자가 얻은 수익률도 살펴보자. 우리는 운용사가 보고한 수익률을 시간가중 펀드수익률time-weighted fund returns로, 투자자가 얻는 수익률을 금액가중 투자수익률dollar-weighted investor returns로 부른다.

자료 6.8의 표에서 레버리지와 인버스 등의 극단적인 전략을 따르는 ETF는 한 가지를 제외하면 추종하는 지수에 한참 못 미치는 투자 수익률을 낸다. 해당 ETF 집단의 5년 누적 펀드 수익률은 평균 21.3퍼센트인 반면에 투자자의 수익률은 0.8퍼센트에 불과해 그 차이는 20퍼센트포인트를 넘어섰다(평가 기간을 10년으로 잡는다면 격차가 얼마나 더 커질지 생각해보라!). 아이러니하게도 하락장(SH)에 돈을 건 투자자들이 52퍼센트의 상대적 자본 손실을 경험한 반면, 상승장(SSO)에 돈을 건 투자자들이 비록 0.3퍼센트에 불과하더라도 SH에 비해 41퍼센트포인트의 우위를 보였다는 사실이다(내게 그 차이를 설명해달라고 요구하지 말라!). 그뿐만 아니라 이 시대 최고의 부문에 투자한 이들마저 매우 불리한 상황이다(브라질 시장지수와 금의 경우 투자자의 열위는 각각 -50퍼센트와 -28퍼센트이다).

이와 대조적으로 지수 추종 ETF의 투자자들은 펀드 수익률과의 마이너스 격차가 연평균 1.3퍼센트포인트였으며 5년 누적 마이너스 격차는 6퍼센트포인트로서 훨씬 나은 결과를 얻었다. 그러나 SPDR의 엄청난 회전율 때문에 투자자들의 잠재 자본 손실은 16퍼센트포인트를 넘어섰다. 반면에 적당한(적어도 ETF 시장에서는) 207퍼센트의 연간 회전율을 보이는 VTI에 투자한 이들은 지수보다 높은 수익률을 얻었다. 아마도 투자 초반 VTI의 자산이 처음에는 미미했으나 서서히 증가해 5년이 끝나갈 무렵에는 10억 달러에 이르렀기 때문일 것이다. 그러나 특정 부문에 치중하거나 투기성이 강한 ETF는 투자자에게 나쁜 결과를 가져온 것은 분명하다. 5년 동안 이들에게는 엄청난 열위가 발생해 상대적 자본손실률이 평균 20퍼센트에 달했다.

이런 상황을 고려하면 전통적인 뮤추얼펀드의 일일 유동성 대비

자료 6.8 **ETF 수익률에 한참 못 미치는 ETF 투자자의 수익률**

ETF 유형 및 티커	5년 평균수익률			5년 누적수익률		
	ETF	투자자	투자자의 우위/열위	ETF	투자자	투자자의 우위/열위
시장 추종 ETF						
SPY	-0.2%	-3.7%	-3.5%p	-1.1%	-17.4%	-16.3%p
VTI	0.4%	2.3%	2.0%p	1.9%	12.3%	10.4%p
IWN	0.0%	-1.0%	-1.0%p	-0.2%	-5.1%	-4.9%p
EFA	-4.0%	-6.6%	-2.6%p	-18.5%	-29.0%	-10.5%p
평균	-1.0%	-2.3%	-1.3%p	-4.8%	-10.8%	-6.0%p
특정 섹터/레버리지/인버스 ETF						
GLD(금)	21.8%	19.2%	-2.7%p	168.5%	140.4%	-28.1%p
EEM(신흥시장)	2.9%	2.0%	-0.9%p	15.4%	10.5%	-4.9%p
VWO(신흥시장)	3.8%	1.2%	-2.5%p	20.4%	6.3%	-14.1%p
EWZ(브라질)	9.5%	1.5%	-8.0%p	57.4%	7.9%	-49.4%p
SSO(X2 레버리지)	-10.0%	0.1%	10.0%p	-40.8%	0.3%	41.1%p
SH(인버스)	-4.4%	-23.1%	-18.7%p	-20.2%	-73.1%	-52.8%p
평균	3.9%	0.2%	-3.8%p	21.3%	0.8%	-20.5%p

출처: 2011년 11월까지의 스트래티직 인사이트 데이터를 활용한 필자의 계산

실시간 유동성의 효과에 뚜렷한 결론을 내리기에는 시기상조다. 앞으로 몇 년 후면 온전히 10년 동안의 수익률을 평가할 수 있을 것이다. 그러나 이미 10년 이상 존재해온 극소수 펀드의 성과는 그리 희망적이지 못하다. 나는 10년간 투자자 수익률을 산출할 수 있을 정도로 역사가 충분한 ETF를 62개밖에 찾아내지 못했다. 62개 ETF의 10년간 연평균 펀드 수익률은 6.9퍼센트였다. ETF 투자자들의(좀 더 정확하게 표현하자면 투기꾼들의) 수익률은 연간 4.2퍼센트에 불과했다. 10년간 누적 마이너스 격차가 무려 50퍼센트에 육박한 것이다.

4장에서 우리는 기존의 액티브 주식형펀드 투자자의 수익률이 전반적으로 시장수익률보다 뒤처지는 경향이 거의 꾸준히 유지된다는 사실을 알아보았다. 실제로 지난 15년 동안 그 차이는 1~3퍼센트포인트였다. 이런 장기간의 데이터와 ETF의 5년 데이터를 대등한 선상에서 비교할 수는 없겠지만 우리는 자료 4.4에서 높은 변동성과 낮은 투자자 수익률 사이의 양(+)의 상관관계를 설득력 있게 입증하는 자료를 살펴보았다. 펀드의 변동성이 클수록 마이너스 격차는 확대된다. TIF 같이 변동성이 덜한 펀드의 경우 마이너스 격차가 작은 편이다. 그 같은 원칙이 ETF 분야에서도 (비교적 짧은 역사 속에서 지금까지 그러했듯이 앞으로도) 유효하다면 ETF 투자자는 신통치 못한 수익률을 얻을 것이다. 범위가 좁은 부문일수록 변동성이 높아지기 때문이다.

ETF는 단순성을 탈피해 나날이 복잡해지고 있다. 이러한 추세는 놀랍지 않게도 가속화하고 있으며 그와 더불어 명백한 문제가 발생했다. 레버리지 ETF는 주식시장의 상승 시에 X배의 수익을 얻도록 (아니면 공매도 하락장에서 X배의 수익을 얻도록) 설계되었다. 그러나 레버리지 승수는 단기로는 괜찮은 수익을 내지만 장기로는(월간이나 연간) 목표에 도달하기 어렵다. 한 예로 SSO는 S&P 500 지수 두 배(2X)의 실적을 추구한다. 그러나 지난 5년 동안 S&P 500 지수는 10.5퍼센트의 수익률을 기록했지만 SSO는 -25퍼센트의 수익률을 기록했다. 2012년 초에는 다른 문제가 불거졌다. 크레디트스위스는 시카고옵션거래소CBOE 시장 변동성 지수 선물보다 2배 더 높은 수익률을 약속하는 상장지수채권ETN '벨로시티 셰어즈 데일리 2X 숏텀'의 발행을 중단했다. 노쇠한 나에게 시장 변동성에 돈을 거는 행위는 완전히 터무너없는 일로 보인다. 하물며 차입금으로 그러한 투기를 하는 것은 그야말로 미친 짓 같다. 결과가 어떻든 2012년 3월 중순, 이 상품에 대한 수요가 내부 한도를 초과할 정도로 급등하자 발행사인 크레디트스위스는 새 단위의 발행을 중단했다. 그러자 가격이 치솟았고 이틀 동안 보합세를 보이더니 50퍼센트 폭락했다. 배런은 투자자들에게 그 상품을 "가까이 하지 말라"라고 경고했다. 동의한다.

ETF 세계에는 대략 200가지 ETN이 존재한다. 그러나 ETN이라는 채권은 투자은행의 무담보 대출이라 1940년 제정된 투자회사법의 보호를 받지 못한다. 운용 수수료는 ETN 초기부터 현재까지의 수수료 공제 이전 실적을 기반으로 한 '가상 순자산가치shadow NAV'에서 차감된다. ETN은 원자재 펀드를 매입하는 수단 중 하나라고들 한다. 그런데 원자재 펀드가 ETF의 형태를 띠면 상당히 많은 문제가 발생한다. 나는 사람들이 복잡하고 리스크가 큰 ETN을 가까이 하지 말아야 한다고 생각한다. 또한 매수 후 보유 전략을 선택했다면 더더욱 단순하고 표준적인 ETF를 고수해야 한다. 유혹을 이겨낼 자신이 없는 투자자라면 장기 투자의 기본 패러다임인 지수 추종 TIF에 집중하는 편이 훨씬 더 유리하다.[16]

---

16 이처럼 높은 ETF의 회전율이 주식시장의 리스크를 증가시켰는지는 심각하게 고려할 문제다. 《파이낸셜 애널리스트 저널》 2012년 3/4월호에는 '인덱스투자는 어떻게 시장의 취약성을 키우고 있는가'라는 제목의 글이 실렸다. 해당 글에서 편집자인 로드니 설리번과 제임스 시옹은 ETF 거래가 급증함에 따라 시장 변동성이 증가하면서, 모든 주식 포트폴리오의 분산화에 따른 이점이 줄어들고 있다고 주장했다. 저자들은 ETF의 과도한 거래량이 미국 거래소 거래량의 35퍼센트라는 천문학적인 수준에 달하는 현재와 불과 5퍼센트였던 10년 전을 비교하며 미국 주식시장의 취약성과 체계적 리스크를 극심한 수준으로 증대했다고 결론 내린다.

ETF: 독자적이고 이지적인 평가

ETF에 대한 내 견해를 한마디로 규정하기는 어렵다. 다만 여기서 한 가지만큼은 분명하게 짚고 넘어가겠다. 나는 여전히 ETF의 개념을 긍정적으로 생각하지만, 이는 적절한 종류의 ETF가 '투기'가 아닌 '투자' 목적으로 제대로 사용될 때만 적용된다. 나는 분별없이 극단적으로 실행되는 수많은 ETF에 대해서는 단호히 부정적인 입장이다. 그래서 균형 감각과 객관성으로 유명한 영국의 시사주간지《이코노미스트》에 게재된, 내가 이번 장에서 말한 내용과 본질적으로 같은 내용의 기사가 더욱 반갑다. 다음은 2011년 6월 23일 호에 실린 기사의 발췌본이다.

박스 6.4

아이디어는 좋지만 위험 요소가 다분한 ETF

단순한 아이디어를 복잡하게 만들어서 생기는 리스크

금융계에서는 단순한 아이디어가 최선일 때가 많다. (…) 원래 아이디어는 S&P 500 등의 주가지수를 추종하는 주식 포트폴리오를 만드는 것이었다. 인덱스펀드는 1970년대 이후로 기관 투자자들에게 제공되었다. 뱅가드 같은 회사는 뮤추얼펀드의 형태로 개인 투자자들에게도 인덱스펀드를 제공했다. 그러나 이름에서 알 수 있듯이 '상장지수펀드'는 그 자체로 주식시장에 상장되기 때문에 투자자들이 손쉽게 사고팔 수 있다는 특징이 있다. (…) 일반인들이 단순한 바닐라 맛의 ETF에 매력을 느끼자 금융 서비스 산업은 달걀 커스터드 맛과 바나나 맛도 제공해야 한다고 판단했다. 현재 전 세계 투자자들은

아시아의 부동산에서 수자원회사에 이르기까지 다양한 곳에 투자하는 2,747개의 펀드 중에서 원하는 펀드를 선택할 수 있다.

신종 ETF는 (…) 헤지펀드사 입장에서 거래일 내내 시장에서 투기할 수 있는 수단이다. 헤지펀드사는 신종 ETF 덕분에 비유동적인 자산군에 복잡한 방식으로 돈을 걸 수 있게 되었다. 게다가 일부 ETF의 포트폴리오는 광범위한 섹터의 주식이 아니라 파생상품 포지션으로 구성되며 투자은행을 거래 대상으로 한다. 이론적으로 투자자들은 그 덕분에 자신의 리스크 선호도와 경제 전망에 꼭 맞는 포트폴리오를 설계하는 데 필요한 수단을 빠짐없이 얻을 수 있다.

광고 문구에는 없는 내용

이러한 리스크 중 하나는 유동성과 관련이 있다. 신흥시장 같은 일부 부문에서는 투자자들이 비유동적인 기초 자산을 거래하기보다 ETF를 사고파는 편이 한층 더 쉽다. 그러나 유동성 리스크는 사라지지 않았다. 2010년 5월에 주식시장에는 '갑작스러운 폭락flash crash'이 발생했다. 유동성이 증발하자 다우존스 산업 평균 지수DJIA는 잠시나마 1,000포인트 추락했다. 나중에 취소되어야 했던 거래 가운데 60~70퍼센트는 ETF 거래였다.

또 다른 리스크는 합성synthetic ETF나 ETN 같은 관련 상품의 개발에 따른 ETF의 성격 변화와 관련이 있다. 이러한 ETF 운용사는 자산을 주식이나 채권처럼 보유하지 않는다. 대신 이들은 투자은행과 파생상품 계약을 맺고, 투자은행은 기준 지수의 수익률을 제공하겠다고 약속한다. 그에 따라 ETF 투자자는 은행의 상환불능 같은 리스크에 노출된다.

　무모한 확장 때문에 바람직한 혁신이 타격을 받는 것이 유감스럽다. 업계의 일부 관계자는 신종 ETF의 확산을 불안해한다. 신종 ETF가 실패하면 ETF 전체의 매력이 훼손되기 때문이다. (…) 부끄러운 일이다. 자산운용사의 수수료는 항상 투자자의 수익률을 잠식해왔다. ETF는 투자자에게 더 많은 수익을 안겨주기에 매우 적합한 수단이다. 그러나 금융부문은 산만한 어린아이와 같아서 좋은 것을 절대로 가만히 놓아두지 않는다.

인덱스펀드의 미래

TIF나 ETF나 꾸준히 생존하리라는 사실은 자명하다. 적어도 한동안은 둘 다 절대적인 규모뿐만 아니라 액티브 주식형펀드의 자산과 비교해서도 성장을 거듭할 것이다. 그러나 TIF로 상징되는 장기 투자의 패러다임과 보통 ETF로 상징되는 단기 투기의 패러다임이 동일한 투자자들의 자본 수익률을 놓고 경쟁한다는 것이 점점 더 분명해지는 듯하다.

　그렇다면 인덱스펀드 분야에서의 충돌은 판이한 두 가지 철학의 충돌이라고 할 수 있다. 첫 번째 철학은 주식과 채권에 광범위하게 분산 투자된 포트폴리오를 매수하고 보유하는 것이다. 두 번째 철학은 그러한 포트폴리오를 매수하되 자유자재로 매도하고, 판돈을 늘리기 위해 과도한 차입금을 넣은 포트폴리오 같은 지엽적인 포트폴리오에도 똑같이 무차별적으로 사고파는 것이다. 투자와 투기 선택 사이의 경계선이 이처럼 명확하게 그어진 적은 거의 없다.

우리는 개인 투자자와 금융회사의 ETF 활용을 구분해야 한다. 주식 포트폴리오를 헤징하고 주식에 투자되지 않은 현금 잔고를 증권화하며 주식시장의 일시적인 움직임에 단기로 투기하는 금융회사가 ETF 거래의 상당 부분을 차지하는 현상이 점점 더 뚜렷해지고 있다. 그러나 분명 ETF를 생산적인 방식으로 활용하는 개인 투자자들도 상당수 존재한다. 아직까지 이를 확실하게 뒷받침하는 데이터는 없지만 이들은 광범위하게 분산화된 데다 상당히 소극적으로 운용되어 액티브펀드에 비해 보수비용율이 낮은 패시브 ETF를 매수한 후 보유한다.

모닝스타의 설문조사 결과에 따르면 개인 투자자 대다수가 ETF를 거래 목적으로 이용한다고 한다. 단 기관 투자자의 어마어마한 총회전율에 비하면 개인의 거래량은 미미하다. 개인 투자자 가운데 54퍼센트가 몇 달이나 1년에 한 번씩만 ETF 포트폴리오를 매매한다고 응답했다. 한 달에 한 번 매매한다고 응답한 비율은 11퍼센트에 불과하며, 3퍼센트만이 하루에 몇 번씩 매매한다고 답했다. 물론 설문조사는 설문조사일 뿐이며, 투자자 대상의 설문조사에서 도출된 결론으로 투자자가 과거에 했거나 미래에 할 법한 실제 행동을 제대로 알아낼 수는 없다. 물론 시간이 흐를수록 정확한 데이터가 나올 것이다.

앞서 설명했듯이 거래 활동이 늘어날수록 시장에 뒤처질 가능성이 크다. 이처럼 어리석은 욕구를 억누르지 못한다면(바람직한 일이기는 하지만 나도 그 방법은 모른다) 투자자들은 뼈아프고 큰 희생이 따르는 경험을 통해 불멸의 진리, 즉 장기적으로는 투자자가 승리하고 투기꾼은 패배할 수밖에 없다는 진리를 깨우쳐야 한다. 확실히 말하자면 투기는 ETF에만 국한된 일이 아니다. 정도와 방법은 상당히 다르지만 미국의 퇴직연금제도가 운영되는 과정에서도 투기가 큰 역할을 한다. 그 결과 국민/투자자의 이익을 위해 반드시 해소되어야 할 도전과제와 위험이 발생하고 있다. 이 주제는 7장에서 심층적으로 다룰 것이다.

7장

안녕한 노후,
안녕 못한 퇴직연금

너무 많은 투기와 너무 적은 투자

우리에게는 자본주의를 오늘날의 '역주행' 자본주의보다 더 많은 부를 창출하고 지속 가능하며 위기에 덜 취약한 방향으로 바꿀 역량이 있다. 자본주의를 '연기금 자본주의pension fund capitalism'로 전환하려면 연기금 조직이 젊은 근로자와 연금 수급자의 노후 대비 저축을 좀 더 효율적이고 생산적으로 관리할 수 있도록 재편해야 한다.

— 케이스 앰바시어

퇴직연금의 배경

우리는 미국의 퇴직연금제도가 투기적이지 않다고 생각한다. 그러나 사실 미국의 DB형 연금제도에는 서로 다른 두 투기적 요소가 있다. 첫째, 미국의 연금운용사는 개인 투자자처럼 비생산적인 편견과 감정을 완전히 떨쳐버리지 못한다. 둘째, 연금제도가 은퇴하는 국민에게 약속하는 DB형 연금 지급은 사실상 현재 낙관적으로 추정한 투자수익률이 실현될지 여부에 달려있다. 실현되지 못하면 연금운용사가 투자를 제대로 하지 않았다는 이야기가 되며, 기업은 크나큰 자금 부족을 겪을 것이다.

민간연금을 지원하는 기업은 연금을 지급하기 위해 연간 부담금을 늘릴 수밖에 없다. 주주에게 보고할 이익을 증대하기 위해 어떻게든 비용을 삭감하려 혈안이 된 기업 입장으로서는 만만치 않은 과제다. 비용을 억제하려고 안간힘을 다하는 주정부와 지방정부 입장에서도 연간 연금부담금을 증액하기 위해 예산을 더 높게 책정한다면 납세자들의 불만을 살 것이다. 사회보장제도에 필요한 개혁 조치도 투기 문제와 관련이 있다. 대립 상태에 있고 당파 논쟁과 교착에 의해 분열된 의회에 의지해도 될까? 퇴직연금제도의 현실을 감안할 때 퇴직자에게 현재 수준의 연금이 지속적으로 지급되도록 미국 의회가 조치를 취할 수 있을까?

미국의 DC형 연금제도에는 투기꾼과 다를 바 없는 개인 투자자들이 너무도 많다. 이들은 연금 투자의 회전율이 높고, 미래에 다른 펀드를 앞지를 것으로 예상되는 펀드에 투자하며, 자산운용사가 그 과도한 비용에도 불구하고 시장을 앞지르리라는 도박을 하고, 신중하지 못하게 자산을 배분하며 분산 투자에 실패하는 큰 잘못을 저질렀다.

개인 투자자들은 다른 투자를 할 때와 마찬가지로 자신의 퇴직연금에도 같은 실수를 저지르는 경향이 있다(개인 투자자 한 사람의 사고방식이 어떻게 두 가지로 나뉘겠는가?). 건전한 장기 투자라는 갑옷에 이와 같은 여러 구멍이 생기면 매우 대담한 투기가 이루어진다. 퇴직연금을 이용하여 편안한 노후를 누리기에 충분한 수익을 얻을 확률에 돈을 거는 것이다. 7장에서는 퇴직연금제도의 '7대 죄악'과 제도 자체에 있는 다섯 가지 결함을 논하고자 한다. 나는 죄악과 결함이 존재하는 곳에 개선의 여지도 있다고 본다. 특히 개인퇴직연금IRA, 근로자에게 관리 책임이 있는 401(k)(미국의 DC형 연금제도로, 401(k)란 미국의 근로자 퇴직소득보장법 401조 K항에 규정돼 있기 때문에 붙여진 것이다) 퇴직연금, 비영리 단체의 근로자에게 제공되는 403(b) 등 미국의 다양한 DC형 연금의 산만하고 복잡한 부분을 감독하고 국민/투자자의 요구의 부응에 집중할 연방퇴직연금위원회를 개설하면 문제를 보완할 수 있으리라 생각한다.

나는 이 장의 말미에 '새로운 연금 계획'이라는 과감한 구상을 소개한다. 기존 제도를 퇴직 후 생활을 대비하기 위하여 저축하는 투자자들에게 이득이 되는 방향으로 재설계하자는 내용이다. 나는 월가가 기존 연금제도에서 담당하는 과도한 역할을 축소하고 투자 리스크뿐만 아니라 장수 리스크에도 주의를 기울이는 등의 제안과 간소화 방안을 제시할 것이다. 이러한 개혁을 시행하면 장기적으로 DB형 연금, DC형 연금, IRA 투자자들이 축적하는 자산이 증가할 것이다. 이는 또한 우리가 투기가 만연한 문화를 탈피하여 장기 투자의 문화로 다가가는 데도 도움이 된다.

현재 미국의 노후보장제도는 충돌 직전의 열차처럼 위기일발에 처해 있다. 예정된 충돌을 가만히 기다릴뿐만 아니라, 스스로 충돌할 것이 보이는 선로를 따라 달리고 있다. 이대로는 퇴직연금제도의 중추가 파괴될 수밖에 없다. 연방정부의 지원은 오늘날에도 이미 유례없는 수준으로 이루어지고 있으며 일시적인 해결책에 불과해 보인다. 물론 개혁을 실행할 지혜와 용기와 있어야겠지만, 퇴직연금제도의 장기적인 개혁은 미국 가정의 노후 보장이 한층 더 개선될 것이다.

미국의 부족한 저축

퇴직연금제도의 근본적인 문제 중 하나는 부족한 저축액이다. 현재 미국의 퇴직연금에 투입되는 저축은 턱없이 부족하다. '자급자족'이라는 필수불가결한 목표를 이루기 위해서는 충분한 저축이 이루어져야 한다. 소비자 주도 경제가 판치는 미국에서 '절약'은 사라지고 '일시적 만족감'이 자리 잡았다. 미국은 미래의 퇴직 후에 필요한 돈을 충분히 저축하고 있지 않다. IRA와 403(b) 같은 개인연금계정을 개설하는 국민은 극소수이며 계정을 개설한 사람이라도 정기적으로 충분한 금액을 저축하는 일이 드물다. 기존 투자자와 미래의 투자자 모두 사회보장제도, 연금, 비현실적으로 밝게 예상하는 미래의 투자 수익 등을 합치면 퇴직 후 자금으로 충분하며 가족(최후의 수단)이 도움을 주리라 믿는 듯하다. 특히 이들은 투자 수익에 대한 기대가 비현실적으로 높다.

전반적으로 우리는 과소비와 상대적인 저축 부족 문제를 안고 있다. 이러한 사실이 놀라운 것은 미국의 상황을 생각하면 참으로 반직관적인 일이기 때문이다. 미국인은 전 세계 국가 중에서도 부의 정점에 서 있다. 그런데도 저축액은 국민소득의 3퍼센트 정도에 불과하다. 1인당 국민소득이 5,000달러 미만으로 4만 8,000달러인 미국과 크게 차이 나는 신흥국의 저축률도 10퍼센트 정도이며, 유럽 각국을 비롯한 선진국의 평균 저축률은 9퍼센트에 이른다. 저축률이 11~13퍼센트에 달하는 주요 선진국도 여럿이다. 미국의 연금제도가 사면초가에 처한 이유는 바로 이처럼 부족한 저축액이다.

박스 7.1

미국인의 재정적 우선순위를 바로잡아야 한다.

퇴직연금제도에 충분한 돈을 적립하지 않는 현상은 저축보다 소비를 선호하는 미국인의 성향을 엿볼 수 있는 한 가지 사례에 불과하다. 여기에는 "나는 오늘 살 수 있는 소비재를 사서 쓸 거야. (그리고 지금 그 물건을 사기 위해서라면 미래의 돈을 끌어다 쓸 수도 있어.) 먼 미래의 궁핍은 나중에 걱정해도 돼"라는 사고방식이 드러난다. "내일

일은 내일 걱정하자"라는 스칼렛 오하라(〈바람과 함께 사라지다〉의 주인 공)의 말이 연상된다. 내일이 없는 것처럼 말이다.

아이러니하게도 미국의 경제는 소비자의 지출에 의존한다. 미국 GDP의 70퍼센트 정도가 내수 소비의 몫이다. 여기에는 식료품, 주거, 의료 서비스처럼 생활에 꼭 필요한 품목뿐 아니라 '과시적 소비con-spicuous consumption'에 필요한 사치재 지출도 포함된다. 옳고 그름을 따질 생각은 없다. 그러나 우리가 퇴직 후의 생활에 충분히 대비하지 못하면 퇴직 후 기대에 미치지 못하는 삶을 살게 될 것이다. 우리는 장기간에 걸쳐 저축을 늘리고 대출을 줄여야 한다. 경제의 건강은 가계의 재정적 안정성에 달려 있다. 그러나 미국 가계 저축률은 최근 경기 후퇴 때 상승하기는 했지만 과거의 표준에 한참 못 미친다.

미국의 가계 저축률(1960~2012년)

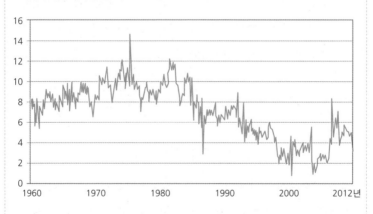

위의 그래프에서 알 수 있듯이 1960년대부터 1980년대까지 가계 저축률은 소득의 9퍼센트대에 달했다. 그러다가 차츰 하락하여

2000~2007년은 소득의 2퍼센트대에 그쳤다(자그마치 75퍼센트의 하락
폭이다). 저축률은 그 후 6퍼센트 정도로 회복되었다. 그러나 최근 나
온 보고서에 따르면 미국의 저축률은 3퍼센트에 불과하다고 한다.

역설적이게도 미국의 평균 가계 연소득은 4만 8,000달러로 세계에서
가장 부유한 국가에 속하지만 미국 국민은 상대적으로 적은 돈을 저
축한다. 독일의 가계 소득은 미국과 비슷한 4만 4,000달러이지만 독일
국민의 저축률은 11퍼센트다(유럽 주요 국가의 평균 저축률은 9퍼센트 정
도다). 연간 가계 소득이 1,500달러(인도)에서 5,200달러(중국) 사이인
신흥국의 저축률조차 미국을 훌쩍 넘는다. 어떠한 조치가 필요할까?
투자자 교육을 개선하고 규제가 좀 더 효율적으로 이루어져야 한다.
이를테면 신설된 소비자금융보호국 등이 나서서 금융 사기에서 국민
을 철저히 보호해야 한다. 저소득층의 세금 감면을 확대하여 저축을
유도하고, 대출자에게 한층 더 까다로운 신용 기준을 적용해야 한다.
무엇보다도 미국은 단기 소비에 의존하는 경제 구조에서 벗어나 장기
저축에 의존하는 경제로 나아가야 한다.

퇴직연금 '7대 죄악'

이제 일반론에서 구체적인 사례로 눈을 돌려보자. 그다음에 미국의
퇴직연금제도를 현재와 같은 위험에 빠뜨린 몇 가지 주요 요소를 살
펴보자.

첫 번째 죄악: 부족한 연금 저축

지금까지 401(k) 연금제도에 적립된 중간 잔고median balance는 얼마 되지 않는다. 이 사실만 보더라도 연금 보장은 현실성이 떨어진다. 2009년 말에 401(k)의 추정 중간 잔고는 참여자당 1만 8,000달러에 불과했다. 실제로 연봉 인상과 투자 수익의 실현을 가정할 때 성장 가능성이 있는 중년 직장인의 연금계좌 추정 잔고는 위의 가정이 들어맞을 경우 퇴직 연령 즈음 30만 달러 정도로 축적될 가능성이 있다. 예상 저축액이 상당한 것처럼 보이지만 연금에 의한 소득대체율(퇴직 전 소득 대비 퇴직 후 연금 소득의 비율)은 30퍼센트에도 미치지 못할 것이다. 이는 도움이 되기는 하지만 노후 문제를 완벽하게 해결하지 못하는 수준이다(대부분의 분석가들이 제안하는 목표치는 사회보장지원금을 포함하여 70퍼센트 정도다).

퇴직연금의 적립액이 얼마 되지 않는 이유 중 하나는 참여자 숫자가 적고 기업 부담금이 충분하지 않기 때문이다. 일반적으로 합계 부담금은 보수의 10퍼센트도 안 되는 반면 전문가들은 대체로 보수의 15퍼센트를 적정 수치로 간주한다. 예를 들어 어떤 근로자가 40년 동안 직장 생활을 하면서 연봉의 15퍼센트를 부담금으로 내고 주기적으로 연봉을 인상하며 연간 5퍼센트의 실질시장 수익을 얻는다면 총 63만 달러를 적립하게 된다. 10퍼센트를 부담하는 근로자가 적립하는 금액은 총 42만 달러에 지나지 않는다. 물론 추정대로 실현되기만 한다면 상당한 금액이지만 참여자가 자금을 얼마든 뺄 수 있는 구조 등의 큰 걸림돌이 존재하므로 추정 금액을 달성하기는 거의 불가능하다(한 번도 빠짐없이 일정대로 적립이 이루어진다는 가정이 실현될 가능성도 극히 낮다).

두 번째 죄악: 주식시장 붕괴

미국의 퇴직연금제도가 만신창이가 된 또다른 원인 중 하나는 주식시장의 붕괴다. 이로 인해 미국 주식시장의 시가총액은 2007년 10월에 17조 달러로 사상 최고치를 기록했으나 2009년 2월에는 최저치인 9조 달러로 떨어졌다. 이처럼 어마어마한 부가 증발했지만 그 대부분은 이어진 반등장에서 회복되어 2012년 초에는 시가총액이 15조 달러에 이르렀다. 그럼에도 현재 미국의 DB형 퇴직연금제도는 민영과 공영 모두 막대한 적자에 시달리고 있다. 게다가 여기에 DC형 연금제도의 참여자들이 적립한 금액은 퇴직 후에 필요한 소득에 못 미친다.

세 번째 죄악: 연금 재정 부족

미국 기업들은 주식이 과거처럼 넉넉한 수익을 내리라고 착각하며 DB형 퇴직연금제도를 운영해오고 있다. 한 술 더 떠서 주식시장이 역사적인 표준을 한참 웃도는 가치에 도달했을 때는 미래 수익률을 더 높게 추정했다. 그중에서도 주정부와 지방정부의 DB형 퇴직연금제도가 최악의 재정난에 직면한 것으로 보인다(투명하지 못한 운영, 불충분한 정보 공개, 규격화되지 않은 재무 보고 등으로 적자의 폭조차 파악할 수 없다). 퇴직연금제도의 운영 주체 대다수가 미래의 수익으로 적자에서 헤어날 수 있으리라 착각한다.

　실제로 DB형 퇴직연금제도 대다수가 미래 수익률을 연간 7.58퍼센트대로 추정한다. 그러나 주식수익률이 2퍼센트이며 미국의 30년 만기 국채수익률이 3퍼센트인 상황에서 그 같은 추정수익률은 터무니없는 희망에 불과하다. 모순적이게도 미국의 장기 국채수익률이 13.5퍼센트였던 1981년에도 기업들이 잡은 연금의 추정수익률이 평균 6퍼센트에 지나지 않았다. 2012년 초에 보면 이 예상 역시 정반대로 비현실적인 추정이기는 마찬가지다.

기업들은 주주를 위해 이익을 창출하고 배당금을 지급하며 사업에 이익잉여금을 재투자한다. 전반적으로 미국 기업의 주식으로 창출되는 장기 수익만이 향후 10년에 걸쳐 2퍼센트 정도의 배당수익률과 5~6퍼센트의 이익성장률을 포함하여 연간 7~8퍼센트 정도의 투자 수익을 낼 수 있는 원천이다. 마찬가지로 채권 역시 장기 수익의 유일한 원천인 이자를 지급한다. 오늘날의 수익률로 볼 때 회사채와 국채 포트폴리오의 총수익률은 평균 3.5퍼센트 정도로 추정된다. 두 자산군이 적절히 배분된 포트폴리오의 향후 10년 간 수익률은 대략 5~6퍼센트에 이를 것이다.

네 번째 죄악: 투기성 강한 투자 수단

갈수록 확대되고 있는 미국의 DC형 연금제도에는 불건전하고 현명하지 못하며 대부분 투기 성격을 띠는 투자 선택지들이 다수 존재한다. DC형 연금제도에는 주로 개인이 직접 절세형 퇴직 투자 프로그램을 운용할 책임이 있다. IRA, 기업 직원을 대상으로 한 401(k) 연금제도, 비영리 조직 직원이 대상인 403(b) 연금제도 등이 여기에 해당한다. 그런데 직장 내에서 자격과 일을 하지 않아도 살 수 있는 재력을 갖춘 임원들은 이렇다 할 조언을 제공하지 않는 듯하다. 더욱이 이들은 대부분 주식과 채권의 장기 투자 생산성을 결정짓는 수익의 **변함없는 원천**을 간과하며, 대신 **과거 데이터**에 편중되고 겉으로만 그럴싸한 방법론에 초점을 맞춘다. 그 결과 본인뿐만 아니라 회사와 다른 직원들도 투자의 냉엄한 현실을 깨닫지 못하고 착각에 빠진다.

다섯 번째 죄악: 부를 앗아가는 '비용'

미국 주식시장의 수익률은 경쟁이 치열한 자본주의 체제를 장악한 상장기업(과 채권 투자)의 총수익률의 수준을 보여준다. 주식과 채권을 보유한 투자자는 직접적으로든 뮤추얼펀드나 DB형 퇴직연금제도의 집단 투자 프로그램을 통해서든 수익 창출을 위해 들어간 비용을 공제한 수익만을 수령하며, 그다음에 다른 투자자와 주식과 채권을 거래한다. 주지해야 할 점은 미국의 금융계가 수익의 1~2퍼센트포인트를 소모할 정도로 탐욕스럽다는 사실이다. 금융계는 기업과 경제계가 창출한 수익에서 너무도 큰 몫을 비용으로 빼앗는다. 따라서 우리는 개인 투자자나 연기금이나 비용 공제 후에 4~5퍼센트대의 순수익만 수령한다는 사실을 인식해야 한다. 박스 7.2 에서 보듯이 순수익을 큰 폭으로 확대하기 위해서는 '대안' 투자 수단을 활용하여 다소 파격적인 포트폴리오를 구성해야 한다. 그렇게 하면 역사적 표준을 훌쩍 뛰어넘는 수익을 얻을 수 있다. 그러나 이 경우에도 투기성이 있다.

박스 7.2

'8퍼센트'라는 통곡의 벽

향후 10년 동안 주식의 명목수익률을 합리적으로 추정해보면 7퍼센트 정도이며, 좀 더 확실한 추정이 가능한 채권의 수익률은 대략 3퍼센트로 예상된다. 이러한 상황에서 주식과 채권의 비율이 65 대 35인 DB형 퇴직연금제도의 전통적인 포트폴리오는 연간 5.5퍼센트의 수익을 낸다고 추정할 수 있다. 자산 규모가 큰 포트폴리오 운용과 관리 비용의 효율을 감안할 때 나는 비용을 1퍼센트로 추정한다. 이 경

우 순수익률은 4.5퍼센트다. 좀 더 후하게 쳐서 5퍼센트라 하자.[01]

그렇다면 기업의 DB형 퇴직연금제도 역시 수익률을 이 정도로 추정할까? 그렇지 않다. 일반적인 추정수익률은 8퍼센트다. 일부 퇴직연금제도는 기업과 지방정부를 막론하고 수익률을 무려 9퍼센트로 추정하기도 한다. 물론 7퍼센트나 그 이하로 추정하는 경우도 있다(이를테면 버크셔 해서웨이가 추정하는 수익률은 6.9퍼센트다). 이러한 추정의 근거는 무엇일까? 어떤 대기업(제너럴 일렉트릭)의 설명은 다음과 같다. "우리는 기존 자산배분과 예상 자산배분뿐만 아니라 다양한 퇴직연금 적립자산의 과거수익률과 기대수익률을 감안한다. (…) 전반적인 시장 추세는 물론 이익 성장 기대치와 채권 수익 등의 주요 자산군 수익률을 평가한다. 예상 자산 성과, 과거의 수익률, 기존 자산배분과 예상 자산배분을 토대로 분석한 결과 우리는 퇴직연금 적립 자산의 장기 추정수익률을 8퍼센트로 본다." 이러한 공시 자료는 기업 연차보고서에서 으레 하는 말이다.

보고서의 내용 자체는 괜찮다. 그러나 여기에 (나는 별로 좋아하지 않는 표현이지만) 흔히 말하는 '미세한 사항'을 추가하여 근거는 부족하지만 현실성이 없지는 않은 추정을 해보자. 다음의 표는 퇴직연금제도가 어려운 목표를 달성하려면 다양한 시장과 자산운용사가 무엇을 해야 하는지를 보여준다.

기업의 구체적인 수치는 공개되어 있지 않지만 나는 위의 표에 몇

---

01 이 수익률은 (현재 달러 가치라는) 명목 단위로 측정된 것으로서 불과 2퍼센트의 인플레이션만 반영해도 실질수익률은 3퍼센트에 그친다.

DB형 제도의 향후 10년 추정수익률

자산군	1 자산 배분	2 연간 추정 수익률	3 운용사가 더한 수익률	(2+3) 4 연간 조정 수익률	5 보수비용률	(4-5) 6 순수익률
전통적인 포트폴리오						
주식	40%	7%	+2.5%	9.5%	1.0%	8.5%
채권	30%	3%	+0.5%	4%	0.5%	3.5%
대안 투자 수단						
벤처캐피털	10%	12%	+3.0%	15%	3.0%	12%
헤지펀드	20%	12%	+3.0%	15%	3.0%	12%
합계	100%	7.3%	2.2%	9.5%	1.5%	8.0%

몇 기업의 방식대로 분석한 수치를 실었다. 엑손 모빌은 자사 퇴직연금제도의 기대수익률을 7.5퍼센트로 산출한 과정에 대해 "자산군 각각의 기대수익률 등의 요소를 고려하여 미래지향적으로 추정한 것"이라고 설명한다.

이제 표의 데이터가 얼마나 비현실적인지 알아보자. 첫째, 주식수익률과 채권수익률은 앞서 언급한 합리적인 기대치에서 벗어나지 않는다. 벤처캐피털의 기대수익률은 높지만 터무니없지는 않아 보인다. 그러나 헤지펀드에 요구되는 수익률은 표준을 한참 웃돈다. 운용사가 추가하는 가치의 경우에도 내 오랜 경험으로 보건대 어떤 운용사든 요구된 수익률을 3퍼센트포인트나 초과하는 수익률을 달성할 가능성은 없다. 그 정도 수익률을 달성하는 운용사를 선택했다면 정말 운이 좋은 것이다. 더욱이 서로 경쟁 관계에 있는 DB형 퇴직연금 운용사들의 알파alpha는 대체로 0으로 예상된다(실제로 내가 추정한 대로 일반적인 비용 수준을 감안하면 퇴직연금운용사는 전체적으로 음(-)의 알파를 낼 가능성이 크다). 우리가 소유한 주식과 채권 등 자산군별 추정수익률이 실현된다 하더라도 벤처캐피털과 헤지펀드는 역사적 표준을 크게 웃도는 수익률을 달성해야 한다. 그렇지 못하면 해당 예시의 실현 수익률은 2퍼센트포인트 낮은 연간 6퍼센트에 머무른다.

이 책을 쓰는 현재로부터 10년 흐른 2022년을 달력에 표시해두고 누가 추정치에 가장 가까운 수익률을 달성했는지 확인하기를 바란다. 개인적으로 나는 6퍼센트도 어려운 목표라고 생각한다. (현재 미국의 10년 만기 국채수익률은 2퍼센트 미만이며 30년 만기 국채수익률은 3퍼센트 정도다.) 6퍼센트라는 목표가 달성된다 하더라도 8퍼센트라는 추정치를 실현하지 못해 발생하는 누적 적자가 경제에 끼치는 영향은 어마어마하다. 특히 오늘날처럼 기업 퇴직연금의 누적 적자가 5,000억 달러에 가까운 때는 더더욱 말이다. 나는 정부가 2022년까지는 기업에 DB형 퇴직연금의 10년 간 실질수익률을 보고하도록 의무화하기를 바란다. 왜 아직까지도 수익률 공개가 의무화되지 않았는지 이해할 수 없다.

여섯 번째 죄악: 금융계의 투기

미국(과 전 세계) 금융계에는 투기가 만연해 있다. 1장에서 살펴보았듯이 높은 주식 변동성, 위험하고 대개 레버리지를 동반하는 파생상품, 비정상적인 거래량 때문에 시장은 상상을 초월하는 변동성에 노출되었다. 앞서 말했듯이 미국 금융시장의 특징인 유동성을 공급하려면 이러한 과잉 행동이 필요하다. 그러나 과도한 거래는 투기 잔치로 이어졌고 그 결과 운용사는 물론 투자자(나 투기꾼) 간에 치열한 경쟁이 펼쳐지고 있다. 이러한 '종이 경제paper economy'(자산을 소유하기보다는 자산가치가 종이로 거래되는 경제)로 국민의 저축과 투자가 이루어지는 실물경제가 위협받고 있다. 전반적으로 볼 때 현재의 경제 위기는 월가가 대중에게 떠넘긴 것이 분명하다. 다시 말해 가장 탐욕스러운 금융업자들이 무고한 국민의 돈을 갈취한 것이다.

일곱 번째 죄악: 이해충돌

미국의 금융계에는 이해충돌이 만연하다. 401(k) 제도를 위해 뮤추얼펀드를 운용하거나 퇴직연금제도의 자산을 운용하는 금융회사가 기업고객의 지분을 소유하면 이해충돌이 발생한다. 기업 경영진의 권고에 반대표를 던지는 자산운용사와 투자자문사를 선택할 권한이 있는 기업 임원들의 사이가 좋지 않으리라는 것은 충분히 있을 법한 일이다(이러한 이해충돌이 어느 수준까지 현실화되는지에 대해서는 논의가 진행 중이다).

그러나 SEC의 수석 회계사를 지낸 린 터너는 어떠한 이해충돌이든 논쟁의 여지가 없다는 입장이다. "기업에 운용 수수료를 청구하는 자산운용사는 이해충돌의 당사자다. 자사의 매출을 증대하기 위해 더 많은 자산을 유치하려 하며 이러한 자산이 직원의 퇴직연금 계정을 설치한 기업에서 흘러들어온다는 점에서 그렇다. 자산운용사는 자본을 맡긴 실제 투자자에게 기업에서 거둬들이는 수수료의 금액을 밝히지 않는다. 사실 그러한 기업의 경영진도 자산운용사의 표로 결정된다. (뮤추얼펀드사를 비롯한) 기관 투자자들이 자사에 자산의 운용을 맡긴 사람들보다는 스스로에게 최대한 이익이 되는 방향으로 의결권을 행사할 때가 종종 있는 것으로 보인다."

노동조합의 퇴직연금제도에는 다른 종류의 이해충돌이 발생할 뿐 없다고는 하기 어렵다. 노조 간부, 투자자문사, 자산운용사 간의 내부자 거래 사례는 언론 기사와 재판 기록으로 남겨져 있다. DB형 퇴직연금제도를 운영하는 기업의 고위직들도 마찬가지다. 이들은 시장 참여자들이 요구하는 실적 상승을 극대화하기 위해 퇴직연금 부담액을 최소화하는 방안과 자사가 보장한 퇴직연금의 장기적인 보장을 위해 충분한 부담금을 시의적절하게 적립하는 식으로 퇴직연금 비용을 늘리는 방안 사이에서 짧게나마 갈등을 겪게 마련이다. 주정부와 지방정부의 퇴직연금제도에도 비슷한 이해충돌이 개입된다. 이들은 예산의 균형을 맞추기를 주저하는(또는 맞추지 못하는) 탓에 미래의 퇴직연금 급여 재원을 마련하기 위해 (공개되는 일은 드물지만) 금융 공학에 의존한다.

사회의 가치를 빼내는 금융업계

이와 같은 일곱 가지 죄악은는 내가 과거에 부조리하고 비생산적인 금융부문에 대해 자세하게 썼던 내용과 대체로 일치한다. 다음은 내가 《저널 오브 포트폴리오 매니지먼트》의 2008년 겨울호에 실은 글을 요약한 것으로 금융계의 비용을 조명한다. "뮤추얼펀드의 경비에 헤지펀드, 연기금 운용사, 신탁회사, 보험사에 지급되는 그 모든 수수료와 거래비용과 투자은행 수수료까지 더해져 2011년에 비용은 사상 최고치로 치솟았다고, 총비용은 6,000억 달러를 넘어서는 것으로 추산된다. 이처럼 막대한 비용 때문에 퇴직을 대비하여 저축을 적립하는 국민이 투자로 성공할 확률은 떨어질 수밖에 없다. 안타깝게도 투자자는 투자라는 고비용 사슬의 가장 밑바닥에서 먹잇감이 되며, 시장 수익에서 대리인 비용이 공제된 부분만을 받는다. (…) 자산운용 분야는 예전에는 상업성보다는 전문성이 우선시되었지만 현재는 전문성이 뒷전으로 밀려난 산업이 되었다. 이러한 점에서 하버드대학 경영대학원의 라케시 쿠라나 교수가 전문가의 행동 규범을 규정하면서 "사회에서 가치를 빼내기보다는 사회를 위해 가치를 창출하는 사람이 진정한 전문가"라고 한 것은 매우 적절하다. 그러나 자산 운용 분야가 비금융 기업이 창출하는 가치를 빼내고 있음은 분명하다."

이러한 견해는 나만의 것이 아니라 오랫동안 받아들여진 생각이다. 노벨경제학상 수상자인 제임스 토빈은 1984년 다음과 같이 말하며 통찰력을 보여줬다. "우리는 재화와 용역 생산과는 동떨어진 금융 활동에, 사회적 생산성에 비해 과도한 개인의 보수를 창출하는 활동에, 근시안적이고 비효율적인 투기를 조장하는 '종이 경제'에 점점 더 많은 자원을 낭비하고 있다"(토빈은 자신의 비판이 정당함을 입증하기 위해 케인스의 말을 인용했지만 케인스의 엄중한 경고는 빠뜨렸다. 앞서 소개한 대로 케인스는 생산 기업이 금융 투기의 뒷전으로 밀려났다고 경고했다). 결함이 있는 금융업계가 여러 실패를 거듭하면서 일반 대중의 노후 보장 뿐만 아니라 우리 사회 전체가 참여하는 경제가 위태로워지고 있다.

오늘날의 미국 퇴직연금제도

현재 퇴직연금제도가 처한 위기를 분석하기는 어렵지 않다. 분석을 통해 나오는 결론은 그리 희망적이지 않다.

- 사회보장제도

사회보장제도는 미국 퇴직연금제도의 중추적인 버팀목이지만 위험한 미래를 앞두고 있다. 의회가 앞으로도 사회보장제도의 적자를 메워주리라고 짐작만 할 뿐이다. 아니면 간단하지만 장기적인 지급 능력을 보장하기 위해 필요한 개혁을 단행할 투지와 결단력이 등장할 수도 있다.[02] 퇴직연금제도에 적립하는 근로소득자의 소득상한선을 점진적으로 높이고, 퇴직연금 급여액의 증가 공식 대신에 인플레이션 공식을 토대로 한 임금을 인상하며, 정년을 대략 69세 정도로 상향 조정하고, 빈곤 실태를 조사하여 상당한 부를 소유한 국민에게 지급되는 퇴직연금을 제한하는 조치면 충분하다(의회가 내게 개혁을 시행할 책임자 자리를 제안한다면 나는 그러한 도전을 기꺼이 받아들일 것이다).

- DB형 제도

1990년대 초반까지만 해도 퇴직연금 수급자의 투자 리스크와 장수 리스크(자산이 바닥난 후까지 살아남을 리스크)는 기업과 주정부 및 지방정부의 DB형 제도에서 비롯되었다. DB형 제도는 사회보장이라는 대규모 국영 DB형 제도와는 별개로 퇴직연금을 저축하기 위한 조치로서 널리 보급되었다. 그러나 DB형 제도 대신 DC형 제도가 대세로 자리 잡은 현재에는 DB형 제도의 성장이 사실상 멈췄다. 다른 이유보다도 주로 주식시장의 폭락으로 기업의 퇴직연금 자산은 1999년 2조 1,000억 달러에서 2012년 초 약 1조 9,000억 달러로 감소했다. 앞

---

02 의회가 아무 조치를 취하지 않더라도 사회보장제도는 유지될 것이다. 그럼에도 최근 보고서에 따르면 2033년까지 퇴직자에 대한 사회보장 지급액은 오늘날의 75퍼센트 수준으로 감소할 것이라고 한다.

부분에서 지적했듯이 퇴직연금제도는 심각한 자금 부족에 처했다. 2012년 초에 S&P 1500 지수에 속한 기업이 앞으로 퇴직자에게 급여를 지급하려면 5,000억 달러에 가까운 돈을 추가로 넣어야 한다. 주정부와 지방정부는 미래의 퇴직연금 인상을 장담하지만, 4조 달러를 넘어서는 퇴직연금 적자에 시달리고 있는 것으로 추산된다.

이 같은 적자는 퇴직연금제도의 적립률funding ratio(퇴직연금의 부채 대비 적립된 자산의 비율)의 급격한 하락과 관련이 있다. S&P 500 기업의 적립률은 2007년 105퍼센트에서 2011년 80퍼센트로 하락했다. 같은 기간 공공 퇴직연금제도의 적립률은 95퍼센트에서 75퍼센트로 떨어졌다. 더욱이 기업의 퇴직연금제도가 개선될 조짐은 거의 보이지 않는다. 2011년의 추정 투자수익률은 평균 8퍼센트였지만 실제 투자수익률은 그 절반을 약간 웃도는 4.4퍼센트에 불과했다. 2012년 초에 채권수익률이 여전히 사상 최저치에 머무르고 있는 가운데 퇴직연금제도를 구제하려면 주식 투자와 대안 투자 등을 통해 공격적인 고수익을 추구하는 수밖에 없다. 그러나 **박스 7.2** 에서 보듯이 이는 매우 어렵다. 고수익이 실현되지 못하면 미국 기업의 퇴직연금 지출은 한층 더 확대될 것이다.

• 퇴직연금지급 보증공사PBGC

연방정부기관인 PBGC는 파산 가능성이 있는 기업의 퇴직연금 지급을 보증하지만 2011년 중반까지 140억 달러의 적자를 내는 등 기관 자체가 불안정한 상황이다. 주식시장 붕괴 직전인 2008년 초, PBGC는 자산 중 주식의 비율을 45퍼센트로 상향 조정하고 부동산과 사모펀드 같은 '대안 투자'에 자산의 10퍼센트를 추가로 배분하는 등 이해하기 어려운 결정을 내렸다. PBGC가 주식 비중을 두 배로 늘린 것은 최악의 판단으로 판명되었다(아직은 이러한 변화가 어떤 결과로 이어졌는지 알 수 없다). 어쨌든 PBGC가 궁극적으로 지급 의무를 이행하려면 추가 재원이 필요할 것이다. 우리는 PBGC의 문제가 해결될지 여부도, 어떻게 해결될지도 알 수 없다. 그저 짐작만 할 따름이다.

• DC형 제도

DC형 제도가 DB형 제도를 점차 대체하면서 퇴직연금제도의 투자 리스크와 투자 수익뿐만 아니라 장수 리스크까지 기업에서 직원으로 대폭 전가되고 있다. DC형 제도는 반세기를 훨씬 넘는 기간 동안 퇴직연금저축에 대한 과세이연 효과[03]를 제공해왔지만 401(k)와 403(b) 등의 근로자 저축 제도가 확산한 1978년에야 퇴직연금저축의 적립에 광범위하게 활용되기 시작했다. DC형 제도의 성장세는 놀라웠다. DC형 제도의 자산총액은 1985년 5,000억 달러, 1990년 1조 달러, 2000년 3조 달러, 2010년 4조 5,000억 달러에 달했다. 이 가운데 401(k)와 403(b)의 자산 비중은 각각 67퍼센트와 21퍼센트로서 총액의 대부분(88퍼센트)을 차지한다.

• IRA

현재 IRA의 자산총액은 4조 7,000억 달러 정도로서 주식시장 붕괴 직

---

03 나는 1951년 7월부터 다닌 회사(와 첫 직장)의 DC형 제도에 연봉의 15퍼센트를 투자해왔다. 그 결과 61년 동안의 적립을 통해 과세이연 DC형 제도가 정기적으로 적립되고 주식과 채권에 적절히 분산 투자되며 장기간 동안 저비용 복리로 운영된다면 기적에 가까울 정도로 자산을 축적할 수 있다는 사실을 확인했다.

전인 2007년의 자산총액 4조 8,000억 달러와 엇비슷하다. 현재 2조 달러 정도의 규모인 뮤추얼펀드가 여전히 IRA의 투자 자산 중에서 가장 큰 비중을 차지한다. 그러나 대략 4,900만 가구가 IRA에 참여하는 상황에서 가구당 평균 잔고는 5만 5,000달러에 불과하다. 평균 투자수익률이 5퍼센트 정도일 때 매년 한 가구가 받을 수 있는 연금은 2,750달러에 지나지 않을 것이다. 마냥 적지는 않지만 근로자가 당장 퇴직할 경우에는 턱없이 부족하다. 물론 비교적 젊은 근로자라면 잔고를 장기간에 걸쳐 상당한 수준으로 불릴 수 있다. IRA의 미래 수익률을 6퍼센트로 추정하면 5만 5,000달러의 잔고는 40년 후에 56만 5,000달러로 증가할 것이다.

401(k) 집중 탐구

앞서 언급했듯이 DC형 연금제도는 민간 퇴직연금시장을 서서히 장악해 나갔으며 앞으로도 점유율을 늘려갈 것이 분명해 보인다. 더 나아가 DC형 제도가 공공 퇴직연금 시장에서도 점점 더 큰 비중을 차지하고 있다는 근거가 존재한다. 그중에서도 연방공무원 퇴직연금제도가 가장 큰 요소다. 자산 규모가 2,500억 달러에 달하는 연방 공무원 퇴직연금제도는 1986년에 출범한 이래로 DC형 제도로 운영되어 왔다. 401(k) 제도가 DC형 연금 시장을 장악함에 따라 뮤추얼펀드가 401(k) 시장의 가장 큰 부분을 차지하게 되었다. 뮤추얼펀드에 투자된 자산은 350억 달러(총자산의 9퍼센트)에 불과하던 1990년부터 급증하여 2012년에는 2조 3,000억 달러(53퍼센트)로 추산된다.

현재 DB형 제도가 곤경에 처해 있으며 미래의 적립 비용이 기업의 이익을 예측할 수 없을 만큼 상당 부분 잠식하리라는 점을 감안할 때

점진적으로 시작된 DC형 제도로의 전환이 대규모로 진행된 것은 그리 놀라운 일이 아니다. 예컨대 제너럴 모터스는 자산 규모 940억 달러의 거대한 퇴직연금제도를 운영하며 그보다 훨씬 더 큰 부채를 질 가능성이 큰 기업인데, 이 회사의 시가총액은 고작 380억 달러에 불과하다.

나는 DB형 제도에서 DC형 제도로의 전환이 불가피할 뿐만 아니라 근로자에게 퇴직 후 안정성을 제공한다는 점에서 옳은 방향으로의 변화라고 생각한다. 전 세계적으로 경쟁이 치열한 시대에 미국 기업은 인건비가 한참 낮은 해외 기업과 경쟁을 벌여야 한다. 따라서 퇴직연금저축의 2대 리스크(투자 리스크와 장수 리스크)를 기업의 재무제표에서 가계에 대규모로 이전하면 미국 가정이 직접 퇴직연금을 책임져야 하지만, 기업 이익에 가해지는 압박이 줄어든다. 더 나아가 적절히 설계된 DC형 제도는 각 가정만의 구체적인 요구사항(예상 자산, 리스크 감내 수준, 가장의 연령, 사회보장을 비롯한 기타 자산 상황의 반영)을 고려한 투자 기회를 제공한다. 반면에 DB형 제도는 평균적인 인구 집단과 근로 인력 전반의 평균 급여에 초점을 맞출 수밖에 없다.

이와 같이 401(k) 제도는 시의적절한 방안이다. 그 점은 희소식이다. 미국의 퇴직연금제도는 새로운 패러다임으로 이동하는 중이다. 이는 궁극적으로 사기업 근로자와 공무원 등의 근로자뿐만 아니라 가정에도 유익할 것이다. 하지만 문제점도 있다. 기존 DC형 제도는 투자자들에게 실망을 안기고 있다. 훌륭한 목표에도 불구하고 온갖 잘못된 시행으로 신규 제도의 본질적인 가치가 상당히 소실되었다. 적립한 돈을 직접 관리할 책임이 있는 투자자들은 자신의 이익에 위배되는 행동을 취했다. 이제 무엇이 잘못되었는지 알아보자.

심각한 결함을 내포한 제도

우선 퇴직연금제도의 대세가 된 DC형 제도의 문제점부터 살펴보자. 미국 401(k) 제도(와 일부 IRA 제도)에 있는 주요 결함을 없애려면 근본적인 개혁이 필요하다. 우리가 공공의 이익과 투자자의 이익을 두루 챙기려면 근로자에게 공평한 기회를 제공하는 것을 우선과제로 삼아야 한다. 박스 7.1 에서 살펴본 저축 부족 외에도 퇴직연금 개혁을 요하는 주요 문제는 다음의 다섯 분야에 걸쳐 있다.

과도한 융통성

401(k)은 퇴직 이후의 소득을 공급할 목표로 설계된 제도지만 이러한 목표에 방해되는 용도로 이용될 때가 너무 많다. 대표적인 예는 근로자가 퇴직연금을 담보로 대출을 받을 수 있다는 점이다. 실제로 이렇게 대출을 받는 제도참여자가 무려 20퍼센트에 달한다. 추후에 대출이 상환되든 말든 상환되지 않는 기간 동안에는 (장기간에 양의 수익률을 유지한다 가정하더라도) 투자수익률이 하락할 수밖에 없다. 그 결과 대출을 받지 않았다면 퇴직 시점에 상당 수준으로 쌓였을 저축에 사중손실deadweight loss(경제적 효용의 순손실)이 발생한다.

더 심각한 문제는 참여자가 이직하거나 가정 상황에 변화가 있을 때 자신의 401(k)을 현금화하면서 발생하는 사중 손실이다(이 경우는 대부분 영구적인 손실이다). DC형 제도의 참여자 중에 60퍼센트가 이직할 때 퇴직연금 자산의 일부를 현금화하여 연금저축과는 별개의 용도에 사용한다.

퇴직연금 담보대출과 현금화가 얼마만큼 큰 손실을 불러오는지 실감하려면 사회보장제도의 사례를 보면 된다. 대출과 현금화 때문에 근로자와 기업의 부담금이 줄어들고 그 돈이 미래의 소득으로 쓰이지 않고 현재의 소비에 투입된다면 이미 곤경에 처한 사회보장제도가 얼마나 더 큰 어려움을 겪게 될지 상상해보라. 분명 더욱 나쁜 상황에 처할 것이다.

그 외에도 최근의 경기 후퇴 때 나타났듯이 기업에 퇴직연금제도를 변경하거나 중단하거나 심지어 폐지할 자율권을 주는 것도 과도한 융통성의 사례이다. 이 경우 장기 투자자가 주식을 매입하기에 적합한 하락장일 때 '매입 원가 평균법Dollar Cost Averaging, DCA'〔주기적으로 같은 금액을 주식에 투자하여 주식의 평균단가를 낮추는 기법〕의 장점이 사라지는 역효과가 나타난다. 안타깝게도 IRA에는 훨씬 더 과도한 융통성이 적용된다. 적립 일정을 따르는가는 순전히 IRA 가입자의 마음에 달려 있으며, 적잖은 위약금이 붙기는 하지만 중도 인출도 쉽게 이루어진다.

부적절한 자산배분과 잘못된 투자 선택

401(k) 투자자들의 적립 잔고가 이처럼 기대에 미치지 못하는 이유 중 하나는 주식과 채권의 자산배분 비율이 잘못되었기 때문이다.[04] 투자 전문가 대다수가 젊은 참여자에게는 주식에 자산 대부분을 배분하고 퇴직을 앞둔 참여자에게는 채권 배분을 늘리라고 조언하지만 401(k) 참여자 중 상당수가 그 조언에 귀 기울이지 않는다.

20대 401(k) 투자자의 약 20퍼센트 가까이가 퇴직연금계정에 주식 비중이 '0'이며 대신 MMF와 안정형펀드의 보유 비중이 과도하다. 이

---

04 해당 데이터는 2008년 12월 ICI가 발간한 《리서치 퍼스펙티브》에서 인용한 것이다. ICI는 뮤추얼펀드사들을 대신하여 데이터를 취합하고 연구 조사를 진행하며 로비활동을 벌이는 단체다.

러한 배분에는 시간이 흐를수록 투자가 인플레이션에 따라가지 못할 가능성이 생긴다. 반면에 60대 401(k) 투자자 중 30퍼센트 이상이 주식형펀드에 자산의 약 80퍼센트를 배분하고 있다. 이러한 공격적인 자산배분을 한 사람들은 이번 하락장에서 401(k) 잔고의 30퍼센트 이상을 날렸을 가능성이 있다. 퇴직연금을 인출해서 써야 할 바로 그 시기에 큰 손실을 본 것이다.

투자자 상당수가 예로부터 내려온 분산화 원칙을 따르지 않는 상황에서, 자사주를 소유하는 것 역시 현명하지 못한 자산배분으로 이어질 수 있다. 자사주를 투자 수단으로 제공하는 퇴직연금제도에서는 참여자들이 평균적으로 잔고의 20퍼센트 이상을 자사주에 투자하며 그 결과 리스크가 매우 높아진다. 지나칠 정도로 보수적인 사람, '공격적인' 사람, 퇴직연금에 일생을 바치다가 돈을 날리는 사람 모두 진정한 투자를 통해 (시장 리스크는 아니더라도) 다양한 리스크를 분산하여 상쇄하기보다는 앞으로 일어날 일을 짐작하여 돈을 걸었을 뿐이다.

종업원퇴직소득보장법ERISA은 퇴직연금제도의 자사주 배분 비율을 자산의 10퍼센트로 제한한다(개별 종목으로는 여전히 지나치게 높은 비율이다). 401(k)에는 이와 비슷한 제한 조항이 없다. 다만 최근 노동부는 근로자가 일정 기간 이후 자사주를 매각하여 분산 투자할 수 있도록 의무화하는 규정을 마련했다. 그리고 특히 고용주가 근로자의 적립 수준에 상응하여 자사주 형태로 퇴직연금 부담금을 적립하는 경우에는 문제가 더 심각해질 수 있다. 이에 대한 우려가 확산되는 가운데 최근 금융산업규제국FINRA는 투자자들에게 자사주 집중 삼가를 권했다. 근로자복지연구소EBRI가 2009년에 진행한 연구에 따르면 자사주 투자가 가능한 근로자 중 절반 이상이 실제로 자사주에 투자하고 있다. 이처럼 단일 항목에 자산이 집중 배분됨에 따라 근로자들은 회사에 큰 문제가 발생할 때 일자리와 노후 대비 저축을 모두 날릴 수도 있는 '이중의 위험'에 처했다. 자사주에 자산을 집중 배분하는 것은 매우 어리석은 행위다.

그 외에도 자신의 퇴직연금을 가장 높은 수익률이 기대되는 펀드에 쏟아 붓는 투기도 존재한다. 몇 년 전에는 투기 행위가 개별 주식 종목에 집중되었다(위에 언급한 자사주 투자가 단적인 사례다). 그러나 오늘날에는 뮤추얼펀드의 향후 성과에 돈을 거는 투기가 주를 이룬다. 안타깝게도 과거의 성과는 웬만해서는 미래의 성공을 보장해주지 못한다. 현재 DC형 제도의 참여자는 무려 562개나 되는 각종 뮤추얼펀드에 투자 중이며 그러한 뮤추얼펀드 대다수가 액티브펀드이므로 이들 중 대부분은 추가로 시장 리스크에 노출될 가능성이 있다(**박스 7.3** 참고).

광범위하게 분산된 패시브 인덱스펀드는 최근에 이르러서야 퇴직연금제도 참여자들의 인정을 받기 시작했다. 그러나 DC형 제도에 적합한 투자 수단임에도 인덱스펀드가 DC형 연금 자산에서 차지하는 비중은 15년 전에 비해 불과 15퍼센트 상승한 25퍼센트에 불과하다. 타깃데이트 인덱스펀드TDF〔퇴직 일자가 가까워질수록 포트폴리오를 보수적으로 운용하는 펀드〕역시 갈수록 큰 인기를 끌면서 비중을 늘리고 있지만 합리성, 적합성, 낮은 비용에도 불구하고 아직까지는 대세로 떠오르지 못했다(그 외 타깃데이트 펀드는 대부분 액티브펀드다).

과도한 비용

앞서 지적한 바와 같이 과도한 투자비용은 주식형 뮤추얼펀드와 채권형 뮤추얼펀드의 장기수익률을 떨어뜨리는 주요 원인이다. 주식형펀드의 연평균 보수비용율은 1.3퍼센트로서(펀드 자산별 가중치를 부여할 때는 이보다 다소 낮아진다) 현재 2.0퍼센트인 배당수익률 가운데 무려 3분의 2 가까이가 이처럼 엄청난 경비로 소모되어 고작 0.7퍼센트라는 미미한 수익률에 불과하다. 그러나 경비는 비용의 일부에 지나지 않는다. 뮤추얼펀드는 포트폴리오의 회전 속도가 빠른 만큼 상당한 거래비용까지 발생시킨다.

지난해 액티브펀드의 평균회전율은 놀랍게도 96퍼센트에 달했다. 자산 규모별 가중치를 부여해도 회전율은(다소 낮아지기는 하지만) 여전히 충격적인 65퍼센트에 이른다. 분명 포트폴리오 회전비용을 정확하게 측정하기는 불가능하다. 그러나 거래로 발생하는 비용이 보수비용율로 희석한 수익률에 추가로 0.5~1.0퍼센트의 비용을 더한다고 보는 편이 적절할 것이다. 따라서 펀드 투자의 총비용은 (대규모 퇴직연금 계정에는 일반적으로 면제되는 판매 수수료를 제외할 경우) 연간 1.5~2.3퍼센트 발생할 수 있다. 반면 앞서 다룬 저비용 인덱스펀드는 보수비용율이 0.10퍼센트 이하에 불과하며 거래비용은 0에 가깝다. 투자에서는 비용이 정말로 중요하며, 인플레이션을 고려한 실질수익률에서는 비용의 중요성이 더욱 커진다. 적절히 배분된 퇴직연금계정의 미래 명목수익률이 연간 5.5퍼센트(채권수익률 3.5퍼센트와 주식수익률 7~8퍼센트의 평균)에 이른다고 가정해보자. 이를테면 인플레이션을 2.5퍼센트로 잡을 때 이를 감안한 실질수익률은 3퍼센트에 불과할 것이다. 따라서 연간 2.0퍼센트의 비용이 수익률의 무려 3분의 2 정도를 갉아먹는 결과가 나타난다. 반면 비용이 0.1퍼센트인 저비용 인덱스펀드의 수익률은 5.0퍼센트에 이른다. 설상가상으로 투자 생애 전반을 50년이라 가정하면 적극적인 운용으로 발생하는 비용이 미래의 자산 축적에 끼치는 악영향은 엄청날 것이다. 바람 직하지 못한 상황임은 확실하다.

퇴직연금제도를 통해 충분한 구매력을 쌓으려면 무엇보다도 비용 이 덜 들어야 한다. 이 점을 감안하면 지금이야말로 참여자들에게 인 플레이션의 영향과 비용이 끼치는 타격을 분명하게 공개해야 할 때다. 공개 자료에는 보수비용율뿐만 아니라 총투자비용이 포함되어야 한 다. 그러나 솔직히 말해 나는 펀드 경비를 투자비용, 행정비용, 마케팅 비용, 장부비용 등으로 배분하는 작업에 원가 회계 방식을 적용하자 는 규제 당국의 최근 제안에 회의적이다. 퇴직연금제도의 참여자가 반 드시 알아야 것은 발생한 총비용이지, 이해관계가 걸려 있는 회계사와 자산운용사가 다양한 항목별로 배분한 비용이 아니다.

박스 7.3

퇴직연금제도 참여자의 뮤추얼펀드 투기

401(k) 제도가 개발되기 시작한 30년 전만 해도 선택지는 일반적으 로 자신의 고용주가 운용하는 펀드에 국한되었지만, 일종의 '개방형 구조open architecture'로 된 제도가 서서히 개발되면서 양상은 달라졌 다. 개방형 구조에서는 고용주가 종업원 계정의 장부 기재를 책임지되 종업원들은 어떤 펀드든 마음대로 선택할 수 있었다. 현재는 뮤추얼펀 드사가 퇴직연금제도 참여자들에게 폭넓은 펀드 선택지를 제공하는 것이 일반적이다. "선택지가 다양해질수록 더 좋은 결과를 얻을 수 있 다"는 법칙이 있다면 선택지의 확대를 진보로 간주해도 무방하다. 그 러나 펀드 선택의 역사를 돌이켜보면 그 반대가 진리임을 알 수 있다.

DC형 퇴직연금이 가장 많이 활용하는 미국의 주식형펀드

		1997년			2012년		
			2012년 3월까지 수익률(%)				3월 기준 수익률 (%)
	펀드명	자산 ($10억)	연간 평균	누적	펀드명	자산 ($10억)	
1	F 마젤란	30.3	4.5	94.0	A 성장주	67.6	3.5
2	V 500 인덱스	14.8	6	140.3	V 500 인덱스	62.2	8.3
3	F 성장주 인컴	11.4	3.1	58.3	F 콘트라	44.7	9.4
4	F 콘트라	9.5	9.2	276.7	F 스파르탄	23.7	8.4
5	F 주식형 인컴	9.0	5.4	122.5	F 코퍼레이트 성장주	22.4	12.6
6	A 울트라	8.2	5.6	127.0	F 소형주	17.0	7.2
7	V 윈저	7.7	5.9	137.9	V 프라임캡	13.4	2.9
8	F 코퍼레이트 성장주	5.6	9.2	276.8	F 마젤란	10.6	−2.3
9	F 스파르탄500 인덱스	5.0	5.9	139.1	A 펀더멘탈	9.6	2.6
10	V 윈저 2	4.0	6.9	174.0	V 윈저 2	9.5	8.3
11	A 미국투자회사	4.0	7.1	180.2	A 워싱턴	9.5	8.4
12	F 블루칩 성장주	3.9	5.9	137.4	A 미국투자회사	8.5	4.6
13	P 보이저	3.7	5.7	130.8	T 중형 성장주	8.4	2.8
14	CRMC 워싱턴	3.6	6.8	169.1	CTI 아콘	7.6	4.2
15	M 베이직 가치주	2.9	6.5	159.3	N 제네시스	7.3	2.3
16	A 성장주	2.7	6.5	159.3	F 주식형 인컴	6.5	−1.2
17	V 미국성장주	2.5	2.2	38.6	T 주식형 인컴	5.6	4.5
18	T 주식형 인컴	2.4	6.8	170.5	F 중형주	5.2	3.3
19	N&B 가디언	2.4	4.7	100.3	F 블루칩 성장주	5.1	9.2
20	야누스	2.4	5.0	110.3	G 중형 가치주	5.1	−0.06

F 피델리티   T 티로우 프라이스   M 메릴린치
A 아메리칸펀즈   G 골드만삭스   CRMC 캐피털 리서치
V 뱅가드   N 노이버거   CTI 컬럼비아
P 퍼트넘   N&B 노이버거앤버먼

출처: 《펜션 앤 인베스트먼트》

이제 자료를 통해 1997년과 2012년에 401(k) 참여자들이 뮤추얼펀드로 보유한 자산을 검토해보자. 왼쪽 페이지의 표는 보유 규모 상위 20개 펀드사와 각 펀드사가 지난 15년 동안과 2012년에 제공한 누적수익률이다.

몇 가지 교훈

- 주도권이 계속 바뀌고 있다. 2011년에는 1997년 순위권에 들었던 6개 펀드가 사라졌다(대부분 실적 부진 때문이다). 그 자리를 신규 펀드가 메웠다(대개 최근에 월등한 실적을 올린 곳이다).

- 1970~1980년대에 최고 실적을 올렸던 마젤란펀드가 지난 15년 동안 끝에서 두 번째에 머물 정도로 매우 부진한 실적을 이어갔다. 그나마 인기도에서는 오랫동안 1위를 유지했지만 2012년에는 그마저도 10위로 떨어졌다. (참여자들이 마젤란펀드에 투자한 자산도 300억 달러에서 100억 달러로 급감했다.)

- 인덱스펀드의 인기가 급상승했다. 뱅가드500 인덱스펀드의 인기는 8위에서 2위로 뛰었고, 401(k) 참여자들의 투자 자산도 90억 달러에서 620억 달러로 급증했다. 피델리티의 스파르탄 미국 주식형 인덱스펀드도 10위(50억 달러)에서 4위(240억 달러)로 도약했다.

- 401(k) 투자의 선두주자인 피델리티, 뱅가드, 아메리칸펀즈의 액티브펀드에는 마법 같은 일이 벌어지지 않았다. 15년 동안 세 운용사의 펀드 중에는 성공작도, 실패작도 있었다. 피델리티의 마젤란펀드는 실적이 형편없었지만 콘트라펀드는 그와 반대로 양(+)의 수익률을 냈다. 뱅가드의 윈저 2는 우수한 성과를 올렸지만 뱅가

드 미국 성장주펀드는 처참한 실패를 거두었다. 아메리칸펀즈의 미국회사펀드와 워싱턴 뮤추얼펀드는 최고의 실적을 기록했다.

- 15년의 기록을 보면 '과거는 미래의 예고편'이라는 믿음이 얼마나 어리석은지 드러난다. 실제로는 그렇지 않았다. 2012년을 기준으로 상위 20개 펀드의 수익률은 과거의 수익률과 상관관계를 보이지 않았다. 마젤란펀드의 성과는 그 이전에도 S&P 500 지수에 못 미쳤지만 최근에는 그 추세가 급격히 가속화했다. 프라임캡은 지극히 우수한 성과를 냈으며, 뱅가드의 윈저 2는 승승장구했다. 피델리티의 콘트라펀드는 약간 뒤처졌고 주식형펀드는 추락했다. 아메리칸펀즈의 성장주펀드는 현재 401(k) 참여자 자산 670억 달러가 들어갔을 정도로 인기 있는 펀드지만 최근에 부진한 실적을 보였으며, 미국투자회사펀드도 마찬가지였다. 그러나 워싱턴 뮤추얼펀드는 1등급의 1년 수익률을 기록했다.

401(k) 참여자들(과 그 자문사들)이 실적 추이를 미리 예측하지 못한다는 사실은 분명해 보인다. 상위 20개 펀드뿐만 아니라 참여자들이 선택한 모든 펀드로 시야를 확대하면 예측 불가능성이 한층 더 두드러진다. 현재 참여자들이 선택한 펀드는 562개에 이르는데 펀드보다는 주식을 선택한 느낌이다. 예를 들어 2012년의 승자는 규모 400위이자 연간 수익률 11.5퍼센트를 기록한 페더레이티드 스트래지틱 가치주펀드고, 패자는 16.5퍼센트의 손실을 낸 컬럼비아 아콘펀드다. 최고와 최저 실적의 차이는 약 30퍼센트포인트에 이른다. 물론 상위 10위(6퍼센트)와 하위 10위(-10퍼센트)의 실적 격차는 위의 경우

보다 훨씬 더 작은 16퍼센트포인트다. 그러나 이 정도의 격차로도 큰 차이가 발생했다.

결론적으로 뱅가드500 인덱스펀드와 피델리티500 인덱스펀드가 가장 확실한 선택지였다. 달리 말해 이들이 극도로 부진한 펀드와 비정상적으로 높은 성과를 내는 펀드를 피하기에는 가장 안전한 수단이었다. 어쨌든 승자와 패자에 대한 예측을 최소한으로 줄이고 인덱스펀드와 같은 안전한 경로를 선택하는 401(k) 참여자들은 이제까지 그래왔듯이 주식시장이 거두어들이는(또는 거두어들이지 못하는) 수익 중에서 적정한 몫을 얻을 수 있다.

장수 리스크 대응 실패

DC형 제도의 참여자 대다수가 인플레이션 리스크, 투자 리스크, 선택 리스크에 적절히 대응하지 못하면서 장수 리스크에도 충분히 대응하지 못하고 있다(이들의 고용주와 자산운용사에도 해당하는 이야기다). 투자 생애의 어느 시점에는 참여자 대부분이 최소한 퇴직연금저축의 일부를 정기적인 소득으로 받음으로써 큰 도움을 얻을 수 있다. 이렇게 하면 생애에는 소득이 고갈되지 않을 것이다. 그러나 401(k) 제도는 꼬박 30년 동안 존재해왔음에도 퇴직연금의 어뉴이티annuity 〔보험사로부터 특정한 기간 동안 정기적으로 돈을 지급 받는 상품〕 전환에 대한 체계적 접근이 거의 이루어지지 않으며, 대체로 어뉴이티 전환 자체가 복잡하다. 더 나아가 어뉴이티 대부분이 높은 판매 비용과 마케팅 비용 때문에 보수비용율이 지나치게 높다. 실제로 비용이 덜 드는 어뉴이티는 DC형 연금제도의 선택지에서 빠져 있다는 점 때문에 눈에 띈다(반면 티아 크레프는 최저 비용으로 운용되며 어뉴이티 고객 입장에서 편리하고 융통성 있는 어뉴이티 프로그램을 제공하는데, 복잡성 문제와 비용 문제를 한꺼번에 해결하는 성과를 거두었다).

부족한 투자자 교육

DC형 제도는 투자자에게 자신의 퇴직연금계정을 특정한 상황에 맞게 조정할 수 있는 기회를 제공하지만, 재정적인 이익을 극대화하는 데 필요한 수단은 제공하지 않는다. 결과적으로 DC형 제도로의 전환은 각각의 가정에 퇴직연금 관리의 책임을 떠넘겼다. 문제는 참여자들이 그러한 역할을 떠맡을 준비가 되어있지 않을 뿐 아니라 그럴 의향도 없다는 점이다. 이처럼 퇴직연금 저축자들은 중대한 투자 결정을 내릴 준비가 되어있지 않기 때문에 앞서 살펴본 바와 같이 저축을 충분히 하지 않거나 자산을 지나치게 보수적으로 또는 공격적으로 배분하거나 401(k)을 담보로 대출을 받거나 퇴직연금을 조기에 현금화하는 등 다양한 실수를 저지른다. 펀드 산업은 가장 잘 나가는 펀드를 홍보하고 자산배분의 중요한 역할에 대해서는 충분한 주의를 기울이지 않으며 별다른 도움을 주지 못하고 있다.

새로운 퇴직연금제도

DB형 제도의 취약한 자금 사정이나 401(k)와 IRA를 포함한 기존 DC형 제도의 전반적인 결함을 고려하면 우리는 한층 더 간소하고 합리적이며 비용이 덜 드는 퇴직연금제도로의 전환을 신중하게 고려하고 시행에 옮길 필요가 있다. 새로운 제도는 DB형 제도의 안정성을 어느 정도 갖춰야 하기는 하겠지만 불가피하게도 DC형 제도를 위주로 해야 한다(미국의 사회보장제도가 미국의 모든 참여 국민에게 DB형 제도 대신 '안전망' 역할을 할 것이다. 또한 지방정부와 주정부의 제도 역시 적어도 한동안은 이러한 역할을 담당할 것으로 보인다). 이제는 개혁할 때가 왔다. 자산 운용사와 탐욕스러운 금융계에 유리한 개혁이 아니라 퇴직연금제도 참여자와 수급자들에게 유리한 개혁이 필요하다.

기존 퇴직연금제도를 비판하고 더 나은 제도를 구축하기 위해 고투하는 사람이 나만은 아닐 것이다. 토론토대학의 로트먼 국제퇴직연금관리연구소의 소장이며 저명한 퇴직연금 전략가 케이스 앰바시어가 한 말을 들어보자. 앰바시어는 2011년 11월 15일 영국 런던 국회사당의 웨스트민스터홀에서 열린 '공정한 퇴직연금' 행사 연설에서 여러 세대의 부를 보장하는 묘안을 내놓았다. **박스 7.4**에는 그 내용이 요약되어 있다.

박스 7.4

여러 세대에 걸친 부의 창출: 연기금이 자본주의의 미래를 결정할 수 있을까?

우리에게는 자본주의를 오늘날의 '역주행' 자본주의보다 더 많은 부를 창출하고 지속 가능하며 위기에 덜 취약한 방향으로 바꿀 수 있는 역량이 있다. 어째서 하필이면 여기에 (DC형과 DB형 제도를 포함한) 연기금이 필요할까? 연기금이야말로 전 세계적인 투자군 중에서 유일하게 여러 세대에게 수탁 의무를 지기 때문이다. 연기금은 투자

전략을 결정할 때 연금 수급자와 30, 40, 50년 후에 퇴직할 젊은 근로자의 재정적 요구를 공평하게 고려해야 한다.

그러나 '연기금 자본주의'로의 전환은 두 가지 이유에서 쉽지 않을 것이다. 첫째, 보다 지속 가능하고 전 세대에 걸쳐 공평한 퇴직연금제도의 재설계가 선행되어야 한다. 둘째, 연기금 조직이 젊은 근로자와 연금수급자의 노후 대비 저축을 좀 더 효율적이고 더 생산적으로 관리할 수 있도록 재편되어야 한다. 전통적인 DC형 제도와 DB형 제도에는 모두 다음과 같은 문제가 있다.

- 전통적인 DC형 제도는 참여자들에게 기여율과 투자 결정을 강요하지만 이들은 그럴 역량과 의사가 없다. 그뿐만 아니라 퇴직 후 자산 인출 단계의 설계에 대한 고려도 충분하지 않았다. 그 결과 DC형 제도의 투자는 산만하게 이루어졌으며 퇴직 후의 금융 성과는 현재나 미래나 극히 불확실할 가능성이 크다. 그에 따라 개인화된 연기금 모델의 효율성과 지속 가능성에 대해 근본적인 의문이 제기되고 있다.

- 전통적인 DB형 제도는 청년층과 노년층을 동일한 재무제표에 뭉뚱그려놓았으며, 두 집단의 리스크 감수 수준이 동일하며 재산권이 명확히 분리되어 있다는 비현실적인 추정을 토대로 한다. 이처럼 비현실적인 추정은 심각한 결과를 불러왔다. 지난 10년 동안 과감한 수익률 추정과 리스크 감수는 자산 가격 하락, 금리 인하, 인구 구조의 악화 등과 더불어 DB형 제도의 재무제표 대부분에 큰 구멍을 냈으며, 그에 대해서는 리스크의

완전한 제거부터 리스크 추가에 이르기까지 극과 극을 오가며 명확하지 못한 대응책이 나왔다.

연금제도의 목표는 두 가지다. 첫째는 근로자(고용주)의 부담 여력 확보이며 둘째는 확실한 연금 보장이다. 따라서 연금제도는 참여자들에게 두 가지 수단을 제공해야 한다. 하나는 부담 여력 확보를 위한 장기수익률의 극대화 수단이며, 다른 하나는 수급 보장 목표를 뒷받침하기 위한 자산·부채 종합관리ALM 수단이다. 논리적으로 볼 때 젊은 근로자일수록 수익 극대화를 선호하는 반면 연금 수급자는 수급 보장을 선호할 수밖에 없다. 참여자들은 직장 생활을 하는 동안 첫 번째 목표를 두 번째 목표로 서서히 전환해야 한다.

안타깝게도 한층 더 투명하고 건전하며 '두 가지 목표와 수단'을 골자로 하는 연기금 모델을 도입하려는 시도는 계속 상당한 저항과 부딪히고 있다. 합리적이라기보다는 감정적인 이유에서 기존 DB형 모델을 지속적으로 방어하는 사람들이 있다. 일각에서는 자기들에게 이득이 되는 기존 DB형 제도의 '매수자 위험 부담caveat emptor' 원칙(물품의 하자유무에 대해 매수자가 확인할 책임이 있다는 원칙)을 계속 옹호한다. 그러나 연기금이 자본주의를 바로잡으려면 '두 가지 목표와 수단'이라는 특성이 반드시 반영되어야 한다. 극도로 집중적이고 제대로 관리되는 장기수익률 극대화 수단으로 정당성을 부여받지 못하는 한 연기금은 우리가 바라는 세대 간 투자자 역할을 제대로 담당할 수 없다.

우리가 그러한 이상을 달성할 수 있다면 현재와 미래 수급자들에게 더 많은 부를 가져다 주는 데 그치지 않는다. 그 과정에서 오늘날의

'역주행' 자본주의를 더욱 지속 가능하고, 자산 축적 능력이 뛰어나며, 지난 10년과 같은 금융시장 과열과 위기에 덜 취약하고, 회의적인 월가 세력이 보기에도 좀 더 정당한 자본주의로 전환할 수 있다.

무슨 조치가 필요할까?

기존 퇴직연금제도에는 문제점과 결함이 많지만 개선할 여지도 많다. 따라서 바로 앞에서 언급한 '새로운 연금제도', 즉 '자본주의의 미래를 재구성하는 데 도움이 되는 연기금'이라는 이상에 다가가기 위한 구체적인 다섯 가지 제안을 소개한다.

DC형 제도를 간소화하라

모든 국민에게 DC형 제도를 골자로 하는 과세이연 퇴직연금저축 계정을 제공하라. 연간 부담 상한선을 두고 기존의 DC형 제도, IRA, 로스 IRA[소득 공제 혜택은 없지만 투자 소득을 세금 없이 인출할 수 있는 개인 퇴직연금], 401(k), 401(b), 연방공무원 퇴직연금제도 등으로 복잡하게 얽힌 제도를 통합하자는 것이다. 나는 독립적인 연방퇴직연금위원회를 창설하여 고용주와 퇴직연금 제공자를 감독하고 참여자들의 이익을 최우선 순위에 두도록 할 필요가 있다고 본다. 이러한 제도는 현재처럼 민간부문에 남아 자산운용사와 기록 관리 업체가 가격 경쟁과 서비스 경쟁을 벌이는 형태를 유지해야 한다. (연방퇴직연금위원회는 민간 제도에 가입할 수 없거나 초기 자산이 얼마 되지 않아 가입이 허용되지 않는 근로자들을 위해 공공 부문의 DB형 제도도 개발해야 한다.)

주식수익률과 리스크를 현실적으로 인식하라

금융시장은 항상 변동이 심하고 예측을 불허한다. 하지만 장기 퇴직 연금 예금자들에게는 보통주가 여전히 유효하고 필수불가결한 투자 선택지다. 그러나 주식수익률은 월가의 세일즈맨과 뮤추얼펀드 산업 의 거대 마케팅 수단에 의해 부풀려져왔다. 이들은 자신의 이익 추구 를 위해 20세기의 마지막 25년 동안에 우리가 누렸던 대상승장이 대 부분 허상이었다는 사실을 알리지 않았고, 되풀이 되지 않을 '가짜 수 익률phantom returns'을 꾸며냈다. 생각해보면 1926년부터 1974년까 지 주식의 연평균 실질수익률은 6.1퍼센트였다. 그러나 그 이후 25년 동안은 주식수익률이 폭발적인 수준으로 치솟았다. 기업의 배당수익 률과 이익성장률이 아니라 '투기수익률'인 PER이 급등한 탓이었다. 1999년에 이르러 장기적인 실질수익률은 12퍼센트로 뛰어올랐다.

주식시장의 가치가 높아질수록 연간 7퍼센트의 투기수익률이 추가 로 발생할 정도로 투자자의 신뢰(와 탐욕)도 커졌고 그 결과 20세기 마 지막 25년 동안 주가의 누적 상승률은 400퍼센트에 달하여 금융 역사 상 유례없는 상승세를 보였다. 이러한 투기수익률 때문에 배당수익률 과 이익성장률을 반영하는 시장의 투자수익률이 2배 가까이 상승했 고, 시장 전체의 실질수익률은 연간 12퍼센트에 가까워졌다.

투기의 정점에 이른 시장은 그 후 몇 년 동안 훨씬 더 낮은 수익률 을 기록하며 정상 상태로 돌아갔다. 실제로 20세기의 마지막 해인 1999년 이후로 주식의 실질수익률은 연간 -7퍼센트를 유지해왔다. -1퍼센트라는 투자수익률과 (PER이 역사적 표준 이하로 후퇴함에 따른) -6퍼센트의 투기수익률이 결합된 결과물이었다.

투자자들은 무지에서, 금융계의 세일즈맨들은 '금융 상품'을 판매하려는 욕구에서, 기업이 창출하는 수익률(이익과 배당수익)을 비이성적인 과열 및 탐욕이 빚어내는 수익률과 구분하지 않는 큰 실수를 저질렀다. 과거를 돌이켜 보면 1999년(과 2007년)의 분기별 401(k) 명세서에 반영된 부의 대부분이 실제로는 환상이었다는 사실을 이제야 깨닫게 된다. 그러나 과거에 '관리자' 역할을 하던 자산운용사는 현대에 들어서 투자 상품의 '세일즈맨'으로 변화하면서 그러한 부가 유지될 수 없다는 사실을 간과하고 넘어갔다. 미국의 금융 세일즈맨(과 투자자)은 시간이 흐를수록 근본적인 수익률(투자수익률)만이 중요하다는 사실을 망각했다. 결과적으로 우리는 주식 투자와 관련된 리스크뿐만 아니라 눈앞에 놓인 현실을 인식하지 않고 덮어 버렸다.

참여자의 융통성을 축소하라

앞서 설명한 '개방형 구조'로 된 퇴직연금제도와 자산을 거의 자유자재로 인출하는 것이 가능한 DC형 제도 모두 참여자에게 유익하지 못한 결과를 제공했다. 선택지를 제한하면 상대적으로 이해와 실행이 용이해진다. 그러나 현재의 참여자들처럼 거의 자기 마음대로(물론 가산세가 붙을 때도 있지만) 현금을 빼서 쓰는 식의 융통성을 축소하려면 대대적인 개혁이 필요할 것이다. DC형 제도가 퇴직연금 저축수단으로서의 잠재력을 발휘하려면 단기적으로 큰 고통이 따르더라도 현금 인출과 대출에 가산세 확대를 비롯해 상당한 제한 조치를 취해야 한다(참여자에게 인출 권한을 허용한다면 미국의 사회보장제도가 어떻게 되겠는지 상상해보라!). 무엇보다도 401(k) 제도가 원래 퇴직연금제도로 설계되었다는 사실이 중요하다. 따라서 오늘날 우리가 기대하는 역할보다는 퇴직연금저축 제도로서의 역할에 중점을 둘 필요가 있다.

401(k) 퇴직연금저축 제도와 IRA 제도의 결함을 통렬하게 제시한 글이 있다.《중산층은 어떻게 금융 계층에 합류했는가 A Piece of the Action: How the Middle Class Joined the Money Class》등을 쓴 작가이자 《뉴욕타임스》편집위원 조 노세라는 2012년 4월 28일에 쓴 사설 '퇴직연금에 대한 맹신'에서 퇴직연금 계정을 개설하고 상당한 자산을 쌓아 노후 대비 자금을 마련하기까지의 몇 가지 절차적 장벽과 인간적 갈등을 규정했다. 다음은 그 글의 요약본이다.

박스 7.5

퇴직연금에 대한 맹신

60번째 생일이 열흘도 남지 않았다. (…) 할 일을 적어둔 목록에서 아직까지 손을 대지 못한 일은 퇴직 계획뿐이다. (…) 그러나 나는 은퇴할 수 없다. 은퇴 후의 노년을 책임져야 할 401(k) 제도가 붕괴 직전이기 때문이다. 수백만 노년기 베이비붐 세대라면 누구나 그러하듯이 나도 처음에는 1970년대 말에 시행된 이후 몇 년 되지 않은 과세이연 퇴직연금계정에 돈을 넣기 시작했다. 그때는 금융시장이 막 기지개를 켜면서 1982년의 대상승장으로 진입하려던 찰나였다.

신참 언론인이던 나는 큰돈을 투자할 여력은 없었지만 내 계정의 잔고는 시장의 상승세와 함께 불어났고, 나는 상승장 덕분인 줄도 모르고 내 투자 실력을 과대평가했다. 나는 새로운 투자 문화의 신봉자가 되었고 소시민도 부유층과 동등하게 시장에 참여할 수 있다고 주장했다. 호황기에는 연금이 줄어들 수도 있다는 사실을 잘 깨닫지 못했다. 어찌 되었든 그때 우리는 기술주 거품이 한창이던 시대에 살고 있었다.

그러다 2000년에 닷컴버블로 상승장이 막을 내렸다. 테크주 위주였던 내 포트폴리오는 반토막이 났다. 6년 후에는 이혼을 하면서 내 401(k) 계정이 다시 한번 절반으로 줄어들었다. 그로부터 몇 년 후에 나는 큰돈을 들여 수리해야 하는 집을 샀다. 그 당시 내 퇴직연금 잔고는 퇴직 후 생활을 보장하기에는 턱없이 부족한 수준이었다. 그러므로 나는 할 수 있을 때 잔고의 일부를 꺼내 쓰는 편이 낫다고 판단했다. 그래서 나는 401(k)에서 다시 목돈을 인출하여 집수리에 썼다. 이것이 현재 내가 처한 상황이다.

401(k)는 실패한 실험이다. (…) 재고가 필요하다. (…) 인간은 대부분 훌륭한 투자자가 되기에는 기량과 정서적인 자질을 갖추지 못했다. 투자와 퇴직연금을 연결한 것은 재앙을 초래할 수밖에 없는 행위였다.

모든 주식을 소유하라

투자자 대다수가 낮은 비용과 높은 수익률 사이에 밀접한 연관성이 있다는 사실을 놓치는 듯하다. 이러한 연관성은 내가 앞서 '변변찮은 산술식의 가혹한 규칙'으로 부른 것과 일맥상통한다. 퇴직연금제도의 참여자와 고용주 역시 이처럼 필수불가결한 진리를 깨닫지 못하고 있다. 결론부터 말하면 투자자는 모두 '인덱스투자자indexer'다. 다시 말해 미국 주식을 소유한 이들은 미국의 전체 주식시장을 소유하고 있다. 따라서 모든 투자자의 총수익이 주식시장의 총수익과 일치할 수밖에 없다.

금융 서비스 제공자는 대부분 명석하고 야심만만하며 적극적이고 혁신적이며 기업가 정신을 갖췄을 뿐 아니라, 어느 정도까지는 탐욕스럽다. 이들에게는 퇴직연금제도를 제공하는 고용주와 참여자가 현실에 눈뜨지 못하는 편이 유리하다. 미국의 금융계는 어느 투자자와 다른 투자자, 매수자와 매도자의 경쟁을 부추긴다. 주식의 소유자가 바뀔 때마다(실제로 현재 1일 주식거래량은 총 100억 주 정도에 달한다) 투자자 중 한쪽은 상대적으로 부유해지며 다른 쪽은 가난해진다. 실제로 401(k) 퇴직연금으로 투자된 562개 주식형펀드는 주식시장 전체를 소유하고 있다. 사실상 실적이 우수한 펀드의 수익률 초과는 실적이 저조한 펀드의 수익률 미달로 상쇄된다. 따라서 현재 모든 투자자가 인덱스투자자라는 결론에 이를 수밖에 없다.

그러나 앞서 지적한 바와 같이 금융계가 조장하는 투자는 **제로섬 게임**이 아니다. 금융계의 트레이더, 중개인, 투자은행 임직원, 펀드 관리자, 중재인 같은 '월가' 관계자는 그 모든 광풍 속에서 자기 몫을 챙기며, 이에 따라 투자자 집단은 **패자의 게임**을 할 수밖에 없다. 투자자와 기관 투자자가 시장을 앞지르기 위해 판돈을 교환하면 할수록 경마, 카지노, 복권 등의 도박판처럼 판돈을 거둬들이는 이들의 배만 불리게 된다.

따라서 퇴직연금의 저축을 촉진하고 자산 축적을 극대화하기 위해서는 자금 교환 세력(전부는 아니더라도 대부분)을 '금융의 신전'에서 몰아내야 한다. 투자자들이 시장 전체를 소유하더라도 개별적으로 다른 시장 참여자를 꺾으려고 경쟁하는 한 실패는 불가피하다. 그러나 모두가 다른 시장 참여자보다 우위를 확보하려는 무익한 시도를 포기하고 시장 포트폴리오의 지분을 보유하기만 해도 승리할 수 있다(바로 앞의 두 문장을 머릿속에 새기라!). 진실은 이처럼 단순하다. 따라서 연방퇴직연금위원회가 해야 할 일은 새로운 DC형 제도가 광범위한 시장 인덱스펀드를 활용하도록 권장하고, 앞서 설명한 자체적인 '대비' 시스템을 통해 펀드를 제공하며, 최소한의 비용으로 인덱스펀드를 제공하는 운용사만을 승인하는 것이다.

자산배분을 통해 리스크와 수익률의 균형을 맞춰라
수익률과 리스크의 균형은 현명한 투자를 위해 필요한 작업이다. 이러한 작업 역시 연방퇴직연금위원회의 몫이 되어야 한다. 미국의 투자 공동체와 학계에서도 가장 현명하고 노련한 이들은 나이가 들수록 리스크 회피의 필요성이 커진다고 본다. 그렇다면 마켓 타이밍 거래는 어리석은 짓이다(게다가 이는 분명 개인 투자자가 할 수 있는 것이 아니다). 또한 주식시장의 수익률 예측에 크나큰 오류가 따른다면 개별 참여자의 연령에 따라 채권형 인덱스펀드와 주식형 인덱스펀드의 비중을 균형 있게 맞추는 전략이 대부분의 참여자에게 가장 유익하고 효과적일 가능성이 크다. 이 경우에 참작 가능하고 매우 제한적인 상황일 때만 다른 형태의 자산배분을 허용하는 것이 바람직하다.

펀드 판매회사도 대부분은 이러한 형태의 자산배분을 인정하는 것으로 보인다. 갈수록 큰 인기를 끌고 있는 TDF의 주식과 채권 비율을 보면 알 수 있다. 그러나 너무 많은 펀드사가 주식 보유 비율을 그대로 두는 편이 경쟁에 유리하다고 판단한다. 이들이 선호하는 주식 보유 비율은 앞서 설명한 연령 기반의 주식 보유 비율보다 한참 더 높다. 나는 경쟁 압력을 통해 자산배분 기준이 수립되어서는 안 되며, 연방퇴직연금위원회가 세운 전반적인 정책에 따라 자산배분 결정이 내려져야 한다고 생각한다.

그뿐만 아니라 과거의 주식수익률이 공포, 탐욕, 희망 사이를 오락가락하면서 발생한 가짜 수익률을 상당 부분 포함하는 만큼 퇴직연금제도 참여자들의 자산배분 기준으로는 적절하지 않다고 생각한다. 내가 보기에 시장 전략가들은 현금흐름할인법DCF[미래 현금흐름을 예측하여 기업의 현재 가치를 매기는 방법]을 토대로 한 미래 수익률의 추정에 초점을 맞추기보다는 과거 수익률을 맹목적으로 참고하는 바람에 현실을 제대로 파악하지 못하는 경우가 많다. 현금흐름할인법은 정확하지는 않지만 미국 기업의 총체적인 내재가치를 파악하기에 적절하다.

우리가 투자자 집단으로서 투자 리스크를 분산하는 순간 반드시 가치 있는 목표를 달성할 수 있다. 장기 투자의 지혜를 바탕으로 하며 현재 금융시장에 깊숙이 뿌리를 내린 단기 투기의 오류를 멀리할 수 있는 저비용 금융시스템을 구축할 수 있다는 이야기다. 그렇게 하기 위해서는 먼저 개별 주식 종목, 섹터, 자산운용사를 선택할 때의 리스크를 제거하고 불가피한 시장 리스크만 남겨두어야 한다. 이 같은 전략을 활용하면 DC형 제도의 참여자 모두가 주식시장과 채권시장이 넉넉하게 제공하는 수익(혹은 무자비한 손실) 중에서 공평한 몫을 거둬들일 수 있다. 오늘날과 같은 패자의 게임에 비하면 상당한 성과를 달성할 수 있는 환경이 조성된다는 이야기다.

기존 시스템으로는 퇴직연금 저축액을 소진한 이후 가족에 의존하는 사람들이 생길 수밖에 없다. 어떤 사람은 거액의 저축을 거의 써보

지도 못한 채로 죽어서 상속인에게만 좋은 일을 시키기도 한다. 그러나 투자 리스크와 마찬가지로 장수 리스크를 집합하여 상쇄하는 일도 가능하다. 자산을 축적할 수 있는 기간이 점점 더 줄어들고 축적한 자산의 수익으로 생활하기 시작해야 할 때에 대비하여 퇴직연금 자산의 일부를 어뉴이티로 전환하는 프로그램이 제도화되어야 한다(물론 기존 제도에 통합하여 활용할 수도 있다. 특히 DB형, 인플레이션 헤지, 사실상 불변의 신용등급을 골자로 한 사회보장제도에 접목하면 된다).

이러한 전환은 점진적으로 진행되어야 한다. 일정 수준 이상의 자산을 보유한 참여자만을 대상으로 할 수도 있고 민간 기업이 최저 비용으로 제공하는 어뉴이티를 활용하여 목표를 달성할 수도 있다. 어뉴이티를 제공하는 회사 역시 내가 앞서 제안한 연방 퇴직연금 위원회의 감독을 받아야 한다(연방공무원 퇴직연금제도가 자체적인 위원회와 경영진을 두면서도 민간 기업에 의해 운영되는 것과 마찬가지다).

상호성, 투자 리스크, 장수 리스크에 중점을 두라

퇴직연금제도의 참여자들이 저축한 자산을 집합 운용(특정 종목의 취득과 처분을 일정 비율로 일괄 주문하는 것)하여 새로운 연기금 환경을 조성하는 것만이 이들 전체의 수익률을 극대화할 수 있는 방법이다. 집합 운용은 전체 시장을 대상으로 한 폭넓은 분산 투자 전략, 불완전하더라도 합리적인 자산배분, 낮은 비용을 특징으로 해야 하며 민간시스템으로 제공되어야 한다. 투자자들이 자신의 소득과 고용주의 부담금을 (가능하다면) 정해진 때에 자동으로 저축하는 적립식 투자 시스템이 바람직하다. 이로써 어뉴이티와 비슷한 구조로 장수 리스크를 최소화하는 제도가 미국 가정의 퇴직 후 안정성을 극대화하기에 최적화된 제도임을 입증할 수 있을 것이다.

개혁을 완성하려면 월가의 금융업자들을 우회할 수 있도록 하는 작업이 필요하다. 물론 DC형 연금 서비스의 제공 기업이 지극히 비용 효율적이고 구조상 상호적일 필요가 있는지는 연방퇴직연금위원회의 평가에 맡기면 된다. 이때 제공 기업은 펀드 주주의 소유이며 '원가 기준'을 따르는 운용사뿐만 아니라 그와 유사한 구조를 갖춘 어뉴이티 판매 기업을 뜻한다. 여기에서 관건은 상호적인 구조다. 두드러진 효율성으로 성과를 창출한 뮤추얼펀드사는 상호적인 구조로 조직된 단 한 곳뿐이다.[05]

물론 위의 내용은 내 견해일 뿐이다! 그러나 뮤추얼펀드 산업의 구조에 대한 비판은 나만의 것이 아니다. 이제 다른 투자자의 비판도 들어보자. 현대에 들어 가장 눈부신 투자 성과를 기록했을 뿐 아니라 인격과 지식에 대한 진실성으로 더할 나위 없이 유명한 예일대학의 최고 투자책임자 데이비드 스웬슨은 다음과 같은 의견을 내놓았다.

뮤추얼펀드 산업의 근본적인 시장 실패는 고도로 숙련되고 이익 추구에 치중하는 금융 서비스 기업과 세상 물정에 어둡고 투자의 대가를 추구하는 투자 상품 소비자의 상호 작용에서 비롯된다. 월가와 뮤추얼펀드 산업의 저돌적인 이익 추구 때문에 수탁 의무 개념이 흐려지면서 너무도 뻔한 결과가 나타난다. (…) 막강한 금융 서비스 산업이 취약한 개인 투자자를 착취한다. (…) 자산운용사의 소유 구조가 투자자의 성공을 좌

---

05 이번에도 뱅가드를 언급하니 다소 민망하다. 그러나 월등한 투자 수익을 제공하고 업계에서 단연 가장 낮은 비용으로 운영되며 주주의 신뢰를 받고 경쟁사가 운용하는 펀드에서 막대한 돈이 빠져나가는 상황에서도 양(+)의 현금흐름을 창출한다는 측면에서 뱅가드의 위상에 반박하기는 어렵다.

우한다. (…)

공동 주주에게 투자의 대가를 제공하거나 모기업에 이익을 이전하는 자산운용사 때문에 뮤추얼펀드 투자자는 가장 큰 도전에 직면한다. 이러한 자산운용사의 경우 이익 창출과 수탁 의무의 갈등이 첨예해진다. 자산운용사가 다양한 업무를 취급하는 금융 서비스 기업의 계열사일 때는 투자자본을 남용할 여지가 급격하게 확대된다. (…) 비영리 조직이 운용하는 펀드의 투자자가 가장 좋은 성과를 얻는 것은 이러한 운용사가 투자자에게 이익을 제공하는 일에 전적으로 집중하기 때문이다. 운용사가 이익을 과도하게 추구하지 않으면 수탁 의무를 저버리지 않게 마련이다. 운용사가 이윤을 얻지 않으면 투자자에게 돌아가는 수익이 감소할 일이 없다. 기업 외부에 이해관계를 만들지 않으면 포트폴리오 운용 방식을 선택할 때 방해 받을 일이 없다. 비영리 기업은 투자자의 이익을 가장 중요시한다. (…) 결국 비영리 투자 조직의 패시브펀드가 투자자의 목표를 충족할 가능성이 가장 크다.

이상적인 퇴직연금제도는 어떠한 형태일까?

내가 제안한 퇴직연금제도를 시행하기는 어려울 수 있지만 이상적인 제도의 다섯 가지 요소를 파악하기는 어렵지 않다.

1. 사회보장제도는 사실상 현재의 형태로 유지되어 국민에게 최소한의 투자 리스크로 기본적인 퇴직 후 보장을 제공해야 한다(그러나 정책 입안자들이 오랫동안 축적된 적자를 신속하게 처리해야 한다).
2. 퇴직연금을 저축할 여력이 있는 사람에게는 단일한 DC형 제도를 제

공해야 한다. 해당 제도는 낮은 비용을 청구하고 상호적 구조를 갖춘 업체의 주도하에 시장 전체 인덱스펀드에 대한 장기 투자에 초점을 맞추며 신설되는 연방퇴직연금위원회의 감독을 받아야 한다. 연방 퇴직연금위원회는 적절한 자산배분과 분산 투자 원칙을 수립하여 제도 참여자들의 투자 리스크를 적정 수준으로 유지하고 참여자의 자산 융통을 까다롭게 제한해야 한다.

3. 퇴직연금저축에는 계속 과세이연이 적용되어야 한다. 다만 개인의 연간 총부담금을 기준으로 과세를 이연 받는 금액의 상한선과 세금 공제를 받는 금액의 상한선이 정해져야 한다.

4. 단순하고 낮은 비용을 청구하는 어뉴이터를 개발하여 퇴직연금제도의 일환으로 의무 제공하면 장수 리스크를 경감할 수 있다. 개별 참여자의 잔고 가운데 일부를 퇴직 후에 어뉴이터로 전환하는 방식이다. (물론 참여자에게 어뉴이터 전환을 선택하지 않을 권리를 제공해야 한다.)

5. 퇴직연금 가입 기업이 수탁 의무의 기준을 충족해야 한다는 ERISA의 기존 요건을 퇴직연금 사업자로 확대해야 한다. 그뿐만 아니라 나는 앞서 언급한 대로 모든 자산운용사를 포괄하는 연방정부 차원의 수탁 의무 기준이 도입되어야 한다.

내가 이상적으로 생각하는 제도에도 결함이 있을 수 있다(실제로도 존재한다). 그러나 국민이 아닌 월가의 이익에 따라 돌아가는 기존 제도에는 상식과 단순한 산술 공식을 토대로 한 근본적인 개선이 필요하다. 독립적인 연방퇴직연금위원회를 창설한다면 우리는 결함을 바로 잡을 뿐만 아니라 근로자의 이익과 퇴직 후 안정성을 최우선으로 보장하기 위해 필요한 탄력성을 차근차근 길러나갈 수 있다. 그러나 중요한 원칙은 동일하다. 그렇지 않아도 복잡한 미국 퇴직연금제도를 어지럽히는 갖가지 투기의 영향을 최소화하고 제도를 대폭 간소화하며, 비용을 삭감하고, 사회적 공정성을 유지하며, 장기 투자에 최대한 집중하자는 것이다.

투기의 해악과 투자의 가치는 개념에 그치지 않으며, 자산배분과 포트폴리오 운용의 실행 방법을 결정 짓는 실제 요소다. 투기와 투자의 차이에 대한 내 강경한 입장은 경력을 쌓을수록 한층 강화되었으며 83년 역사의 웰링턴펀드를 61년 동안 운용하는 동안 그 차이는 명백한 현실이 되었다. 다음 장에서는 웰링턴펀드의 성공과 몰락, 그리고 부활을 다룬다.

8장

웰링턴펀드의 부흥, 몰락, 재건

역사가 증명한 투자의 필승법

'웰링턴'이라는 이름은 마법의 반지처럼 어딘지 모르게 일류라는 느낌을 풍기기 때문에 보수적인 금융 조직의 이름으로 적합했다.

— 월터 모건

웰링턴펀드에 대하여

단기 투자에 대한 장기 투자의 승리는 이론에 그치지 않고 현실이 될 수 있다. 그 실제 사례로 웰링턴펀드를 소개하고자 한다. 웰링턴펀드는 1928년 월터 모건이 설립하여 적극적이고도 균형 있게 운용되어 온 뮤추얼펀드다. 나는 84년 역사를 자랑하는 웰링턴펀드와의 관계를 61년 동안 이어오고 있을 뿐 아니라 웰링턴 펀드가 전통적인 투자에서 투기로의 전환과 그 후 투자라는 본분으로의 귀환, 두 차례의 중대한 전환기에 적극적으로 개입했다.

웰링턴은 설립 이후 40년 동안 주로 장기 투자라는 보수적인 전략을 구사했다. 그러다 1966년에 수익률 상승을 꾀하던 새 경영진의 지휘하에 적극적인 전략으로 전환했다. 그 후 10년에 걸쳐 투기 요소로 가득했던 웰링턴의 전략은 처참한 실패로 끝났다. 웰링턴펀드의 수익률은 참담했고 1966년에 21억 달러였던 자산은 놀랍게도 75퍼센트 넘게 급감하여 1974년 4억 7,500만 달러에 그쳤다.

1978년을 기점으로 웰링턴펀드는 설립 당시의 목표로 돌아갔다.

자본 보전, 합리적인 경상소득current income, 과도한 리스크가 따르지 않는 이익 등이 그 목표였다. 웰링턴펀드의 전통적인 전략은 장기 투자에 초점을 맞추는 것으로서 현재 30년 넘게 유지되고 있다. 웰링턴은 주주에게 월등한 수익을 제공하게 되자 초창기 때 누렸던 업계 선두주자 자리를 되찾았다. 웰링턴은 2012년 총자산이 550억 달러를 기록했고 다시 한번 업계에서 가장 규모가 크면서도 균형 잡힌 펀드가되었다.

이번 장은 웰링턴에서의 실제 경험을 토대로 한다. 나는 1951년 웰링턴자산운용에 입사하면서 뮤추얼펀드 산업에 입문했고, 이후 내내 뮤추얼펀드 산업에 종사했다. 1965년 웰링턴자산운용의 CEO이자 웰링턴펀드의 외부 투자자문이 되었고 1970년에는 펀드 이사회장이 되었다. 그 후 계속해서 이사회장직을 맡다가 1996년에 명예회장이 되었고, 지금까지 그 자리를 유지하고 있다.

나는 웰링턴펀드 설립 초기의 눈부신 성공에 아무런 역할을 담당하지 않지만 1960년부터 1966년까지 웰링턴펀드 투자위원회의 위원직을 수행했다. 그렇게 생각하면 나도 웰링턴의 성공에 대해 일말의 공로를 주장할 수 있을지도 모른다. 그러나 나는 성공 이후의 몰락에 대해서도 큰 책임이 있었다. 그러한 실패를 통해 내 방식의 잘못된 점을 깨달았고 그러한 인식으로 웰링턴펀드의 전략을 전통적인 장기 투자 전략으로 되돌려 놓는 데 필요한 지혜와 결단력을 얻었다. 그렇게 경상소득, 리스크 제어, 자문 수수료나 그 이외 영업 경비의 최소화, 투자 수익의 증대에 초점을 맞춘 전략을 수행했다. 그 후에 웰링턴펀드는 경이로운 부활을 맞이했고 성공을 이어가고 있다.

나는 위대한 멘토이며 뮤추얼펀드의 선구자이자 말년에는 업계의 최고 원로였던 월터 모건을 기리는 마음에서 웰링턴의 역사를 서술하고자 한다. 모건은 '웰링턴'이라는 이름을 매우 좋아했고, 웰링턴펀드가 선두주자로 떠오르자 뛸 듯이 기뻐했다. 그 후에 웰링턴펀드가 내리막길에 들어섰을 때는 분명 좌절했을 것이다(물론 내게 그렇게 말하지는 않았다). 다행히 그는 웰링턴펀드의 부활을 보고 다시 기뻐할 때까지 살았고 1998년에 세상을 떠났다. 나는 이 8장을 고 월터 모건에게 바친다.

역사의 시작

월터 모건: 웰링턴을 설립한 귀재[01]

1928년 12월 27일 웰링턴펀드가 탄생했다. 그날 델라웨어 주정부 사무실에는 지루하지만 회사 설립에 필요한 각종 법률 문서가 쌓여 있었다. 월터 모건이 구상을 실현한 바로 그 순간이었다. 그가 세운 회사는 분명 작고 소박하며 하찮았지만 미래에 성공할 잠재력이 있었다. 그리고 회사의 미래는 여러 면에서 그 이전에 있던 일들에 의해 결정되었다.

모건은 1920년에 프린스턴대학을 졸업한 후에 대형 회계법인에서 직장생활을 시작했다. 그러다가 1925년에 자신이 직접 회계법인인 모건앤컴퍼니를 차려서 일찌감치 사업가로서의 야심을 드러냈다. 얼마 지나지 않아 투자자문과 세무상담이 회사의 주요 업무가 되었다.

---

01 이 대목은 랜덤하우스에서 1964년에 출간한 《우리 삶을 바꾼 사업 결정Business Decisions that Changed Our Lives》의 내용을 요약한 것이다. 이 내용은 www.johncbogle.com에서 내용을 확인할 수 있다.

다양한 고객 집단의 투자 관리를 돕던 모건에게 몇 가지 생각이 떠올랐다. 다수의 계정에 일일이 자문하는 것보다 투자 관리를 더 효율적으로 처리하는 방법, 증권 몇 가지를 매수하는 것보다는 더 합리적으로 투자를 분산하는 방법, 수많은 증권을 안전하게 보관하고 기록하며 배당금과 이자를 지급하는 등의 문제를 더 손쉽게 처리하는 방법이 있으리라는 생각이었다.

그 해결책은 금세 등장했다. 계정 각각의 투자 목표가 상당 부분 동일하다면 그 계정을 통합해 단일 펀드로 만드는 방법이었다. 묘책이 대부분 그러하듯 모건의 구상은 단순함의 정수였다. 개별 투자계정을 결합해 하나의 대형 펀드로 만들고, 100가지 이상의 종목에 광범위하게 분산 투자한 후 베테랑 투자 전문가에게 관리를 맡긴다는 생각이었다. 물론 이러한 '뮤추얼펀드'를 개발하기 위해서는 경영, 분석, 홍보 역량이 필요했다. 그 부분은 모건의 타고난 자질, 교육 수준, 숙련도, 가치관, 같이 일할 적임자를 골라내는 능력으로 해결되었다.

1928년 7월 1일까지 (웰링턴펀드의 원래 이름인) 산업전력증권회사Industrial and Power Securities Company는 10만 달러 남짓한 자산을 유치했고 영업을 시작했다. 모건은 미국 금융 역사상 최악의 시기에 투자 회사를 설립했지만 1929년 주식시장의 대폭락이 있기 몇 달 전에 주식과 채권의 비중이 균형 잡힌 혼합형펀드를 내놓을 정도로 통찰력이 있는 인물이었다.

보수적인 투자의 장점은 그 후에 시작된 대공황기에 충분히 입증되었다. 관리자들의 보수적인 운용 철학과 전략적인 움직임 덕분에 웰링턴펀드는 시장 폭락 중에도 큰 하락을 경험하지 않았으며, 1929년 하반기에 시작된 대공황기에도 여느 투자신탁과 뮤추얼펀드와는 비교도 되지 않을 정도로 안정적인 상황을 유지했다. 신규 자본이 조금씩 웰링턴펀드로 유입되기 시작했다. 설립 당해 말에 웰링턴펀드의 총자산은 19만 5,000달러로 증가해 있었다.

'웰링턴'이라는 이름의 비밀

월터 모건이 자신이 설립한 운용사의 이름을 '웰링턴'으로 택한 데에는 여러 이유가 있었다. 그는 평생 웰링턴 공작(1815년 워털루에서 나폴레옹을 물리친 영국의 장군)의 제자를 자처했으며 웰링턴 공작이 거둔 전공에 매력을 느꼈다. 그뿐만 아니라 웰링턴이라는 이름은 미국의 영웅인 워싱턴, 제퍼슨, 해밀턴, 링컨과 달리 미국 금융회사의 이름으로 쓰인 적이 없었다. 무엇보다도 웰링턴이라는 이름은 기억하기 쉬웠다. 차별화되는 이름이었다. 모건은 그 이름에 마법의 반지처럼 어딘지 모르게 일류라는 느낌을 풍겼기 때문에 보수적인 금융 조직의 이름으로 적합하다고 생각했다.

웰링턴펀드의 원래 이름인 산업전력증권회사는 1920년대 정서에 맞았다. 그러나 1930년대에 들어서자 다소 시대에 뒤처진 이름이 되었다. '산업'이라는 이름은 과도한 차입금이 투입된, 게다가 상당수가 경제를 뒤흔든 대공황기에 파산한 폐쇄형 신탁에 자주 사용되었기 때문에 어감이 좋지 못했다. 그 당시 대형 공기업들이 줄줄이 파산하면서 '전력'이라는 단어 역시 불길한 느낌을 주었다. 무엇보다도 그 이름을 기억하는 사람이 거의 없었다. 필라델피아의 투자 커뮤니티에서 산업전력증권회사를 '웰링턴펀드'로 부르기 시작했다. 웰링턴펀드는 산업전력증권회사의 자문사인 웰링턴자산운용이 관리하는 펀드의 이름이었다.

해결책은 간단했다. 1935년 7월 11일 산업전력증권회사는 웰링턴펀드 주식회사가 되었다. 웰링턴은 기억하기 쉬운 이름이었을 뿐 아니라 '캐딜락', '코카콜라', '티파니'처럼 누구나 아는 회사를 만들겠다는 모건의 목표에도 부합했다. 사명을 '웰링턴'으로 바꾼 것은 이 회사가 초창기에 거둔 성공의 비결이었다. 웰링턴펀드는 그 후 몰락하여 오랫동안 좌절의 시기를 겪었으나 그 이름은 살아남았다.[02] 오늘날에도 웰링턴펀드가 투자시장에서 놀랄 만큼 큰 인정을 받는 데에도 이름의 역할이 크다.

초창기의 뮤추얼펀드

개척자들!

모건이 1928년 12월에 설립한 웰링턴펀드는 발돋움 중이던 펀드 산업을 박살낸 대공황기 이전에 탄생한 7개 뮤추얼펀드 개척자 중 하나였다. 그러한 7대 개척자 가운데 아직까지도 큰 성공을 거두고 있는 곳은 웰링턴펀드가 유일하다. 극단적이고 자아도취적인 주장처럼 보일지는 몰라도 웰링턴펀드의 현재 자산을 다른 개척자의 자산과 비교하면 이 주장이 사실임을 손쉽게 입증할 수 있다. 그 후 80년 동안 개별 운용사가 어떠한 성과를 거두었는지 살펴보자. 순서는 설립 일자 순이다(자료 8.1 참고).

---

02 아직도 해당 펀드는 '웰링턴펀드'로 알려져 있지만 1980년부터 공식 명칭은 '뱅가드 웰링턴펀드'가 되었다.

펀드명	순자산(단위: $1,000)
매사추세츠 인베스터스 트러스트	3,247,913
스테이트스트리트 인베스트먼트 트러스트	0
인코퍼레이티드 인베스터스(현재 퍼트넘 인베스터스)	1,325,262
스커더 스티븐스 앤 클라크 혼합형펀드 (현재 DWS 코어 플러스 인컴펀드)	323,314
파이오니어펀드	6,308,697
센추리셰어즈 트러스트	178,217
웰링턴펀드	55,238,130

매사추세츠 인베스터스 트러스트

MIT는 1924년에 설립된 최초의 뮤추얼펀드로서, 45년 동안 업계 최대 규모의 펀드 자리를 유지했다. 주식형펀드인 MIT의 성공 비결은 온건한 투자 방침과 업계에서 가장 낮은 비용을 청구하는 펀드로서의 위치를 지속적으로 유지한 것이었다. 그러다가 1969년 MIT는 '상호' 구조를 버리고 매사추세츠 파이낸셜 서비스MFS 그룹의 계열사가 되었다. 1980년에 MFS가 캐나다의 선라이프에 매각되면서 MIT의 보수비용율은 0.19퍼센트이던 1968년부터 5배 치솟아서 2011년 0.97퍼센트에 달했다. 그러자 MIT의 투자수익률은 그에 상응하여 하락했다. MIT는 최근 몇 년 동안 탄탄한 성과를 기록했음에도 장기 실적이 평균을 넘기에는 역부족이다. MIT의 현재 자산은 고작 32억 달러로서 10년 전의 전성기에 기록했던 150억 달러와 비교하면 미미한 수준이다.

스테이트스트리트 인베스트먼트 트러스트

스테이트스트리트 인베스트먼트 트러스트는 1925년 MIT 바로 다음에 설립되었지만 2004년에 문을 닫았다. 그 이전인 1982년에 경영진이 자신들이 설립한 회사를 생명보험사인 메트라이프에 매각했다. 매각 이후에 리스크를 선호하는 몇몇 펀드매니저가 기존의 보수적이고 신중한 방침을 투기 위주의 방침으로 바꾸어놓았다. 특히 2000~2003년의 하락장에서 실적이 바닥을 치면서 회사의 운명이 결정되었다. 최전성기에 39억 달러에 이르던 자산이 2004년 14억 달러로 주저앉자 모회사인 메트라이프는 스테이트스트리트를 금융대기업인 블랙록에 매각했다. 블랙록은 인수 직후 스테이트스트리트의 불운을 끝내기로 결정하고는 이를 블랙록 대형주 코어펀드와 합병해버렸다. 나는 스테이트스트리트의 운명이 끝났을 때 가족이 세상을 떠난 것처럼 매우 슬펐다.[03]

인코퍼레이티드 인베스터스

인코퍼레이티드 인베스터스는 1926년에 설립되어 1964년에 독자적인 생존을 포기하고 퍼트넘그룹에 인수되어 퍼트넘 인베스터스로 바뀌었다. 그 후 이 회사는 일관성 없는 전략을 구사했고 들쑥날쑥한 실적을 보였다. 설상가상으로 1.2퍼센트나 되는 연간 경비 비율이 투자 수익을 깎아먹는 바람에 지난 15년 동안 S&P 500 지수보다 연간 1.2퍼센트 넘게 밑도는 수익률을 이어왔다. 현재 이 회사의 자산은

---

03 놀랍게도 7대 개척자 중에서 불과 한 곳만이 자취를 감추었다. 최근 수십 년 동안 펀드업계의 평균 파산율은 50퍼센트 정도다.

13억 달러로서 10년 전에 기록한 130억 달러의 10분의 1에 지나지 않는다.

스커더 스티븐스 앤 클라크 혼합형펀드

투자자문사로 유명한 스커더 스티븐스 앤 클라크는 1928년에 이 혼합형펀드를 조성한 후 40여 년 동안 운영했다. 웰링턴펀드의 경쟁자로 불려도 손색없는 펀드였다. 그러나 1970년에 스커더의 경영진이 기존의 혼합형 전략을 포기하면서 이 펀드는 채권형펀드로 전환되었고, 스커더 인컴펀드로 이름을 바꾸었다.

이러한 전환은 그다지 성공적이지 못했다. 이 펀드는 1997년에 새로운 주인에게 매각되었고 그 후 2002년에 다시 팔려나갔다. 현재 소유주인 도이체방크는 펀드의 이름을 'DWS 코어-플러스 인컴펀드'로 변경했다(다양한 채권형펀드 사이에서 이런 이름으로 어떻게 선두주자 역할을 재탈환할 수 있을지 의문이다). 1.6퍼센트나 되는 연평균 보수비용율 때문에 투자 수익이 큰 타격을 받은 데다 지난 6년 동안 펀드매니저가 10번(!) 바뀐 것만으로도 실적 개선은 불가능한 일이었다. 2008년에는 채권시장 지수의 수익률인 5퍼센트보다 23퍼센트포인트나 뒤처진 −18퍼센트의 수익률에 그쳤다. 현재 펀드의 자산은 불과 3억 달러로 급감한 상태다.

파이오니어펀드

'뮤추얼펀드 개척자'에 딱 어울리는 이름인 파이오니어펀드도 1928년에 설립되었다. 파이오니어는 액티브펀드도 패시브펀드도 아닌 전략으로 장기 투자만을 고수한다는 점에서 "자기 본분에서 벗어나지 않는 제화공"을 연상케 한다. 파이오니어의 자산은 2006년에 80억 달러로 정점에 달했다가 2012년까지 46억 달러로 급감했다. 소유주가 금융대기업으로 여러 차례 바뀌었으며 보수비용율이 1.1퍼센트로 높은 편이지만, 연평균 회전율이 10퍼센트 미만이며 장기 투자를 지향하는 방침을 고수한 데다 S&P 500과 엇비슷한 수익률 추이를 보이면서 파이오니어는 주요 주자 자리를 유지하고 있다. 그럼에도 규모는 여전히 웰링턴의 10분의 1도 되지 않는다.

센추리셰어즈 트러스트

센추리셰어즈 트러스트는 초창기부터 보험주에 중점을 두었으며 1935년부터 1945년까지 보험주가 큰 호황을 누리면서 최전성기 때는 자산이 2억 2,000만 달러에 이르렀다(현재 기준으로는 미미한 금액이지만 당시만 해도 업계에서 여덟 번째로 큰 규모였다). 그러나 이후로는 아직까지도 제대로 된 중점 분야를 찾지 못했다. 운이 좋아서든 필요에 의해서든 센추리 트러스트는 2001년에 성장주펀드로 탈바꿈하여 의료 서비스, 테크, 소매 섹터로 분야를 바꾸었다. 그 이후 탄탄하지만 일정치 못한 실적을 올린 것으로 볼 때 새로운 정체성을 찾는다는 목표를 달성하기는 어려워 보인다. 2012년에 펀드의 자산은 2억 달러에도 못 미치는 수준이었다.

웰링턴은 어떻게 우위를 확보했을까?

웰링턴펀드와 다른 개척자들의 차이는 무엇이었을까? 어떠한 전략을 구사했기에 생존뿐만 아니라 성장까지 할 수 있었을까? 첫째, 웰링턴은 균형 잡히고 중도적인 투자 전략에 초점을 맞추었고 자본 보전, 합리적인 경상소득, 과도한 리스크가 따르지 않는 이익 등과 같이 초창기에 정한 목표를 한 번도 바꾸지 않았다. 잠시 본분을 벗어나 방황했던 1968년부터 1978년까지를 제외하면 이러한 목표를 꽤 일관되게 추구했다. 1978년 이후로 웰링턴은 본질적으로 보수적이고 장기 투자에 초점을 둔 혼합형펀드로 유지되었다. 물론 특정 기간 동안에 가끔씩 변하기는 했지만 결국에는 원래대로 돌아갔다(자세한 내용은 뒤에서 알아보기로 한다).

웰링턴펀드는 84년 역사에서 10년 동안 부진한 실적을 보였지만 이는 단 한 번에 그쳤고 통틀어서 다른 펀드의 수익률을 훌쩍 앞서는 성과를 올렸다. 성공의 비결은 장기 투자, 일관된 투자 전략, 투자자문사의 우수한 포트폴리오 관리뿐만 아니라 무엇보다도 극도로 낮은 비용이었다. 전반적으로 탄탄한 수익률과 지난 30여 년 동안의 한결같은 우위 덕분에 웰링턴의 자산은 급격하게 불어났다. 자료 8.2는 웰링턴펀드의 자산 성장률이 오랜 기간 경이로운 수준을 유지하다가 1968년부터 1978년까지의 어려운 시기에 하락한 후 얼마 지나지 않아 반등한 후에 한층 더 상승한 과정을 보여준다.

오랜 기간 단 한 번 주춤한 성장세

그렇다면 변화의 바람 속에서 운명, 경쟁력, 전략, 판단력이 극명하게 엇갈린 7대 개척자가 단계별로 걸어온 길을 통해 우리가 배워야 할 점은 무엇이며, 웰링턴펀드가 성공한 이유는 무엇일까? 다른 곳들은 어째서 뒤처지거나 심지어 실패했을까? 웰링턴펀드의 역사에서 그 답을 알아보자.

자료 8.2 웰링턴펀드의 운용 자산(1992~2012년)[04]

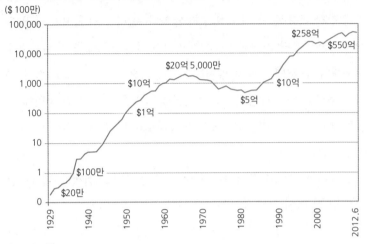

($ 100만)

출처: 펀즈레코드

- 현명한 장기 투자에 집중하고 어리석인 단기 투기를 삼간다.

- 펀드의 정해진 목표를 간과하지 않는다.

- 일관된 전략을 고수한다. 시행 과정에서 문제가 생기면 시정한다.

- 리스크를 신중하게 측정하고 통제한다.

- 펀드 주주의 이익에 크게 도움을 준다는 근거가 없다면 자문사를 변경하지 않는다. [05]

- 펀드의 이름을 유지하고 널리 알리며 소중하게 여긴다.

---

04 웰링턴펀드의 자산은 1982년 7월 4억 7,500만 달러로 저점을 기록한 후 오랜 기간 최고의 자산 성장률을 기록했다. 웰링턴의 자산이 지금처럼 급성장한 데는 1977년 2월에 판매 수수료를 없애고 그에 따라 브로커와 판매회사로 이루어진 유통망에 의존하지 않기로 한 결정이 주효했다. 그때까지 웰링턴은 그러한 유통망을 통해 주식을 투자자에게 판매했다. 또한 판매 수수료가 없는 '노로드' 전략의 도입도 큰 역할을 했다.

05 어떤 자문사가 설립자의 이익을 위해 매각될 때는 주의해야 한다. 자문사의 새 소유주가 금융 재벌일 때는 크게 두려워해야 한다.

- 영업 경비와 자문 수수료뿐만 아니라 높은 포트폴리오 회전율로 발생하는 판매 수수료 등의 펀드 비용을 최소화한다.

그리고 내가 수십 년 동안 주장한 것처럼, **끝까지 버틴다!**

웰링턴의 성장, 몰락, 부흥

웰링턴펀드의 전략과 수익률(1929~2012년)

나는 웰링턴펀드의 역사를 성장기(1929~1966년), 몰락기(1967~1978년), 부흥기(1979년~현재)의 세 시대로 구분한다. 그 역사를 본격적으로 다루기 전에 나는 경쟁이 치열하고 상당 부분 효율적인 금융 시장에서 우월한 수익을 올리기 어려운 이유를 몇 가지 설명하고자 한다. 기나긴 역사에서 나는 무엇보다도 장기 투자는 승자의 게임이며 단기 투기는 패자의 게임임을 깨달았다. 역사(와 간단한 계산)를 통해 우리는 뮤추얼펀드의 수익률에 네 가지 요소가 결정적으로 작용함을 알 수 있다. 첫 번째는 투자 정책과 전략, 두 번째는 리스크 익스포저이며, 세 번째로 자산운용사의 기량이나 적어도 단기간 동안에는 행운이 작용한다. 마지막으로 투자자문 수수료를 비롯해 펀드의 운용에 드는 제반 비용이 있다. 그러나 시간이 흐르면 흐를수록 정책과 전략, 리스크 익스포저도, 비용이 지배적인 요소로 떠오르며, 수백 개의 탄탄한 운용사가 주식 거래 경쟁을 벌이면서 운용사의 기량은 평균에 가까워지는 경향이 있다.[06] 이와 같이 전략, 리스크, 비용이 경쟁사보다 더 높은 수익률을 달성하는 데 결정적으로 작용한다. 리스크는 계량화가 가능하다. 나는 웰링턴펀드의 리스크 노출도를 측정하기 위해 주식 비율equity ratio(펀드 자산 중 리스크가 큰 주식과 등급이 낮은 채권의 비율)과 베타beta라는 두 가지 기본 척도를 사용했다. 베타는 **박스 8.1** 에서 알 수 있듯이 주식시장 대비 펀드의 변동성 측정에 흔히 사용되는 지표다.

박스 8.1

리스크 측정의 역사와 리스크 선호도

웰링턴펀드는 혼합형 뮤추얼펀드로서 투자 포트폴리오의 상당 부분을 채권과 고정 수익 증권에 꾸준히 배분해왔다. 이는 웰링턴의 가장 두드러진 특징이다. 그러나 80여 년 동안 웰링턴은 주식 소유에 따르는 리스크를 통제하기 위해 다양한 방법을 시도했다.

설립 이후 40년 대부분 동안 웰링턴은 주식(자산의 60~65퍼센트)과 회사채 및 국채(나머지 35~40퍼센트)에 자산을 배분해왔으며 자산배분 비율은 여기에서 크게 벗어나지 않았다. 이처럼 균형 잡힌 자산배분 덕분에 리스크 노출도의 예측이 상대적으로 용이했다. 따라서 주식으로만 구성된 포트폴리오에 비해 주주들이 주식시장의 변동성에 제대로 대응할 수 있었다.

1960년대에 들어서 학자들은 주식 비율을 보완하여 리스크의 주요

---

06 위대한 벤저민 그레이엄은 주식시장이 "기관 투자자들이 아무런 이유 없이 세탁물을 뭉텅이(하루에 대략 30만 주씩) 주고받는 거대한 세탁소"라는 말로 정곡을 찔렀다. 그가 이 말을 할 때는 1978년이었다. 2012년에는 세탁이 훨씬 더 대규모로(하루에 85억 주씩) 빈번히 이루어졌다. 투기가 지배하는 세상이다! 실제로 자산운용사는 다른 운용사로부터 주식을 사들이고 그 주식을 제3의 운용사에 매도한다. 이러한 거래는 내가 앞서 지적한 바와 같이 비용 공제 전에는 제로섬 게임이며 공제 후에는 패자의 게임이다.

척도로 쓰일 '베타'를 고안했다. 간단히 말해 베타는 S&P 500 주가지수로 측정된 주식시장 자체의 변동성 대비 주당 펀드 순 자산가치의 변동성을 계산한 것이다. 주식형펀드의 베타는 평균적으로 1.00 정도다. 이는 주식형펀드의 변동성이 주식시장의 변동성과 거의 같다는 뜻이다. 이 같은 베타값을 보면 해당 펀드의 주식 비율이 100퍼센트임을 알 수 있다. 그러나 주식형펀드의 현금 보유량은 대개 5퍼센트대로 미미했기 때문에 실제 베타값은 1.00에 약간 못 미쳤다.

1929년부터 1965년까지 웰링턴의 베타는 주식 비율의 대용으로 아무 문제없이 활용되었다. 실제로 해당 기간 동안 웰링턴의 주식 비율은 평균 62퍼센트였으며 베타는 평균 0.60이었다. 웰링턴의 리스크 노출도가 평균적으로 주식시장의 3분의 2 미만임을 확인해주는 사례다. 웰링턴의 오랜 전통인 보수성 및 균형과도 일치하는 결과다.

웰링턴펀드의 주식 비율과 베타값(1929~2012년)

출처: 위즌버거 자료에 기반한 필자의 계산(1929~1972년), 모닝스타
주: 생애 평균 주식 비율은 62퍼센트이고, 베타값은 0.60이다.

그러나 펀드의 주식에는 다양한 특징이 있다. 주식 비율과 베타가 차이 나는 것도 주식의 특징 때문이다. 예를 들어 특정한 주식형펀드가 수익을 내는 고가치 주식으로만 이루어지면 베타는 0.90 정도에 그칠 것이다. 시가총액이 상대적으로 큰 대형주, 가치주, 소형주, 배당수익을 거의 또는 전혀 내지 않는 주식, 성장 전망이 불투명한 기업의 주식 등 투기성 주식의 비중이 큰 펀드의 베타값은 1.10에서 1.20까지 달할 수 있다. 베타값이 0.90인 보수적인 주식형펀드보다 변동성과 리스크가 30퍼센트나 큰 셈이다.

둘 중 어떤 척도를 선호하든 우리는 어떤 펀드의 리스크 통제와 리스크 조정 수준을 장기간 동안 실시간으로 측정할 수 있다. 아래의 예시는 (주식 비율과 3년 동안의 연평균 베타값으로 측정한) 웰링턴펀드의 설립부터 지금까지의 리스크 특성이다.

위의 예시에서 보듯이 두 개의 선으로 표시된 데이터는 유사한 추세를 그린다. 큰 차이가 나는 경우에는 주식 비율이나 펀드가 보유한 주식의 특성에 변화가 있었기 때문일 가능성이 크다.

리스크와 투자수익률

웰링턴펀드는 전반적으로 안정적인 리스크 노출도와 웬만해서는 표준을 벗어나지 않는 투자 전략 덕분에 다른 혼합형펀드에 비해 우수한 투자수익률을 거둘 수 있었다. 원래 웰링턴펀드는 유일한 혼합형펀드였지만 2012년에는 혼합형펀드의 숫자가 1,000개를 넘어선 상태다. 웰링턴펀드의 경쟁사들은 전반적으로 웰링턴과 거의 비슷한 리

자료 8.3 웰링턴과 다른 혼합형펀드의 누적수익률 비교(1929~2012년)

출처: 위즌버거, 뱅가드

주: 연평균 투자수익률은 웰링턴펀드 8.2퍼센트, 혼합형펀드 7.7퍼센트이다. 위의 그래프는 웰링턴펀드의 초기 투자 금액이 다른 혼합형펀드에 비해 어느 정도로 불어났는지를 보여준다. 상향곡선은 웰링턴펀드가 다른 펀드를 앞서고 있음을, 하향곡선은 웰링턴이 다른 펀드에 비해 뒤처지고 있음을 나타낸다.

스크 노출도를 유지해왔다.

나는 웰링턴의 실적을 분석하면서 1929년부터의 연간 수익률을 계산하여 혼합형 뮤추얼펀드의 평균 수익률과 비교했다. 특히 웰링턴의 역사에서 상당히 중요한 세 시기에 주목했다.

1. 1929~1966년. 웰링턴이 동종 펀드에 비해 처음으로 독보적인 우위를 확보하고 1960년까지 그 자리를 유지하다가 업계 최하위로 추락해 6년 내내 벗어나지 못한 시기다.

2. 1967~1978년. 웰링턴자산운용이 공격적이고 성장 지향적이며 투기적인 운용사를 인수하면서 리스크 노출도를 유례없는 수준으로 끌어올리기 시작한 시기다.

3. 1979~2012년. 뱅가드의 계열사로 독립한 웰링턴펀드가 웰링턴자산운용와 결별을 선언하고 전통적인 가치관으로 돌아가기 시작한 시기다. 주식 비율을 60~70퍼센트대로 유지했고 배당수익을 내는 투자

등급 주식에 중점을 두었다.

자료 8.3에서 보듯이 기나긴 세월 동안 웰링턴펀드는 다른 펀드보다 우월한 성과를 냈고 그 차이는 점점 더 커졌다. 도중에 몇 차례 타격을 받기는 했지만 웰링턴펀드는 시종일관 두드러진 성과 우위를 축적해나갔다. 타인의 돈을 투자하는 이 고된 분야에서는 쉽지 않은 성취다.

성장기: 수익률의 상승과 하락(1929~1966년)

대공황이 휩쓸고 지나가자 혼합형펀드가 시장 충격을 덜 받는다는 사실이 명확해졌다. 1929년부터 주식 리스크(와 그보다 더 큰 문제인 레버리지 주식 리스크)의 위험성이 드러나기 시작했다. 따라서 1930년대와 1940년대에는 혼합형펀드의 숫자가 점점 더 늘어났다. 1930~1960년의 성과 측정 지표는 허술했으며 오늘날 우리가 사용하는 지표와는 좋든 나쁘든 천양지차였다. 그러나 데이터를 보면 1929년부터 1962년까지 웰링턴은 경쟁 펀드에 비해 상당한 우위를 확보했다. 연평균 수익률이 7.0퍼센트로, 6.0퍼센트인 경쟁사보다 높았다. 퍼센트포인트로 볼 때는 얼마 되지 않는 차이 같지만 복리로 계산해보면 초기에 웰링턴에 투자된 1달러는 1962년까지 9.33달러로 불어난 반면 다른 혼합형펀드에 투자된 1달러는 8.35달러가 되었으니 웰링턴의 우위가 확고했음을 알 수 있다.

웰링턴의 성장기는 사실상 1929년부터 제2차 세계대전이 종전한 1945년까지로 이 기간 동안에는 채권 대비 주식 비율이 큰 변동을 보였다. 1929년 6월에 자산의 78퍼센트였던 주식 비율이 주식시장이 고점을 찍은 1929년 9월 3일에는 시의적절하게도 41퍼센트로 하락했다. 1930년대에는 순수 주식의 비율은 자산의 50퍼센트대를 맴돌았지만 여기에 잠재적 가치 상승을 노리고 매입한 할인 채권과 우선주 때문에 10퍼센트포인트가 추가되는 일이 많았으며 그 결과 전체적인 주식 비율은 60퍼센트대로 뛰어올랐다.

변동성이 심한 당시에 소규모 뮤추얼펀드가 포트폴리오 구축을 위해 자금을 유치한 후에 기회를 기다렸다가 비축해둔 자금을 재투자하는 일은 빈번했다. 1930년 말에는 현금보유고가 자산의 3퍼센트에 지나지 않았으나 불과 1년 후에는 28퍼센트로 급상승했다. 1935년에도 비슷한 급상승이 일어나서 중반기에 2퍼센트에 불과했던 현금보유고가 연말에는 22퍼센트로 뛰어올랐다. 제2차 세계대전이 발발하기 직전에는 현금보유고가 자산의 15퍼센트였지만 전쟁 발발로 말미암은 시장 폭락이 끝나자 6퍼센트로 떨어졌다.

자산배분 비율의 변경이 시의적절하고 성공적으로 이루어질 때도 있었다. 그러나 1949년까지 1억 달러(오늘날의 가치로 10억 달러 정도)[07]에 가까운 수준으로 손쉽게 축적되었던 자산은 웰링턴이 성장하고 탄탄하게 자리 잡은 후에는 좀처럼 빠른 속도로 늘어나지 않았다. 웰링턴의 자산은 1959년에 처음으로 10억 달러 선을 넘었다(오늘날의 가치로 80억 달러 정도). 운용사가 과오를 깨달은 덕분인지 그 후 10년 동안에는 웰링턴펀드의 다소 공격적이었던 자산배분 비율 변경이 되풀이되지 않았다.

설립 후 50년 동안 웰링턴이 주식을 유통하는 브로커와 주식을 소

---

07 내가 소규모 펀드였던 웰링턴에 입사한 1951년만 해도 펀드의 총자산은 1억 4,000만 달러였다.

유한 투자자에게 긍정적인 인상을 준 주요 원인은 배당 정책이었다. 그러나 현장에 있었던 내 생각에는 1960년대와 1970년대 초반에 다른 혼합형펀드에 비해 투자 성과가 점진적이면서도 확실하게 떨어진 주요 원인 역시 배당 정책이었다. 나는 이러한 배당 정책의 역사를 `박스 8.2`에 '6퍼센트의 솔루션'이라는 제목으로 정리했다.

박스 8.2

'6퍼센트의 솔루션'

웰링턴펀드는 1933년 투자설명서에서 투자수익률 목표치가 6퍼센트임을 공식적으로 언급하기 시작했다. 그러한 배당 정책은 비밀이 아니었다. 실제로 1945년에는 웰링턴펀드의 홍보 책자에는 웰링턴펀드의 정책이 "합리적인 자산수익률에 해당하는 최소한의 연간 수익률에 따라 이자와 배당금에서 발생하는 경상소득, 주식 수익에서 발생하는 특별 배당금, 필요한 경우 주주에게 합리적인 수익률을 보장하기 위한 불입잉여금paid-in surplus〔법정 자본금을 초과하여 납입한 자본〕의 일부 등을 비롯한 배당금을 제공하고자 최선을 다할 것"[08]이라는 점을 분명히 명시했다. 같이 실린 표는 15년 동안 웰링턴펀드의 분배금distribution이 주당 0.70달러에서 1.30달러 사이였으며 평균 분배금이 주당 0.90달러임을 보여주었다(1956년의 2 대 1 주식분할이 반영되지 않은

---

08 배당수익은 이자 지급분과 펀드의 투자로 발생한 기업의 배당금에서 펀드의 운용 경비를 공제한 것이다. 증권의 수익으로 발생하는 '배당금'은 펀드 증권의 판매로 실현된 자본이익에서 손실을 뺀 금액이다. 납입 잉여금으로 발생하는 '특별배당금'은 경영진의 재량과 주당 1.00달러의 액면가에 대한 순자산가치의 초과분을 분배할 수 있다는 회계 원칙에 따라 분배된다. 사실 그러한 분배는 주주의 돈을 비과세로 당사자에게 돌려주는 것이나 다름없다.

금액이다). 분배금의 출처는 공개되지 않았다. 이러한 분배금에 자산가치의 연간 변동률을 반영하면 '수익률'이 1930년대와 1940년대 내내 5.5퍼센트에서 6.2퍼센트 사이를 유지했음을 알 수 있다.

펜실베이니아 신탁법으로는 실현된 자본이익을 살아있는 동안의 권리자life tenant인 수익권자들에게 분배하고 이들을 잔여권자re-mainderman보다 우대하는 것이 정당해 보였다. 그러나 우리가 투자수익 외의 출처에서 발생한 돈을 주기적으로 지급하고 이를 '배당금dividends'이라 부르자 경쟁사들이 격분했다. 많은 사람이 배당된 자본이익(과 잉여금)은 '소득'이 아니며 자본을 투자해서 받는 대가일 뿐이라고 생각했다. 어쨌든 1950년에 미국 증권업협회NASD의 규제 조직이 배당수익과 그 이외 출처에서 발생한 분배금을 결합하는 관행을 금지했다. 그에 따라 웰링턴은 분배금의 명칭을 바꾸었다. 그 이후에 나온 보고서에는 당초 지급되었던 주당 0.90달러의 분배금에 투자수익 0.60달러, 양도소득 0.27달러, 불입잉여금paid-in surplus 0.03달러가 포함되어 있었다는 사실이 공개되었다.

그러나 보고 방법은 바뀌었어도 웰링턴펀드의 방침은 바뀌지 않았다. 주주와 펀드의 주식을 유통한 브로커와 판매회사는 높은 지급액에 의존하게 되었고, 여기에서 벗어나는 것은 불가능해 보였다. 배당수익이 늘어남에 따라 자본이익도 빠른 속도로 불어났다. 1940년대에 평균 배당금과 자본이익 분배금(포트폴리오 매매로 실현한 수익을 투자자에게 분배하는 것)은 각각 주당 0.30달러, 0.22달러였다. 1950년대에는 각각 0.44달러와 0.34달러였으며 1960년대에는 0.47달러와 0.43달러였다. 당연히 자본에서 배당금과 분배금 등이 빠져나갈 때마다 웰링턴펀드의 자산가치도 떨어지면서 주당 배당수익을 그대로 유지하지 못했다.

1950년대와 1960년대는 기업 배당금이 연평균 5.2퍼센트라는 굳건한 증가 추세를 보였다. 배당금의 증가로 주가가 덩달아 상승하면서 자본이익을 실현하기가 상대적으로 용이해졌다. 가치가 올라간 기존 포트폴리오를 매도하기만 하면 되었기 때문이다. 그러나 1973~1974년의 하락장을 앞둔 1970년에는 이러한 증가세도 멈추었다. 당시 웰링턴펀드의 신임 회장이던 내게는 이사회에 배당 정책을 조언할 책임이 있었다. 나는 웰링턴에 오랫동안 근무했기 때문에 우리의 높은 배당 지급 정책을 중단했다가는 주주들에게 원성을 살 수밖에 없으며 급격한 청산이 이루어져 웰링턴펀드의 수익 달성에 크게 불리해질 것이라는 사실을 잘 알고 있었다. 그래서 미실현 자본이익이 전혀 남아있지 않았던 1970년에 나는 잉여금에서 주당 0.25달러를 지급하는 방안을 권고했고 이사회는 마지못해 그 제안을 수용했다. 마음에 들지는 않았지만 그 방침은 효과를 거둔 것으로 보인다. 적어도 주주에게 비과세로 지급되었다.

그러나 1971년에 웰링턴펀드의 과세 상태와 관련된 문제 때문에 주주들은 불입잉여금에도 세금을 납부해야 했다. 나는 더 이상 그러한 지급을 권장할 수 없었다. 1971년에 우리가 배당수익 외의 분배금을 지급하지 않자 가장 두려워하던 일이 실현되었다. 주주의 순환매net redemption가 두 배 증가하여 1972년에 자산의 22퍼센트에 이르렀다(2억 7,600만 달러의 현금이 빠져나갔다). 순환매는 그대로 이어져 1973년에는 자산의 15퍼센트, 1974~1976년에는 12퍼센트였다. 삼 년 동안 추가로 유출된 현금은 4억 2,000만 달러에 달했다.

1976년 초에는 펀드의 자산이 9억 3,900만 달러로 급감하면서 1965년에 기록했던 21억 달러의 절반에도 미치지 못했다. 우리는 1972년부터 1978년까지 잉여금의 비과세 지급을 재개할 수 있었지만 이미 손을 쓸 수 없을 정도로 타격을 입은 상태였다. 1977년부터 1981년까지도 순환매는 계속해서 연간 5퍼센트대에 달하여 추가로 4,750억 달러가 빠져나갔다. 웰링턴의 자산은 지속적으로 감소했고 1981년 3분기에는 사상 최저치인 4억 7,500만 달러로 주저앉았다. 최고치보다 75퍼센트 빠진 금액이었다.

우리는 1979년에 기존의 배당 정책을 완전히 폐지했다. 그러나 1983년 다시 한번 자본이익을 실현했다. 분배금의 총지급을 강행해서가 아니라 우리 펀드매니저들의 정상적인 투자 활동을 벌인 결과물이었다. 그러나 1978년에 우리가 도입한 배당수익 지향 정책에 따라 배당수익 지급액이 급격히 상승한 상태였다. 따라서 1989년 주당 0.6달러였던 자본이익 지급액이 1990년에 사라지고 2000년에 1.48달러에서 2001년과 2002년에 각각 1.13달러와 '0'달러로 감소했을 때도 별다른 문제는 없었다. 이와 같이 우리는 1930년대에 순수한 의도로 시작되었으나 1960년대와 1970년대 중반에 프랑켄슈타인의 괴물〔19세기 소설 속의 프랑켄슈타인 박사가 만든 괴물처럼 의도와 달리 인간에게 해를 끼치는 물건이나 제도 등을 나타내는 표현〕로 변질되어 버리는 바람에 폐지된 정책에서 성공적으로 탈피했다.

내가 웰링턴의 역사와 관련하여 이제까지 풀어놓은 긴 이야기를 통해 미래의 웰링턴펀드 이사들, 나아가 모든 펀드의 이사들이 경각심을 느끼고 펀드매니저에게 투자자의 소득을 창출하고 투자 목적으로만 자본이익을 실현하도록 요구하기를 바란다. 웰링턴펀드가 놀랍게도 부활할 수 있었던 것은 우리가 결정한 지급 중단 정책과 더불어 뒷부분에서 자세하게 알아볼 소득 지향 전략 덕분이었다.

1963년 초에는 펀드의 설립 초기에 투자된 금액의 1.00달러의 가치가 10.44달러로 불어났다. 이와 비교해 다른 동종 펀드의 경우에는 우리보다 10퍼센트 정도 적은 9.59달러였다. 제2차 세계대전의 종전 직후에는 대체로 웰링턴펀드의 현금보유고와 주식 사이의 변동성이 잦아들었으며, 주식 비율은 그 후 1960년대 후반까지 20년 동안 몇 해를 제외하고는 62~67퍼센트라는 좁은 범위 내에 머물렀다. 1960년대 후반에 이르렀을 때 우리는 1930~1940년대에 개발된 고정 수익 증권의 가격 상승 기회를 놓쳤고 보유 주식의 거의 전부가 보통주였다.

같은 시기의 다른 펀드와 마찬가지로 웰링턴펀드는 주로 투자위원회에 의해 운영되었다. 그러다 업계의 초점이 펀드매니저로 옮겨갈 때 웰링턴도 그 추세를 따랐다. 그러나 얼마 지나지 않아 웰링턴의 우위가 꺾였다. 1929년에 웰링턴펀드에 투자된 1.00달러의 누적 가치는 1966년 말까지 11.40달러로 상승했지만 다른 펀드에 투자된 1.00달러의 누적 가치도 그보다 더 높은 평균 11.92달러로 상승했다. 펀드시장은 이전에 비해 상대적인 수익률에 집중적으로 관심을 쏟기 시작했다. 다량의 실적 데이터가 등장했고 웰링턴의 열세가 두드러졌다.

1929년부터 1964년까지 웰링턴자산운용의 투자위원회는 펀드의 전략을 결정하고 주식을 선정하는 업무를 담당했고 월터 모건과 투자 총 책임자인 모이어 컬프의 지휘를 받았다. 초창기에는 브랜던 배링거가 적극적으로 의사 결정에 참여했지만 그의 존재감은 점점 더 약해졌다. 1950년대와 1960년대 초에는 라우손 로이드가 그 자리를 이어받았다. 그러나 펀드업계의 전략은 투자 위원회의 집단적인 의사결정에서 펀드매니저 개인의 판단을 중시하는 쪽으로 전환되었으며 웰링턴자산운용도 1960년부터 그 추세에 따르기 시작했다. 처음에는 로버트 커민이, 그 다음에는 로버트 스타인버그와 웰링턴의 경제 분석가이던 대니얼 에이헌이 차례로 그 역할을 맡았다. 안타깝게도 그들의 실적은 좋지 못했다.

웰링턴펀드의 열세는 갈수록 커졌다. 열심히 노력할수록 다른 펀드에 뒤처지는 것만 같았다. 경쟁적이고 역동적인 시대의 압박 속에서 신중하고 전통적인 장기 투자의 원칙은 망각되고 말았다. 이 시기 펀드 산업의 특징은 투기성 있는 주식형펀드의 증가와 리스크에 개의치 않는 태도의 확산이었다. 보수적인 웰링턴자산운용는 내 주도하에 보스턴의 공격적인 투자자문사 TDP&L와의 인수합병을 마무리했다. 그러나 결과적으로 내 결단은 오판으로 판명되었다.

인수합병은 세 가지 목표의 달성을 위해 계획되었다. 첫 번째 목표는 웰링턴펀드가 오랫동안 추구해온 성과 우위를 되찾아 올 수 있는 운용사의 확보였다. 다시 말해 '새로운 시대' 금융시장의 산물인 참신하고 공격적인 자산운용사가 필요했다.09 두 번째 목표는 새롭고 투기적인 성장주펀드(아이베스트펀드)를 끌어오고 마케팅 체계를 구축하는 것이었다. 그다음 목표는 TDP&L을 통해 급성장하는 투자자문 사업에 진출하는 것이었다. 투자자문사들은 한때 퇴직연금 시장을 사실상 독점했던 대형 신탁회사의 지분을 빼앗으며 빠르게 성장하고 있었다. 우리가 보기에 비현실적일 정도로 완벽한 상황이었다.

몰락기: 나락으로 떨어진 웰링턴펀드(1967~1978년)

역시나 그렇게 모든 일이 완벽하게 풀릴 리가 없었다. 적어도 웰링턴펀드의 입장에서는 말이다. 역동적이고 혁신적인 새 관리자들은 웰링턴펀드의 '현대화'에 착수했다. 지금 생각해 보면 부적절한 조치였지만 웰링턴은 새로운 투기 대열에 합류했다. 1967년에 월터 캐벗이 웰링턴펀드의 투자이사가 되었다(캐벗은 1974년에 웰링턴을 떠나 하버드대학의 대규모 기부금 펀드를 운용하는 하버드운용사의 대표에 취임했고 1990년까지 그곳에 재직했다).

캐벗은 1967년에 퍼트넘을 떠나 웰링턴펀드의 파트너가 되었다. 행동이 빠른 그는 1966년에 62퍼센트였던 주식 비율을 1967년에는 72퍼센트로, 1972년에는 웰링턴 사상 최고치인 81퍼센트로 끌어올렸다. 다음은 웰링턴의 1967년 연차보고서에서 월터 캐벗이 설명한 투자 철학의 변화다.

> 변화는 전진의 출발점이다. 1967년은 웰링턴펀드가 변화한 해였다. 시대는 당연히 변화한다. 우리는 웰링턴 역시 포트폴리오를 현대적인 정신과 기회에 부합하는 방향으로 바꿔야 할 필요가 있다는 결단을 내렸다. 이에 '역동적인 보수주의'를 우리의 철학으로 선택하는 한편, 변화에

---

09 TDP&L의 경영진은 마틴 메이어가 1969년에 쓴 《월가의 새로운 종족New Breed on Wall Street》에 자세히 묘사되어 있다. 이 책의 부제는 예언이라도 한 듯이 '손실을 일으킨 사람들의 이야기와 성격을 통해 살펴본 주식시장의 실상'이다.

부응하고 성장하며 이익을 취할 능력이 있는 기업들에 집중하기로 했다. 주식 비율을 자산의 64퍼센트에서 72퍼센트로 높였으며, 성장주에 확실한 초점을 맞추고 전통적인 기본 산업주의 비중을 줄였다.

'역동적인 보수주의' 펀드는 공격적으로 보상을 추구하는 펀드로서 자본 성장, 잠재 이익 실현, 배당수익 증가의 여지가 크다. (…) 그런 만큼 상상력, 창의성, 유연성이 필요하다. 우리는 미국의 훌륭한 성장 기업 다수에 투자할 것이다. 그러므로 역동적이고도 보수적인 투자는 모순되는 표현이 아니다. 강력한 공격이 최선의 방어다.

캐벗은 웰링턴에 새로 영입된 파트너와 관리자의 지원을 받아 공격적인 노선을 택했다. 웰링턴의 오랜 역사 속에서 유례가 없는 일이었다. 전통적으로 0.65대를 유지하던 베타는 0.70에서 0.80까지 뛰어올랐다. 한 해 만에(불행히도 1972년 금융시장이 정점을 찍었던 바로 그때) 웰링턴펀드의 베타는 사상 최고치인 1.04에 도달했다. 한때는 보수적이고 균형을 이루었던 펀드가 주식시장보다도 더 큰 리스크를 안고 간 셈이다! 기존의 62퍼센트의 주식 비율이 1972년 말에 사상 최고치인 81퍼센트로 서서히 상승한 것도 한층 더 위험을 키웠다. 리스크 노출도가 급증하자 곧바로 주식의 대대적인 하락장이 이어졌다. S&P 500 지수가 48퍼센트 폭락하면서 웰링턴의 자산가치는 40퍼센트 떨어졌다. 이러한 자산가치의 감소는 지수 하락폭의 80퍼센트에 달하는 것이었고 웰링턴의 오랜 역사를 생각하면 충격적이고 과도한 손실이었다. 손실은 11년 후인 1983년까지도 복구되지 않았다. '강력한 공격'은 전혀 '방어'가 되지 못했다.

펀드 특성의 180도 전환은 펀드의 실적을 개선하기보다는 펀드를 파괴했다. 주식시장이 상승장을 보인 1967~1972년에 우리의 누적수익률은 38퍼센트로, 다른 혼합형펀드의 평균인 68퍼센트보다 30퍼센트포인트나 뒤처졌다. 대하락장이 이어지다가 주가가 일부 회복한 1973~1978년에도 웰링턴의 실적은 나아지지 않았고 다른 혼합형펀드보다 12퍼센트포인트 뒤처졌다(웰링턴의 수익률은 13퍼센트였으나 타사 혼합형펀드의 수익률은 25퍼센트를 기록했다). 우리는 1960년대 초반의 부진한 실적을 개선하기 위해 새로운 관리자를 파트너로 영입했지만 실적은 악화될 뿐이었다. 물론 이 경우에도 귀중한 교훈은 있다!

간단히 말해 보수적이고 '일류'를 달리던 웰링턴펀드는 완전히 변신했다. 전통적인 기준을 훌쩍 뛰어 넘는 수준으로 주식 보유량을 늘리고 리스크 노출도를 확대했다. 투자 등급에 못 미치는 주식, 고점을 찍은 주식, 숙련되지 못한 기업의 주식을 잔뜩 보유하기 시작했다. 단기 거래에 초점을 맞춤에 따라 포트폴리오의 연간 회전율이 20퍼센트에서 40퍼센트로 두 배 뛰어올랐다(옛날 기준으로는 높은 수치다). 안타깝게도 투자는 투기의 뒷전으로 밀려났다. 나는 펀드 특성의 갑작스러운 변화에 경각심을 느꼈고 임원들에게 신랄한 어조의 사내 메일을 보냈다. 그들에게 과도한 리스크와 좋지 못할 가능성이 큰 결과에 대해 경고했다(박스 8.3 참고).

박스 8.3

1972년, 투기에 대해 경고하다

수신: 웰링턴자산운용 고위 간부들

발신: 존 보글

일자: 1972년 3월 10일

제목: 웰링턴펀드의 미래에 대한 몇 가지 고찰[10]

웰링턴펀드의 미래는 어떠한가? 쉽게 답할 수 있는 질문이 아니다. 이 질문에 답하기 위해서는 성과 개선, 배당 정책, 미래의 마케팅 전략, 기존 주주에 대한 의무, 수수료 체계, 웰링턴그룹 내 다른 펀드와의 관계 등에 대해 복잡하기 짝이 없는 논쟁과 심사숙고를 거듭해야 한다.

위의 질문에 본격적으로 넘어가기 전에 그 무엇보다도 '베타'에 관해 언급해야겠다. 여기서 말하는 베타란 변동성을 간단하게 측정하는 지표로, 웰링턴펀드의 특성을 분석하기에 가장 적합한 단일 척도다.

1. 웰링턴펀드는 과거와는 '다른' 펀드가 되었다. 현재 웰링턴펀드의 베타(또는 주식시장 대비 리스크 노출도)는 42년 역사상 가장 높은 수준에 있다. 1930년대에서 1960년대까지 0.62에서 0.65 사이에 머물던 베타값은 과거 2~3년 새에 0.81에서 0.82까지 치솟았다. 간단히 말해 S&P 500 지수가 20퍼센트 하락하면 웰링턴펀드는 16퍼센트 하락한다는 뜻이다. 이에 비해 베타값이 과거의 평균과 같이 0.65에 그친다면 같은 일이 일어나도 웰링턴펀드는 13퍼센트 하락할 것이다.

그러나 웰링턴펀드는 (채권과 주식에 대한 균형 잡힌 자산배분

10 여기에 수록된 것은 요약본이다. 전문은 www.johncbogle.com에서 확인할 수 있다.

을 통해) 주주들에게 상대적으로 우수한 '하방 보호'를 지속적으로 제공해왔다. 나는 우리가 반드시 일어날 수밖에 없는 다음 조정 때 적절한 안정성을 제공하지 못한다면 '극한'에 내몰릴 것이라 단언한다.

2. 현재의 웰링턴펀드를 '혼합형'펀드로 간주하기는 어렵다. 웰링턴펀드의 투자 설명서에는 (SEC가 혼합형펀드와 관련하여 내린 정책 지침에 맞게) "본 펀드의 보통주 비중은 운용 자산의 75퍼센트를 넘지 않을 것이다"라고 명시되어 있다. 그러나 지금 웰링턴펀드의 주식 비율은 81퍼센트다. 우리가 투자설명서에 구체적으로 명시한 기준을 충족하는지 상당히 의심스럽다. 웰링턴펀드가 균형 잡힌 자산배분을 위해 보통주의 비중을 55~70퍼센트로 잡았던 전통에서 탈피한 것만은 분명하다.

3. 웰링턴펀드의 배당수익은 부분적으로는 보통주의 비율이 상승한 결과로, 심각한 위험에 처했다. 실적 하락은 웰링턴펀드를 '극한'으로 내몰 것이다. 더 나아가 분기별 배당금이 주당 0.11달러 하락하는 것은 그야말로 최후의 일격이 될 수밖에 없다. 과거의 실적 문제와 자본 분배 중단 사태에 비춰볼 때 배당금 삭감은 청천벽력 같은 일이 될 것이다. 그런데 현재 웰링턴펀드는 연 0.42달러의 주당 수익을 얻고 있다. 우리가 방침을 바꾸지 않고는 지난해와 같이 0.44달러를 지급할 정도로 충분한 '시정 조치'를 취할 수 있을지 갈수록 불분명해지고 있다.

4. 웰링턴펀드의 구조조정을 위해서는 '수술'이 필요하다는 결론에 이르렀다. 여러분 각각에게 웰링턴펀드를 보수적인 기존 방

침으로 되돌려 놓기 위해 지혜를 발휘해 줄 것을 요청한다. 우리가 '주식 60퍼센트, 채권 40퍼센트'라는 투자 방침으로 전환한다면 웰링턴펀드를 전통적인 투자 행태로 되돌려 놓음으로써 하방 보호를 강화할 수 있다. 또한 혼합형펀드로서의 정체성을 유지할 수도 있다. 지금 당장은 시장에서 통하지 않을 수 있지만 적어도 웰링턴펀드의 최초 주주 25만 명에게는 통할 수 있는 방안이다.

나는 이러한 변화에 수많은 리스크가 따른다는 사실을 알고 있다. 무엇보다도 걷잡을 수 없는 상승장이 가장 큰 위험 요인이 될 것이다. 그러나 웰링턴의 투자 특성에 일어난 중대 변화를 방치하고 매우 심각한 수익 문제를 외면하는 등 아무 조치도 취하지 않는다면 더 큰 리스크가 따를 것이다. 이러한 변화를 통해 비록 형태는 과거와 동일할지라도 웰링턴펀드의 새로운 미래를 만들 씨앗이 뿌려지리라 생각한다.

어느새 이렇게 되었지만, 웰링턴펀드는 사실상 주식형펀드로 바뀐 것 같다. 우리는 웰링턴펀드를 '소득성장펀드income development fund'로 전환하거나 되돌려 놓았어야 했다. 여기서 '소득성장펀드'란 채권 이율current yield이 현실적이고 배당금이 지속적으로 상승하는 펀드를 말한다. 거듭 말하건대 변화를 단행하는 데는 리스크가 따른다. 그러나 변화를 이룬다면 다우 지수가 400포인트이고 채권수익률이 4.5퍼센트일 때보다 다우 지수가 940포인트이고 채권수익률이 7.25퍼센트일 때의 리스크가 훨씬 낮다는 사실을 깨달을 것이다. 이러한 변화가 장기적으로 유리한 전략이며 단기적으로도 훌륭한 전술이 되리라 생각한다.

웰링턴펀드는 43년이 넘는 역사를 자랑하며, 우리 회사를 일군 토대다. 웰링턴펀드에는 우리 웰링턴자산운용이 무슨 일을 추진하든 거의 항상 사용하는 그 이름이 지닌 가치와 신용이 크게 자리 잡고 있다.

내가 이 사내 메일을 썼을 때만 해도 '베타'는 리스크 측정을 위해 학계에서 사용될 뿐 잘 알려지지 않은 용어였다. 평생 통계학에 심취해온 나는 1971년 5월에 열린 ICI의 연례총회에서 베타라는 개념을 청중에게 소개했다. 그러나 호응을 얻지 못했다. 특히 청중 중 어떤 언론인은 내 설명을 못마땅하게 생각했는지 "존 보글은 뮤추얼펀드의 실적에 대해 학술적인 연설을 했다. 수학적인 사고방식을 갖춘 이들과 핼리 혜성의 재출현 시기를 따지는 이들에게만 흥미로울 내용"이라고 기사를 썼다. 그러나 나는 베타라는 지표를 고수했다. 우리 회사의 펀드매니저 가운데는 '보글'이라는 이름이 스코틀랜드어로 '악마'나 '마귀'라는 뜻임을 아는 사람이 있었다. 그는 나를 '데이터 악마인 베타 보글'로 불렀다(나는 그 말을 칭찬으로 받아들였다).

캐벗은 곧바로 답장했다. 그는 의견에 동의하지도, 제안을 받아들이지도 않았다. 나는 그의 답장에 크게 실망했다. 실제로 그는 여덟 쪽이나 되는 서신에서 내가 제기한 문제에 이렇다 할 답변을 내놓지 않았다. 다음은 그가 보낸 답장의 요약본이다.

제 생각에 이건 마케팅 문제지 웰링턴펀드의 투자 목표나 전략과는 상관없어 보입니다. 저는 우리 펀드가 현재 상당한 하방 보호를 제공하며 전통적인 투자 정책으로 돌아가지 말아야 한다고 생각합니다. (…) 혼합형펀드는 구시대적입니다. (…) 배당금이 무제한으로 인상되어야 한다고 생각하지는 않습니다. (…) 그러나 앞으로 일정 기간에 걸쳐서 자산이 고수익을 내는 주식에서 성장주로 서서히 옮겨갈 것이라고 기대하는 바입니다. 결론적으로 우리 펀드는 성장 지향적인 우량 기업의 주식을 오랫동안 일관되게 보유하지 못하는 점을 보완해야 합니다. 그렇게 해야 펀드 주주들에게 합리적인 양질의 서비스, 적당히 인상되는 배당금, 충분한 하방 보호, 자본 증식 기회를 제공할 수 있을 것입니다.

그러나 웰링턴펀드의 문제는 새로 합병된 회사 때문만은 아니었다. 하락장이 시작되자 아이베스트펀드가 무너졌다. 그와 더불어 실현되지도 않은 '새로운 시대'의 혜택을 향유하기 위해 조성한 투기성 펀드 세 개도 덩달아 무너졌다(결국 네 가지 펀드 중 단 하나도 살아남지 못했다). 우리 펀드의 자산과 자문 대상 기업의 자산이 급감했고 한때 희희낙락했던 인수합병 파트너들과는 사이가 틀어졌다. 이들은 자신들이 웰링턴의 투자 활동을 주로 책임졌음에도 1974년 1월에 나를 해고했다. 내 이력에서는 불운한 순간이었다.

그 시대를 거치는 동안 웰링턴펀드의 열세는 한층 더 확대되었으며, 초창기에 웰링턴에 투자된 1.00달러의 누적 가치는 1966년 말부터 최고조에 이른 1972년까지 11.4달러에서 15.76달러로 상승했다가 1974년 말에 11.43달러 수준으로 추락했다. 주식시장의 하락과 7년 전에 새로이 도입된 위험천만한 전략 때문이었다. 그 후 반등기에도 격차는 한층 더 커졌다. 웰링턴이 6년 중에서 5년 동안 동종 펀드들에 뒤처졌기 때문이다. 1978년이 막바지에 이를 무렵에 웰링턴의 열세는 그 어느 때보다도 크게 확대되었다. 1929년 웰링턴에 투자된 1.00달러의 누적 가치는 17.78달러였다. 당시 다른 혼합형펀드의 누적 가치평균은 25.2달러였다. 한동안 나는 한때 업계의 원로로서 우리 회사의 명성을 대표했던 웰링턴펀드와 다른 펀드를 통합하여 그대로 끌고 나가는 방안을 검토하기도 했다. 그러나 나는 그 일을 추진할 수 없었다. 대신 웰링턴의 옛 영광을 되찾기 위해서라면 무엇이든 할 생각이었다.

부흥기(1979~2012년)

처참한 시황, 자산 기반의 급격한 축소, 공격적인 성장형펀드의 붕괴, 웰링턴펀드의 실적 추락이 겹친 최악의 시기가 지났어도 출구는 보이지 않았다. 그러나 그 당시에는 몰랐지만 일생일대의 기회가 기다리고 있었다. 나는 1974년 초에 웰링턴자산운용의 최고 경영자 자리에서 물러났지만 웰링턴펀드와 그 자매펀드의 회장 및 대표직은 여전히 유지했던 만큼 상당한 권한이 있었다(당시의 변화에 관해서는 박스 4.3 에서 자세히 소개했다).

　나는 1974년 9월까지 8개월 동안 면밀한 연구와 의견 교환을 한 끝에 웰링턴펀드의 이사를 설득하여 내 자리를 유지하고 '웰링턴그룹'에 포함된 웰링턴펀드와 다른 7개 자매펀드의 회계, 주주 장부 기록, 웰링턴의 법률 관련 업무를 담당할 직원들을 소수로나마 뽑을 수 있었다. 우리는 이 같은 임무를 담당할 새 회사를 설립했다. 뮤추얼펀드 업계 최초로 펀드 그룹의 완전 소유였으며 원가 기반으로 운영된 만큼 진정한 상호 구조를 갖춘 회사였다. 내가 선택한 신생 회사의 이름은 알다시피 뱅가드다. 1974년 9월 24일은 뱅가드가 탄생한 날이다.

새로 도입된 구조에 따라 뱅가드의 임직원들은 자문사이자 유통사로서 웰링턴자산운용의 투자 성과와 마케팅 실적을 감독하고 평가하게 되었다. 나는 무엇보다도 웰링턴펀드를 원래 모습으로 돌려놓겠다고 단단히 결심했다. 의도한 바는 아니지만 설립자인 월터 모건이 내게 보여주었던 신뢰에 부응하지 못했기 때문이다. 모건은 나를 채용했고 내 판단력을 믿었으며 계속해서 승진시켜주었을 뿐만 아니라 1965년에는 나를 CEO로 임명한 사람이다. 내가 누린 모든 것은 훌륭한 멘토였던 모건 덕분이었다. 그의 기대를 저버릴 수는 없었다.

웰링턴펀드의 구조 조정은 결코 쉽지 않은 작업이었지만 우리는 프린스턴대학의 교수이며 1977년 우리 펀드 이사회에 합류한 버튼 맬킬의 도움으로 구조조정을 단행했으며, 새로운 계획을 웰링턴펀드의 이사들에게 제안했다. 이사회는 단번에 그 계획을 승인했고 우리는 웰링턴자산운용의 구조조정을 지휘했다. 박스 8.4 는 내가 펀드의 이사회에 구조조정을 제안하기 위해 작성한 26쪽 분량의 사내 메일을 요약한 것이다.

박스 8.4

전통적인 투자로의 귀환 권고(1978년)

수신: 웰링턴펀드 이사진

발신: 존 보글

일자: 1978년 10월 9일

제목: 웰링턴펀드의 향후 투자 방침[11]

얼마 후면 웰링턴펀드는 설립 50주년을 맞이한다. 윈저 펀드가 출범한 1958년 10월까지 30년 동안 웰링턴펀드는 뱅가드 그룹의 유일한 펀드였다. 현재 뱅가드의 펀드 숫자는 13개로 늘어났으며 웰링턴펀드는 여전히 그 가운데 가장 규모가 크지만 최근 몇 년 동안의 자본 흐름 추세를 볼 때 1~2년 내에 윈저 펀드에 '주력' 펀드의 자리를 내줄 것이 확실하다.

웰링턴펀드의 자산은 과도한 수준으로 꾸준히 잠식되었다. 1965년에 연말 기준으로 20억 4,800만 달러로 최고치를 찍었던 자산은 현재 7억 400만 달러로 감소했다. 이러한 감소의 주된 원인은 자본 유출이다. 자본이 빠져나간 이유는 다음과 같은 추세 때문이다.

1. 투자자들의 웰링턴펀드 투자액은 1965년에 1억 5,900만 달러였으나 이후 지속적으로 감소하여, 올해 1978년에는 130만 달러에 그칠 것으로 예상된다.
2. 지분 청산이 판매량을 한참 초과하는 상황이 이어지고 있다. 지난 10년 동안 연평균 1억 달러 가량의 지분이 청산되었다.
3. 1966년부터 현재까지의 순자본유출액은 총 10억 7,000만 달러에 이른다.

---

11 메일 전문은 www.johncbogle.com에서 볼 수 있다.

그런데 웰링턴펀드가 1965년부터 겪어온 실적 문제는 펀드의 자본 유출을 부추긴 요소였을 뿐 주요 원인은 아니다. 모든 혼합형펀드가 판매량을 크게 웃도는 지분 청산을 지속적으로 경험했다. 혼합형펀드는 1960년대와 1970년대 초반에 한층 더 공격적인 펀드와 성장주펀드에 '시장 점유율'을 빼앗겼다. 그러나 다수의 공격적인 펀드가 약속한 성과를 제공하지 못함에 따라 마케팅의 추는 급속도로 보수적인 회사채펀드와 지방채펀드 쪽으로 기울었으며, 그 과정에서 혼합형펀드는 완전히 배제되었다. 다음의 표를 통해 그 사실을 확인할 수 있다.

전통적인 혼합형펀드가 15~20년 동안 차지했던 시장 점유율을 조만간 되찾으리라는 근거도, 희망도 거의 없다. 따라서 웰링턴이 기존 주주를 지키고 새로운 투자자를 유치할 정도로 경쟁력을 유지하려면 투자 방침의 변화를 고려해야 한다. 그렇다고 투자 방침의 변화가 자본 보전, 합리적인 경상소득, 과도한 리스크가 따르지 않는 이익 추구라는 근본적인 투자 목표의 변화로 해석되어서는 안 된다는 점을 강조하고 싶다. 그보다는 다음 질문들을 생각해보아야 한다. 세 가지 투자 목표의 상대적인 비중을 조정할 경우 웰링턴펀드의 주주에게 더 좋은 성과를 제공할 수 있을까? 그리고 그렇게 해서 더 좋은 성과를 제공할 수 있다면 어떠한 방식으로 조정해야 할까?

주주의 목표

위의 두 가지 질문에 대한 답을 찾기 위해서는 우선 최근의 조사 결과를 살펴볼 필요가 있다. 펀드 주주 10만 명의 목표, 요구사항, 인구통계학적 특성을 두루 보여주는 조사 결과인 만큼 신뢰도가 높다.

펀드 특성에 따른 시장 점유율

연도	혼합형	주식형	채권형
1960	20%	72%	8%
1965	17%	73%	10%
1970	5%	85%	10%
1975	3%	71%	26%
1977	1%	32%	67%

- 응답자의 73퍼센트는 스스로의 투자 철학을 '보수적'이라고 응답했다. '온건'하다고 응답한 비율은 26퍼센트이며 '공격적'이라는 응답자의 비율은 1퍼센트에 불과하다.
- 56퍼센트는 '경상소득'이 자신들의 투자 목표라고 응답했다. 33퍼센트는 '성장과 수익'을 중시한다고 답했으며, '장기적인 성장'을 추구한다는 응답자의 비율은 11퍼센트에 그쳤다.
- 주주의 70퍼센트가 은퇴자이며, 연소득 2만 달러 미만인 주주의 비율은 60퍼센트다(27퍼센트는 연소득 1만 달러 미만이다).

이러한 조사 결과는 주주에게 보낸 연차보고서에서 밝혔듯, 경상소득에 무게를 둔다면 주주의 요구를 충족할 수 있으리라는 내용과도 일치한다. 총수익률(수익과 자본 가치 상승분의 합)을 크게 훼손하지 않고 배당수익을 지속적으로 증액하는 동시에 경상소득을 높일 수 있다면 현재 펀드의 주주 내역에 중대하고도 유익한 영향을 줄 수 있으리라 예측할 수 있다.

경상소득 증가를 위한 포트폴리오 전략

경상소득의 증가가 웰링턴펀드의 핵심 목표라면 증가폭을 어느 정도로 잡을지, 펀드의 자본 보전과 수익 목표에 조금이라도 타격이 갈지를 생각해보아야 한다. 우리는 배당 주식과 성장 주식의 전체적인 성과를 장기적으로 비교·분석한 자료를 검토한 바 있다. 두 유형의 주식에 지속 가능하고 역사적인 차이가 존재하는지 확인하기 위해서 시행한 것으로, 한 가지 전략이 다른 전략에 비해 총수익률 측면에서 웰링턴펀드에 각별히 유리한지를 입증하는 과거 데이터가 존재하는지 확인하고자 했다.

그런 이유에서 성장주로 구성된 뮤추얼펀드 포트폴리오와 인컴펀드의 포트폴리오를 비교·분석했고 1940년부터 1978년 말까지 약 40년 동안에 개별 펀드가 낸 평균 실적을 산출했다. 전 기간 동안 성장주펀드와 인컴펀드의 연간 총수익률은 각각 10.5퍼센트와 11.3퍼센트였다. 즉 인컴펀드의 수익률이 0.8퍼센트 높았다.

물론 성장주펀드가 꽤 오랫동안 우월한 성과를 보여준 시기도 있습니다. 10년 단위로 분석해보면 성장주펀드는 1950년대에 연간 수익률 16.5퍼센트인 인컴펀드 대비 19.7퍼센트의 수익률로 최고의 성과를 보였다. 그러나 1940년대에 성장주펀드와 인컴펀드의 포트폴리오는 모두 9퍼센트의 수익률을, 1960년대에는 성장주펀드 10.5퍼센트와 인컴펀드 10.1퍼센트의 수익률을 기록하며 비슷한 성과를 냈다. 1970년대의 경우 현재까지 인컴펀드의 성과가 7.7퍼센트 대 2.4퍼센트로 조금 더 좋다. 즉 두 가지 포트폴리오 사이에 구조적이고 장기적인 편향성은 보이지 않는다.

다양한 순환주기의 '시간대'를 예측하여 거래한다는 근거로 웰링턴펀드 주주의 직접적인 이익을 도모하기 위한 변화를 회피하는 것은 위험한 접근법으로 보입니다. 따라서 웰링턴펀드와 그 주주의 경상소득에 초점을 맞춘 장기 전략을 채택하려면 한시바삐 그러한 전략에 맞게 포트폴리오를 조정하는 것이 최선이다.

수익 전략의 예상 결과

웰링턴펀드의 수익 전략은 어떻게 가시적인 성과를 낼 수 있을까? 첫째, 우리는 배당수익의 조정을 검토해 볼 수 있다. 우선 논의를 위해 한 가지 상황을 가정해보자. 웰링턴펀드의 배당주가 현재 6.6퍼센트 정도의 수익률을 낼 수 있다는 생각에 완전히 동의한다고 가정하는 것이다.[12]

웰링턴펀드의 연간 배당수익

연도	1978	1979	1980	1981	1982	1983
추정치	$0.54	$0.67	$0.73	$0.78	$0.84	$0.91

현재와 미래에 어느 정도의 수익을 창출할 수 있을까? 다음은 주식과 채권을 65대35의 비율로 배분했다고 가정할 때의 배당수익 추정치다. 분석 결과 위에 언급한 변화를 단행할 때 향후 5년 동안 주당 배당수익이 급격히 상승하리라는 것을 알 수 있다.

흥미롭게도 (다시 한번 투자 조사 기관 밸류 라인의 예측을 참고하

---

12 참고로 1978년 당시에 우리 회사의 웰즐리 인컴펀드는 6.9퍼센트의 수익률을 냈다.

자면) 새로운 포트폴리오[13]의 총기대수익률은 16.1퍼센트로서 16.0퍼센트를 기록한 기존 포트폴리오의 총수익률보다 오히려 더 높다. 새로운 포트폴리오는 수익 성장률이 9.5퍼센트로 현재의 11.0퍼센트보다는 낮지만 수익률이 6.6퍼센트로 (기존의 5.1퍼센트보다) 더 높아지면서 이러한 차이가 메워질 것으로 보인다. 더 나아가 신규 포트폴리오는 PER이 7.1배로, 8.8배인 기존 포트폴리오보다 낮으며 PER을 총수익률로 나눈 '내재가치'는 더 높다.

결과적으로 펀드의 총수익률이 크게 훼손되지 않고 자본 요소에서 소득 요소로 소폭 이동한다. 게다가 리스크도 낮아질 것으로 보인다. 실질적으로 이 같은 전환을 통해 펀드의 수익률에서 예측 가능한 부분(수익 소득)이 증가하며 예측이 어려운 부분(자본 가치 상승)이 감소한다. 앞서 설명한 웰링턴펀드 주주의 특성과 목표를 감안할 때 어떠한 측면에서든 이러한 전환을 부정적으로 보기는 어렵다.

살다보면 일보 후퇴함으로써 가장 큰 진전을 이룰 때가 있다. 우리가 웰링턴펀드를 원상복구하기로 결심하면서 한 일이 바로 그 예다. 몇 달 후에 이사회는 내 제안을 채택하기로 합의했다. 나는 주식 비율을 자산의 60~70퍼센트대로 확고히 유지하고, 숙련되고 배당금

---

13 나는 사내 메일을 썼던 1978년에 증권분석가 일을 그만둔 지 오래였다(물론 웰링턴에 입사한 초기에는 강도 높은 증권 분석 훈련을 거쳤다). 그럼에도 50가지 주식 종목으로 이루어진 포트폴리오와 그 배당수익률, 주당 수익 비율, 수익 성장률, 종목 각각의 추정수익률까지 제시하는 만용을 부렸다. 구조조정이 거의 마무리된 1980년 말에 웰링턴펀드의 실제 포트폴리오를 보니 50개 종목 중에 25개가 남아 있었다.

을 지급하는 우량 기업의 주식에 집중하며, 펀드의 배당수익을 큰 폭으로 늘리자는 제안을 전달했다. 자산 가운데 고등급 채권의 비중을 30~40퍼센트로 맞춰야 한다는 내부 규정을 감안할 때 내가 제안한 전략을 구사하려면 포트폴리오에서 수익률이 낮은 성장주 다수를 매도해야 했다. 다음은 내가 웰링턴펀드의 1978년 연차보고서를 통해 발표한 개혁 방안이다.

우리는 경상소득에 방점을 둘수록 웰링턴펀드가 주주의 요구를 충족할 가능성이 커지리라 믿습니다. 귀사의 이사회는 웰링턴펀드가 보통주 투자에서 벌어들인 배당금을 증액한다는 투자 전략의 수정을 승인했습니다. 이러한 목표에 따라 배당금 증액의 가능성은 커질 것입니다. 또한 목표는 (수익과 자본 가치 상승을 합한) '총잠재수익률'을 해치지 않고 달성되어야 합니다.

해당 전략을 시행하더라도 (현재 자산의 68퍼센트인) 주식 비율을 큰 폭으로 수정하는 것은 고려하지 않고 있습니다. 주식 비율은 앞으로도 순자산의 60~70퍼센트를 유지할 것입니다. 그 외의 투자 수익 대부분은 우리가 보유한 주식의 일부를 수익률이 더 높고 배당금 증액 가능성이 있는 주식으로 전환함으로써 창출할 것입니다. (…) 우리는 1978년 후반부에 경상소득을 늘리기 위한 강력한 프로그램에 착수했으며 1979년에는 수익에 더 큰 초점을 맞출 계획입니다.

다시 초심으로

특히 펀드의 배당수익을 향후 5년 동안 무려 70퍼센트 인상할 것을 (실제로는 그보다 좀 더 상승했지만) 고수하는 등, 웰링턴 경영진에게 펀드 포트폴리오의 새 운용 전략을 지시했을 때 빈센트 바자키안은 달 가워하지 않았다. 그는 성장주가 최적의 선택이며, 고수익주에 치중하면 실적에 타격이 갈 것이라고 생각했다. 그러나 펀드 주주 입장에서 다행스럽게도 바라키안은 새로운 전략을 수용하고 제대로 실행했다. 포트폴리오는 성장주에서 가치주로 방향을 바꾸었으며 펀드의 배당수익은 급격하고 지속적으로 증가했다.

게다가 웰링턴펀드가 1978년부터 1983년까지 실제로 지급한 연간 배당금은 주당 0.54달러, 0.75달러, 0.87달러, 0.92달러로 내가 사내 메일에서 제시한 추정치와 놀랄 만큼 거의 일치할 정도로 근접했다. 1983년의 경우 0.92달러라는 지급 금액과 웰링턴의 주당 순자산가치인 12.39달러를 비교하면 웰링턴펀드의 배당수익률은 7.4퍼센트에 이르렀다(채권과 주식수익률이 두루 높았던 그 시대는 이미 오래 전에 지나가 버렸다. 현재 수익률은 2.5퍼센트다). 아무튼 새 전략 덕분에 시대에 뒤떨어지고 신뢰가 떨어진 '6퍼센트의 해결책'으로 돌아갈 이유가 완전히 사라졌다.

웰링턴자산운용의 성공적인 전략 실행

펀드매니저 빈센트 바라키안은 새 전략으로의 전환에서 큰 공을 세웠으며 현명한 주식 선정을 통해 주주를 위한 전략을 성공적으로 수행한 인물이다. 1995년에 그가 자가용 비행기를 몰던 도중에 비극적인 죽음을 맞이하면서 우리는 크나큰 좌절을 경험했다. 그 후 웰링턴자산운용는 바라키안과 함께 일했으며 유능한 에른스트 폰 메치를 그의 후계자로 선택했다. 폰 메치는 2000년에 은퇴할 때까지 새로운 전략을 통해 다른 혼합형펀드에 비해 전반적으로 월등한 수익률을 지속적으로 달성했다. 그 이후로 웰링턴자산운용는 폰 메치의 후임인 에드워드 바우사의 지휘하에 1978년에 채택된 소득 지향 전략을 지속적이고 효과적으로 수행하는 데 성공했다.

일단 펀드매니저들이 좋은 성과를 냈다. 게다가 이들은 유능한 채권매니저bond manager들의 지원을 받았다. 웰링턴의 채권매니저들은 투자 등급 채권을 좌우명으로 삼으면서 고정 수익형 포트폴리오를 유지했다. 1972년부터 1995년까지 폴 설리번, 폴 캐플런, 존 키오 등이 차례로 채권매니저들을 진두지휘했다. 채권매니저들이 웰링턴펀드의 부흥에 미친 공로는 혁혁하다.

웰링턴펀드의 펀드매니저들은 현재도 1978년에 도입된 전략의 우수성을 지속적으로 입증하고 있다. 다음은 그들이 2000년 연차보고서를 통해 펀드 주주들에게 보낸 서신의 내용이다.

자산의 60~70퍼센트를 주식으로, 나머지 자산을 고정 수익 증권으로 보유하면 과도한 리스크를 감수하지 않더라도 합리적인 경상소득과 자본 가치의 장기적인 상승을 달성할 수 있습니다. 이러한 접근법에 맞게 당 펀드가 보유한 주식의 대부분을 평균 이상의 배당주가 차지하고 있습니다.

그 이후에도 2010년 연차보고서를 통해 펀드매니저인 에드워드 바우사가 주주에게 다음과 같은 서신을 보냈다.

우리는 앞으로도 우리만의 확고한 투자 철학을 통해 매력적으로 평가된 기업을 찾는 데 매진할 것입니다. 특히 펀더멘털이 개선될 여지가 있는 기업의 주식에 초점을 맞추고 있습니다. 항상 그러하듯 우리는 주식 선정 과정에서 평균을 웃도는 배당금에 집중하고 있습니다.

이와 같이 웰링턴자산운용는 새로운 전략을 '적극' 받아들였다. 더 나아가 지난 35년을 거치면서 해당 전략과 그 실행 결과는 시간의 시험대를 통과했다.

웰링턴이 설립 이래로 지급해온 상당한 자본이익 분배금의 재투자를 통해 주주들에게 제공된 신주까지 감안할 때 웰링턴펀드의 배당수익은 1966년에 주당 0.94달러에 이르렀다. 그 후 1977년에 이르기까지 S&P 500의 배당금이 63퍼센트나 상승했음에도 불구하고 웰링턴펀드의 배당수익은 소폭 상승하여 0.99달러에 그쳤다. 1978년에 수익 지향적인 새 정책이 도입되면서 펀드의 배당수익은 훌쩍 뛰어올랐다. 1979년에는 주당 1.30달러, 1982년은 1.72달러, 1985년은 1.88달러, 1990년은 2.19달러로 꾸준히 증가했다.

펀드의 채권 보유 비율이 35퍼센트대를 유지하면서 불과 12년 만에 웰링턴의 주주는 110퍼센트나 인상된 배당수익을 받게 되었다. 채권 금리가 1981년의 최고 수준에 비해 하락했음에도 불구하고 웰링턴의 배당금은 1995년까지 거의 비슷하게 유지되었다가 1999년에 그 당시로서는 최고치인 주당 2.74달러로 인상되었다. 그 후 배당금 상승세는 2003년까지 상당한 폭으로 꺾였지만 그때부터 다시 재개되어 2008년에는 배당금이 2.80달러에 이르렀다. 2008년에 채권 금리가 인하되고 기업 배당금이 큰 폭으로 삭감되었음을 감안할 때 2011년에 2.55달러의 배당금을 지급한 것은 대단한 성과다. 새 전략이 배당금 인상, 실적 개선, 세심한 리스크 관리로 이어지자 투자자들이 웰링턴펀드로 몰려들었다. 이와 같이 웰링턴펀드는 시장에서 다시 인정받게 되면서 주위를 놀라게 했다.

자산 규모의 재반등

새로운 전략이 성공했다는 말만으로는 웰링턴펀드가 대폭락했던 자산 기반을 경이로운 수준으로 회복한 과정을 충분히 설명할 수 없다. 웰링턴의 자산은 급속도로 증가하여 1990년에 24억 달러라는 신기록을 세웠으며 그 후 매년 꾸준히 증가하고 있다. 2012년 초에는 자산이 사상 최고치인 550억 달러에 이르며 '부흥기'라는 표현이 잘 어울렸다.

지난 25년 중에서도 초반부는 대상승장이 투자 세계를 결정 지은 원동력이었다. 웰링턴펀드는 보수성에도 불구하고 2000년 초까지 오랫동안 이어진 상승장에 동종 펀드 대비 좋은 성과를 보였을 뿐만 아니라 잇따른 2000~2003년과 2007~2009년의 쓰라린 하락장에서는 더 우수한 실적을 냈다. 두 차례의 반등과 특유의 하방 보호 덕분에 그 어려운 시기에도 웰링턴의 25년 누적수익률은 동종 펀드의 누적수익률인 418퍼센트의 두 배가 넘는 886퍼센트에 달했다. 21세기 들어 최초로 상승세가 정점에 달했던 2000년 이래로 웰링턴펀드는 누적수익률 90퍼센트를 기록했다. 사실상 정체되어 있던 주식시장 환경에서 누적수익률이 플러스를 넘어서 90퍼센트에 이르렀다는 것만 보더라도 혼합형펀드의 가치가 뚜렷하게 입증된다.

웰링턴펀드의 투자 성과는 세 가지 요소가 결합된 산물이다. 첫 번째는 **펀드**의 경영진이 정한 투자 방침과 전략이었고 두 번째는 웰링턴펀드의 **투자자문사**인 웰링턴자산운용이 선택하고 펀드 이사진이 승인한 펀드매니저들의 위업이었으며 세 번째는 동종 펀드보다 한참 낮은 보수·비용에 따른 상당한 경쟁 우위 확보였다. 뱅가드는 자문사인 웰링턴자산운용의 계약을 관리하는데, 웰링턴자산운용은 뱅가드의 승인에 따라 펀드매니저를 지정한다. 뱅가드와 웰링턴자산운용는 펀드 자산에 적용되는 수수료 요율을 협의하여 결정한다. 솔직히 털어놓자면 나는 주주 입장에서 최적의 수수료 구조를 도출하기 위해 협의 과정에서 상당히 깐깐하게 굴었다.

박스 8.5

공평한 자문 수수료를 위한 노력

내가 웰링턴자산운용에 입사한 1951년에도 웰링턴펀드의 경비 비율은 0.55퍼센트로서 이미 다른 혼합형펀드의 평균 보수비용율인 0.74퍼센트보다도 한참 낮았다. 25년 후인 1976년에 그 격차는 한층 더 벌어져서 웰링턴펀드의 경비 비율은 동종 펀드의 0.84퍼센트보다 0.28퍼센트포인트나 낮은 0.56퍼센트였다. 그 후 웰링턴펀드가 뱅가드의 원가 기준 상호 구조에 입각하여 운영되고, 그보다도 웰링턴자산운용와 서로 대등한 입장에서 수수료를 협상할 수 있는 자유를 얻게되면서 웰링턴펀드의 비용 우위는 급속도로 확대되었다.

나는 뱅가드 초창기에 웰링턴자산운용와 벌인 협상 과정을 어제 일처럼 생생하게 기억한다. 간단히 말해 뱅가드가 주도권을 쥐기 전에도 웰링턴펀드 포트폴리오의 운용 비용인 자문 요율advisory fee은 1억 2,000만 달러가 넘는 자산 대비 0.5퍼센트에서 0.25퍼센트로 축소되었다. 1974년에 7억 달러대로 감소한 웰링턴펀드의 총자산

에 대비해서는 사실상 0.35퍼센트였다. 뱅가드가 주도권을 쥔 후에
는 1975년, 1976년, 1978년에 연이어 수수료가 인하되면서 1980년에
는 자문 요율이 0.16퍼센트로 떨어졌다. 현금 유출의 추세가 꺾이지
않고 1978년부터 1984년 사이에 5~6억 달러대를 유지하자 1965년에
20억 달러로 정점에 달했던 펀드 자산은 계속해서 급감했다. 그로부
터 10년도 채 지나지 않은 1987년에 자산은 13억 달러로 증가했으며
자문 요율은 사실상 0.12퍼센트로 크게 하락했다.

그러다가 웰링턴펀드가 빠른 속도로 성장을 이어가고 1993년에 자
산 규모가 80억 달러를 넘어서면서 요율 체계가 변경되지 않았음에
도 실질적인 자문 요율은 0.06퍼센트로 떨어졌다. 2005년까지 자산
이 350억 달러대 이상으로 불어나자 자문 요율은 다시 50퍼센트 하
락하여 0.03퍼센트에 이르렀다. '0.03퍼센트'라고 하면 미미한 변화
같지만 그 덕분에 웰링턴자산운용의 매출은 1984년부터 2005년까지
90만 달러에서 무려 1억 2,600만 달러로 어마어마한 성장을 기록했다
(2005년의 총매출에서 자문사가 받은 성과보수 200만 달러는 제외했다. 성과
보수는 펀드의 성과가 시장의 특정 지표를 넘어설 때만 발생하기 때문이다).
웰링턴펀드처럼 펀드의 자산이 불어나면 요율이 크게 떨어져도 오히
려 자문 수수료의 액수는 크게 증가할 수 있다.

우리는 1983년과 1986년에도 요율을 소폭 인하하기로 합의를 보았
으며 1995년에는 마지막으로 큰 폭의 인하를 타결했다. 뱅가드의 대
표로서 내가 마지막으로 나선 협상이었다. 1986년부터 1995년까지 실
질적인 요율이 0.13퍼센트에서 0.04퍼센트로 떨어졌지만 같은 기간
동안 웰링턴자산운용에 지급된 수수료는 210만 달러에서 560만 달러

웰링턴펀드의 자문 수수료 기록

연도	자문 수수료 체계	자산 규모 기준
1975	총자산 $7억 7,100만	
	0.445%	~ $2억 5,000만
	0.375%	~ $4억 5,000만
	0.225%	~ $6억
	0.15%	~ $7억
	0.1%	$7억 이상
	자문 요율	0.311%
	수수료	$236만
1976	자산 $8억 1,100만	
	0.320%	~ $2억 5,000만
	0.25%	~$4억
	0.15%	~$6억
	0.1%	$6억 이상
	자문 요율	0.293%
	수수료	$239만
1978	자산 $6억 4,200만	
	0.200%	~$1억
	0.175%	~$2억
	0.150%	~$7억
	0.100%	$7억 이상
	자문 요율	0.192%
	수수료	$131만
1983	자산 $6억 1,700만	
	0.175%	~$1억
	0.15%	$1억 이상
	자문 요율	0.16%
	수수료	$98만
1986	자산 11억 200만 달러	
	0.150%	~$5억
	0.125%	~ $10억
	0.075%	~ $20억
	0.005%	$20억 이상
	자문 요율	0.151%
	수수료	$149만
1995	자산 123억 3,300만 달러	
	0.100%	~ $10억
	0.050%	~ $30억
	0.040%	~$100억
	0.030%	$100억 이상
	자문 요율	0.051%
	수수료	$526만

로 크게 증가했다. 펀드 자산이 11억 달러에서 126억 달러로 뛰어오른 데다 계속해서 불어난 덕분이었다. 앞쪽의 표는 펀드 자산, 자문 요율 체계, 이에 따른 요율과 수수료를 정리한 것으로, 연이은 수수료 협상의 결과물을 보여준다. 뮤추얼펀드 역사상 전례 없는 일이라고 확신한다.

2005년에는 펀드 자산이 380억 달러를 넘어서면서 이사회가 기준 수수료의 인상을 승인했다. 이에 따라 펀드의 실질적인 수수료 비율은 0.033퍼센트에서 0.043퍼센트로 33퍼센트 상승했다. 나로서는 수수료 인상이 무슨 이유로 어떻게 이루어졌는지 전혀 알 수 없다. 2011년까지 수수료는 두 배 증가하여 0.068퍼센트에 이르렀다. 7년 동안의 인상폭이 0.03퍼센트를 조금 웃돈다 하니 별일 아닌 것처럼 보일 수 있다. 그러나 그 소소한 인상으로도 웰링턴자산운용에 지급된 수수료는 2005년부터 2011년까지 1,260만 달러에서 3,800만 달러로 3배 이상 늘어났다. 여기에 성과보수 130만 달러가 추가되어 그 해에 지급된 수수료는 총 4,000만 달러에 달했다. 2005년의 수수료 체계가 그대로 유지되었다면 웰링턴자산운용에 지급된 수수료는 원래의 절반도 안 되는 1,800만 달러에 불과했을 것이다. 웰링턴펀드의 자산은 390억 달러에서 550억 달러로 67퍼센트 불어났지만 자문 수수료로 나간 금액은 6년 전에 비해 200퍼센트나 증가했다.

2005년 연차보고서에 따르면 웰링턴펀드 이사회는 웰링턴자산운용와 초기에 벌인 협상과는 달리 "자문사가 펀드에 어느 정도로 유익한 서비스를 제공했는지 고려하지 않았다"라고 한다. 그 엄청난 수수료 인상은 펀드 주주의 승인 없이 이루어진 일이었다. 다만 1993년에 뱅가드가 특별히 투자회사법의 적용을 받지 않게 되면서 주주의 승인은 의무 사항도 아니고 승인을 받지 않는다 하더라도 불법 행위가 아니다(솔직히 이를 제안한 사람은 나였다). 어쨌든 이사회의 수수료 인상에 어떠한 근거가 있는지 전혀 이해할 수 없다.

전반적으로 볼 때 펀드의 자산이 550억 달러인 현재에 자문 수수료 비율은 펀드 자산이 40억 달러에 못 미쳤던 1991년 수준으로 돌아갔다. 그러나 수수료의 액수는 260만 달러에서 3,800만 달러로 약 15배 상승했다. 나는 뱅가드의 펀드 주주와 외부 자문사 양측에 두루 공평한 자문 수수료를 제공하기 위한 노력을 멈추지 않았다. 따라서 펀드의 성장으로 수수료의 액수가 엄청나게 증가한 상황에서 어째서 웰링턴펀드의 주주가 수수료 인상을 감당해야 하는지 의아할 따름이다.

나는 최근의 협상에는 참여하지 않았으며, 웰링턴의 자산이 급증 중인 데다 수수료 액수가 한층 더 높아진 상황에서 요율 인상을 결정했다고 해서 펀드 이사회를 비난할 의도는 없다. (물론 내가 아는 정보를 이사회가 모를 리는 없다.) 그럼에도 자문료 협상에 대한 접근법이 뚜렷하게 변화한 것만 보더라도 근 40년 동안 이어진 요율 인하 추세가 반전되었음을 알 수 있다. 아래의 표는 과거부터 현재까지의 관련 데이터를 일목요연하게 보여준다.

뮤추얼펀드 업계가 (스스로의 이익을 위해) 수수료 액수보다 요율을 중시하는 추세를 바꾸기란 쉽지 않다. 이러한 추세는 요율이 적당했고 금액이 크지 않았던 1920년대부터 시작되었다. 그러나 수탁자가 투자 서비스를 제공하는 대가로 자산 100만 달러나 1,000만 달러 정도를 맡긴 개인 투자자에게 자산 규모가 10억 달러에서 1,000억 달러

웰링턴펀드의 연간 지출과 자문 수수료

연도	순자산 (단위: $1,000)	총보수 비용율	자문 수수료율	비용 합계 (단위: $1,000)	기본 투자자문료 (단위: $1,000)	투자 자문료* (단위: $1,000)
1966	1,849,140	0.38%	0.252%	7,287	4,838	4,838
1970	1,322,562	0.47%	0.251%	6,127	3,277	3,277
1977	704,128	0.48%	0.276%	3,682	2,115	2,115
1979	608,787	0.54%	0.149%	3,482	959	1,008
1984	604,359	0.59%	0.153%	3,529	917	1,029
1990	2,317,074	0.43%	0.102%	9,343	2,224	1,961
1996	16,505,373	0.31%	0.043%	43,298	6,042	6,121
2005	38,576,351	0.24%	0.033%	92,211	12,623	14,567
2011	54,790,055	0.23%	0.068%	126,950	38,030	39,413

출처: 웰링턴펀드 연차보고서

*성과 보수를 포함한 수치

를 넘나드는 뮤추얼펀드 같은 기관 투자자에게나 청구할 요율을 청구하는 것은 지극히 부당한 일이다(피델리티는 마젤란펀드의 자산 규모가 그 정도였을 때 0.75퍼센트를 청구했다). 실제로 앞서 언급했듯이 내 설득에도 불구하고 연방 대법관들조차 실제로 지급되는 수수료 액수와 요율의 차이가 자문료 계약의 평가에 가장 중대한 요소라는 사실을 납득하지 못했다. 나는 전 세계 뮤추얼펀드 이사회가 요율과 금액의 중대한 차이를 인정하기를 기대한다. 결국 수수료를 지급하는 주체는 펀드 주주들이기 때문이다.

장기 투자의 승리

전략 + 시행 − 비용 = 우월한 수익률

펀드 전략, 운용 기법, 최소한의 비용이 결합되면서 웰링턴의 초창기인 1929년 중반에 투자된 1,000달러는 (2012년 초반까지) 83년이 흐르는 동안 65만 달러로 불어났다. 이에 비해 일반 혼합형펀드에 투자된 1,000달러는 44만 달러로 증가하는 데 그쳤다. 장기 복리의 마법을 극명하게 보여주는 사례다. 그러나 내가 좋아하는 은유를 한 번 더 언급하자면 장기 복리 **수익의 마법**은 대부분 장기 복리 **비용의 횡포에** 제압된다. **비용이 중요하다는 이야기다!** 웰링턴펀드는 뮤추얼펀드 업계에서는 유일하게 비용의 횡포를 최소화했고 그 덕분에 웰링턴펀드의 주주들은 복리 수익의 마법을 지속적으로 누리며 승승장구해왔다.

동종 펀드 대비 웰링턴펀드의 비용 우위가 그 경쟁 우위(우월한 실적)의 가장 중요한 원천임은 분명하다. 웰링턴펀드의 누적 수익이 83년에 걸쳐 폭발적으로 증가한 까닭은 최소한의 비용 때문이다(즉 다른 혼합형펀드보다 상당한 비용 우위를 확보한 덕분이다). 실제로 자료 8.4에서 알 수 있듯이 웰링턴이 다른 혼합형펀드보다 50베이시스포인트(0.5퍼센트) 높은 연간 수익률을 올릴 수 있었던 것은 무엇보다도 40베이시스포인트(0.4퍼센트)라는 어마어마한 비용 우위에, 펀드의 호황기와 불황기를 막론하고 우수한 투자 전략과 종목 선정에 의한 10베이시스포인트(0.1퍼센트)가 결합된 덕분이다.

웰링턴펀드가 1967년부터 1978년까지 투기에 손을 대어 막대한 손실을 입지 않았다면 투자에 역점을 둔 두 기간에 걸쳐 9.01퍼센트의 연평균 수익률을 유지함으로써 7.96퍼센트인 동종 펀드에 비해 매

	비용 공제 전의 총수익률	보수비용율	비용 공제 후의 순수익률
웰링턴펀드	8.78%	0.56%	8.22%
일반 혼합형펀드	8.68%	0.96%	7.72%
웰링턴펀드의 우위	+0.1%p	−0.4%p	+0.5%p

년 1.05퍼센트포인트의 우위를 누렸을 것이다. 실제 수익률 차이인 0.5퍼센트포인트의 두 배 남짓한 우위가 발생했으리라는 이야기다.

앞서 설명했듯이 최근 들어 자문 수수료가 인상했음에도 웰링턴펀드의 총보수비용율Total Expense Ratio, TER이 2003년부터 2011년까지 0.34퍼센트에서 0.23퍼센트에 불과한 수준으로 낮아진 것은 뱅가드가 이룬 상당한 규모의 경제 덕분에 펀드의 운영 비용이 2003년부터 2011년까지 자산 대비 0.29퍼센트에서 0.16퍼센트로 낮아진 덕분이다. 반면에 같은 기간 동안 일반 혼합형펀드의 보수비용율은 웰링턴의 보수비용율 하락에 상응하는 수준으로 상승하여 지난해에 무려 1.34퍼센트에 이르렀다.

결과적으로 현재 웰링턴펀드는 순전히 낮은 비용 덕분에 연간 100 베이시스 포인트 이상의 엄청난 우위를 누리고 있다. 동종 펀드와 비교하여 매년 1퍼센트포인트 이상의 추가 수익을 올린다는 뜻이다. 오랜 역사를 거치는 동안 웰링턴의 연평균 보수비용율은 0.96퍼센트인 동종 펀드에 비해 한참 낮은 평균 0.56퍼센트를 유지하고 있다. 오늘날 그 두 배인 1퍼센트포인트의 우위를 누린다는 사실을 감안하면 웰링턴펀드는 미래에도 다른 펀드보다 더 뛰어난 투자 성과를 올릴 것으로 기대된다. **역시 비용이 중요하다.**

나는 설립자인 월터 모건이 자신이 아끼던 웰링턴펀드의 부활에 기뻐했으리라, 더 나아가 환호했으리라 확신한다. 그의 이상은 완전히 실현되었다. 모건이 세운 전통이 존중받지 못했던 40년 전에는 지금과 같은 성과를 기대할 수 없었다. 그러나 신중한 자산배분의 전통을 되찾고 자본 보전, 합리적인 경상소득, 과도한 리스크가 따르지 않는 이익 실현이라는 펀드의 목표(1930년대에 정했던 원래 목표)에 다시 집중한 전략이 주효했다. 모든 개인 투자자와 기관 투자자 역시 웰링턴의 역사를 기억하고, 배울 점을 취하며, 무엇보다도 그 역사를 기리고 존중할 필요가 있다.

웰링턴펀드의 100주년이 되는 2028년이 멀지 않았다. 웰링턴의 전통인 보수적인 투자 원칙과 가치관에 충실한 전략 덕분에 그러한 이정표에 도달했으니 축하해야 마땅하다. 지난 수십 년 동안 그러했듯이 2028년까지도 도중에 장애물을 만나고 심지어 극심한 좌절을 겪을 가능성이 크다(거의 확실하다!). 그러나 나는 무슨 일이 발생하더라도 웰링턴펀드가 100주년이라는 이정표에 도달하는, 미국의 다른 기업과 금융회사가 달성한 적이 거의 없는 위업을 달성하리라 확신한다. 웰링턴이 그처럼 누구나 탐내는 100주년을 맞이한다면 월터 모건의 선견지명뿐만 아니라, 어리석은 단기 투기에 대한 현명한 장기 투자의 승리가 확실히 입증될 것이다.

9장

절대 지지 않는
가치투자의 10가지 원칙

모든 주식을 소유하라

지금 쓰러진 자 대부분이 다시 일어날 것이고, 지금 존경받는 자 대부분은 쓰러질 것이다.

— 호라티우스[01]

요약

나는 이 책에서 단기 투기가 장기 투자보다 우위에 설 때 금융계에 발생하는 위험 요소를 소개했다. 영업에 치중한 가치 파괴 문화가 관리자 의식을 중시하는 가치 증대 문화를 제압하면 당연히 충돌이 일어난다. 나는 투기가 오늘날의 금융 환경과 우리 사회 전반에 미치는 영향을 설명하면서 투기의 문제를 짚어보았다. 현재의 이중대리인 사회는 기업 임원과 기관 투자자 간에 강력한 공생 관계를 만들어냄으로써 투기 과열을 일으켰다. 우리는 지금 당장 이들의 행복한 공모에 제동을 걸어야 한다. 그럼으로써 장기적인 내재가치보다 단기 주식 수익률에 치중하는 문화를 바꾸어야 한다.

이 위협적인 문제의 해결책은 3장에서 간략하게 다룬 바와 같이 수탁 의무에 대한 요건을 의무화하는 것에서 시작된다. 나는 지나치게

---

01 벤저민 그레이엄도 1949년에 발표한 《현명한 투자자》 초판에서 호라티우스의 《시학Ars Poetica》에 나온 해당 구절을 인용했다.

상세하고 구체적인 법규를 추가로 제정해야 한다는 입장은 아니다. 수탁 의무에 대한 법적 요건은 이미 수십 년 동안 존재해왔다. 그러나 현재는 제대로 적용되지 않고 있어 유명무실한 상황이다. 그러므로 이제 수탁 의무에 대한 요건을 정확하고 명시적으로 규정해야 할 필요가 있다. 즉, 대리인에게는 자신의 이익보다 주인의 이익을 중요시할 의무가 있다는 것을 명확히 해야 한다(1940년에 제정된 투자회사법과 투자자문사법이 그러한 원칙을 정해 놓았지만 이 고결한 원칙은 아직까지도 법적 적용을 받고 있지 않다).

정부가 조치를 취할 때까지는 우리 의회가 비타협주의, 교착 상태, 극도의 이기주의, 편협성, 배금주의를 내세운 의원들로 채워져 있는 한 그런 일은 쉽게 실현되지 않을 것이며 투자자들이 직접 나서서 자기 이익을 챙겨야 한다. 그러려면 5장에서 제시한 관리자 지수 체크리스트를 고려하여 수탁 원칙을 충실히 지키고 있는 뮤추얼펀드 운용사와 뮤추얼펀드를 선택하면 된다.

광범위한 인덱스펀드를 선택하라

그다음으로 할 일은 인덱스펀드를 포트폴리오의 중심으로 삼는 것이다. 인덱스펀드를 보유한다는 것은 미국과 미국 이외의 기업을 망라하는 전체 주식시장의 주식에 분산된 포트폴리오를 매입하여 그대로 유지하는 것이다. 시장 전체에 투자하는 인덱스펀드는 모범적인 장기 투자의 수단으로서 단기 투기와는 정반대 방향을 지향한다. 나는 1975년에 최초의 인덱스펀드를 고안했을 때도 장기 투자를 기본 원칙으로 삼았다. 지난 37년 동안 인덱스투자가 증가한 것만 보더라도 그 생각이 타당했음을 알 수 있다.

그러나 TIF로 대표되는 광범위한 시장 인덱스투자는 펀드 투자자와 시장에 유익한 결과를 가져다줌으로써 ETF가 탄생하는 기틀을 마련했다. TIF와는 판이하며 높은 주식 회전율이 특징인 ETF는 (역설적이게도 장기 투자 포트폴리오로) 단기 투자를 하는 이들을 대상으로 하는 펀드로서, 투기에 치중하는 펀드로 보인다. 대다수의 ETF는 날마다 대량으로 회전되며 제한적인 시장 부문에 투자되어 있다. 새롭고 검증되지 않은 '지수 앞지르기' 전략을 활용하는 ETF, 적극적으로 운용되는 ETF, 환율과 원자재를 거래하는 ETF, 차입 비율이 높은 ETF 등이 대표적이다(이러한 ETF들은 대체로 주가가 상승하든 하락하든 주식시장보다 3배 높은 수익률을 낸다고 주장한다. 선택은 각자의 몫이다!). 이 책의 앞부분에서 논했듯이 투기가 광범위하게 확산됨에 따라 전체 주식시장 기반이며 매수 후 영구 보유를 목표로 하는 인덱스펀드의 기존 투자 원칙이 심각한 위협을 받고 있다.

웰링턴펀드와 인덱스펀드

웰링턴펀드의 역사를 다룬 8장에서 나는 투자와 투기의 충돌이 결코 이론에 그치는 일이 아님을 설명했다. 웰링턴펀드의 역사는 현실 세계의 연대기로서 투자 문화가 투기 문화로 대체되었다가 제자리를 찾기까지 개인 투자자가 받은 영향을 시기별로 보여준다. 웰링턴이 1928년부터 1966년까지 성장한 까닭은 장기 투자에 초점을 맞추었기 때문이다.

그러다 1966년에 투기로 초점을 전환하고 얼마 지나지 않아 웰링턴은 1973~1974년의 시장 폭락을 경험하며 수익률이 급격히 하락했다. 웰링턴의 부흥기는 '미래로의 귀환'을 단행하고 다시 투자에 초점을 맞추었으며 배당주와 투자 등급 채권의 배분 비율에 대한 확고한 지침을 마련한 1978년에 시작되었다. 그러한 변화는 기적을 만들어냈고 웰링턴펀드는 이제 세계 최대 혼합형펀드의 명성을 되찾았다.

나는 여전히 광범위한 주식시장과 채권시장에 투자하는 인덱스투자만이 시장에서 발생하는 수익의 상당 부분을 확실하게 가져올 수 있는 방법이라고 확신한다. 그러나 액티브 웰링턴펀드의 부활은 몇 가지 중요한 교훈을 제공한다. 웰링턴펀드가 성공한 비결은 다음과 같다.

- 우량 주식과 채권 위주의 광범위하게 분산된 포트폴리오와 낮은 포트폴리오 회전율을 중심으로 한 장기 투자 전략이 필수다.
- 명확한 투자 전략과 배당 정책이 펀드 주주를 대신하여 활동하는 펀드 이사들에게 전달되어야 한다. 투자자문사들은 이를 숙지해야 하며 펀드 임원들은 그 시행 여부를 감독해야 한다.
- 펀드 이사와 자문사의 경영진이 자문 수수료와 다른 펀드 비용을 반드시 최소한의 수준으로 유지해야 한다는 것에 합의해야 한다.

위와 같은 액티브펀드의 성공 비결은 패시브펀드와 거의 비슷하다. 장기 투자 지향성, 전략의 명확성, 폭넓은 분산 투자, 까다로운 포트폴리오 선정 원칙, 그리고 무엇보다도 최소한의 비용이 필요하다.[02]

투자계의 거물 중에서도 인덱스투자와 적극적인 운용에 관해서 나와 같은 생각을 하는 이가 있다. 바로 자산운용사 GMO의 설립자이자 소유자인 제러미 그랜섬이다. 그랜섬은 2011년 4분기에 다음과 같은 주주 서한을 보냈다.

개인 투자자가 투자에 성공하기 위해서는 자신의 강점과 약점뿐만 아니라 한계를 아는 것이 필요합니다. 인내심이 있고 다수의 소리를 무시할 수 있는 사람은 성공할 가능성이 큽니다. 그러나 그럴 수 있다 하더라도 잘못된 전략을 선택하면 처참한 실패를 맞이할 수밖에 없습니다. 전략이 잘못되면 다수의 소리에 귀가 솔깃해지거나 위협을 느껴 뒤 늦게 뛰어들거나 지나치게 일찍 빠져나올 가능성이 크기 때문입니다. 그러므로 자기 자신이 어느 수준을 넘어가면 고통을 느끼고 인내심이 바닥나는지를 정확히 파악한 다음에 행동해야 합니다.

유혹을 이길 수 없으면 절대로 직접 돈을 관리해서는 안 됩니다. 익명의 투자자를 위한 회의는 없습니다. 그러나 두 가지 합리적인 대안은 존재합니다. 첫째, 역량이 있는 운용사에 맡기십시오. 다만 전문가들이야말로 다수의 소리에 휩쓸리지 않기가 훨씬 더 어렵다는 사실을 기억하십시오. 둘째, 전 세계 주가지수와 채권 지수에 합리적으로 분산된 인덱스 펀드에 돈을 투자하고 은퇴하기 전에는 투자 현황을 재차 확인하는 일이 없도록 하십시오. 은퇴 후에도 어느 정도의 자금을 적당히 인출할 수 있는지만 확인하십시오.

---

02 실제로 웰링턴펀드는 전체 주식시장 인덱스펀드와 전체 채권시장 인덱스펀드의 비율이 65대 35인 혼합형 인덱스펀드의 근본적인 특성을 거의 모두 갖추고 있다. 지난 10년 동안 웰링턴펀드와 혼합형 인덱스 수익률의 상관성은 무려 98퍼센트에 이른다(100퍼센트는 완벽한 상관성을 나타낸다).

평균회귀는 필연적이다

나는 투자자들에게 펀드를 신중하게 운용할 관리자를 선택하고 포트폴리오의 대부분(또는 100퍼센트)을 저비용 인덱스펀드로 구성하는 것이 얼마나 중요한지 알리고자 애써왔다. 그러나 너무도 많은 투자자가 "성과가 더 좋은 펀드를 쉽게 찾을 수 있다. 내가 그 방법을 안다"라거나 "시장을 손쉽게 앞지를 수 있는데 어째서 따분하게 평균 실적을 내는 펀드로 만족해야 하는가"라고 생각한다. 인덱스펀드처럼 따분하게 평균 실적을 내는 펀드가 훨씬 더 좋은 실적을 낸다는 사실을 깨닫지 못해서다. 안타깝게도 시장을 앞지르려 하는 투자자들은 과거가 미래의 예고편이라는 기대 또는 희망을 품고 과거에 좋은 실적을 낸 펀드를 선택한다.

그러나 투자의 세계에서 이러한 경우는 드물다. 현대 역사와 뮤추얼펀드의 역사를 통틀어 투자자들이 '엉뚱한 말에 돈을 거는' 일은 셀수 없이 많았다. 유감스럽게도 이 같은 행태를 만들고 부추긴 존재는 최신 '기막힌 최신 아이디어'를 팔아먹는 데 급급한 펀드사다. 이러한 추세는 1960년대 중반의 고고 펀드에서 시작하여 1990년대 말의 테크펀드와 닷컴펀드가 호황을 누린 '정보화 시대'로 이어졌다.

최근 금 펀드와 신흥시장 펀드의 호황과 '하루 종일 실시간' 거래가 가능한 ETF가 펀드 주주에게 다시 한번 실망스러운 결과를 가져올지는 아직 확실치 않다. 그러나 역사는 항상 과거에 정확히 무슨 일이 일어났는지를 알려준다. 우리는 '화끈한' 성과에 혹해서 펀드에 올라탄 투기꾼들이 비생산적인 행동을 일삼으면서 수백억 달러를 잃는 광경을 지켜보았다. 우리는 논리와 상식을 통해 같은 경향이 미래에도 되풀이 될 수 있다는 사실을 안다.

나는 좀 더 구체적인 예시를 제시하고자 한다. 최상위권 펀드가 과거 오랜 기간 시장보다 우월한 수익률을 내다가 평균회귀의 필연적인 작용을 이기지 못하고 휘청거리게 된 여덟 가지 사례를 살펴보자. 경제학자이며 닉슨 행정부와 포드 행정부에서 대통령 직속 경제자문위원회의 위원장을 역임한 허버트 스타인의 말대로 "영원히 지속되지 못하는 것은 언젠가 반드시 멈춘다."

영원한 것은 없다: 평균회귀의 필연성을 일깨워주는 8가지 사례

다음에 나오는 '뻔한 그래프'는 현대 뮤추얼펀드 역사를 통틀어 가장 성공적인 몇몇 펀드의 과거의 투자 성과를 보여준다. 개별 펀드의 누적수익률을 광범위한 시장(이 경우에는 S&P 500)의 수익률로 나눈 값이다. 그래프의 추세선은 1.0에서 시작한다. 이 선이 위로 향하는 것은 펀드의 성과가 시장을 앞지른다는 뜻이다. 반면에 아래로 향하는 것은 펀드가 시장보다 못한 성과를 낸다는 뜻이다. 분석 대상에는 평균회귀의 존재감을 유달리 뚜렷하게 보여주는 다수의 펀드가 있다.

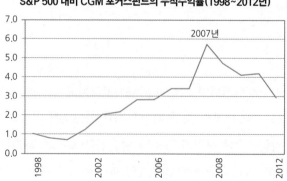

S&P 500 대비 CGM 포커스펀드의 누적수익률(1998~2012년)

CGM 포커스펀드는 전형적인 평균회귀 법칙을 활용한 단기 펀드다. 켄 히브너가 단독으로 포트폴리오를 관리한다. 이곳의 자산은 설립 초기부터 2007년까지 1억 달러에서 60억 달러로 불어났지만 2012년에는 17억 달러로 급감한 상태다. 1998~2007년의 펀드 수익률은 917퍼센트로서 S&P 500의 수익률인 78퍼센트와 비교하면 대단한 수준이었다! 그러다 좋은 시절이 끝났다. 2007년부터 2011년까지의 펀드 수익률은 –51퍼센트였다. 같은 기간 동안 S&P 500의 수익률은 –6퍼센트였다. 전체 기간 동안 펀드의 연평균 수익률은 12.2퍼센트다. 한때 18퍼센트 넘는 연간 수익률을 기록했던 CGM 펀드는 1998년부터 10년 동안은 미국에서 가장 실적이 좋은 펀드였다. 그러나 "주주들은 연평균 11퍼센트의 손실을 입었다"(《월스트리트 저널》 2009년 12월 31일자).

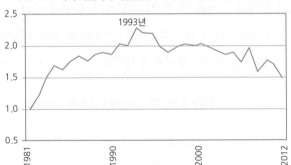

S&P 500 대비 피델리티 마젤란펀드의 누적수익률(1981~2012년)

피델리티의 마젤란펀드는 전형적인 평균회귀 법칙을 활용한 장기 펀드다. 1964년부터 피델리티의 '사내'펀드로서 연평균 22퍼센트의 수익률을 기록하다가 1980년 일반인들에게 판매되기 시작했다. 1990년까지는 주식 선정의 귀재인 피터 린치가 운용하여 수익률

588퍼센트의 수익률을(당시 S&P 500은 268퍼센트) 기록했다. 1990년부터 1999년까지 자산 규모가 120억 달러에서 1,060억 달러로 뛰어올랐다. 1990년부터 2011년까지의 수익률은 S&P 500의 수익률 487퍼센트에 못 미치는 368퍼센트였다. 2012년에는 자산이 최전성기 시절의 1,050억 달러에서 85퍼센트나 급감한 150억 달러에 그쳤다. 1983년부터 19년에 걸쳐 펀드의 연평균 수익률은 9.7퍼센트로서 10.2퍼센트인 S&P보다 뒤처졌다(자세한 사항은 자료 5.5 참고).

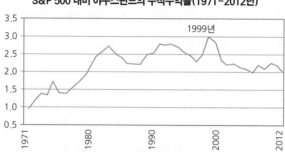

S&P 500 대비 야누스펀드의 누적수익률(1971~2012년)

야누스펀드는 1990년대 후반 기술주가 폭등한 정보화 시대에 '가장 잘 나가는' 펀드 중 하나로 두각을 드러냈다. 1971~1999년 연평균 수익률이 18.5퍼센트였다. 1998년에 4억 달러이던 자산은 2000년 초에 430억 달러로 급증했다. 투자자들이 앞다퉈 사들였다. 대형 기술주를 가장 많이 사들이는 큰손이었다. 그 이후의 누적수익률은 -28퍼센트였다. 같은 기간 동안 S&P 500는 7퍼센트 상승했다. 투자자들이 한꺼번에 이탈했다. 2012년에는 자산이 최전성기보다 82퍼센트 감소한 75억 달러에 그쳤다. 1993년 이후로 야누스펀드의 연평균 수익률은 9.6퍼센트다. 같은 기간 S&P 500의 연평균 수익률은 10.6퍼센트다.

S&P 500 대비 레그메이슨 밸류트러스트 펀드의 누적수익률(1982~2012년)

2005년

레그메이슨 밸류트러스트 펀드는 설립 당시부터 2012년 초까지 투자 전문가 빌 밀러가 운용했다. 그는 1991년부터 2005년 말까지 15년 연속으로 S&P 500를 앞지른 펀드매니저이기도 하다. 그 기간 동안 펀드 자산은 6억 달러에서 200억 달러로 급증했다. 2006년부터 2008년까지 S&P 500의 누적수익률이 −22퍼센트였던 데 비해 레그메이슨 밸류트러스트펀드의 누적수익률은 −56퍼센트였다. 자산은 25억 달러로 급감했다. 해당 펀드는 전 기간 동안 시장과 거의 같은 연간 수익률을 냈다. 연평균 수익률이 S&P 500의 10.6퍼센트와 엇비슷한 10.3퍼센트다.

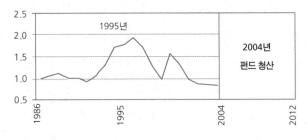

S&P 500 대비 PBHG 성장주펀드의 누적수익률(1986~2004년)

1995년

2004년
펀드 청산

PBHG 성장주펀드는 설립연도인 1966년부터 필그림 박스터의 개리 필그림에 의해 운용되었다. 1993년에 펀드 자산이 1억 8,000만 달러에 불과했고 회전율은 200퍼센트였던 만큼 성과의 타당성을 입증하기는 어렵다. 이 펀드의 1988~1996년 누적수익률은 671퍼센트로 같은 기간 300퍼센트를 기록한 S&P 500를 훌쩍 웃돌았다. 그 기간 동안 자산은 60억 달러로 급증했다. 1996~1998년에 평균회귀 법칙이 일격을 가함에 따라 누적수익률이 6퍼센트에 그쳤다. 같은 기간 동안 S&P 500의 누적수익률은 64퍼센트였다. 1999년에 92퍼센트라는 엄청난 수익률을 올렸다고는 하지만 하락세를 저지하지는 못했다. 2000~2003년에 펀드의 수익률은 S&P 500의 −20퍼센트에 한참 못 미치는 −56퍼센트였다. 2003년에 개리 필그림과 동업자인 해롤드 브래들리는 사기 및 수탁 의무 위반 혐의로 기소되자 SEC와 합의했다. 그리고 2004년 자산이 8억 달러로 쪼그라들자 펀드는 영업을 중단했다.

S&P 500 대비 티로우 프라이스 성장주펀드의 누적수익률(1951~2012년)

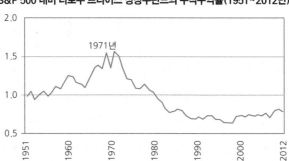

티로우 프라이스 성장주펀드는 대표적인 성장주펀드이며 역량이 강한 운용사가 운용했지만 역시 평균회귀 법칙의 참화를 피해갈 수는 없었다. 1950년에 투자계의 전설인 T. 로우 프라이스가 설립한

해당 펀드는 1971년까지 1,648퍼센트의 누적수익률을 기록하면서 1,021퍼센트를 거둔 S&P 500을 600퍼센트포인트 넘게 앞섰다. 자산은 12억 달러로 치솟았다. 최초로 10억 달러라는 이정표에 도달한 노로드펀드다. 그러다 평균회귀 추세가 시작되었다. 1971~1998년 동안 172퍼센트의 수익률을 냈는데, 이는 470퍼센트를 낸 S&P 500에 크게 뒤처지는 실적이었다. 그 이후로 해당 펀드의 수익률은 시장 평균에 거의 일치하는 수준으로 돌아갔다. 전 기간 동안의 연평균 수익률은 9.5퍼센트로서 S&P 500의 9.2퍼센트와 엇비슷하다. 해당 펀드만큼 시장 평균에 거의 일치하는 장기수익률을 낸 곳은 없을 것이다!

S&P 500 대비 뱅가드 윈저 펀드의 누적수익률(1959~2012년)

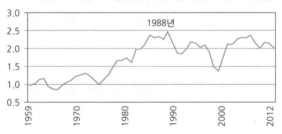

뱅가드 윈저 펀드는 웰링턴자산운용의 첫 주식형펀드다. 1958년 윈저 펀드의 조성은 큰 화제가 되었다. 50년 넘는 기간 동안 당초의 목표를 그대로 유지하며 존속해온 흔치 않은 뮤추얼펀드다. 1958~1963년은 연간 수익률 7퍼센트로 S&P 500의 10퍼센트에 미치지 못했다. 그러나 전설적인 투자자 존 네프가 뱅가드 윈저 펀드의 관리자가 되었다. 이후 1988년까지 수익률이 치솟았다. 1985년에는 자산 규모 40억 달러로 업계 최대 규모의 주식형펀드가 되었다. 그 후 비대해진 자산이 유발할 수 있는 문제점 때문에 더 이상 신규

투자자를 받지 않았다. 31년 동안 연평균 수익률이 14퍼센트라는 경이로운 수준에 이르며 11퍼센트를 기록한 S&P 500를 앞선 가운데 1995년 네프가 은퇴했다. 1997~1999년에 성과가 급격히 하락했지만 1999~2000년에 멋지게 회복했다. 2012년에는 자산이 120억 달러로 급감했다. 네프가 은퇴한 후의 연간 수익률은 6.5퍼센트로서 S&P 500과 동일하다. 시장보다 뒤처지던 수익률이 시장을 앞선 후에 다시 시장보다 못한 수준으로 돌아갔다가 평균을 회복했다. 역시 평균회귀 법칙을 피할 수는 없었다.

S&P 500 대비 뱅가드 미국 성장주펀드의 누적수익률(1960~2012년)

뱅가드 미국 성장주펀드는 1958년에 아이베스트펀드로 출발했다. 웰링턴이 1966년부터 관리를 맡았다. 1961~1967년은 뮤추얼펀드 업계에서 최고의 누적수익률을 기록했다. S&P 500의 누적수익률이 108퍼센트였던 데 비해 아이베스트펀드의 누적수익률은 327퍼센트였다. 1973~1974년의 주식시장 폭락 때 큰 타격을 입어서 수익률이 55퍼센트에 그쳤다. 당시 S&P 500의 수익률은 35퍼센트였다. 그 후 어느 정도 반등하여 1960년부터 1976년까지 해당 펀드의 누적수익률은 S&P 500의 218퍼센트를 웃도는 238퍼센트였다. 그러자 다시 한번

평균회귀 법칙이 일격을 가했다. 1980년에 뱅가드 성장주펀드로 이름을 바꾸었으며, 그 후 별개의 미국 성장주 포트폴리오로 분리되었다. 1987년에 신규 운용사를 맞이했다. 1987년부터 1999년까지 해당 펀드와 S&P 500의 연간 수익률은 18퍼센트로 동일했다. 뱅가드 미국 성장주펀드는 1999~2012년에 다시 한번 휘청거렸다. S&P 500 수익률이 7퍼센트였던 데 비해 펀드 수익률은 −45퍼센트였다. 1967년에 최고 수익률을 기록한 뱅가드 미국 성장주펀드는 2003년에 바닥을 쳤다.

박스 9.1

적극적으로 운용되는 펀드를 선택할 때 펀드 운용사의 4P를 평가하라

P + P + P + P (+ P)

과거에 성공을 거둔, 특히 단기간 동안 엄청난 수익률을 올린 펀드를 선택하면 거의 항상 손실을 입는다는 것이 입증되었다. 그렇다면 액티브펀드를 더 선호하는 투자자는 어떤 기준으로 펀드를 선택해야 할까? 의욕을 품은 투자자가 유능한 운용사를 선택하려면 어떻게 해야 할까?

나는 뱅가드가 새로 조성한 성장주펀드를 운용해줄 곳을 찾아 나섰던 1984년에 위와 같은 의문을 품었다. 우리는 오랜 평가를 거친 끝에 신생 운용사인 프라임캡에 펀드를 맡겼다. 프라임캡의 경영진은 아메리칸펀즈의 포트폴리오에 자문을 제공하던 이들이었다. 우리는 신규 펀드의 이름에 프라임캡의 이름을 붙이는 것에 동의했다. 뱅가드 프라임캡펀드의 1985년 연차보고서를 통해 나는 우리의 결정을 알렸으며 '4P'라는 기준으로 운용사를 평가했다고 설명했다. 다음은 내가 던진 네 가지 질문과 직접 구한 답을 요약한 것이다.

1. 사람People

   누가 펀드를 운용하는가? "프라임캡은 눈부신 평판과 도합 85년 정도의 경험을 갖춘 최우수 투자 전문가로 구성되어 있다."

2. 철학Philosophy

   운용사가 달성하고자 하는 목표는 무엇인가? "가치 지향적인 투자 철학을 실현해야 한다." 그뿐만 아니라 나는 포트폴리오 회전율이 낮은 운용사를 선호했다. 그런 운용사일수록 장기적인 성과에 초점을 맞추기 때문이다.

3. 포트폴리오Portfolio

   어떠한 방법으로 투자 철학을 실행에 옮기는가? "프라임캡이 운용하는 연기금 포트폴리오는 다양한 우량주로 구성되어 있다. 그중 일부는 성장주이며 일부는 쏠쏠한 수익을 낸다. 인수합병 대상으로 거론되는 기업의 주식과 금리에 민감한 기업의 주식도 포함되어 있다."

4. 실적Performance

   지금까지의 실적은 어떠한가? 나는 "과거의 실적은 첫 번째 기준이 아니라 가장 마지막으로 고려할 기준이다. 중요하지 않다는 것이 아니라 나머지 세 가지 요소의 맥락에서만 중요하다"라는 점을 강조했다.

어떻게 이 모든 일이 성공했을까? 펀드의 첫 해가 끝날 때쯤 나는 주주들에게 프라임캡이 171개 성장주펀드 중에 151개 펀드를 앞섰다고 보고했다. 26년 후에 돌이켜보니 정말 경이로운 출발이었다. 뱅가드 역사상 가장 높은 성과를 가장 일관되게 달성한 펀드가 시작된 것이다. 25년 동안 살아남은 94개 성장주펀드 가운데 프라임캡펀드는 89개 펀드보다 뛰어난 성과를 냈다. 이 기록은 그 누구보다도 공동 설립자이자 2012년 초에 85세 나이로 세상을 떠난 하워드 쇼의 덕분이었다. 오랫동안 회사의 파트너였던 그는 우리 임직원의 경의와 주주들의 진심 어린 '감사와 축복'을 받아 마땅한 사람이다.[03]

모닝스타 등급

내가 고안한 '4P'는 2011년에 펀드 분석으로 정평이 난 모닝스타가 새로 내놓은 애널리스트 평가와 놀랄 만큼 흡사했다. "우리의 새로운 등급(1성~5성)은 각 펀드의 펀더멘털이 통합된 정도를 반영한다. 펀드의 펀더멘털은 사람people, 과정process, 모기업parent, 실적performance, 비용price의 다섯 가지 기준으로 분류된다." 모닝스타가 나열한 기준에서 사람, 과정, 모기업, 실적의 4P는 내가 그 25년 전에 고안한 등급을 재해석한 것이나 다름없었다(뱅가드는 자문사와의 까다로운 수수료 협상을 거쳐 아주 낮아 투자자에게 유리한 수수료 요율을 타결

---

03 이러한 기록 항상 좋은 성과만 올렸던 것은 아니다. 1987~1990년의 펀드 수익률은 32퍼센트로, S&P 500의 57퍼센트보다 뒤처졌고, 1996~1997년과 2010~2011년에도 마찬가지였다. 그러나 지금까지 S&P 500의 연간 평균 수익률이 10.4퍼센트인데 프라임캡펀드의 수익률이 12.9퍼센트인 것만 보더라도 프라임캡펀드의 수익률이 전반적으로 훌륭했음을 알 수 있다.

했다. 그렇기 때문에 나는 얼마 후 발표한 프라임캡 연차보고서에 '5번째 P'인 비용을 명시하지 않았다. 지금은 우리도 5P를 기준으로 한다). 다음은 모닝스타가 설명한 자체 기준을 요약한 것이다.

1. 사람

   우리는 펀드매니저들이 전문성, 경험, 드러난 기량 측면에서 다른 펀드매니저에 비해 어떠한 장점이 있는지 검토하며, 운용사가 얼마만큼 펀드에 전념하는지와 펀드매니저들의 전문성을 평가한다. 그리고 그들이 얼마만큼의 경험을 쌓았는지, 직급이 자주 바뀌거나 제자리에 있는지를 평가한다.

2. 과정

   담당자가 다른 펀드매니저도 할 수 있는 일을 하는가? 아니면 남들이 따라 하기 어려운 일을 하는가? 전략이 검증되어 있는가? 아니면 검증되지 않은 공식을 활용하는가? 과정이 펀드매니저와 운용사의 기량에 얼마만큼 부합하는지도 중요하다.

3. 모기업

   장기 투자자라면 펀드 배후에 있는 모기업의 중요성을 알고 있다. 우리는 모기업의 관리자 이직률, 투자 문화, 연구 품질, 윤리의식, 이사진, SEC의 징계 이력 등을 검토한다. 앞으로 오랫동안 신뢰할 수 있는 파트너를 선택해야 하기 때문이다.

4. 실적

   우리는 현재의 관리자 체제에서 거둔 실적에 초점을 맞춘다. 검토 대상 기간이 길수록 미래의 상대적인 실적을 예측하기가 용이해진다. 우리는 전략과 포트폴리오를 중시하며 특정 펀드가 다양한 시장 환경에서 어떠한 실적을 거두었는지, 리스크 특성은 어떠한지, 수익률이 장기적으로 유지되는지를 중점적으로 검토한다.

5. 비용

비용은 미래 성과의 중요한 예측 지표다. 비용이 전부는 아니지만 펀드의 수익률에 결정적인 영향을 끼치는 요소임은 분명하다. 우리는 동종 펀드 대비 특정 펀드의 경비, 자산 규모는 물론 때에 따라서는 거래비용을 검토한다.

내가 고안한 4P(실질적으로는 5P)와 모닝스타의 5P는 오늘날에도 주효하다. 합리적이라는 점에서 공통되며 액티브펀드를 찾는 투자자들에게 매우 유용한 길잡이가 될 수 있다. 이와 비슷한 지침을 따른다면 토탈마켓 인덱스펀드의 비용과 세금 공제 후 수익률을 뛰어넘기는 어렵더라도, 액티브펀드를 통해 최적의 수익률을 올릴 가능성이 크다. 이제 본론으로 들어가서 주식형 뮤추얼펀드의 장기 투자를 위한 열 가지 원칙을 알아보자. 이는 단기 투기가 만들어내는 잡음에 휘둘리지 않기 위한 원칙이다.

성공적인 투자를 위한 10가지 원칙

다음과 같은 전략은 투자자가 앞으로 취할 최적의 행동 방침을 결정하는 데 도움을 줄 것이다. 나는 아래에 요약된 투자 전략이 이제까지 나온 것 중 최상의 전략이라고 장담하고픈 마음이다. 그러나 확실히 그렇다고 보장할 수는 없다. 어쨌든 이보다 더 형편없는 전략이 무궁무진하다는 점은 확신할 수 있다.

1. 주가는 결국 내재가치를 따라간다.

2. 시간은 투자자의 친구지만, 충동은 적이다.

3. 제대로 사고, 꼭 붙들어라.

4. 도넛보다는 베이글을 선택하라.

5. 건초 더미에서 바늘을 찾지 마라. 건초 더미를 통째로 사라.

6. 모든 비용을 최소화하라.

7. 분산 투자로 리스크를 최대한 제거하라.

8. 과거의 실적을 과대평가하지 마라.

9. 우직한 고슴도치가 교활한 여우를 이긴다.

10. 버텨라. 끝까지 버텨라!

원칙 1: 주가는 결국 내재가치를 따라간다

나는 앞에서 평균회귀 법칙을 강조했다. 그런 만큼 주가가 결국 내재가치를 따라가기에 단기 이익에 과몰입하지 말라는 것이 첫 번째 원칙인 것에 의아해 할 사람은 없으리라 본다. 첫 번째 원칙에는 미래에도 좋은 성과를 거두리라 믿고 과거에 성공을 거둔 펀드를 선택하면 실패할 위험이 커진다는 사실이 함축되어 있다. 과거는 결코 미래의 예고편이 아니다. 평균회귀 법칙은 자산운용사뿐만 아니라 펀드의

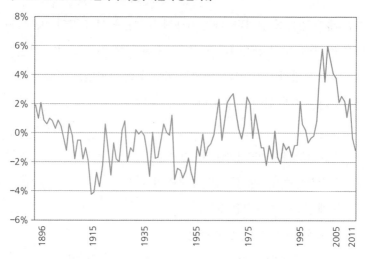

목표에도 적용된다. 과거에 성장주펀드가 나중에는 가치주펀드로 바뀌는 경우가 허다하다. 대형주펀드와 소형주펀드, 미국펀드와 해외주식펀드의 경우도 마찬가지다. 평균회귀 법칙은 주식시장 자체에도 적용된다. 주식의 근본적인 가치는 시간이 흐름에 따라 상승할 가능성이 크다. 배당수익과 이익 성장 때문이다. 그러나 특정 기간 동안에 주식시장의 수익률이 배당금과 이익으로 이루어진 투자수익률을 크게 앞서면 그다음에 이어진 기간 동안에는 시장이 표준수익률로 회귀한 후 그에 한참 못 미치는 수익률을 내는 경향이 있다. 주가는 시계추와 마찬가지로 내재가치를 한참 웃도는 수준까지 요동치다가 다시 적정한 내재가치로 되돌아오고 다시 내재가치의 한참 밑으로 떨어지지만 그 후에 다시 내재가치로 수렴된다. 주식시장의 수익률이 펀더멘털을 앞서거나 그보다 뒤처지는 등 동떨어질 때는 조만간 평균회귀 법칙의 일격을 받게 마련이다.

앞의 간단한 그래프만 보더라도 주가가 1954~1973년과 1977~1999년 같은 대상승장에서 얼마나 가파르게 상승했으며 1990년대 후반에 얼마만큼 추락했는지를 명확히 알 수 있다. 이 같은 경향성이 앞으로 수십 년 동안에도 되풀이될지는 시간이 지나보아야 알겠지만 나는 과거에 여러 차례 반복된 역사의 교훈이 앞으로도 우세하리라 확신한다. 마지막으로 단기 가격이 아니라 장기 가치가 대세가 되어 주식시장이 "단기에는 인기투표 집계기지만 장기로는 가치를 재는 저울"이라는 그레이엄의 법칙이 한층 강화될 것이다.

원칙 2: 시간은 투자자의 친구지만, 충동은 적이다

시간이 우리 편이라는 사실을 잊어서는 안 된다. 그러니 시간을 활용하고 시간이 만들어내는 복리의 기적을 향유하라. 향후 25년에 걸쳐 주식이 8퍼센트의 수익률을 내고 예금이 2퍼센트의 수익률을 낸다면 (2012년 중반 기준으로 둘 다 상당히 비현실적인 수치지만) 주식 계좌의 1만 달러는 5만 8,500달러만큼, 저축 계좌의 1만 달러는 6,500달러만큼 불어날 것이다. 여기에서 2퍼센트의 인플레이션을 보정한 실질적 금액은 각각 3만 3,000달러와 0달러가 된다. 스스로에게 최대한도로 충분한 시간을 허용하되 인플레이션 리스크를 잊지 마라.

충동은 우리의 적이다. 투자의 가장 큰 금기 중 하나가 시장이 내는 유혹의 소리에 사로잡혀 주가가 치솟을 때 주식을 매수하고 주가가 폭락할 때 주식을 매도하는 것이다. 이런 식의 충동에 휘둘리면 아무리 훌륭한 포트폴리오라도 한순간에 휴지조각이 될 수 있다. 어째서일까? 시장에서 적절한 시점을 선택하는 것은 불가능하기 때문이다. 주가가 하락하기 직전에 주식을 매도하는 식으로 옳은 선택(매우 희귀한 행운!)을 하더라도 시장에 재진입할 적기를 어떻게 알아내겠다는 것인가? 올바른 결정을 한 가지만 하기도 어렵다. 올바른 결정을 두 차례 연이어 하기란 거의 불가능하다. 그리고 생애에 걸친 투자 기간 동안 열 번의 올바른 결정을 내리는 것은 꿈에서조차 불가능한 일이다.

장기간을 염두에 둔다면 주가가 일시적으로 변화하더라도 투자 계획을 변경할 가능성이 줄어든다. 시시각각 변동하는 주식시장에서는 무수한 잡음이 있다. 이러한 잡음은 "백치가 지껄이는 이야기로서 시끄럽고 정신없지만 아무 의미 없다"라는 셰익스피어 희곡의 대사와 일치할 때가 대부분이다. 충동에 사로잡혀 합리적인 예상이 불가능해진다면 충동은 우리의 적이 된다.

원칙 3: 제대로 사고, 꼭 붙들어라

그다음으로 내려야 할 중요한 결단은 투자 포트폴리오의 자산배분이다. 주식은 자본의 증식과 수익의 상승을 목표로 하는 반면에 채권은 자본의 보전과 경상소득의 확보를 목표로 한다. 포트폴리오의 균형을 적절히 맞추고 나면 주식시장이 탐욕에 사로잡혀 높이 도약하든 공포에 질린 주식시장이 아래로 추락하든 상관없이 무조건 그 포트폴리오를 그대로 보유하라. 스스로의 투자 성향이 바뀔 때만 자산배분을 변경하라. 우선 주식과 채권을 50 대 50으로 배분하고 나서 다음 조건에 해당할 경우에만 주식 비율을 올려야 한다.

- 부를 축적할 시간이 많이 있다.
- 위험 자산의 금액이 크지 않다(최초의 투자가 과세이연 연금계좌나 IRA로

이루어졌을 경우가 여기에 해당한다).

- 경상소득의 필요성이 크지 않다.
- 호황과 불황이 닥쳐도 침착하게 버틸 정도로 대담하다.

　연령이 올라갈수록 주식 배분을 합당한 수준으로 낮춰야 한다. 은퇴 후 자금을 축적할 시간이 얼마 남아있지 않다면 자산이 상당한 수준으로 쌓여 있을 것이다. 곧 투자로 얻은 소득을 써야 할 시간이 다가오므로 재투자할 여유가 없다. (나와 비슷한 성향이라면) 극심한 시장 변동성에 마음을 놓을 수 없을 것이다. 그러므로 자산배분 시에 앞으로 수령하게 될 퇴직연금이나 사회보장 수당의 금액과 같이 채권 성격의 자산을 반드시 염두해야 한다.

원칙 4: 도넛보다는 베이글을 선택하라

베이글과 도넛은 서로 다른 빵으로서 시장수익률의 두 가지 상이한 특성을 나타내기 위해 사용한 비유다. 주식시장의 투자수익률(배당수익률과 이익성장률)을 베이글에 비유해도 큰 무리는 없을 것이다. 투자수익률은 영양분이 풍부하고 딱딱하며 소박한 베이글의 특성과 일맥상통한다.

　마찬가지로 주식시장의 투기수익률은 달콤한 도넛에 비유할 수 있다. 투기수익률은 시세가 상당히 변화할 때 형성된다. 이때 시세는 투자자의 지불 용의 가격으로 정해진다. 주식 가치에 대한 여론이 부드럽고 달콤한 낙관주의에서 신랄하고 예리한 비관주의로 바뀌거나 마찬가지로 그 정반대 방향으로 바뀔 때는 도넛의 본질적인 특성이 기승을 떨치게 된다. 실용적인 베이글 같은 투자의 경제학은 반드시 결실을 맺는다. 반면 도넛 같은 투자 심리는 결코 꾸준히 유지되지 않는다. 실제로 두 번째 원칙에서 지적했듯이 이러한 심리는 거의 항상 역효과를 낳는다.

장기적으로는 투자수익률이 승리를 거둔다. 과거 40년 동안 연간 투자수익률은 주식시장의 총 수익률인 9.3퍼센트에 거의 정확히 일치하는 9퍼센트였다. 주식의 투기수익률은 0.3퍼센트에 불과했다. 2장에서 언급했듯이 40년 동안 첫 번째와 마지막 10년 동안에는 투자자들이 경제 전망을 비관적으로 바라보았고 PER이 추락함에 따라 연평균 투기수익률이 −5.3퍼센트라는 마이너스 수준에 머물렀다. 그 결과 7.7퍼센트라는 탄탄한 연간 투자수익률이 2.4퍼센트에 불과한 시장수익률 수준으로 주저앉았다. 반면에 1980년대와 1990년대에는 경제 전망이 밝아지고 PER이 급상승함에 따라 연간 투기수익률이 7.4퍼센트로 치솟으면서 투자수익률이 10.1퍼센트로 상승했다. 그 결과 20년 연속으로 주식의 총수익률이 연평균 17.5퍼센트라는 유례없는 수준을 유지했다.

40년을 통틀어 주식시장의 수익률은 100년 평균인 9퍼센트와 거의 동일한 연평균 9.3퍼센트였는데, 그중 투자수익률이 9.0퍼센트로서 가장 큰 몫을 담당했다(평균회귀 법칙의 힘이 이 정도다). 교훈은 베이글의 풍부한 영양분을 흡수하되 장기적으로는 도넛의 달콤한 맛이나 짠맛 때문에 베이글의 영양분이 강화된다고도, 줄어든다고도 기대해서는 안 된다는 것이다.

미래에는 어떠한 일이 펼쳐질까? 당연히 미래를 확실하게 예측하기란 불가능하다. 그러나 2012년 1월 1일부터 10년 동안 각각 7.5퍼센트와 3.5퍼센트 정도의 연평균 수익률이면 합당한 기대치로 볼 수 있다. **박스 9.2** 는 이러한 수치의 근거를 설명한다.

박스 9.2

향후 10년 동안의 합리적인 투자 기대치

시장수익률을 근거로 주식의 미래수익률을 구하는 방법은 합당한 기대치를 설정하는 수단으로 판명되었다. 10년 동안 초기의 배당수익률은 이미 알려진 요소이며 기업의 이익은 미국의 GDP 성장률과 크게 다르지 않은 비율로 성장할 가능성이 크다.

10년 동안의 PER은 변동폭이 크므로 미리 예측하기가 거의 불가능하다. 그러나 우리에게는 생각보다 많은 정보가 있다. 이 경우에도 평균회귀 법칙이 큰 존재감을 과시하기 때문이다. 2000년대 초에 12에 미치지 못했던 PER은 2000년대 말에 이르면 더 높은 수준으로 상승할 가능성이 (90퍼센트 확률로) 거의 확실했다. PER이 18을 웃돌았을 때는 10년에 걸쳐 하락할 가능성이 (80퍼센트 확률로) 컸다.

그렇다면 2012년 초부터 10년 동안의 합리적인 기대치는 어느 정도인지 살펴보자. S&P 500의 배당수익률은 2.1퍼센트다. 5~6퍼센트대나 그보다 소폭 낮은 연간 이익성장률은 합당한 기대치로 보인다. 결과적으로 7~8퍼센트의 연평균 투자수익률이 가능하다.

2012년 미국 주식시장의 PER은 2011년의 뛰어난 이익성장률에 힘입어 16배 정도로서 역사적인 장기 평균에 가깝다. 나는 PER이 2022년 초에도 크게 달라지지 않으리라 예상한다. 결과적으로 투기수익률은 0에 가까울 것이다. 두 가지 근거를 결합하면 향후 10년 동안 연평균 6~9퍼센트 대의 전체 주식시장의 수익률을 기대해볼 수 있다.

채권의 투자수익률에 대해서도 간략하게 알아보자. 특정 10년 동안의 근본적인 투자수익률을 합리적으로 예측하는 지표로 10년 기간 초반의 금리만큼 믿을 만한 지표가 없다. 10년 중에서 초기의 금리가 향후 10년에 걸친 근본적인 채권수익률의 근거라는 뜻이다. 채권 포트폴리오 가운데 3분의 1이 미국 국채와 정부 기관 보증 채권, 3분의 2가 투자 등급 회사채이며 평균 만기가 10~12년이라고 가정해보면 현재의 만기수익률에 가까운 3퍼센트대로 채권의 투자수익률을 예측해볼 수 있다. 채권 포트폴리오를 10년 동안 그대로 유지할 경우 그 최종적인 가치는 (100으로 추정되는) 최초 액면가에서 크게 벗어나지 않을 가능성이 크다. 이렇게 되면 계산식에 (긍정적이든 부정적이든) 영향을 줄 만한 실질적인 투기 수익이 발생할 수 없으며 투자 수익이 근본적인 수익률을 결정 지을 것이다. 결과적으로 채권의 연간 총수익률은 2~4퍼센트로 예측해볼 수 있다.

향후 10년 동안 주식과 채권의 차이가 뚜렷해질 것이다. 주식이 7퍼센트의 투자수익률을 내면 자본은 100퍼센트 가까이 증가한다. 채권이 3.0퍼센트의 투자수익률을 내면 자본은 35퍼센트 정도 증가한다. 주식과 채권의 비율이 60 대 40이며 도합 6퍼센트의 수익을 내는 혼합형 포트폴리오의 경우 자본의 증가폭은 대략 70퍼센트에 달할 가능성이 크다.

다만 이러한 수치는 명목수익률이 반영된 것이다. 연평균 2.5퍼센트의 인플레이션을 감안한다면 혼합형 포트폴리오의 비용 공제 전 수익률은 5.4퍼센트에서 3퍼센트 정도로 하락하게 된다. 총 투자비용을 뮤추얼펀드 평균인 2퍼센트로 가정하면 1퍼센트만이 투자자의 몫으로 남는다. 바로 이러한 이유 때문에 (비용이 0.1퍼센트인) 인덱스 펀드가 합리적인 선택지로 간주된다.

이 모든 수치는 전적으로 논리에 근거한 예측치일 뿐이다. 주식과 채권으로 구성된 혼합형 포트폴리오가 변동을 겪는다는 점은 확실하지만 최종적인 결과는 장담할 수 없다. 2012년 중반에도 경제 환경과 시장 환경이 결합되어 내가 금융계에 투신한 후 (2012년 7월 7일까지의) 61년 동안 으레 경험했던 까다로운 조건이 형성되었다.

솔직히 말해서 미국과 세계 각국의 경제는 위험하다. 정부가 재화와 서비스의 총수요를 증대하기 위해 채무를 지고 지출해야 한다는 케인스학파와 긴축 재정을 요구하는 하이에크학파(오스트리아학파)의 전쟁이 시작되었다. 어떠한 타협이 이루어질지 짐작하기는 아직 이르다. 유로화의 분열을 막기 위한 정치적 의지와 달러화를 인플레이션에서 구제하기 위해 미국의 막대한 채무를 다른 용도에 사용하려는 정치적 의지가 당파적인 이해관계의 방해를 받는 것처럼 보이기 때문이다. 미국 경제의 미래는 이처럼 복잡하게 얽힌 문제를 해결하느냐 여부에 달려 있다.

금융시장 환경 역시 이례적으로 어려운 상황에 있다. 미국의 주식시장 가치는 합리적으로 평가된 듯 보이지만 장기적인 실적은 궁극적으로 경제의 경로에 달려 있다는 사실을 잊어서는 안 된다. 과거의 어려운 시대에는 채권이 주식시장 리스크에 대한 피난처 역할을 했을 뿐 아니라 버티는 동안 견실한 수익을 제공했다. 그러나 현재는 채권수익률이 참담한 수준이다. 10년 만기 미국 중기 국채의 수익률은 불과 1.6퍼센트이며 전체 채권시장 지수의 수익률도 2.03퍼센트에 지나지 않는다. 2.0퍼센트인 주식수익률을 소폭 웃도는 수준이다.

나는 아무리 힘들더라도 이러한 수익 환경을 있는 그대로 받아들이라는 조언을 고수한다. 특히 투자자 대다수가 고수익·고위험 채권과 고배당 주식 같이 위험한 금융 상품에 손을 뻗지 말아야 한다. 그러나 미국 국채수익률이 투자 등급 회사채에 비해 한참 낮은 상황에서 (72퍼센트가 정부 보증 채권인) 토탈마켓 채권형 인덱스펀드를 소유한 사람은 앞서 내가 제안했듯이 회사채 보유량을 늘리는 방안도 고려해볼 만하다. 그러나 어찌 되었든 어딘가에는 반드시 투자하라. 투자하지 않으면 실패는 정해진 수순이다.

학자들이 말하기를…

나는 오래 전부터 투자수익률을 근거로 주식과 채권의 합리적인 미래 수익률을 예측해왔다. 그러나 내가 찾아낸 방법을 처음으로 발표한 때는 1991년 초에 이르러서였다. 그때 나는 《저널 오브 매니지먼트》 봄호에 실은 〈1990년대의 투자〉라는 논문에서 그 방법을 구체적으로 제시했다. 가을호에 실은 후속 논문 〈오컴의 면도날에 대한 재고찰〉에서도 같은 주제를 다시 한번 다루었다. 그러나 내 방식은 타당성이 입증되었음에도 불구하고 다른 학술 논문에 인용되는 일이 드물다.

그러나 두 번의 예외가 있었다. 케네스 크로너 박사와 UC 버클리 경영학과장을 역임한 리처드 그리놀드 박사가 2002년 7월 바클리스 은행의 투자전망보고서에서 설명한 등식은 사실상 내 논지와 동일하다. (내게는 상당히 까다로워보이는) 그 등식은 다음과 같다.

$$R = \frac{D}{P} - \Delta S + i + g + \Delta PE$$

$\frac{D}{P} - \Delta S$: 자사주 매입을 포함한 수익률

$i + g$: 이익성장률(실질 이익성장률과 인플레이션)

ΔPE: PER의 변화 영향 등에 의한 가격 조정

그 외에도 크로너와 그리놀드는 "10년 만기 국채의 향후 10년 간 투자수익률은 그 채권의 만기수익률일 뿐"이라고 전망했다.

물론 그리놀드와 크로너가 내 방식을 언급한 것은 아니다. 그러나 스페인 IESE 경영대학원의 하비에르 에스트라다 교수는 그러한 면에서 매우 친절했다. 에스트라다는《코퍼레이트 파이낸스 리뷰》라는 학술지에 실은 논문에서 "오컴의 윌리엄 경은 우리에게 본질에 집중해야 함을 알려주었고 보글은 그러한 교훈을 주식시장의 장기수익률 예측에 활용하는 방법을 보여주었다.[04] 나는 두 사람이 준 교훈을 토대로 간단한 두 모델의 예측 능력을 평가했고, 그 모형들이 놀랄 만큼 효과적이라는 사실을 입증했다고 결론내렸다.

마찬가지로 프린스턴대학의 버튼 말킬 교수, 웨스턴워싱턴대학의 얼 벤슨 교수 및 소피 콩 교수, 투자 분석가 벤 보트너 역시 감사하게도 내 방식을 긍정적으로 평가했다. 2011년《저널 오브 매니지먼트》

---

[04] 6장에서 오컴의 면도날에 대해 자세히 설명했다.

의 가을호에 실은 논문에서 벤슨, 콩, 보트너는 내가 1991년에 소개한 방식에 대해 "보글의 모형'은 상당히 훌륭하면서도 간단하게 보통주의 장기수익률 추정치를 예측하는 방식"이라는 찬사를 보냈다.

원칙 5: 건초 더미에서 바늘을 찾지 마라. 건초 더미를 통째로 사라

"건초 더미에서 바늘을 찾지 말라"라는 말을 한 사람은 스페인 작가 세르반테스다. 이는 관용구가 되었지만 아직까지도 이 말을 받아들이지 못하는 뮤추얼펀드 투자자가 대부분이다. 투자자 대다수가 펀드의 과거 실적을 들여다보고 언론 기사, 텔레비전 인터뷰, 친구, 과장된 펀드 광고나 좋은 취지에서 제공되는 펀드 등급 서비스를 통해 정보를 얻는 일에 수많은 시간과 노력을 들인다. 실제로 이 모든 정보는 뮤추얼펀드의 과거 수익률을 소수점 단위로까지 정확히 보여주지만 펀드가 미래에 얻을 수익률을 예측하는 지표는 되지 못한다. 결국 우리는 매우 큰 건초 더미에서 아주 작은 바늘을 찾으려는 식으로 행동하게 된다.

우리는 어제 통했던 것이 내일은 거의 통하지 않는다는 사실을 무시하고는 과거의 실적을 토대로 펀드의 바늘을 찾아내려 한다. 주식 투자에는 주식 리스크, 투자 방식 리스크, 관리자 리스크, 시장 리스크 등의 네 가지 리스크가 수반된다. 그런데 전체 주식시장(이를테면 건초 더미)에 투자하고 계속해서 소유하면 이 네 가지 리스크 가운데 앞의 세 가지 리스크를 손쉽게 제거할 수 있다.

물론 시장 리스크가 잔존한다. 상당히 규모가 큰 리스크인 것도 사실이다. 그렇기 때문에 다른 세 가지 리스크를 제거하지 않고 굳이 시장 리스크 위에 쌓아둘 이유가 없다. 자신의 생각이 옳다고 확신할 수 없으면(누가 확신할 수 있겠는가?) 분산 투자를 해야 한다. 주식시장 전체를 소유하면 궁극적으로 포트폴리오 내의 주식을 분산 투자할 수 있다. 바늘을 찾아내기가 어렵다는 사실을 인정하고 건초 더미를 사야 한다.

원칙 6: 모든 비용을 최소화하라

주식시장은 카지노와 비슷하다고 해도 과언이 아니다. 주식시장을 앞서기 위한 투자와 카지노에서 하는 도박은 제로섬 게임이지만 그것도 게임 비용을 제하기 전의 이야기다. 투자자 전반에게 주식 투자는 막대한 금융중개비용(커미션, 환전 수수료, 운용 수수료, 세금 등)을 공제하면 패자의 게임이 될 수밖에 없다. 마찬가지로 카지노 운영자가 큰 갈퀴로 판돈을 긁어모으고 나면 카지노에서의 도박은 도박꾼 모두가 패배하는 게임이 될 수밖에 없다(놀라운 일도 아니지 않은가). 나는 이 책 곳곳에서 투자자 전반이 시장에서 수익을 얻더라도 비용을 제하고 나면 정확히 그 비용만큼 시장보다 뒤처지게 된다는 사실을 강조했다. 다시 한번 그 점을 강조하고자 한다.

따라서 시장 전체를 보유하고 운용사의 몫을 최소한으로 줄여야 시장에서 수익을 얻을 가능성이 가장 커진다. 금융시장수익률에 대한 글을 읽을 때는 높은 비용을 치르지 않고 금융시장을 소유할 수 없다는 사실을 인식해야 한다. 비용이 만들어내는 차이는 크다. 주식시장 수익률이 비용 공제 전에 8퍼센트이며 중개비용의 몫이 대략 2퍼센트라면 투자자들에게 돌아가는 순수익률은 6퍼센트다. 자본 1만 달러에 6퍼센트의 수익률을 50년 복리로 계산하면 자본의 최종 가치는 17만 4,000만 달러로 불어난다. 그러나 투자자가 달성한 8퍼센트의 수익률에서 운용사의 몫만 제거하면 자본의 최종 가치는 그보다 2.5배가 넘는 45만 9,000달러로 훌쩍 뛰게 된다. 뮤추얼펀드의 실적은 오락가락하지만 비용은 변하지 않는다. 따라서 뮤추얼펀드 투자자는 자신이 치르는 비용만큼의 수익을 얻지 못할 뿐 아니라 치르지 않은 비용만큼의 수익을 얻는다는 사실을 명심해야 한다. 한마디로 아무 비용도 치르지 않으면 모든 것(주식시장의 총수익률)을 얻을 수 있다.

원칙 7: 분산 투자로 리스크를 최대한 제거하라

오랜 시간에 걸쳐 부를 축적하기 위해 투자를 결심할 때 리스크를 감수할지 말지를 자신이 직접 결정할 수는 없다. 리스크는 어디에나 존재하기 때문이다. 그보다는 어떠한 종류의 리스크를 감수할지를 결정해야 한다. 신중한 투자 규정prudent mane rule의 내용대로 "투자자가 무슨 행위를 하든지 자본은 위험에 처한다." 1830년에 매사추세츠의 대법관 새뮤얼 퍼트넘은 신중한 투자 규정을 다음과 같이 설명했다.

> 수탁자는 투자와 관련하여 성실하게 행동하고 재량권을 적절하게 행사해야 할 의무가 있다. 기탁자는 신중함, 사리 분별, 이해력을 갖춘 사람에게 투기가 아니라 자본의 영구적인 투자와 관련해 자신의 업무를 처리하고 투자된 자본의 안전성뿐만 아니라 수익까지 예측하는 일을 맡기고 감독해야 한다.

예금 계좌에 예치된 돈은 안전하지만 그 가치는 인플레이션 때문에 시간이 흐르면서 크게 줄어들 수밖에 없다. 이처럼 거의 확실한 리스크로 투자자는 자신이 정한 자본 축적의 목표를 달성할 수 없게 된다. 주식시장에 투자된 돈은 단기적으로는 위험에 처한다. 그러나 포트폴리오가 제대로 분산되어 있기만 하면 장기적으로는 그 가치가 놀라운 수준으로 상승할 것이다. 어째서일까? 바로 상장기업이 어마어마한 가용 자본을 소유하고 있기 때문이다. 상장기업은 자본을 통해 이윤을 얻고 배당금 형태로도 분배한다. 남은 이윤은 사업에 재투자하여 추가로 이윤을 얻는다. 따라서 장기적으로는 주식시장에 투자된 자본이 실질가치 측면에서 저축 계좌에 예치된 '안전한' 돈보다 더 안전하게 유지될 수밖에 없다.

원칙 8: 과거의 실적을 과대평가하지 마라

개인 투자자든 기관 투자자든 가까운 과거뿐만 아니라 먼 과거의 교훈까지 참고하여 지속적으로 투자 결정을 내리는 투자자가 너무나 많다. 우리는 '정보화 시대'의 대상승장에서 상승주로 떠올랐던 기술주를 뒤늦게 추구한다. 인플레이션이 확산되고 물러난 후에도 인플레이션율이 상승할까봐 걱정한다. 주식시장이 폭락하자마자 이탈했다가 그 후에 반등하면 이 말을 후회한다.

과거를 간과해서는 안 되지만 특정 순환 추세가 영원히 지속되리라 단정해서도 안 된다. 영원히 지속되는 추세는 없다. 다른 투자자가 "과거와 같은 방식으로 싸운다"라고 해서 우리까지 그럴 필요는 없다. 과거의 수법이 오랜 기간 동안 통하는 일은 없다.

원칙 9: 우직한 고슴도치가 교활한 여우를 이긴다

고대 그리스의 시인 아르킬로코스는 "여우는 사소한 것을 많이 알고 있지만 고슴도치는 중요한 사실 한 가지를 알고 있다"라고 말했다.

교활하고 음흉하며 약삭빠른 여우는 금융회사를 상징한다. 금융회사는 복잡한 시장과 정교한 전략에 대해 다양한 정보를 지닌(혹은 그렇다고 믿는) 투자 전문가로 구성된다. 고슴도치는 '장기 투자의 성공이 단순한 방법을 토대로 한다'라는 중요한 사실 한 가지만을 알고 있는 금융회사를 말한다.

금융계의 교활한 여우는 순전히, 자신의 정교한 지식과 전문성 덕분에 투자자가 살아남을 수 있다는 주장을 선전하고 다니면서 자신의 존재를 정당화한다. 유감스럽게도 이들의 도움은 싼 값에 제공되지 않는다. 그 비용은 가장 노련한 여우가 창출하는 가치라도 잠식해버리는 경향이 있다. 결과적으로 투자자가 적극적으로 운용되는 뮤추얼펀드를 비롯한 브로커를 통해 얻는 연평균 수익률은 주식시장 연간 수익률의 80퍼센트에도 미치지 못한다. 복리로 계산해보면 수십 년 후에는 어마어마한 손실이 발생한다.

반면에 고슴도치는 특정 투자 전략이 성공하는 이유가 복잡하거나 교묘해서가 아니라 단순하고 비용이 덜 들기 때문이라는 사실을 안다. 고슴도치는 광범위하게 분산 투자하고 매수 후 보유하며 비용을 최소한으로 유지한다. 궁극의 고슴도치는 극도로 낮은 비용으로 운용되며 포트폴리오 회전율이 매우 낮은 토탈마켓 인덱스펀드로서, 투자자에게 사실상 시장과 거의 동일한 수익률을 보장한다. 인덱스펀드가 승리하는 까닭은 값을 매길 수 없을 정도로 훌륭한 개념을 토대로 비용이 낮기 때문이다. 투자 운용의 세계에서 여우는 나타났다가도 사라지지만 고슴도치는 영원히 남는다.

원칙 10: 버텨라. 끝까지 버텨라!

비결이 없는 것이 투자의 비결이다. 앞의 아홉 가지 원칙은 특정한 무언가와 연관된 것이 아니다. 마법이나 부두술에 의존하지도, 예측 불가능한 일을 예측하는 수단도 아니다. 가능성이 낮고 궁극적으로는 일어날 수 없는 확률을 노리고 돈을 거는 행위와도 무관하다. 투자 성공을 위한 대단한 비법을 알려주지도 않는다. 대단한 비법이란 존재하지 않기 때문이다. 투자에서는 단순성만이 위엄을 떨친다. 앞선 아홉 가지 원칙은 간단한 계산식과 근본적이고 이론의 여지가 없는 원리를 토대로 한다. 물론 투자는 단순한 행위다. 그러나 쉽지는 않다. 절제, 인내심, 꾸준함, 그리고 그 모든 자질 중에서도 가장 얻기 어려운 상식을 요하기 때문이다.

광범위한 주식형 인덱스펀드를 통해 주식시장 전체를 소유하면서 자신의 포트폴리오에 토탈마켓 채권형 인덱스펀드를 적정 비중으로 담아 균형 있게 구성하는 것이 **최적의** 투자 전략이다. 이것이 (앞에서 인정했듯이) 최상의 전략이 아닐지 몰라도 이보다 나쁜 전략은 수도 없이 많다. 비용과 세금 면에서 효율적이고 시장수익률에서 공정한 몫을 보장해주는 인덱스펀드를 소유하는 것 자체가 성공 전략이다. 금융시장이 오르락내리락 하는 동안 최선을 다해 일시적인 불협화음을 무시하고 순간적인 현상과 오래 지속되는 상태를 구별하라. 가장 중요한 원칙은 하나다.

버텨라, 끝까지 버텨라!

감사의 말

나는 오늘날 금융계의 성격이 급변하는 생생한 역사를 보여주기 위해 개인적인 일화를 담아 이 책을 썼다. 이 변화는 결코 긍정적이지 않았다. 우리가 더 나은 시스템을 구축하려면 먼저 금융에 어떠한 문제가 일어났는지부터 이해해야 한다. (1951년 프린스턴대학 시절의 내 논문에서 인용하자면) "개인 투자자와 기관 투자자를 최대한 경제적이고 효율적이며 정직하게" 섬길 때만이 과거에 중요하게 여겨졌던 수탁 의무라는 규범을 지킬 수 있다.

내가 이전에 낸 아홉 권의 책을 읽은 사람은 이 책의 전반적인 주제가 낯설지 않을 가능성이 크다. 실제로 나는 이전 책의 주제뿐만 아니라 몇몇 문장을 의도적으로 다시 사용했다. 다른 책에서 전달했던 내용이 과거에도 옳았다면, 현재와 미래에도 옳지 않겠는가? 내 책을 처음 읽은 사람에게는 이전 책의 주제를 알려야 이번 이야기를 풀어갈 수 있었다. 그럼에도 이 책의 대부분은 완전히 새로운 내용으로, 금융 산업의 규범이 지속적으로 약화된 현상에 대한 추가 데이터와 정보를 담고 있다. 필자인 나 또한 역사가 보여주는 데이터를 통해 이전의 주장을 더 강력하게 표현할 수 있게 되었고, 솔직하게 말하는 것에 대한 두려움이 없어졌다.

나는 이 기회를 빌려 실력, 인내, 냉철한 판단력을 발휘하고 도움을 준 세 사람에게 고마움을 표하고자 한다. 23년 동안 내 측근인 에밀리스나이더는 여느 때와 같이 보좌관 역할을 했다. 사라 호프먼도 마찬가지였다. 불과 7년 전에 입사했음에도 작고 소란스러운 우리 사무실 업무를 노련하게 처리해주었다. 마이클 놀런은 뱅가드에 입사한 지 1년이지만 금융계 경력 10년의 베테랑으로서 데이터를 제공하고 확인하며 내 초고를 교정하고 정보 출처를 찾아주는 등 도움을 아끼지 않았다. 정보 기술을 척척 활용하는 그는 원고 집필에서 없어서는 안 될 존재였다.

내 책을 출판한 존와일리앤손스의 파멜라 반 기슨과 편집자 리아 스피로에게도 각별한 고마움을 전한다. 리아는 만만찮은 역할을 맡았지만 그 역할을 성공적으로 수행했으며 더 나은 책을 만드는 데 도움을 주었다. 내 비서였으며 현재는 뱅가드의 주류로 활동하는 케빈 라플린과 앤드루 클라크 역시 귀중한 제안을 했다. 나는 오랜 친구인 두 사람에게 여전히 갚아야 할 은혜가 있다.

나의 직설적인 화법은 때로 남들의 기분을 불쾌하게 한다. 그런 면에서 뱅가드에서 대외 홍보를 책임지고 있으며 25년 동안 동료 직원이었던 존 워스에게 특히 감사하다. 존은 회사의 정책적 관점에서 몇 가지 제안을 했으며 나는 그 제안에 부응하고자 최선을 다했다. 그럼에도 내 의견 중 일부는 뱅가드 경영진의 의견과 일치하지 않을 것이다. 합리적인 사람들끼리도 의견이 엇갈릴 때가 있는 법이니 말이다!

반면 일부 독자는 이 책의 내용이 내가 설립한 회사의 입장만을 반영한다고 여기거나, 일종의 뱅가드 '광고'라고 생각할지도 모른다. 그러한 비판에는 내가 최대한 객관적으로 임했다고 답할 수밖에 없다. 나는 사견이 아닌 데이터로 말했기 때문이다. 좀 더 넓게는 내가 뱅가드를 설립할 때 기준으로 삼은 투자 전략과 인간으로서의 가치관에 대해 사과할 필요를 느끼지 못한다. 나의 투자 전략과 가치관은 세월의 시험을 이겨냈다. 아무쪼록 즐겁게 읽었기를 바란다.

존 C. 보글

존 보글
가치투자의 원칙

왜 인덱스펀드인가

초판 1쇄 발행 2021년 12월 13일
초판 5쇄 발행 2024년 12월 20일

지은이 존 보글
옮긴이 서정아

펴낸이 김준성
펴낸곳 해의시간
등록 2018년 10월 12일 제2018-000282호
주소 서울시 마포구 동교로23길 27, 3층(03992)
전화 02-704-1251
팩스 02-719-1258
이메일 editor@chaeksesang.com
광고·제휴 문의 creator@chaeksesang.com
홈페이지 chaeksesang.com
페이스북 /chaeksesang **트위터** @chaeksesang
인스타그램 @chaeksesang **네이버포스트** bkworldpub

ISBN 979-11-5931-807-8 03320